唐寅如贾浪仙，身则诗人，犹有僧骨，宛在黄叶长廊之下。

——［明］李开先《中麓画品》

花期已后辛夷洛不待春
孙荣稠匝如浮玉朗自六玉鏧
擎香枝枝头 洛明

縹緲瀨風
攜棽江睒花
盾日美人不
琴影一枝
笑捻閒

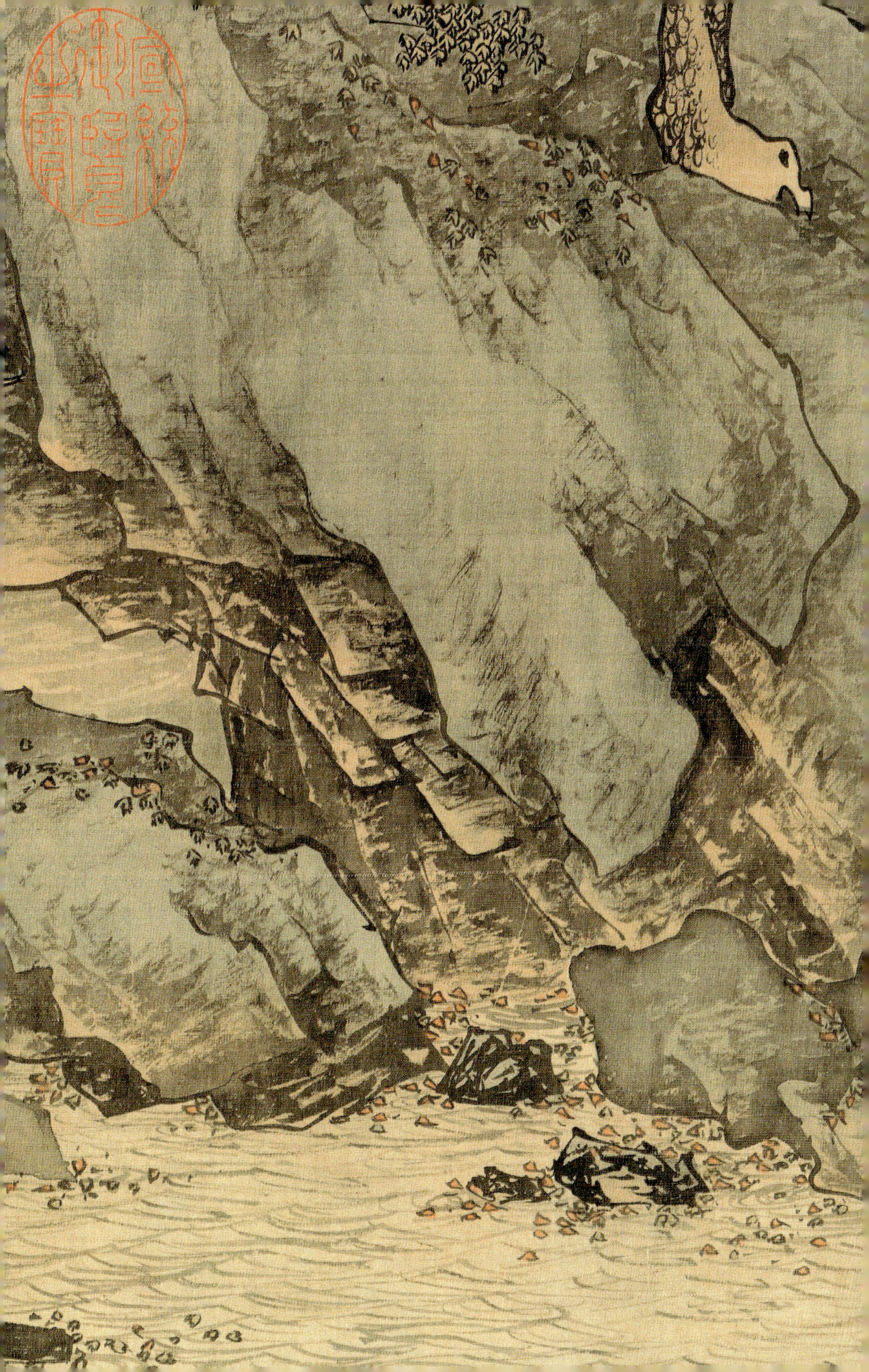

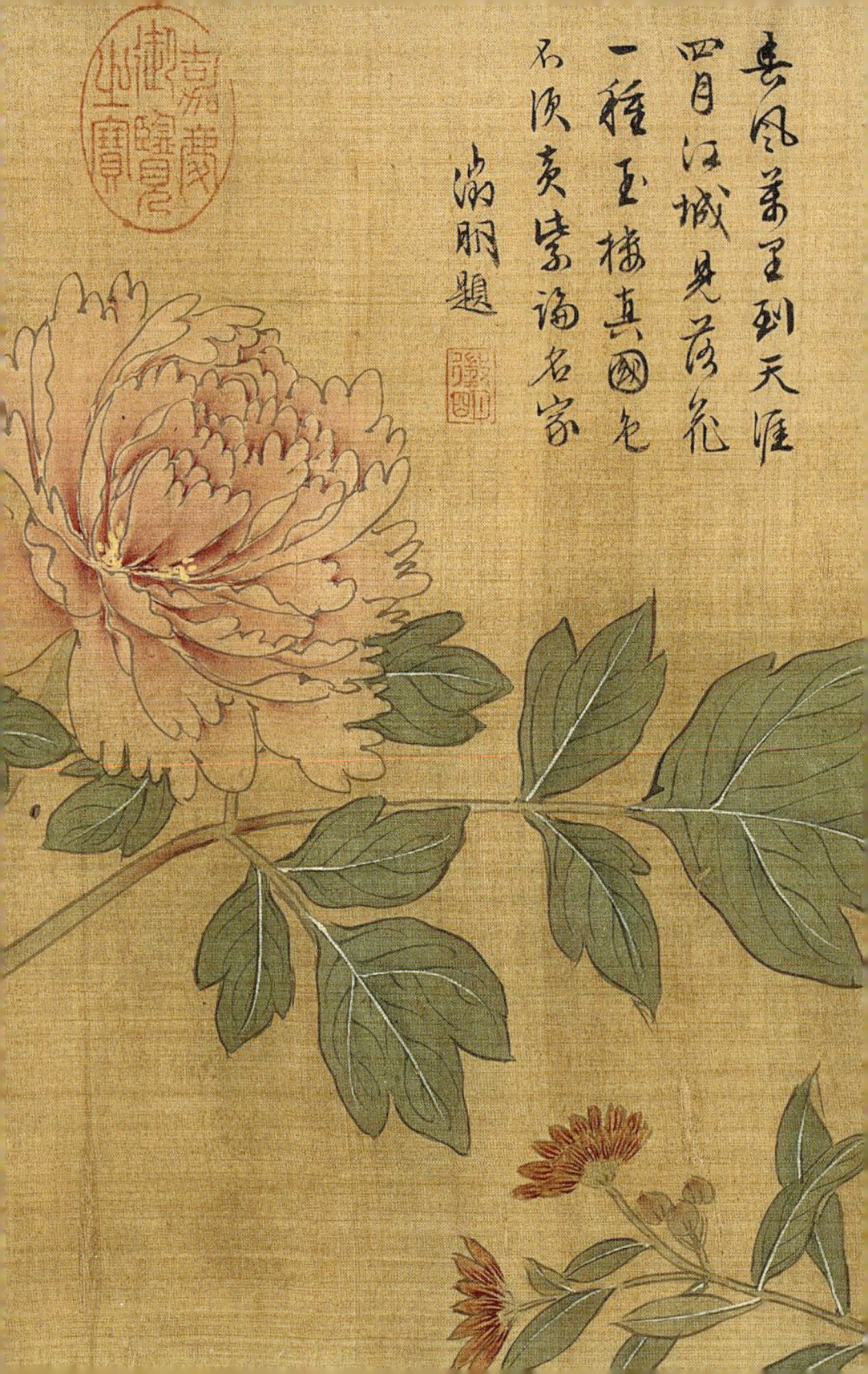

春風蕩漾到天涯
四月江城見落花
一種玉樓真國色
不須責崇論名家
　沈朋題

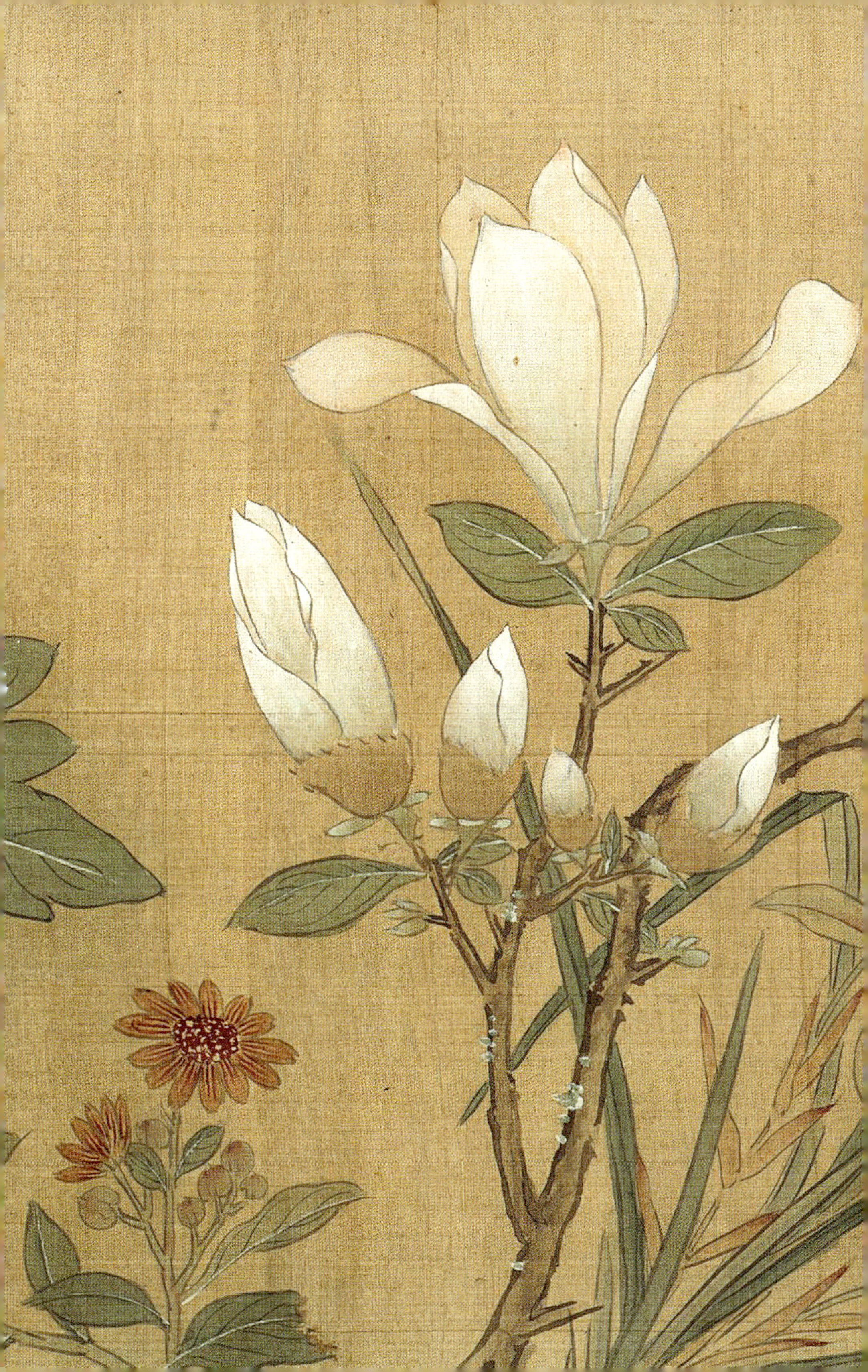

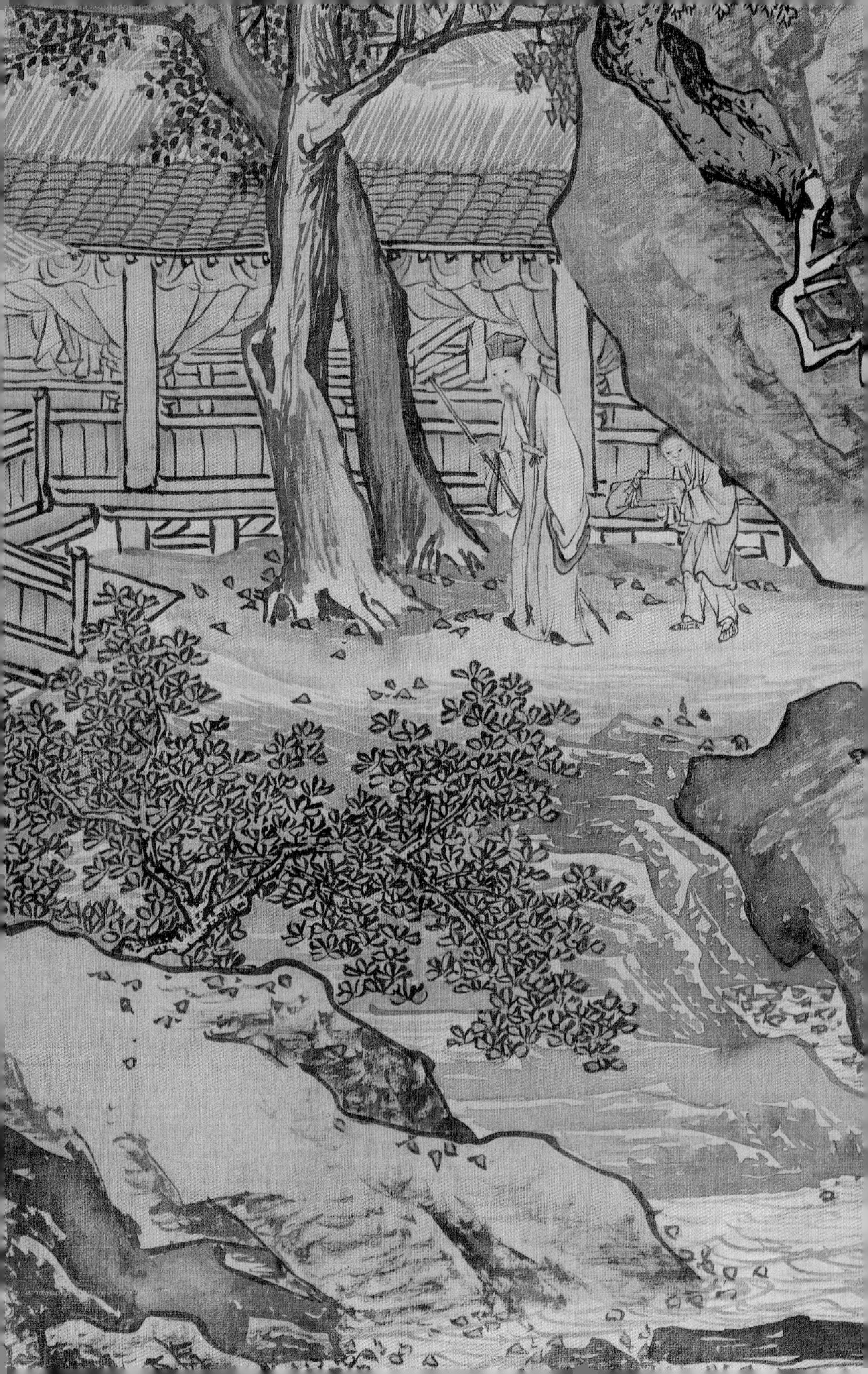

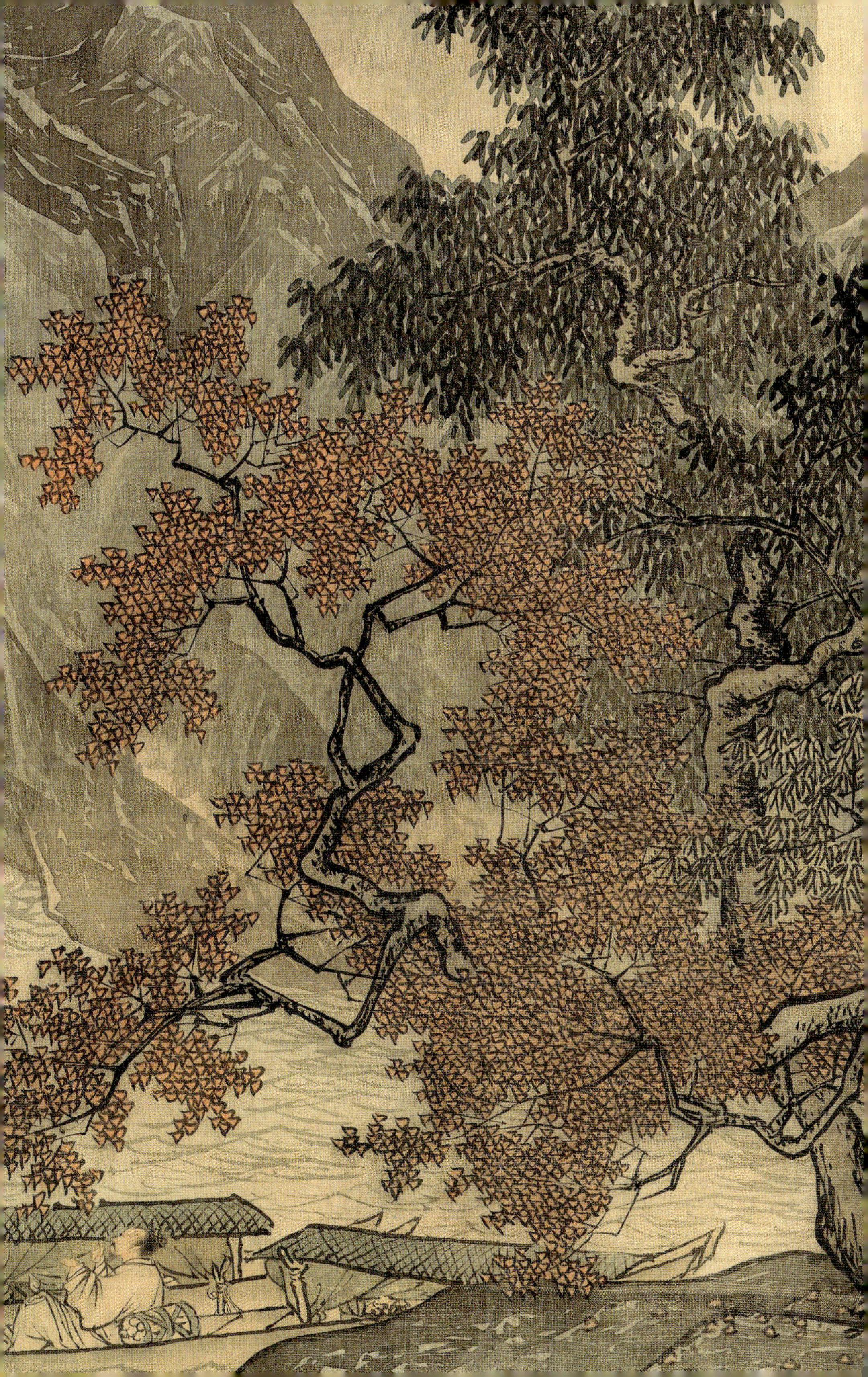

新承著雨腰肢嫩
似迎風翠袖舉嬌歡
止梅妻害罷太真枝
游倚東平

惟於眾種來金荷斕
清芳夜禱日芳曉色
無一含瑞露譜害蛾衣
秩若天香

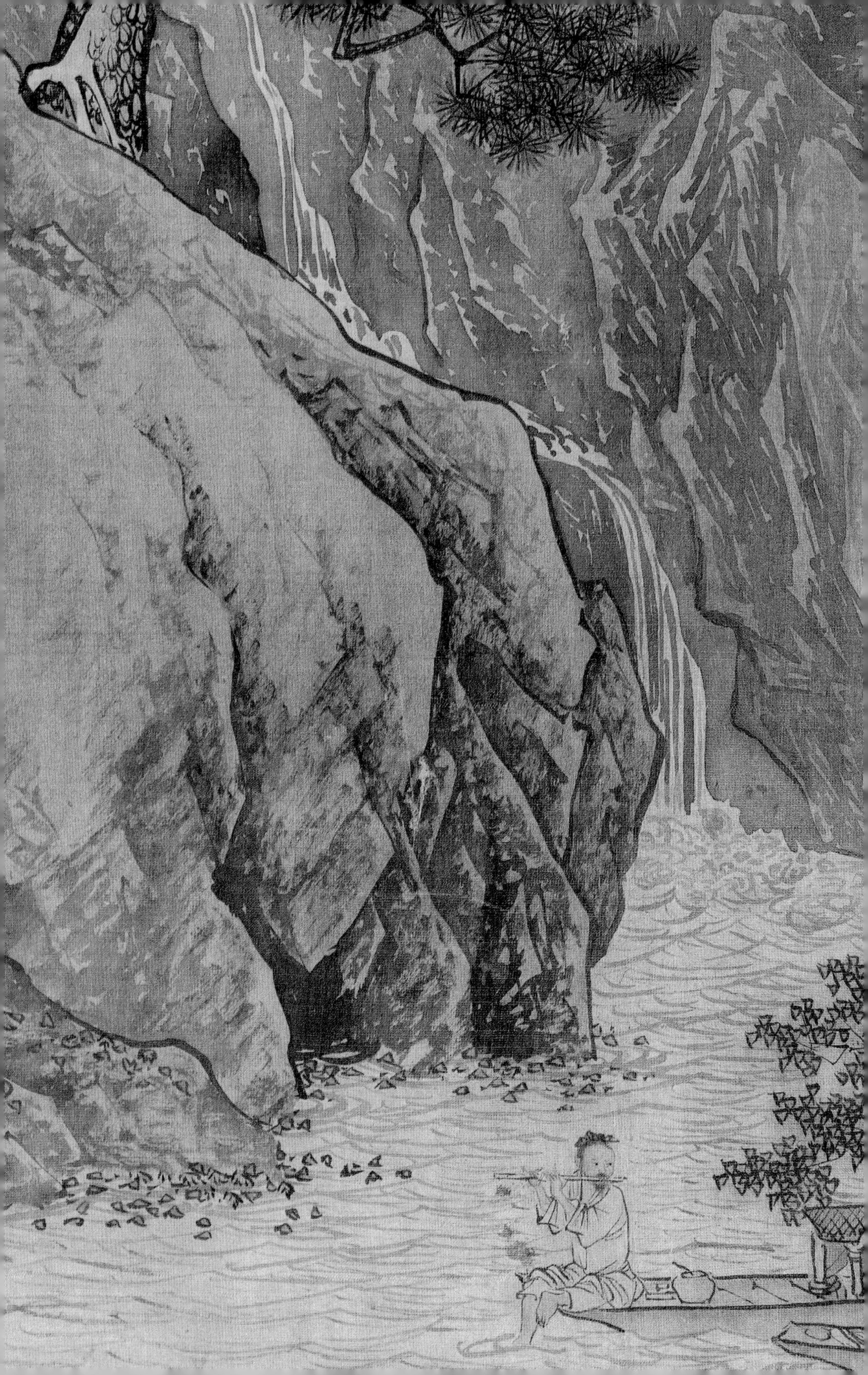

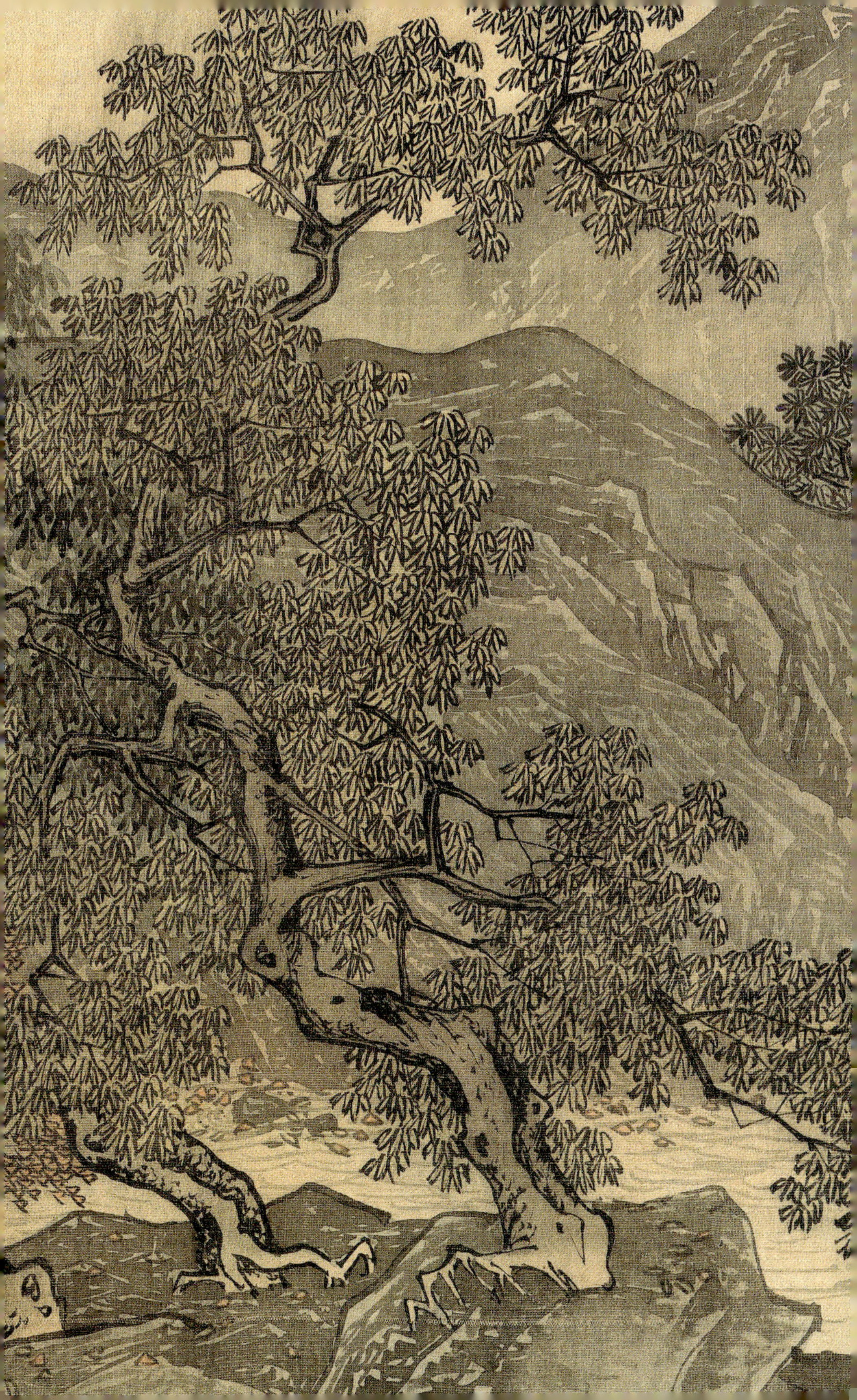

玉梅四空五雲中
安踏紅香衛滿苑
不厭塔題名新
荷亭曲宴江上醉
春風

窃窥造化
长聊人俦
犀芳石
露衔裳

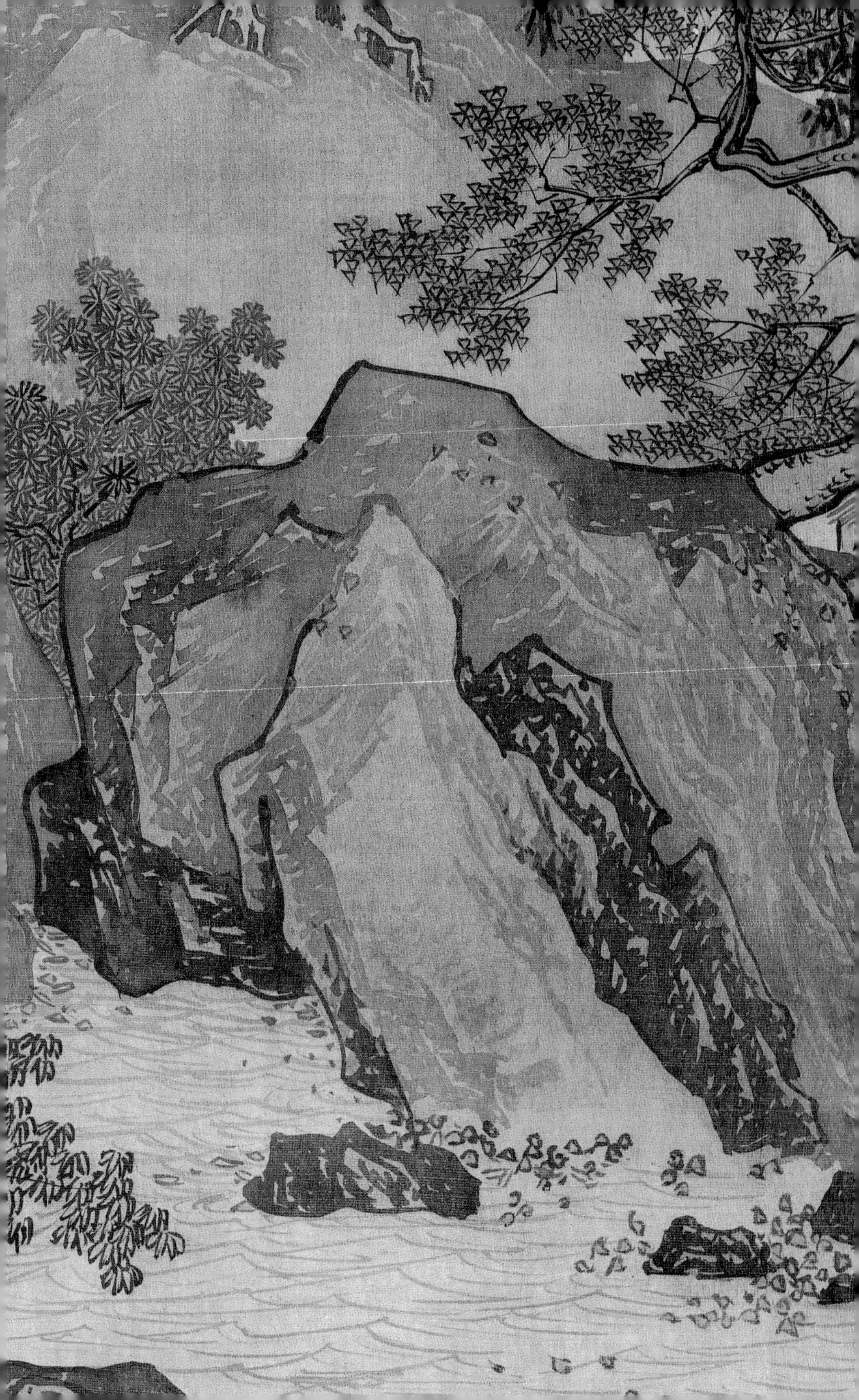

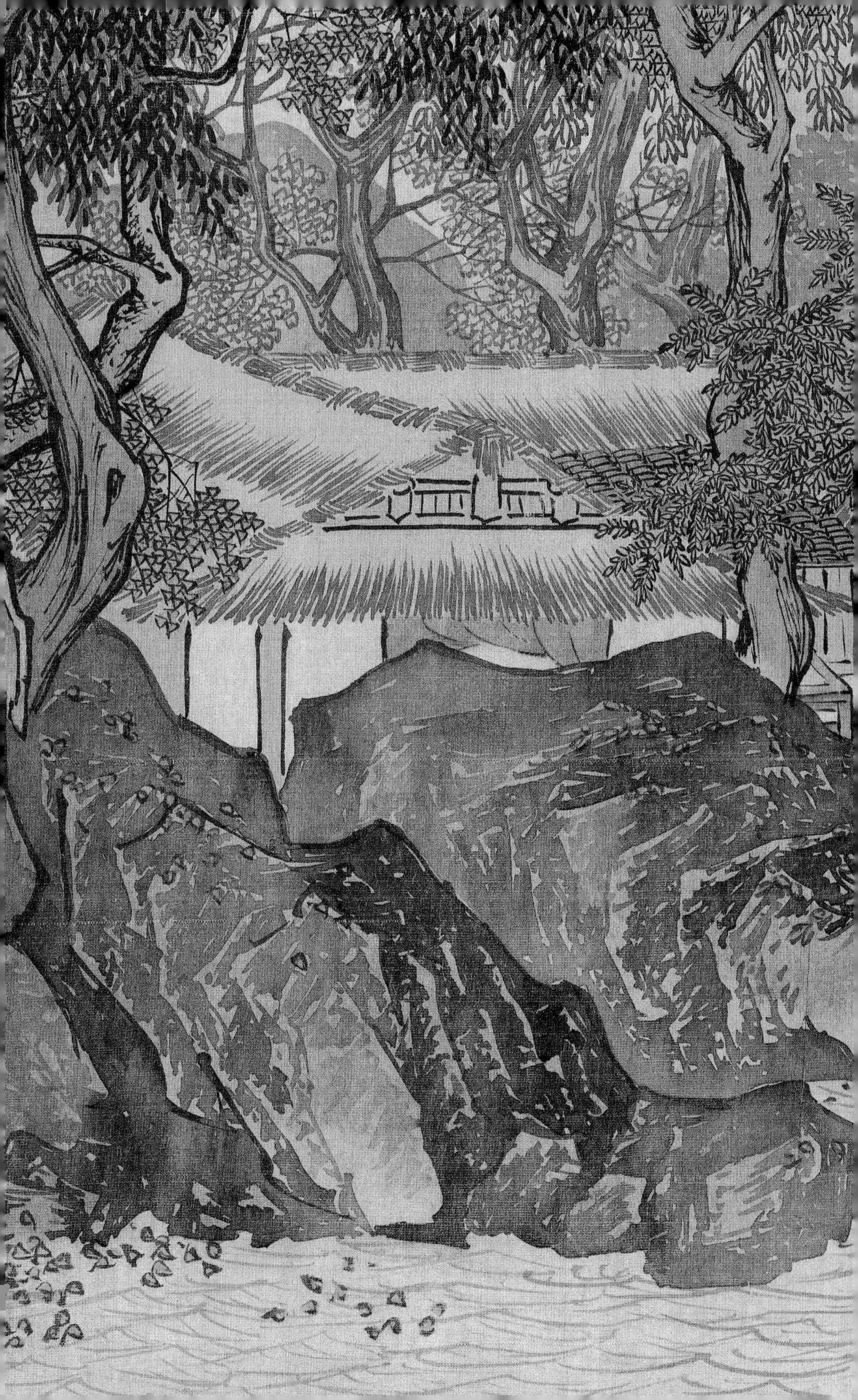

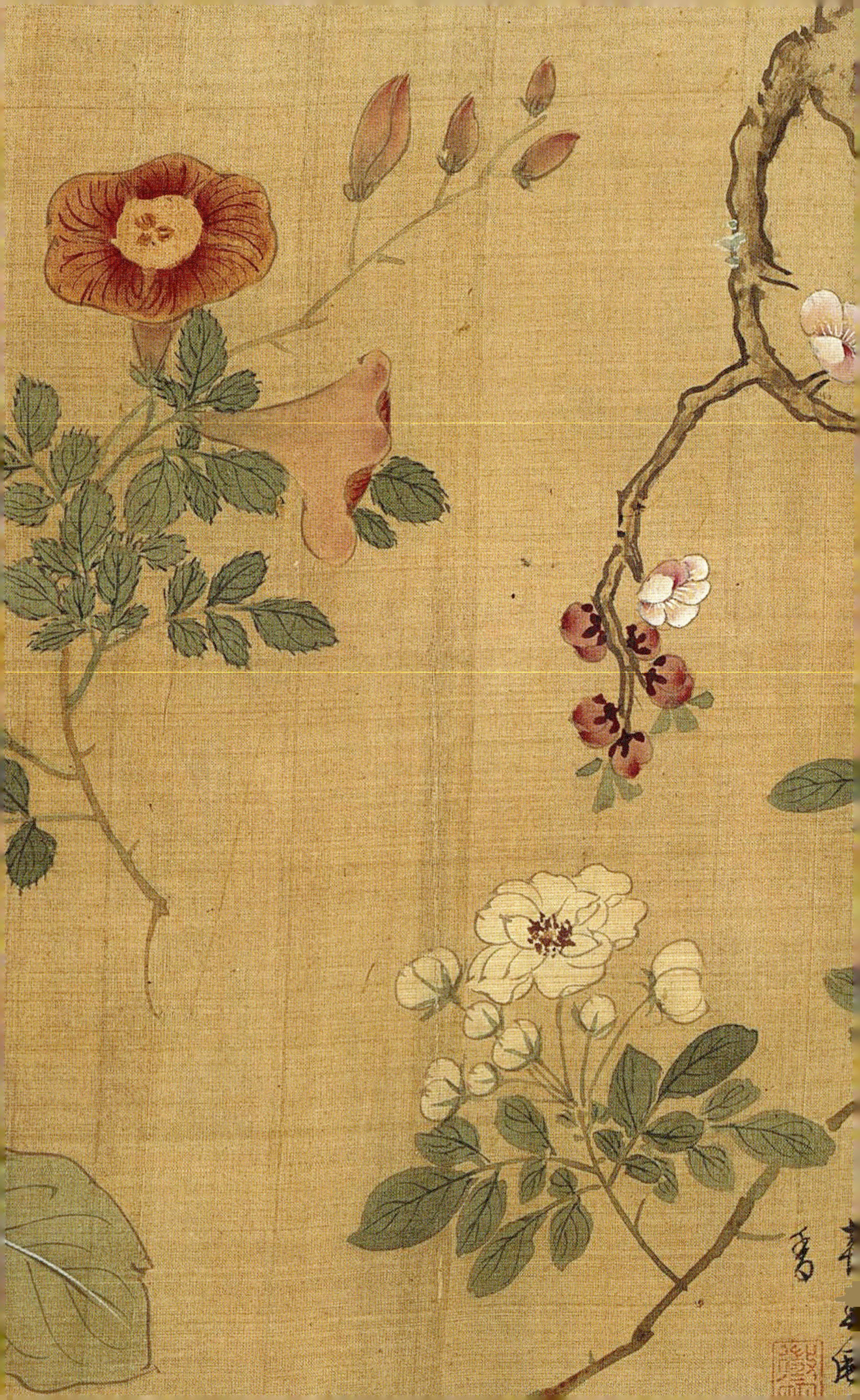

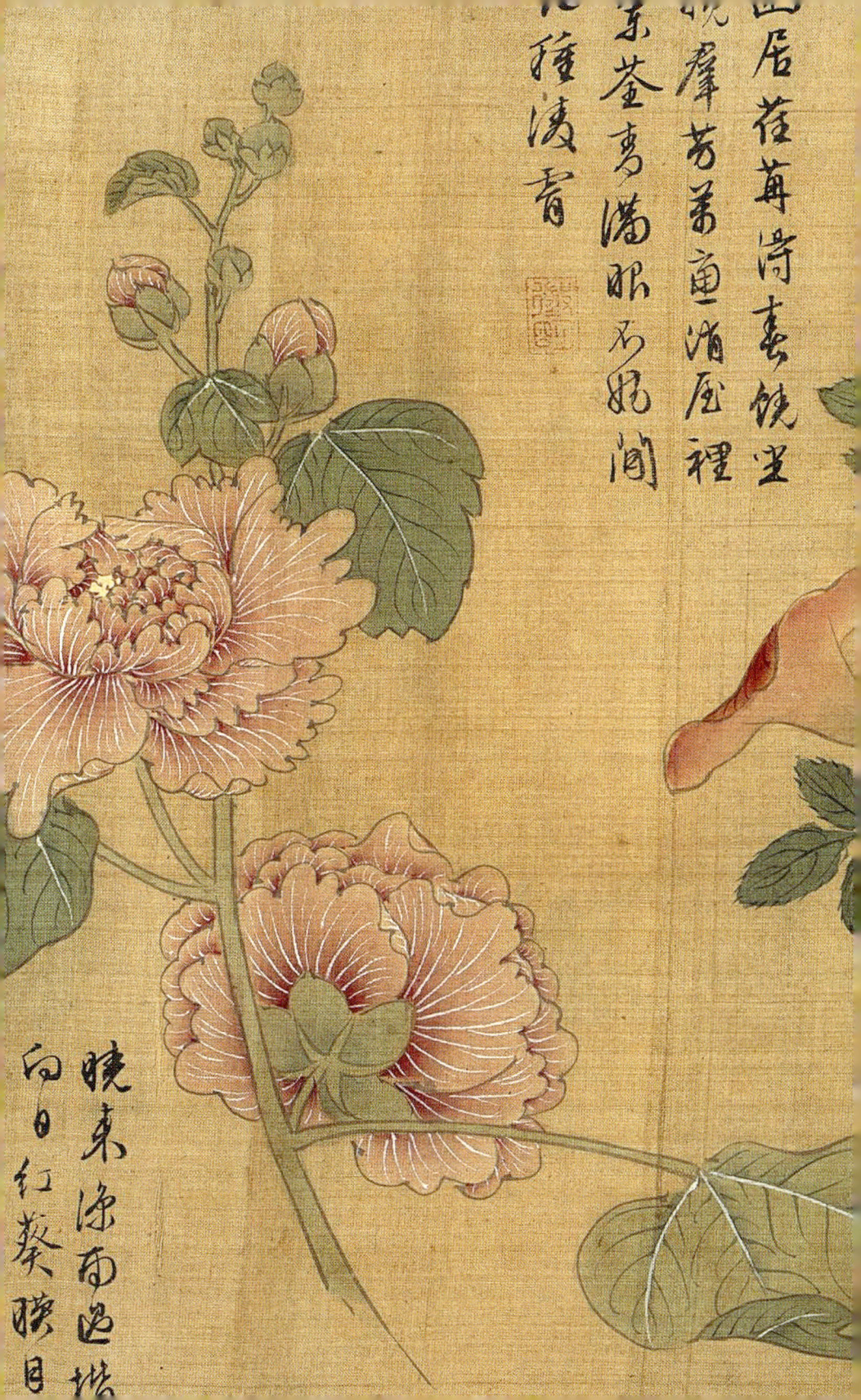

山居葃苒侍春饒坐
晚摩芳箒重消匿裡
東荃高滿眼石玩間
花種浚香

曉東凉雨逸㙮
向日紅葵曉目

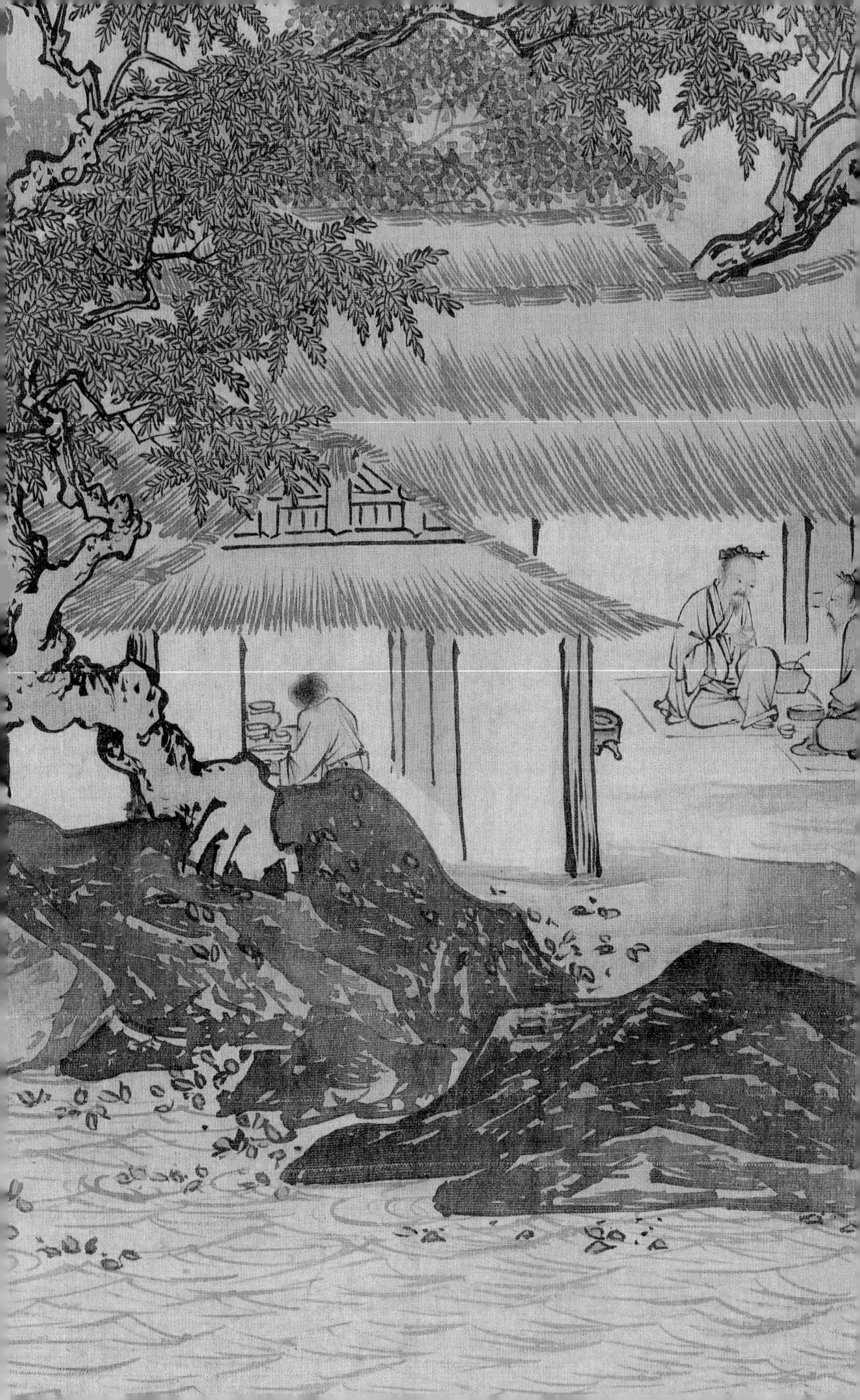

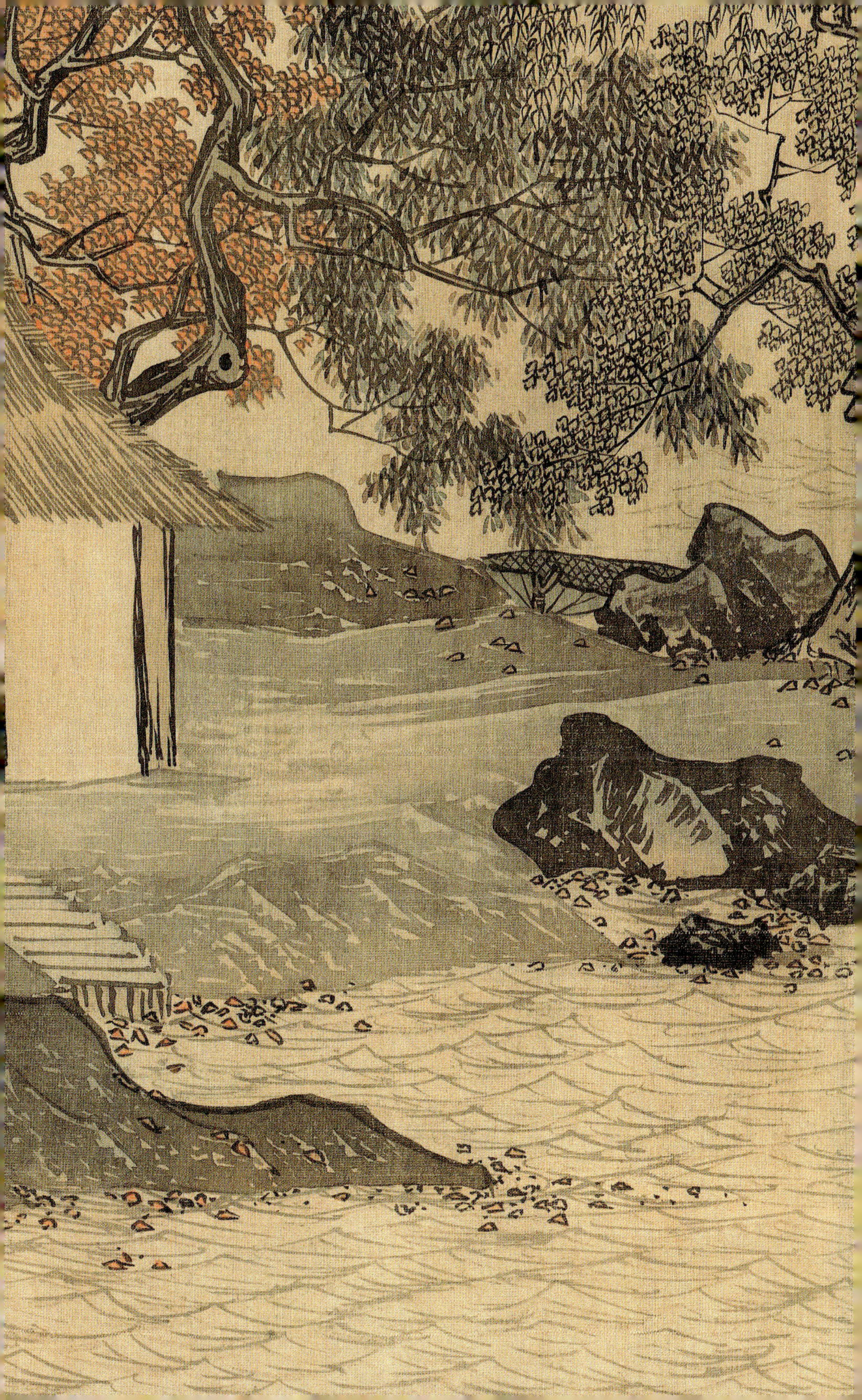

芭蕉葉色
宜夜品圖襯
十二齊叶衣重
綠瀞雨邑珊瑚
眼座檠枝

更將奇品賊衣

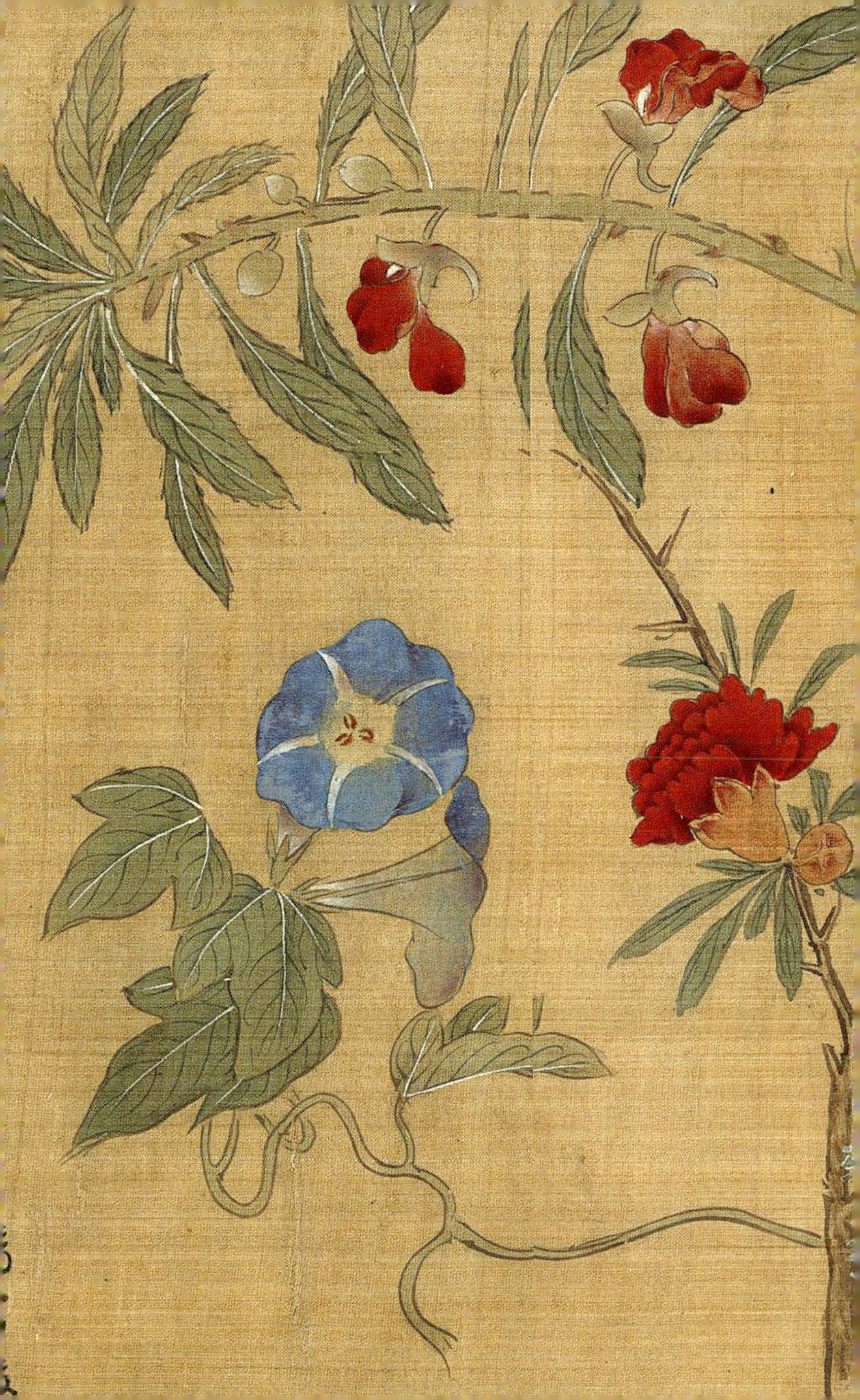

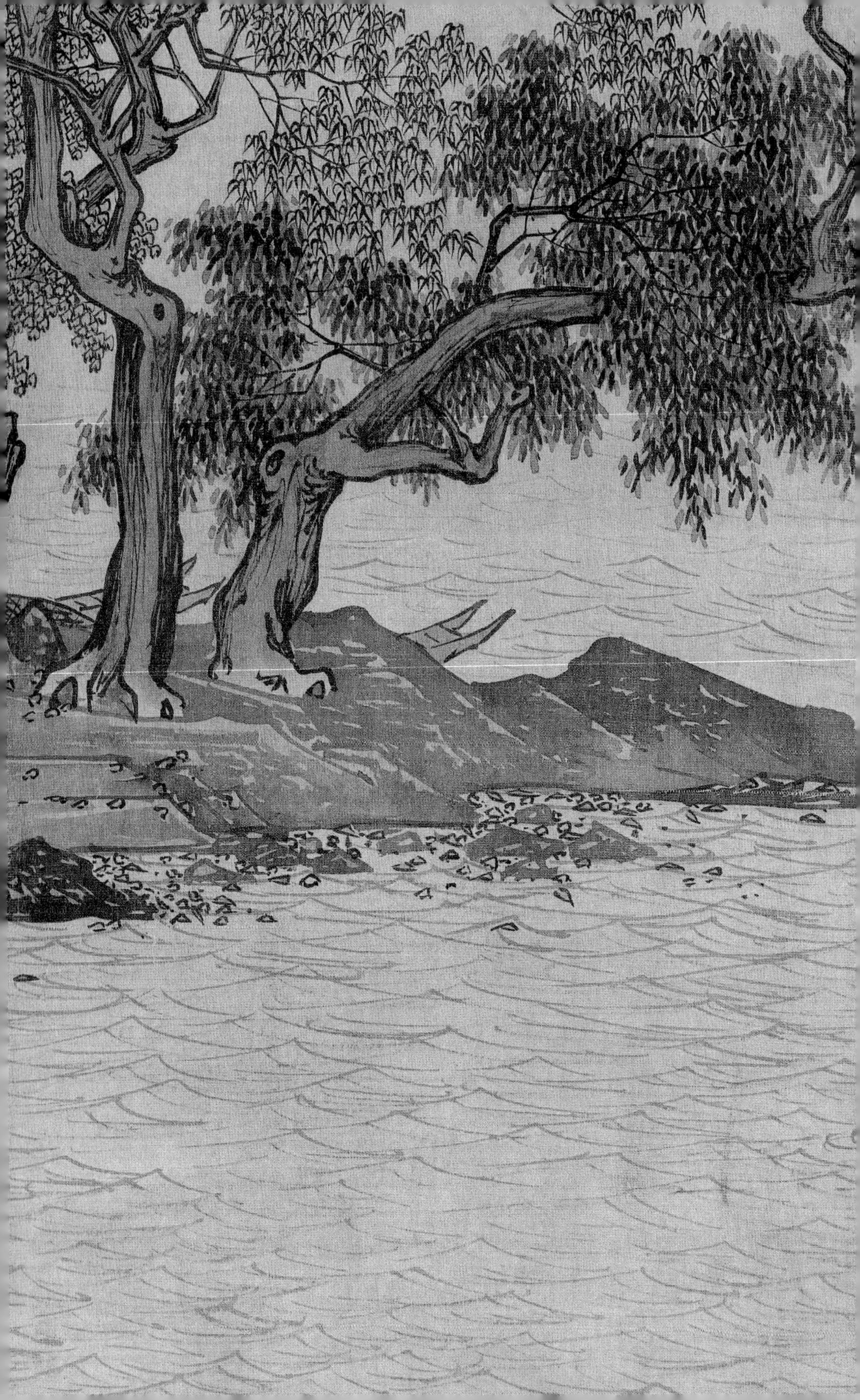

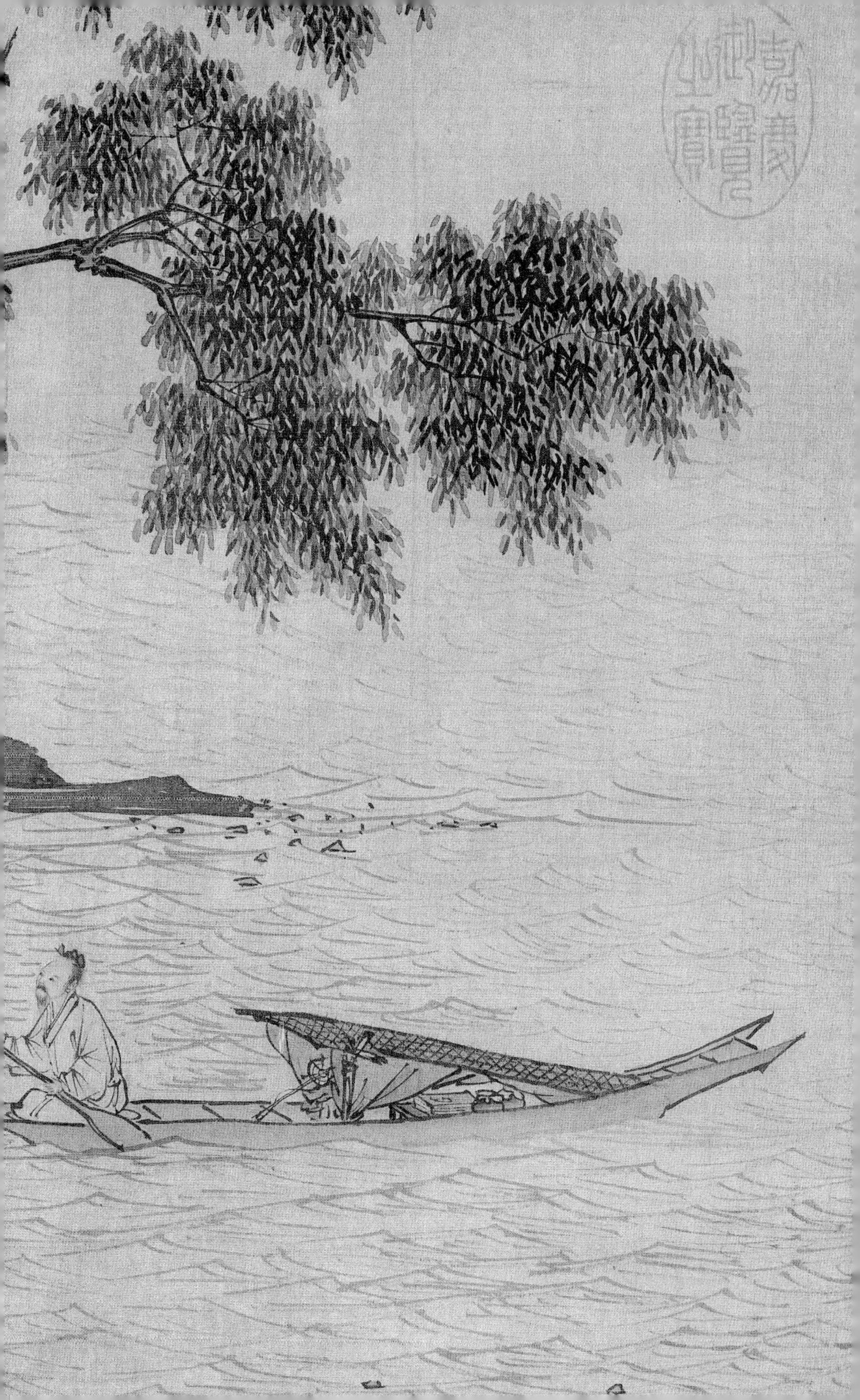
嘉慶御覽之寶

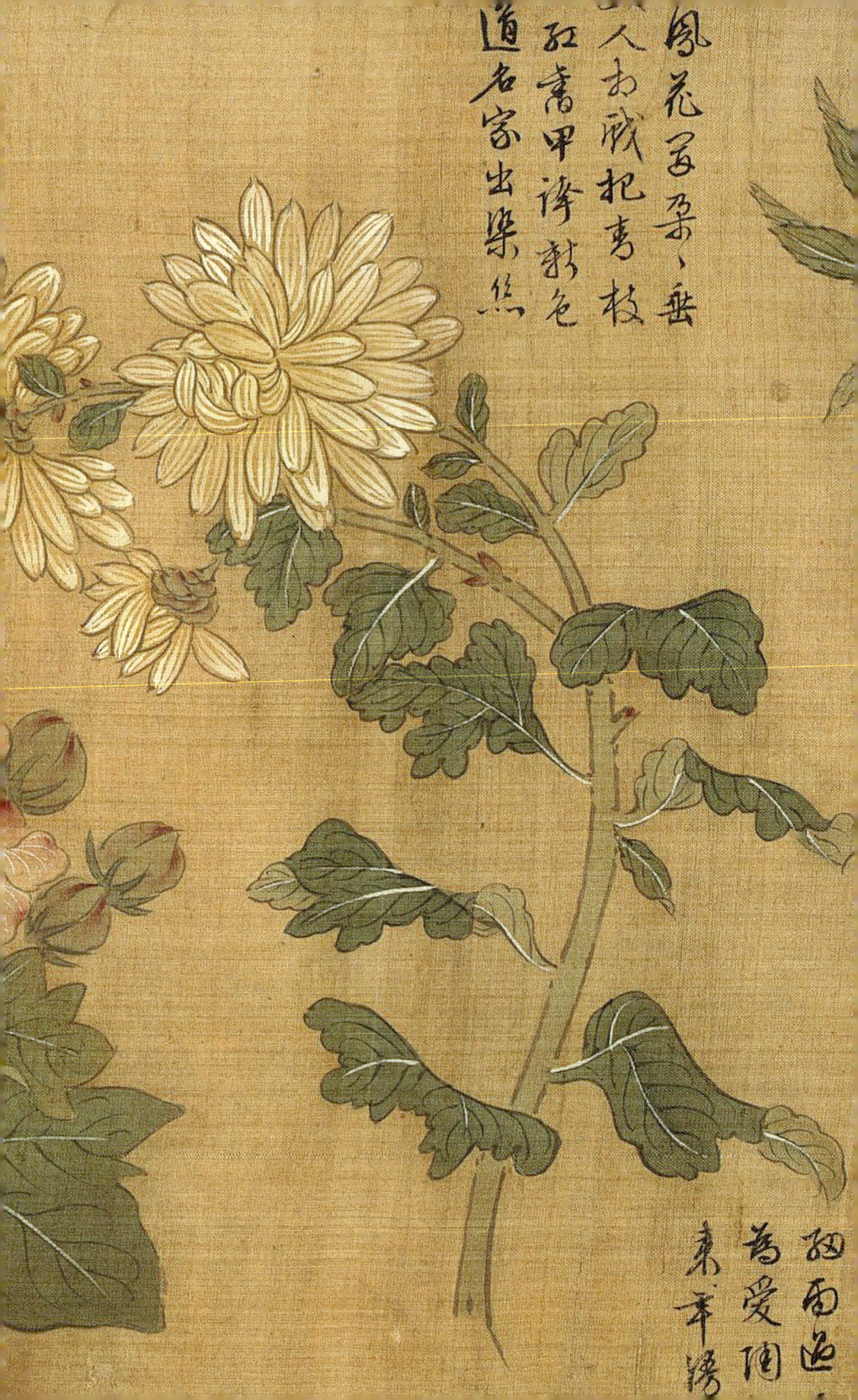

風花子柔垂
人不識把寿枝
狂書甲譯新色
道名家出染然

故雨題
爲受圖
東苹謄

唐伯虎传

孙炜 / 著

图书在版编目（CIP）数据

唐伯虎传 / 孙炜著 . -- 北京：中信出版社 , 2025.
1. -- ISBN 978-7-5217-6670-7

Ⅰ . K825.72

中国国家版本馆 CIP 数据核字第 2024Q3L741 号

唐伯虎传

著　　者：孙炜
出版发行：中信出版集团股份有限公司
　　　　　（北京市朝阳区东三环北路 27 号嘉铭中心　邮编　100020）
承　印　者：北京启航东方印刷有限公司

开　　本：787mm×1092mm　1/16　印　　张：36.25　字　　数：450 千字
版　　次：2025 年 1 月第 1 版　　　　印　　次：2025 年 1 月第 1 次印刷
书　　号：ISBN 978-7-5217-6670-7
定　　价：138.00 元

版权所有·侵权必究
如有印刷、装订问题，本公司负责调换。
服务热线：400-600-8099
投稿邮箱：author@citicpub.com

推荐序

一部值得一读的唐伯虎传记

中国艺术研究院博士生导师、中央文史研究馆馆员　何家英

众所周知的唐伯虎，其大名叫唐寅，初字伯虎，后更字子畏。一部电影《唐伯虎点秋香》令其声名家喻户晓，妇孺皆知。然而，他究竟是何方神圣？为何有如此这般风流韵事依附其身？

孙炜先生历时十年，遍查史料，著就这部材料鲜活的人物传记，将唐氏英姿飒爽、天资聪慧又命途多舛、曲折坎坷的一生描绘得跌宕有致、栩栩如生，使吾等恍若一见其有血有肉之生命。

书中既畅述其科举之多舛，与挚友交游之活泼泼经历，又道其婚姻及失亲丧乱之痛，更描绘了他肆意不羁、流连青楼之风月韵事，兼顾其诗文、书法、绘画之艺术成就与碑帖、字画收藏之历程，全方位呈现出一位天才艺术家不甘平庸的人生。

唐伯虎一生虽桀骜不驯，屡经困厄，起伏跌宕，但依旧以笔作剑，以墨为锋，书写心中志气，描绘世间万象，成为中国书画史上的一座名山。

此书以深入浅出之笔触，将唐伯虎一生的际遇写得妙趣横生。在我看来，此书文风之流畅，史料之丰富，视角之独特，或是所见唐寅传记中最接近历史真实的一部作品。同时，此书还钩沉古今，呈现明代之文化名人与其他历史人物的关系脉络，古人卓乎不群之才情，在文中皆展露无遗。

读罢孙炜先生这部《唐伯虎传》，仿佛得见一部缩小版之明代文化艺术发展史，数百年前之明朝中期苏州之文化形态亦得以浮现眼下，须眉齐全。

无论是从人物传记视角了解古人日常生活，还是立于艺术收藏史对明代书画艺术发展脉络一探究竟，乃至作为茶余饭后之阅览，此皆为一部甚值一读之传记。

至于"唐伯虎点秋香"是真是假，后世又是如何演绎的？书中皆有详述。

唐伯虎是傳統文化長河中閃爍奇光異彩的人物，其身後留下的詩書畫，代表著明代文人的特質。繼而流傳最廣的卻是他"點秋香"之"三笑"以及"桃花塢"的浪漫。您想知道真實的唐伯虎嗎？請讀我的老友孫煒之新著《唐伯虎下傳》。

甲辰年中秋之月　八一學子李燕

清华大学美术学院教授、李苦禅纪念馆副馆长　李

目录

引　子 ◇ 乡试资格之争　　　　　　001

第一章 ◇ 江山代有才人出　　　　011
第一节　唐伯虎的家世　　　　　012
第二节　少年时代的挚友　　　　021
第三节　唐伯虎早年力作《贞寿堂图》　036
第四节　祝允明的出现　　　　　043
第五节　苏州文坛的三位领袖　　050
第六节　少年唐伯虎的师友圈　　063
第七节　唐伯虎的绘画老师周臣　070

第二章 ◇ 人寿几何？　　　　　　081
第一节　洞房花烛　　　　　　　082
第二节　玉郎何处拥婵娟？　　　091
第三节　丧乱之痛　　　　　　　098
第四节　收藏市场的兴起　　　　107

第五节	徐祯卿的第一知己	119
第六节	九鲤湖求梦	123
第七节	一个少妇的悲哀	130
第八节	通向南京乡试的末班车	134

第三章 ◇ 南京解元   141

第一节	文林赴任温州府	142
第二节	南京解元	148
第三节	人生得意须尽欢	154
第四节	北京谢恩	161

第四章 ◇ 会试舞弊案   175

第一节	祸从天降	176
第二节	告密者究竟是谁？	185
第三节	夫妻反目	197
第四节	文林之死	204
第五节	幻灭中的远游	209

第五章 ◇ 书画供养   219

第一节	生命的新觉悟	220
第二节	职业书画家的开始	231
第三节	十四次乡试落第的蔡羽	245
第四节	唱和《落花诗》	251
第五节	唐伯虎早期的艺术特色	260

第六章 ◇ 生活不相信眼泪 　　275

第一节　往来无白丁　　276
第二节　师从王鏊　　297
第三节　桃花坞里桃花开　　310
第四节　艺术创作高峰期　　318
第五节　徐经之死　　330

第七章 ◇ 不惑之年 　　337

第一节　崇明海盗　　338
第二节　垂虹桥头的送别　　347
第三节　四十自寿　　357
第四节　王鏊归来与沈周去世　　368
第五节　唐伯虎与书画收藏家　　381
第六节　鉴赏与摹古　　391

第八章 ◇ 人生如戏不是戏 　　403

第一节　日本友人　　404
第二节　迎娶青楼沈九娘　　410
第三节　唐伯虎点秋香之真伪　　416
第四节　新面孔的闪现　　426
第五节　真赏斋的艺术收藏　　435

第九章 ◇ 宁王之乱 　　445

第一节　宁王府的召唤　　446

第二节　初心　　　　　　　　　　　　　451

第三节　装疯卖傻南昌城　　　　　　　457

第四节　与官员友善　　　　　　　　　464

第五节　少年已去追不及　　　　　　　477

第十章 ◇ 不觉五十知天命　　　　　483

第一节　谁信腰间没酒钱?　　　　　　484

第二节　五十自寿　　　　　　　　　　493

第三节　花笑人生也是呆　　　　　　　500

第十一章 ◇ 只当漂流到他乡　　　　509

第一节　桃花庵的春日　　　　　　　　510

第二节　弟子不必不如师　　　　　　　525

第三节　开心事　　　　　　　　　　　535

第四节　生命中的最后一年　　　　　　546

后　记 ◇ 扪心三问——从唐伯虎到董其昌　565

引子 ◇ 乡试资格之争

所有人都认为，风流倜傥的唐伯虎并非一只虫（虎），而是一条龙，乃旷世之英才！他年方二十八，英姿勃发，更关键的是他的天资要高出常人许多，所以在府学里，他的同学们都可以涉险过关的考试，对他而言，应该是小菜一碟，不在话下。

错！

恰似晴天一声霹雳——这位"天才"秀才唐伯虎，竟然出人意料地栽倒在"自家"门槛上：在苏州府学举行的最后一场考试"科试"中，他就这样蹊跷地落榜了。

这里需要补白一句：明朝府、州、县学的生员（秀才），必须通过岁试和科试，

◆ 清 方筠 《唐六如先生小像》
现藏上海博物馆

唐伯虎传

才能获得参加乡试的资格。唐伯虎科试落榜,就意味着他只能在三年之后重新参加选拔。

苏州府的知识分子有数万之众[1],原本翘首期待唐伯虎能拔得头筹,闻得此讯,个个目瞪口呆,茫然不知何以至此。这届乡试的大比鼓点敲响,方才启幕,岂料主角却跌倒在登场的台阶上。大家因此满腹狐疑,议论纷纷,甚至对此义愤填膺。

由此,这场闹得沸沸扬扬的考试,惊动了苏州府的知府曹凤[2]。

此事发生在弘治十年(1497年)。弘治为中国明朝第九个皇帝明孝宗朱祐樘的年号,时在明朝中期。

按理说,苏州府学的这轮考试,由朝廷委派督学南畿(南直隶)的提学御史方志负责。考试之事,由他全权决断,苏州知府无权干涉。

苏州知府曹凤是位能臣,"时称贤有司"[3]。这位有正义感的官员处事有担当、敢负责,一向有着勤政爱民的好口碑。虽然他在苏州府任职已到了第四个年头(一共在任六年),对整个苏州地区的教育情况应该了然于胸,但此刻他也是丈二和尚——摸不着头脑,坐卧不安。

在明朝,全国的科举教育典范就是苏州府。这里不仅风光旖旎、经

---

[1]. 英国学者柯律格记述,明初五十万苏州居民中,约有两万五千名受过传统教育的精英分子,见柯律格著《雅债:文徵明的社交性艺术》,生活·读书·新知三联书店,2021年,第3页。而此时已经到了弘治中兴时期,苏州人口远超五十万,或已经达到一百万。

[2]. 曹凤,字鸣岐,号西野,河南新蔡人。明成化十三年举人,成化十七年进士。初任安徽祁门知县,后任陕西道监察御史、苏州知府。曹凤在苏州任职六年,政绩卓著,受到朝廷的表彰。正德四年五月卒,葬于新蔡县城西门外路北。

[3]. 周道振、张月尊辑校:《唐寅集》,上海古籍出版社,2013年,第652页。

济繁荣，而且是人文荟萃之地，是江南的经济文化中心。以科举教育而论，苏州府不光坐上了江南四府[1]的头把交椅，在全国也是首屈一指。《吴中小志续编·吴郡二科志》卷首名言曰："天下惟东南为最，东南惟吴会为最。"这个吴会之地，指的就是苏州一带。苏州距离南京应天府不远，属于南直隶管辖，与杭州犄角相望，俗话说"上有天堂，下有苏杭"，指的就是苏州与杭州相邻的这一片江南区域。

永乐十九年（1421年），明成祖朱棣把首都迁往北京（顺天府），将南京称为留都，置官留守旧都，保留了与新首都北京几乎平行的另一套中央政府机构。直隶南京的地区为南直隶，直接管辖14个府和4个州，包括应天府、苏州府、扬州府、常州府、松江府、镇江府、淮安府、凤阳府、庐州府、安庆府、太平府、池州府、宁国府、徽州府，以及徐州、滁州、和州、广德州，其管理区域之广大，大致相当于今日江苏、安徽和上海三地。以上地区的生员，通过了科试之后，均须赶往南京参加类似省一级考试的乡试。但是参加南京乡试的，还包括了来自全国各地、在南京国子监读书的监生。这些人被称为"太学生"，属于高等秀才，因此，南京的乡试考生众多，且考生素质优良，其规模和质量位居全国之首。而要检验苏州府的科举教育成果，首先要看它在南京乡试中的中举人数，所以苏州学子比拼的对象，不仅是南直隶兄弟府、州的学子，还包括南京国子监的优秀监生。

明初，苏州府平均每届有5人考中进士。景泰元年（1450年）以后，考中进士的人数迅速攀升。苏州状元吴宽回忆说："宣德、正统间，士

---

[1]. 江南四府多指松江府、苏州府、常州府、镇江府，位于今苏南地区。

唐伯虎传

益向风,争相磨濯,攘袂以起。以至于今日,如星列云族,焕然以相辉。"[1] 成化二年(1466年)至万历四十八年(1620年)间,总共举办了52场殿试,苏州有799人名列进士榜,占江南进士总数的42.5%。也就是说,在每隔三年举行一次的科举考试中,平均每届有15名来自苏州府的学子通过殿试,成为进士。[2] 苏州府成为进士的最重要来源地。[3] 当然,要成为进士,必须先通过会试成为贡士,而能通过会试者,又必须是通过了乡试的举人,所以苏州府每届考中举人、贡士的人数颇为壮观,位居全国之首。

这每隔三年举行一次的科举考试,观其社会影响,大概跟现代人的高考相差不大。苏州府看重每届考中进士的人数,更注重考试的名次,所以对明星考生更加珍爱,因为这关系到本地人的尊严和体面。

可眼下,苏州府的"明星选手"唐伯虎却折戟落马,所以苏州文坛对主持这次考试的主考官——提学御史方志极为不满,认为他存心打压苏州读书人。作为苏州知府,曹凤肩负着保护当地读书人权益之责,也因此有点急火攻心。

这一事件的焦点人物唐伯虎,年轻有为,在当地已经非常有名。试举一例:苏州人去世,其亲属多会按照传统风俗,礼聘当地名人为逝者撰写墓志铭,歌功颂德,以借金石传其声名,而唐伯虎就常常为他人撰写墓志铭。不仅如此,唐伯虎的诗歌还蜚声文坛,传诵一时;他的绘画

---

[1].[明]吴宽:《鲍翁家藏集》(也作《鲍庵家藏集》)卷三十二《吴县儒学进士题名记》。

[2].郑彩娟、傅蓉蓉:《明清苏州府进士数量及分布特征探析》,《文史月刊》,2012年8月。

[3].石守谦:《风格与世变:中国绘画十论》,北京大学出版社,2018年,第273—276页。

和书法作品，更为行家们所津津乐道。这样一位才华横溢的青年才俊，即使在文风鼎盛的苏州，也属于凤毛麟角，怎么会栽倒在自家科试上呢？苏州文人认为这太不可能了！

说来也巧，就在这次苏州府学的科试开考前夕，发生了一件事，使得知府曹凤不仅认识了青年才俊唐伯虎，而且对他印象深刻，极为赞赏。

曹凤在苏州城里有位同僚好友，名叫文林，是南京太仆寺丞，比他年长十二岁，这年已经五十三岁。

文林于成化八年（1472年）考中进士，是苏州状元吴宽的同年知己，又是一位宽厚、能干、睿智的官员，深得苏州士林的景仰。此人有个特点，对《易经》很有研究，擅长看风水和卜筮，善于察人断事。就在这次风波之前，正在苏州故里养病的文林，接到了吏部委任他为温州知府的任命。而此时的文林，沉浮官场多年，已深感疲倦，再加上他年事已高，身体又不好，所以想辞官退休，归隐田园。

这个时候，家乡有位青年文人写了一封情真意切的《上文林书》，竭力劝其赴任。文林读罢，深受感动，并为这位年轻人的文采拍案称奇。当好友曹凤前来拜访时，文林手举此信让他过目，赞叹后生可畏。

曹凤读罢也引以为奇，赞其"文甚奇伟"[1]，并预言说："此龙门然犀之鱼，不久将化去。"[2] 也就是说，曹凤深信此人是一位难得的人才，很快将金榜题名。

这位上书文林的青年才俊，就是唐伯虎！

---

[1].《唐寅集》。第652页。

[2]. [明] 朱国祯：《涌幢小品》卷三《子畏知己》。

唐伯虎传

万事就是这么巧合。提学御史方志督学南畿，偏偏要为难唐伯虎，令其落榜，恰似一滴水滴在油瓶里，叫苏州文人们情何以堪！

苏州有人曾预言：在这场即将到来的南京乡试大比中，唐伯虎似一支响箭，必将代表苏州府的文运再次声震四野。人们盼望他过关斩将，连中三元，甚至像吴宽那样直取状元！可眼下，他们闻知唐伯虎居然在科试中折戟，如遭当头棒喝，弄得灰头土脸，因此抱怨纷纷，皆大不以为然。

作为正四品高官的知府曹凤，是苏州府最高行政长官，代表朝廷总领各属县，治理着百万民众，同时也肩负着抚慰社会的职责。这个官不能白当！苏州府学的这轮考试，已经激起了文人阶层的愤怒，不光影响到苏州府的人心稳定，还将影响科举考试的成果——如果这届南京乡试成绩不佳，这势必会影响到随之而来的会试、殿试，而这三场考试的成绩榜，不仅关涉苏州府的传统声誉，也显示出这届苏州府官员的治学水平和教化成果，难免影响他本人的政绩。

文林惊悉此讯，也觉得御史方志督学蹊跷，疑判卷不公，可他已被委任为温州知府，自觉不方便出面斡旋，于是悄悄安排儿子文徵明去拜见了曹凤，"周旋其间"——当然是替唐伯虎说情。[1] 此时的文徵明已经拥有乡试资格，早在三年前就已经前往南京参加过一次乡试，可惜未被录取。

曹凤当然理解苏州文人的不满情绪。他本人就是成化十七年（1481

---

[1].《唐寅集》，第225页。唐寅《又与文徵仲书》曰："徵仲（文徵明）与寅同在场屋，（唐寅）遭乡御史之谤，徵仲周旋其间，寅得领解。"指的正是此事。

年）的进士，深知这次考试的重要意义：科举考试不仅是国家、地方的大事，更是每个读书人的头等大事——对于有了秀才身份的读书人来说，人生最重要的三场大比，就是乡试、会试和殿试。若能过关斩将，拿下这三场考试，便可高中进士，自此飞黄腾达，然而若在科举天梯上一脚踏空，考生的命运必将发生巨大变化。

曹凤考虑再三，决定亲自过问此事。他本是一位老练的官员，慎重起见，先是派人去打探情况，问问唐伯虎到底为什么会落榜。

一般人认为，唐伯虎的倒霉是有理说不清，大致可归咎于他自己的文学偏好。当时的苏州文坛兴起了一场古文辞运动，以中年人都穆、祝枝山为健将，青年唐伯虎、文徵明、徐祯卿等人为追随者。而此次科试的主考官方志是鄞县（今宁波市鄞州区）人，讨厌这种复古文风，所以借着主持考试的机会刻意刁难唐伯虎，弃之不取。

事实果真如此吗？未必可信。

御史方志是一位言行合一的正人君子。他崇尚"先德行而后文艺"的治学理念。他的观点是：才华出众者，若品行不端，那么他的能力越大，官位越高，给人世间造成的祸害也越大。这是儒家学说里的一个重要理念。在此可另举一例。明末崇祯十六年（1643年）的殿试中，常州人杨廷鉴在太和殿上回答崇祯帝的提问时说："取士先品行，而后文辞；用人贵朴诚而贱浮，竞论邪正，不论门户。"崇祯帝深加叹赏，亲擢第一。杨廷鉴因此成为大明王朝的最后一个状元。而且，方志本人身体力行，对自己的门生要求甚严，遂"门下士咸厉风检"。他虽说做事刻板了一点，但为人端正，并无私心，不应该把他视为胸襟狭隘、心怀叵测的官员。

这样看来，方志在考试中未放唐伯虎过关，并非随意为之。他在苏

唐伯虎传

州督学之际，曾躬身下问，已经对府学生员唐伯虎、张灵之流的种种放诞不拘行为有所耳闻，并且经过核实，认定传闻属实。

明朝是由文人集团管理的一个庞大国家，被当作社会典范的读书人举止理应恰当，以垂范世人。方志不让唐伯虎、张灵之流上榜，并非心胸狭隘的轻率之举，而是有先例在前。

成化十六年（1480年）的浙江乡试，拟定余姚人王华为第一名。他在考试后去拜谢主考官，只因身穿了一件白色衣袍，就被主考官认为衣着不成体统，举止轻浮，遂被降为第二名，改推李旻为第一。这个王华也是饱学之士，他的儿子正是大名鼎鼎的思想家王阳明。而且，"吾苏（苏州府）一郡八州县……（生员）大约千有五百人。合三年所贡不及二十，乡试所举，不及三十"[1]，就是说，每三年被允许参加南京乡试的新入选的苏州府生员人数不到20人，再加上往届落选、再次参加乡试者，两者总共不到50人，所以方志必须严肃对待科试，要优中选优，这不失为公平之举。

知府曹凤了解到这个情况之后，不避嫌疑，亲自出马拜访了这位提学御史，为唐伯虎的事从中斡旋……

如果说方志以王华的案例来证明自己的决策正确的话，那么曹凤也会以王华的例子反击：王华乡试被黜置为第二，可在成化十七年的殿试中，他依旧被皇帝钦点为当朝状元。这说明，即使读书人有这样那样的

---

[1]. [明]文徵明：《甫田集》卷二十五《三学上陆家宰书》。文徵明《甫田集》主要有两种版本：其一为嘉靖二十二年编纂的四卷本，系按创作年份编纂的诗集，可鉴他写作的具体年代，现藏上海市图书馆；其二为嘉靖三十八年编纂的三十五卷本，集凡诗十五卷、文二十卷、附录《行略》一卷。

毛病，也不可剥夺其参加考试的机会。

明朝的御史直属中央，虽然权力很大，但方志只是正七品官员，比起四品高官曹凤，还差了好几个级别，所以知府曹凤的意见，方志也须慎重对待。

当代人回溯历史，自然要比古人看得更清楚：就目前的考古发现来看，中国只有3800多年的历史有文献典籍记录，而在甲骨文出现之前，已知还有1000多年的文明发展史；更早的时候，还有超过百万年的人类发展史，这些都没有文字记录。在这茫茫无疆的时空里，能在历史上留下姓名者，俱为幸运人。这些历史人物像是悬挂在夜空里的星星，既照耀着过往漫长的岁月，也成为我们后世人认识自己生命意义的参照物。

这样看来，苏州府学的这场考试，不仅对唐伯虎的一生意义重大，而且对后世而言，也是一个了解古人的非常有趣的窗口。

那么，这位被后世誉为天下第一风流才子的明代画家唐伯虎，在青年时期到底是怎样一个放诞不拘之人？

在曹凤的干预之下，方志究竟是不是一块铁板？他能不能通融一下，将枪口向上抬高一寸放唐伯虎一马，重新为他打开通向南京乡试之门呢？

此处暂留悬念，且放在正文详加叙述。

第一章 江山代有才人出

第一节　唐伯虎的家世

　　唐伯虎生活在明朝中期，那时中国人口不足 1 亿。明初洪武二十六年（1393 年）的统计数据是 6054 万人，到了明晚期的万历年间（1573—1620 年），人口已经超过了 1 亿[1]，而当时全世界的人口为 5 亿[2]。中国编织出一张巨大的天网，把地球上五分之一的人口网罗其中。这张巨网的社会纬线是道德，经线是家族血统，经纬交错，统治阶级以此管理这个国家。上至帝王将相，下至黎民百姓，都在这张巨网之中。

　　为延续家族血统的纯正和荣耀，古人在编修家谱的时候，总是喜欢突出官位最高、名气最盛的祖先。而那些名传千古的人物到底是不是他们的祖先，常常很难考证。事实上，那些遥不可及的祖宗牌位对他们的后代子孙并无切实的帮助，唯有在心理上增加那么一点儿虚荣心而已。

　　唐姓来源于封国。唐伯虎的祖先可能是春秋时期的鲁国人。

　　唐伯虎的宗亲后裔、清代嘉庆年间的吴县（今苏州市吴中、相城一带）知县唐仲冕曾说："吾宗以国为氏，自前凉陵江将军辉徙居晋昌，其曾孙瑶、

---

[1]. 韩大成：《明代城市研究》，中华书局，2009 年，第 17 页。

[2]. [以色列] 尤瓦尔·赫拉利：《人类简史》，中信出版社，2014 年，第 239 页。

谐皆为晋昌守。谘子揣、瑶孙褒,皆封晋昌公。褒来孙俭,从唐太宗起晋阳,封莒国公,图像凌烟。后世或郡晋昌,或郡晋阳,皆莒公后。"[1] 东晋之际,唐伯虎的先祖唐辉是个将军,迁徙到晋昌,而且此后数代子孙皆被封为晋昌公,也就成为晋昌人,唐伯虎自称"晋昌唐寅",即由此处而来。唐仲冕又说:"迄宋皇祐为侍御史介以直谏谪渡淮;至明为兵部车驾司主事泰,死土木之难;子孙分居白下、檇李间。"到了明代,唐氏分布在白下(在今南京)和檇李(在今嘉兴)之间。人们认为,唐伯虎是唐代莒国公唐俭的第二十七世孙。[2]

从唐伯虎的曾祖父到父亲皆是单传,三代都是独子,可谓人丁不旺,所以他们家也没有什么亲戚。唐伯虎曾感叹说:"余宗不繁,自曾大父迄先府君,无有支庶。"[3]

唐伯虎的父亲叫唐广德,是苏州府吴县的一个平民商人。唐家经营着"酒食之肆",也就是饭店。唐伯虎一家住在苏州古城阊门内的吴趋坊皋桥边上(有的史料称唐伯虎家在吴趋坊,有的称在吴趋里,其实指的是同一个地方)。

---

[1]. [清]唐仲冕:《六如居士全集·序》,见周道振、张月尊辑校:《唐寅集》,第538页。

[2]. 清代唐体仁等撰修的《晋阳唐氏宗谱》说:"第二十七世,寅,弘治十一年,南畿解元。"按照唐体仁等人的说法,唐寅的先人是罹难于"土木之役"的兵部车架司主事唐泰,是个五六品的官员。明代系文官集团主管国家大小事务,所以即便唐泰不是进士,也应该有功名在身。而"土木之役"发生在明正统十四年(1449年)秋,距唐伯虎出生才二十一年,以年龄推算当是他的祖父辈。唐伯虎一生崇尚文学,身边如云文友曾撰写过大量关于他的文章,却从未说到过此人。因此很难断定唐泰是唐伯虎的直系亲属。

[3]. [明]唐寅撰,[清]唐仲冕编:《六如居士全集》卷六《唐长民圹志》,见周道振、张月尊辑校:《唐寅集》,第256页。

唐伯虎传

苏州是一座历史名城,有着2500多年的历史,是吴文化的发祥地。苏州古称阖闾城、吴州等,至隋朝时才改名叫苏州。据唐代陆广微《吴地记》载,阖闾城四周辟"陆门八,以象天之八风;水门八,以象地之八卦"。东有娄门、匠门,西有阊门、胥门,南有盘门、蛇门,北有齐门、平门,相传此八门的名称都是伍子胥所定,而阊门就是传说中的苏州天门。数百年间,阊门地区一直是苏州府乃至整个江南地区最为繁华之地。

苏州也是一座工业城市,明朝时的人口比明初首都南京的还多。在明初,南京只有两万七千多户,十多万人,另有驻军十四万三千余人,总数约三十万。自洪武十三年(1380年)起,朱元璋下令"起取苏、浙等处上户四万五千余家,填实京师"。洪武二十四年(1391年)、二十八年(1395年)、三十年(1397年),三次徙民京师,数近四万户。至洪武三十年,南京人口有六十万以上。[1]唐伯虎的许多祖籍在苏州的南京朋友,如顾璘[2]、杨进卿等人,他们的祖先就是这样迁徙去的南京。

洪武四年(1371年),苏州统计一州七县有户四十七万三千八百有奇,一百九十四万七千八百多人,其中苏州城里的人口有六十万余。[3]经过一百多年的发展,到弘治年间,苏州城人口大约有一百万了。弘治时,朝鲜官员崔溥说:"苏州……控三江,带五湖,沃野千里,士夫渊薮,海陆珍宝,若纱罗绫缎,金银珠玉,百工技艺,富商大贾,皆萃于此。自古天下以江

---

[1]. 参见《明代城市研究》,第38页。

[2]. 顾璘,字华玉,号东桥居士,世称"东桥先生",以南京刑部尚书致仕归里,建成息园,常与宾客置酒高会、诗文唱和。

[3]. 参见《明代城市研究》,第61页。

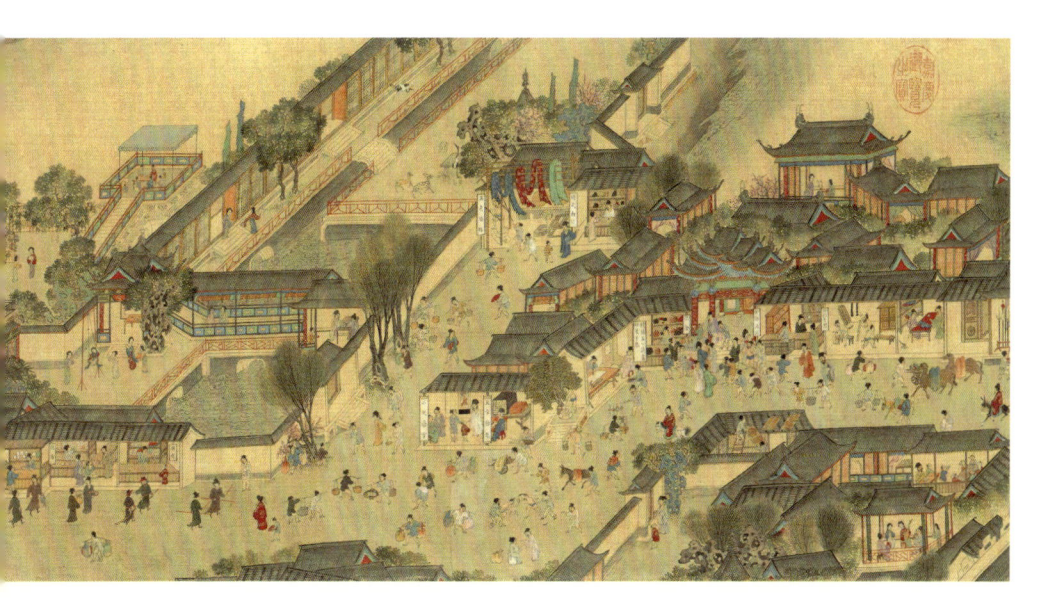

◆ 明 仇英 《清明上河图》（局部），现藏台北故宫博物院

南为佳丽地，而江南之中，以苏杭为第一州，此城（苏州）尤最。"[1]

唐伯虎出生在成化年间，此时阊门地区已经拂去元明之交的战争烽烟，恢复了往日的繁华，成为闻名全国的商业中心。苏州城里不仅有苏州府的州府衙门，吴县和长洲县的县治衙门也在其中。成年后的唐伯虎写过一首诗，名为《阊门即事》，足证当年阊门市井的繁华：

> 世间乐土是吴中，中有阊门更擅雄。
> 翠袖三千楼上下，黄金百万水西东。
> 五更市卖何曾绝？四远方言总不同。
> 若使画师描作画，画师应道画难工。[2]

这番风景堪比北宋时期的汴梁城。若要想象一下当时的繁华景象，或

---

[1]. [明 朝鲜] 崔溥：《锦南先生漂海录》卷二，转录自《明代城市研究》，第62页。

[2]. 见《唐寅集》。

唐伯虎传

可借助仇英笔下的《清明上河图》，一窥人间烟火气。

能够在这样寸土寸金的地界开饭店，生意自然差不了。唐伯虎的好友徐祯卿自小就熟悉他的家境，说唐家"家资微羡，而餍习优汰"[1]。当时，唐家吃穿不愁，算是个生活宽裕的小康家庭。

明宪宗成化六年二月初四，即公元1470年3月6日，唐伯虎出生在苏州城吴趋坊皋桥边的家中。因唐伯虎是家中长子，他的降生令这个三代单传的温馨之家无比欣喜。

父亲唐广德欢天喜地地在家门上悬挂了一张弓——明朝有个习俗：家中生男，要立即在大门的左门楣上悬挂一张弓，曰"悬弧"，这种风尚体现了尚武风俗；生女，则在门楣右边挂佩巾，曰"设帨"。其实这种习俗早在《礼记·内则》中就有记载："子生，男子设弧于门左，女子设帨于门右。"到了明代，该习俗依旧被保留。

父母给他起名字，用意甚简单：成化六年为庚寅年，所以他的名叫"寅"；这一年是虎年，而且他又是家中长子，所以他的字叫"伯虎"。唐寅后来常用的字是"子畏"，那是他自己更改的字。[2]

唐伯虎的出生，为这个"人丁不旺"的家庭带来了无限快乐和希望。他童年受到了长辈们无微不至的照顾。在蹒跚学步的时候，家人任由其在自家饭店里穿梭，因此他自小就看惯了南来北往客，听惯了南腔北调音，对陌生人并不畏惧。

---

[1]. [明]徐祯卿：《新倩籍·唐寅小传》。

[2]. [明]祝允明：《怀星堂集》卷十七《唐子畏墓志并铭》载："岁舍庚寅，名之曰寅，初字伯虎，更子畏。"

第一章·江山代有才人出

唐伯虎七岁的时候，母亲丘氏[1]又诞下一个男孩，因为那一年是成化十二年（1476年），丙申年，因此依例为这个孩子取名为"申"。唐申（1476—1542），字子重，号怀月，嘉靖二十一年去世，享年六十七岁，算是唐家最长寿的人。[2]

弟弟唐申出生之前，母亲还生过一个女孩。在男尊女卑的封建时代，女性的地位十分卑微。比如唐伯虎的这位妹妹，我们只能称之为唐氏，因为不知道她的芳名，甚至连她出生于何年何月也全然不知，只能推定她比兄长唐伯虎小一到五岁。

唐伯虎拥有一个幸福的童年。他的父母虽然生育了三个孩子，但依然年轻。古人婚嫁年龄普遍较小，男子一般十七八岁，女子一般十五六岁，最小的十三岁就可以出嫁，加之那时的政府税赋相对轻松，所以在和平年代的繁华都市里，唐家五口人的生活平凡而自足，不曾为五斗米发愁。

唐伯虎的命运走向取决于他父亲。母亲丘氏只是位恪守妇道的典型传统妇女，奉行女子无才便是德的祖训。那么父亲唐广德是一个怎样的人呢？

唐广德自小没有接受过教育，文化水平不高，恐怕只会算账数钱，记一点简单的账目。但是他"贾业而士行"[3]，也就是说唐广德虽然是个生意

---

[1]. 祝允明《唐子畏墓志并铭》写唐寅母亲为丘氏，而后世史料常称其为邱氏，但事实上明代只有丘姓。究其原因，系清代避讳孔子的名"丘"，所以当权者下令将丘姓改为邱姓。唐寅之母实为丘氏。

[2]. 唐申之子唐兆民所撰《遗命记》载："父字子重，讳申，号怀月……（嘉靖）二十一年壬寅九月……言毕大笑，俄顷而逝。"

[3]. 《怀星堂集》卷十七《唐子畏墓志并铭》。

唐伯虎传

人,脑子里却装着正统的儒家思想。

本是生意人的唐广德,偏要将儿子培养成读书人,谓之"子道之行,父志之成",意思就是小孩子不懂事,需要家长替他选择人生道路,而孩子一旦功成名就,就算是实现了父亲的理想。这种观念在当时一点儿也不奇怪,完全符合社会的主流价值观。

千年以来,中国人一直奉行儒家学说,认为只有读书、科举、为官才是人生正道,其他行业都属于贱业。宋代汪洙更是在《神童诗》里直截了当地写道:"万般皆下品,惟有读书高。"没有尊严的生活,从来不是幸福的人生。明代的社会风气是"书生惟籍进身,为殖生阶梯,鲜与国家效忠"[1]。明代人赵用贤说:"今仕于邦国者,类以科闱发第为重,其次则文学岁献士,世所号为正途。下是,虽聪明才谞卓荦出群者,亦屈为杂流,悉处于卑冗。"[2] 平民百姓要想摆脱低贱身份,争取体面生活,实现咸鱼翻身的梦想,唯一通途就是走上科举之路。一旦成为县、府学廪生(也称"廪膳生")以上的士人,哪怕是犯了案子,惹上官司,见了官员也不必下跪。如果能考取举人,中了贡士、进士,就可以飞黄腾达了。若是有幸当了大官的话,不仅能光耀门楣,连阴曹地府里的祖先也可以加官晋爵。中国有句古话"学得文武艺,货与帝王家",士人一旦依附于皇权,就可以施展齐家、治国、平天下的抱负。科举、入仕就是彼时读书人的人生理想,也是整个社会的主流观念,这像是一个巨大的旋涡,将世人裹挟其中。

---

[1]. [明]黄省曾:《吴风录》,明隆庆至万历刻百陵学山本,中华书局,1982年,第62页。

[2]. [明]赵用贤:《松石斋文集》卷九《送吴汝荣之任河南藩幕序》。

唐广德决意"将用子畏起家。致举业，师教子畏。子畏不得违父旨"[1]。唐伯虎是家中的长子，这一点很重要。按照家族世袭传统，长子为第一继承人，而且他也极聪明，所以父亲唐广德欲予以重点培养，送他去私塾启蒙。"广德尝语人，此儿必成名"[2]，说明唐广德很得意，也很自信，以为振兴自家门庭就指望唐伯虎了。

大约十岁时，唐伯虎"从师习举业"[3]，开始正式接受科举启蒙教育。此时的唐伯虎，正值天性好玩之时，可他不敢违背父亲的意愿，只得背起小书包，去私塾做个乖巧的读书郎。

唐伯虎的启蒙老师是谁？史料未载，但是有位苏州长洲人沈诚先生[4]，很像他的启蒙老师。沈诚是私塾先生，弘治六年（1493年）五月去世，享年七十岁。苏州城里耆老众多，文星璀璨，沈诚的家人却偏偏挑选了年仅二十四岁的唐伯虎来替他撰写墓志铭。细思量，其中必有某种特殊的原因，沈诚或是唐伯虎的启蒙老师。

唐伯虎在《沈隐君墓碣》中说，沈诚是读书人，却没有功名，以开馆授业为生。他回忆说沈诚的知识面很广，"学贯列经，博综群言。草木昆虫，太极天文，殚究毕该，罔有遗捐"，就是说，沈诚除了精通用来应付科举考试的四书五经外，还上知天文，下知地理，学识广博。他对学生的态度

---

[1].《怀星堂集》卷十七《唐子畏墓志并铭》。

[2]. 同上。

[3].《唐寅集》，第646页。

[4]. [明] 唐寅：《沈隐君墓碣》，见《唐寅集》，第258页。

唐伯虎传

非常友善,"慈良温舒","友生门徒"[1],让年幼的学子们不惧怕读书,且从读书中获得了学习的乐趣。

私塾课堂学习之余,少年唐伯虎免不了要做一些家务——去自家饭店帮厨,给父母打下手。据唐伯虎自述,"计仆少年,居身屠酤,鼓刀涤血"[2],"昔仆穿土击革,缠鸡握雉,身杂舆隶屠贩之中"。少年时代的他经常在后厨操刀,杀鸡宰鹅,还要给客人上菜斟酒,与送货的商贩们周旋,生活在各色人等之中。[3]

饭店就是一个小社会。各个阶层的各种人物每天都要在此登场,小小的饭店上演着世间百态。唐伯虎生活在其间,耳闻目染。在接受了启蒙教育之后,他开始阅读史书,逐渐学会了独立思考,开始反思自己在社会中所处的位置。他后来回忆早年的这些经历时,给自己和自己日常接触的一些人冠以"屠酤""舆隶""屠贩"之名,这些词语泛指操贱役者,属于社会地位低微的人,几近奴仆。从这些细节可以看出,唐伯虎一方面认识到自己的屈辱出身,一方面也培养出了死猪不怕开水烫的豁达情怀。

可怜天下父母心。父亲唐广德望子成龙,时刻关注着两个儿子的成长,尤其重视对唐伯虎的培养,可谓倾其所有,不惜成本。

---

[1]. [明]唐寅:《沈隐君墓碣》。

[2]. [明]唐寅:《与文徵明书》,见《唐寅集》,第221页。

[3]. [明]唐寅:《答文徵明书》,见《唐寅集》,第224页。

第二节　少年时代的挚友

虽然有关唐伯虎早年的史料很少，但我们依旧能从蛛丝马迹中了解到他青少年时期的一些情况。比如他学习成绩十分优异，但性格孤傲，不喜与外人交往。唐伯虎少年时代最要好的朋友有三位——刘嘉绪、张灵和文徵明。他们性格迥异，在当时都很有名。

◇ 发小刘嘉绪 ◇

刘嘉绪出生于成化四年（1468年），比唐伯虎大两岁，是官宦子弟，也住在吴趋里的皋桥，是唐伯虎的发小和邻居。少年时代的刘嘉绪长得白白净净，眉清目秀，举止稳重，而且读书用功，在大人们眼里是个伶俐乖巧的孩子。人们夸赞他"年数岁，据小几习书，俨然成文。又选古诗，模其格律，皆有妙悟"[1]，有点少年老成的模样。

刘嘉绪的父亲刘昌，字钦谟，"为世大儒，著书甚富"[2]，是当时有名的诗人。刘昌官广东左参政，任上因病去职，回乡后便去世。刘昌之墓挨着一座古墓——南宋副宰相范成大的墓。刘嘉绪每年清明为父亲扫墓，总能看见范成大的那座墓被盗。盗墓贼跟钟摆似的，去年刚走了一拨，今年

---

[1]. [明] 杨循吉：《松筹堂集》卷六《明故刘文学墓志铭》。

[2]. 同上。正统九年，刘昌乡试第一，后会试第二，中进士。景泰二年授南京工部主事。历官河南提学副使，迁广东左参政。

唐伯虎传

又来另一拨。刘嘉绪感慨不已，于是摇笔一挥写成《吊范墓文》，此文受到众人一致赞扬。唐伯虎说他"作文吊之，摇笔立成，词不加窜，虽老成宿德，莫不推其博雅"[1]。可见刘嘉绪年纪虽小，文笔不俗，深孚众望。

十六岁以前的唐伯虎，身边除了刘嘉绪之外，好像再也看不到其他形影相随的好伙伴了。人说近朱者赤，近墨者黑，唐伯虎整天跟刘嘉绪这样的好学生在一起，也应该是个中规中矩的读书好儿郎。尽管刘嘉绪比唐伯虎年长，读书也更刻苦，但他的学习成绩却不如后者。这虽然还不足以证明少年唐伯虎是天才，但至少说明唐伯虎更擅长科举考试。

成化二十一年（1485年），唐伯虎时年十六岁，他与十八岁的好友刘嘉绪一起参加了至关重要的考试，即童生试。童生试分为三个阶段，最终唐伯虎通过考试，补为府学附生。

明朝的童生试分为县试、府试和院试，是科举道路上最低的三道门槛，只有通过以上考试的学子，才能以秀才（生员）的身份参加下一轮的岁试、科试，争取参加乡试的机会。在乡试中考中举人，才有可能被朝廷选派去当官。

由吴县知县主持的县试，算是童生试的第一道门槛，其难度还是蛮高的，许多读书人从青丝考到白发，甚至带着孙子一起赴考，都未必能通过。而一旦通过童生试的全部考试成为秀才，就能享受免除差徭、见官不跪、被告入狱时不能随便用刑等特权。

唐伯虎自此在苏州学界有了声名。当然，这主要是指在读书人的科举圈子里，此时的他还未走入社会。

---

[1].《六如居士全集》卷六《刘秀才墓志》。

数年后，徐祯卿也成为刘嘉绪的好朋友。因为家穷买不起书，他经常来找刘嘉绪借书。正是在刘嘉绪家里，他认识了一生的第一知己唐伯虎。

◇ 酒友张灵 ◇

唐伯虎的第二位腻友，是"家与唐寅为邻，两人志气雅合，茂才相敌"[1]的张灵。张灵，字梦晋，是个内心寂寞而又性格叛逆的少年。

张灵与唐伯虎年龄相仿，他俩开始交往的时间是成化二十一年。这时两人同时考进了府学，成为同学。这个时候的张灵，虽然也是个出色的秀才，可他身边却连一个朋友都没有。

张灵的身世与刘嘉绪、唐伯虎完全不同。刘嘉绪是个官宦子弟，待人接物彬彬有礼，处处受人礼遇；唐伯虎家境小康，学业优秀，万事不求人，也有点儿自视清高，不愿意与别人交往；而张灵是个苦出身，家境贫寒，这使得世俗之人本来就从心底里怠慢他，不爱与他来往，可张灵偏偏又是个倔强之人，别人不把他放眼里，他更看不起别人，还动辄语出伤人，这使得乡党都很鄙视他，将其斥为轻薄放荡之徒。[2]整个苏州城里只有宽厚的祝允明礼待他。他觉得张灵有才气，尤其善于绘画，于是在成化二十年（1484年）将张灵招为门生。[3]拜师那一年，张灵还未考入府学，所以唐伯虎并不知道张灵是何方神圣。

张灵与唐伯虎本是邻居，以前怎么会不相识呢？住过弄堂的人都知道，

---

[1]. [明] 王穉登：《吴郡丹青志·张灵》。

[2]. 《新倩籍·张灵小传》曰，张灵"家本贫窭，而复佻达自恣，不修方隅，不为乡党所礼"。

[3]. 《新倩籍·张灵小传》："惟祝允明嘉其才，因受业门下。"

◆ 明 张灵 《织女图轴》，现藏上海博物馆

邻里乡亲低头不见抬头见，至少应该是面熟的。这只能说明，这哥俩都很高傲，目中无人，彼此视而不见。

家庭背景迥异的二人，又同处青春期，其实有着太多的相似之处。比如，他俩都是具有才华的少年，自视清高，不愿受繁文缛节束缚，又都对绘画和饮酒有着强烈的热爱。王穉登在《吴郡丹青志》里说得客气了一点，"张灵性放诞……两人（张灵与唐寅）志气雅合"。其实，二人一相识，就像已经憋了许久，终于找到了可以撒尿的夜壶，额手相庆，感觉十分投缘，转眼之间就成了挚友。

唐伯虎和张灵一起做出了种种令读书人不可思议的事，不仅犯忌讳，还遭人鄙视，我们不妨来见识一下他俩离经叛道的种种表现。

苏州府学内有个泮池，也称"泮宫之池"，是府学的"配套建筑"，一般以石为岸，池水不深，就是一个大池塘，池边还长了些野芹，中间建有一座桥梁，通向正殿，类似官学的地理标志。某日，唐伯虎和张灵两人一时兴起，竟然当众脱掉衣服，赤条条跳入水里，"赤立泮池中，以手激水相斗，谓之水战"[1]，玩得忘乎所以，十分尽兴。

府学本是读书人心中的圣地，孔子的塑像还立在大成殿内，以督促后学者克己复礼。师生们进入学府，理应个个整衣修面，笑不露齿，温文尔雅地说话，以保持谦谦学子的模样。泮池在读书人眼里，也具有神圣的意义。《诗经·鲁颂·泮水》写道："思乐泮水，薄采其芹。"读书人考中秀才之后，均要来孔庙举行拜祭仪式：从泮池中采撷水芹，插在帽子上，庆贺自己成为真正的生员。在同样庄严的地方，且在孔子的眼皮子底下，

---

[1]. [明]黄鲁曾：《续吴中往哲记》卷一。

唐 伯 虎 传

唐伯虎和张灵竟然做出如此荒唐不雅的事，师生纷纷投以鄙夷的目光。府学里的长辈劝告道，尔等"不可以苏狂赵邪比也！"[1]，大意是：你们这俩小畜生，胡子尚未硬朗，岂敢跟历史上的大名士比狂傲！

他俩还有个酗酒的嗜好，每饮必醉。张灵酩酊大醉之后，还要跟晚唐才子皮日休较劲，狂呼乱吼道：皮日休，你个老小儿，妄称醉士！你可以醉，难道我不能吗！一副颠顶不堪的模样。

因为是邻居，唐伯虎经常去找张灵玩。据说，每次唐伯虎推开门，都会见到张灵赖在被窝里，龟缩一团。唐伯虎就大声笑道："太阳已经照到你屁股上喽，怎么还不起床？"张灵无精打采，嘟囔道："今日无酒，雅怀不启。不如躺着，可以进入醉乡。"唐伯虎赶紧说："我来找你，正是为了邀请你喝酒去。"张灵这才露出笑脸，一骨碌披衣起床，趿拉着鞋就去痛饮。[2]饮至方酣，也不管刮风下雪，两人总要扮作乞丐，再来一段"莲花落"说唱小曲，得意忘形时还说："吾等不可以让李白看见啊，否则他会嫉妒的！"路人见此，恍如看戏，于是给了他俩一些赏钱。拿了赏钱，两人一扭头再去酒馆继续喝酒。

十七八岁的年纪如此放诞，二人自然成了人们调笑的对象。有些商人恶作剧，常常邀请他俩去喝酒，实际上是想看他俩出洋相。有一次，一些读过诗书的商人，在苏州著名景点虎丘的可中亭内摆下宴席，吟诗饮酒，故意将一些生僻的典故藏在诗里，比如"苍官""青士""扑握""伊尼"等，然后考问张灵。张灵一扬脖子喝干了酒，随口答道："苍官，松也；青士，

---

[1].《续吴中往哲记》卷一。

[2]. [明] 李绍文编撰：《皇明世说新语》卷六《任诞》。

◆ 明 张灵 《霜林行旅》扇面，现藏台北故宫博物院

竹也；扑握，兔也；伊尼，鹿也。"然后取笔挥毫，一口气写下很多诗篇，令商人们大为惊叹。张灵和唐伯虎趁机起身，悄悄上船，叫童子把船摇到隐蔽处。商人们寻找不见，便说他俩是神仙下凡，悻悻而去。[1]

张灵家穷却又馋酒，遇到没人请酒时，就径直去别人家里讨酒。然而他傲物，又不讲礼貌，闹出不少令人啼笑皆非的笑话。有一次他造访一户人家，坐到豆棚下举杯就饮，根本不看主人的脸色。主人自然很生气，遇到唐伯虎，知道他俩关系友善，就说起此事。岂料唐伯虎竟然翻起了白眼，对那人说："你这算什么意思？难道是在嘲笑我吗！"弄得那人哭笑不得，拂袖而去。[2] 可见他俩真是臭味相投的一对活宝。

---

[1]. [明]蒋一葵：《尧山堂外纪》卷九十一。

[2]. [明]曹臣：《舌华录·冷语第六》。

唐 伯 虎 传

虽然在后世文人笔下，生活中的唐伯虎与张灵让人啼笑皆非，但在真实历史中，他俩的绘画水平在年轻人中确实出类拔萃。张灵擅长画人物，亦间作山水。据《吴郡丹青志》载："张灵………两人志气雅合，茂才相敌，又俱善画，以故契深椒兰。灵画人物，冠服玄古，形色清真，无卑庸之气。山水间作，虽不由闲习，而笔生墨劲，斩然绝尘，多可尚者。"年轻时，张灵的画作就可以在市场上出售，本可以此改善生活，然而他却整天泡在酒缸中，不能自拔。旁人不无遗憾地感叹，张灵"性落魄，简绝礼文。得钱沽酒，不问生业，嘐嘐然有古狂士之风。为郡诸生，竟以狂废"[1]。

唐伯虎家境优渥，而且父亲也给予了他坚定又慷慨的支持，所以在他年轻的时候没有感到生活的压力，不必为生计卖画。当然，唐伯虎的才学和绘画水平，也要优于张灵。明代王世贞说："张（灵）才大不及唐（寅），而放诞过之。"[2]

◇ 一生知己文徵明 ◇

唐伯虎的第三位知己，就是后来名贯古今的文徵明。在历史上，文徵明与唐伯虎齐名，而他的名气能远远大于刘嘉绪、张灵之辈，原因固然有很多，但其中重要的一条显然是他长寿。长寿是艺术家在历史上享有盛名的重要因素之一，一旦同辈艺术家纷纷下世，长寿的艺术家必然被晚辈尊崇为泰斗。文徵明就是这样一位典型。

文徵明的身世比较复杂，须细细道来。

---

[1].《吴郡丹青志·张灵》

[2]. [明] 王世贞：《艺苑卮言》卷六。

第一章·江山代有才人出

文徵明生于成化六年,依公历算,具体日期是 1470 年 11 月 28 日,只比同庚的唐伯虎小 8 个多月。他出生在苏州城德庆桥西北曹家巷的一户官宦人家。家有薄产,也属小康。

文家颇有来头。远的不说,文徵明的六世祖文俊卿有六个儿子,其中次子文定聪是明朝开国皇帝朱元璋的亲兵,被朱元璋的重要将领蔡本招赘为婿。蔡本是武官,洪武七年(1374 年)担任正三品的苏州卫指挥;到了洪武三十五年(1402 年),升为正二品的浙江卫指挥,卒于任上。这个人凶险狡诈,在担任苏州卫指挥时,曾构陷苏州知府魏观和长洲著名文人高启图谋不轨,导致魏观和高启被冤杀,因此蔡本为后人所不齿。

◆ 明 佚名《文待诏小像》
现藏近墨堂书法研究基金会

文定聪就是文徵明的五世祖。他跟随岳父蔡本去了杭州。文定聪所生的四个儿子中只有老二文惠继承了文定聪的"传统",入赘苏州长洲县张声远家,所以文惠这一支一直生活在苏州城德庆桥西北的曹家巷。文定聪其他三子均生活在杭州。

定居苏州的文惠就是文徵明的曾祖父。文徵明的祖父文洪(1426—1499)是家中长子,在苏州以办私塾教书为生。成化元年(1465 年),文洪四十岁,这一年他才考中举人,后来他又连续参加三次会试,不中,直到五十多岁才被吏部选派到涞水县任儒学教谕。干了四年,他便告老还乡。[1]

---

[1]. 周文翰:《文徵明传》,清华大学出版社,2020 年,第 11 页。

唐 伯 虎 传

文洪育有三子一女。三个儿子全都接受了儒学启蒙教育和科举考试训练。长子文林于成化四年考中举人，成化八年考中进士，是苏州文家第一位进士。十五年之后，文洪次子文森于成化二十三年（1487年）考中进士。三子文彬能武，善骑射，以年资贡礼部。唯一的女儿叫文玉清，少时也接受过家庭教育，"通孝经语孟及小学诸书"，即读过《孝经》《论语》《孟子》等书。

文徵明的父亲就是文林。文林娶妻祁守端，于成化五年（1469年）生下长子文奎(后改名为文徵静)，又于成化六年生下次子文壁，也就是文徵明。

文林是一位目光敏锐的官员，待人厚道，处事正派，对中国道教文化很有研究，所以给儿子取的名字也都与天上的星宿相关。古人仰望星空，将黄道、赤道带附近的星象划分为二十八星宿，而"奎"和"壁"就是星宿的名称。我们现在熟知的"徵明"这个名字，原是他的字，他自四十二岁起渐以字行。

文徵明出生后一直不会说话，人们甚至怀疑他有智力障碍。但是，他的父亲认为这种现象是贵人讷言，需要耐心等待时日，必可晚成大器。文徵明的母亲是里中人，稍读诗书，还能够描绘几笔兰花闲草[1]，在那个时代算是有文化的女性，对这个不会说话的"哑巴"次子，更是关怀备至。

文林于成化四年考中举人后，未能连中三元。隔了一届，到成化八年才在殿试中考取进士，名列第三甲，随后被任命为温州永嘉知县。文林一家四口带着两个仆人，一起赶往温州上任。那时，文奎四岁，文壁三岁。

文林在永嘉知县任上一共待了六年。其间，因为朝廷经常拖欠官员薪俸，

---

[1]. 据《苏州府志》记载，成化年间，祁守端在永嘉令署作花卉图。

一家人过得捉襟见肘，祁氏还曾变卖首饰，以维持家用。此时在涞水县担任教谕的父亲文洪，打算回苏州故里养老。文林是家中长子，有赡养老人的义务，于是托付妻兄祁春将妻子和两个儿子一起送回老家苏州，提前为迎接老人回家做准备。

这是成化十二年春天的事。可是妻子祁守端回到苏州老宅突发急病，竟于当年五月二十七日撒手人寰，年仅三十二岁。文林悲痛难忍，邀请当时最负盛名的文人李东阳撰写了《文永嘉妻祁氏墓志铭》，足见他对妻子的厚意。

这个时候，苏州曹家巷的文家老宅已无长辈在家。文徵明的祖父文洪和继祖母以及两位叔叔尚在涞水，还未归来，因而八岁的文奎和七岁的文壁在生活上顿陷困顿。此时外祖母家施以援手，将这两个孩子接去了母亲祁氏在里中的娘家。但外祖母徐氏年老，做不了多少家务，母亲祁氏的妹妹祁守清给予了这两个苦命的孩子无私关爱。

小姨祁守清家贫，丈夫又新逝不久，自己还有幼子需要照料，可是她依然三天两头跑来娘家，照顾这两个小外甥，并将家里的旧衣服缝缝补补，给小外甥做成合体的衣裳，让孩子们感受到亲情和温暖。舅舅祁春是个辛苦奔波的小生意人，经常为孩子们送来粮食和衣物。文徵明长大后，对这一段艰难日子感念于心，念念不忘。外祖母徐氏、小姨祁守清以及舅舅祁春去世时，他们的墓志铭都是由文徵明饱含深情撰写。

母亲去世后的第二年，即成化十三年（1477年），发生了一件让人开心的事，八岁的文徵明终于能够开口说话了。

成化二十一年，文林升任南京太仆寺丞后便告假省亲，携家眷一起返回苏州故里。这时候，文林已经有了第三个儿子。除文奎、文壁之外，他又有了第三子文室——在原配祁氏去世后，文林在永嘉知县任上娶了吴氏

唐 伯 虎 传

为妻。吴氏为永康县（今永康市）教谕吴清的女儿，文室的生母。苏州文化圈对文林父子的归来，表示了热诚欢迎。他们经常雅聚，迎来送往，把酒举杯，畅叙诗怀。

也就是在这一年，唐伯虎与随父还乡的文徵明相识了——这时的唐伯虎初露锋芒，在与张灵等一起参加的苏州府童生试中取得佳绩。

令人诧异的是，唐伯虎与文徵明初相逢就成了挚友。是年，两人都是十六岁。

这种惊讶不无原因——两人性格反差极大。前面我们已经说过，唐伯虎整天跟张灵厮混在一起，性格由内向开始转为外向，常有不知天高地厚之举，令人侧目，而文徵明的性格正好与之相反，他待人谨慎，虚怀若谷，是刘嘉绡那种人见人爱的标准好少年。文徵明生长在世代饱读诗书的家庭，自小就心悦诚服地接受儒家教育，而唐伯虎所接受的应试教育，则具有浓厚的"学得文武艺，货与帝王家"的功利色彩，与文徵明的情况完全不同。

看似性格相左、家庭背景迥异的两人，恰好形成了性格上的互补，像两块相互吸引的磁铁一样，文徵明和唐伯虎至此成了好友，而且这种真挚的友谊贯穿了他们的一生。

需要指出的是，文徵明绝不是天才少年，甚至小时候给人的感觉是他很笨。但是，文徵明有个突出的优点，他兴趣广泛，学习十分勤勉。后来他又遍学名门——曾"学文于吴宽，学书于李应祯，学画于沈周，皆父友也"。[1]这些大名士都与文林友情深厚。当年文林考中进士外派为永嘉知县时，同榜状元吴宽写了题为《送文宗儒知永嘉》的送别诗："同年出宰联翩去，

---

[1].《明史》卷二百八十七《文苑三》。

大邑争夸浙水东。"所以当老友白璧微瑕的儿子文徵明前来求教学问时，他们都予以热情指导。

文徵明十六岁回到苏州不久后，就认识了都穆，并开始跟随他学诗。几乎每写一首，文徵明都要请都穆斧正，都穆也总是尽心竭力地辅导。文徵明回忆说："余十六七时……余每一篇成，辄就君（都穆）是正，而君未尝不为余尽也。"[1]

在与唐伯虎订交后，因为父亲要赴任南京太仆寺丞（南京太仆寺的官衙在安徽滁州，距离南京不远），文徵明也跟着一起离开了苏州。到弘治元年（1488年），文徵明已经十九岁了，为了入县学读书，他才从滁州回到故乡苏州，顺利地进入长洲县县学成为生员。

到了当年年底，长洲县学按例举行了岁试，考试结果令文徵明感到震惊和羞愧：他仅仅被评为第三等。

按照科举教学的管理条例，每一届提学官在任三年，要在县学里举行两次岁试（岁考），用岁试成绩来甄别诸生的优劣，共分为六等："一等前列者，视廪膳生有缺，依次补充，其次补增广生。一、二等皆给赏。"廪膳生的待遇和老师一样，"师生月廪食米，人六斗，有司给以鱼肉"。"三等如常"，"不得应乡试"，"四等挞责"，"挞黜者仅百一，亦可绝无也"。[2]三等生及三等以下者均无法参加乡试，属于后进生。

文徵明的父亲是当朝进士、苏州名人，而他的儿子在县学的考试成绩居然快要垫底，这确实很伤自尊。文徵明忸怩了半天，还是不服气，就跑

---

[1]. [明]文徵明：《南濠居士诗话序》。

[2]. 见《明史》卷六十九《选举一》。

唐伯虎传

去问老师。"宗师批其字不佳,置三等。"[1]先生指出:成绩不佳的原因,就是他的字写得实在太差了!

文徵明没有与县学老师争辩,而是虚心接受批评。自此,他发愤练字,夜以继日,并且持之以恒。

诸生在县学里读书,本应每日起早贪黑,实际上他们"皆饮噱啸歌,壶弈消暑",也就是大家趁老师不在的时候,偷偷喝酒、娱乐,以投壶游戏消磨时光。而只有文徵明一人坚持伏案习字,专心致志地临习智永的《千字文》,而且每天临习"十本为率,书遂大进"[2],终于练就了十分扎实的功底。

文徵明后来成为明代著名的书法大家之一,人们对他当初学书的途径极为关注,欲加以仿效。他的次子文嘉著文介绍说:"先君少以书法不及人,遂刻意临学。篆师李阳冰,隶法钟元常,草书兼抚诸体,而稍含晋度,小楷则本于《黄庭》《乐毅》,而温纯典雅,自成一家,虞、褚而下弗论也。"[3]他所指的就是这一时期。

此时,苏州最享盛名的大画家是沈周(1427—1509),他比唐伯虎与文徵明大了四十多岁,被推崇为整个明朝最伟大的画家。沈周与文家有亲戚关系,属于远亲。文林的表弟桑悦是苏州常熟人,也是他的会试同年。而沈周的夫人是常熟人陈慧庄,系陈原嗣之女、陈蒙之妹,正是桑悦的姑母。文徵明出生当年,文林就曾去拜访沈周,自此两家关系热络起来,彼此常

---

[1]. 潘承厚辑:《明清画苑尺牍·文徵仲》,转录自周道振、张月尊:《文徵明年谱》,中华书局,2020年,第40页。

[2]. [明]何乔远:《名山藏·高道记》,转引自周道振、张月尊:《文徵明年谱》,第44页。

[3]. 见日本东京堂本《故宫历代法书全集》第六卷,文嘉跋《文徵明四体千字文》。

◆ 明 文徵明 小楷书《千字文》，藏处不详

有诗画相赠。文林与父亲文洪因故滞留徐州时，沈周还曾写诗《怀文宗儒父子久客徐州》，表达了自己的惦念之情。

沈周是桑悦的姑父，桑悦又是文徵明的表叔，按辈分文徵明应该称沈周为爷爷。文徵明虽然自小热爱书画，但因其学习的重点是科举，又加上常年随父亲在外地生活，所以直到二十岁才成为沈周的入门弟子。

我们由此可以看到，文徵明虽然不具备唐伯虎那般喷薄的才华，可他是一位特别有教养的少年，能够清醒地认识到自己的不足，而且成了笨鸟先飞、勤能补拙的典范。

我们从他的经历中可以清晰地看到：文徵明九岁即跟随其父的科举同年、当时已是一流大家的吴宽学写文章；十六岁跟随都穆学写诗；十九岁又跟随祝允明的岳父、书法名家李应祯学习书法；二十岁追随沈周学习绘画。他如同海绵一样汲取知识，以增强自身的文化涵养与能量。

而在与唐伯虎的交往中，文徵明始终为人低调，处处谦虚谨慎，克制自己，所以二人相处得十分融洽。实际上，低调是一种精神境界，越是饱学之士，越是自觉学识欠缺，不高调，不张扬。

第三节　唐伯虎早年力作《贞寿堂图》

唐伯虎到了十七岁，已是进入府学的第二年，即成化二十二年（1486年）。这年的正月十五日，唐伯虎创作了《贞寿堂图》。

这是极为著名也极其重要的作品，历来被视为唐伯虎早年的代表作。后世对唐伯虎的书画研究，大多从这幅画入手。通过研究画卷上的题跋、人物背景等素材，后人不仅能够窥探少年唐伯虎的交友圈，及其成长的时代环境，更为重要的是，这一作品既是唐伯虎正式进入社会的标志，也是他在漫漫书画旅途之中树立的第一个标杆。

据记载，唐伯虎最早的书画作品大致有以下几幅。

其一，是泥金行书《心经》，落款为"壬寅仲秋既望，六如居士唐寅焚香拜书"，当是成化十八年（1482年）八月十六日所作，唐伯虎是年十三岁。经首有"南京解元"长印，《心经》之后绘有泥金罗汉十八像，无款，有唐伯虎二印，画像之后是连幅的《八大人觉经》，为文徵明次子文嘉所书。这一作品属于清宫旧藏，载《秘殿珠林》卷六。[1]但此书必伪无疑，原因很简单：唐伯虎中举、成为"南京解元"，时在弘治十一年（1498年），此

---

[1]. 见周道振辑校：《唐寅书画资料汇编》，上海古籍出版社，2017年，第1页。

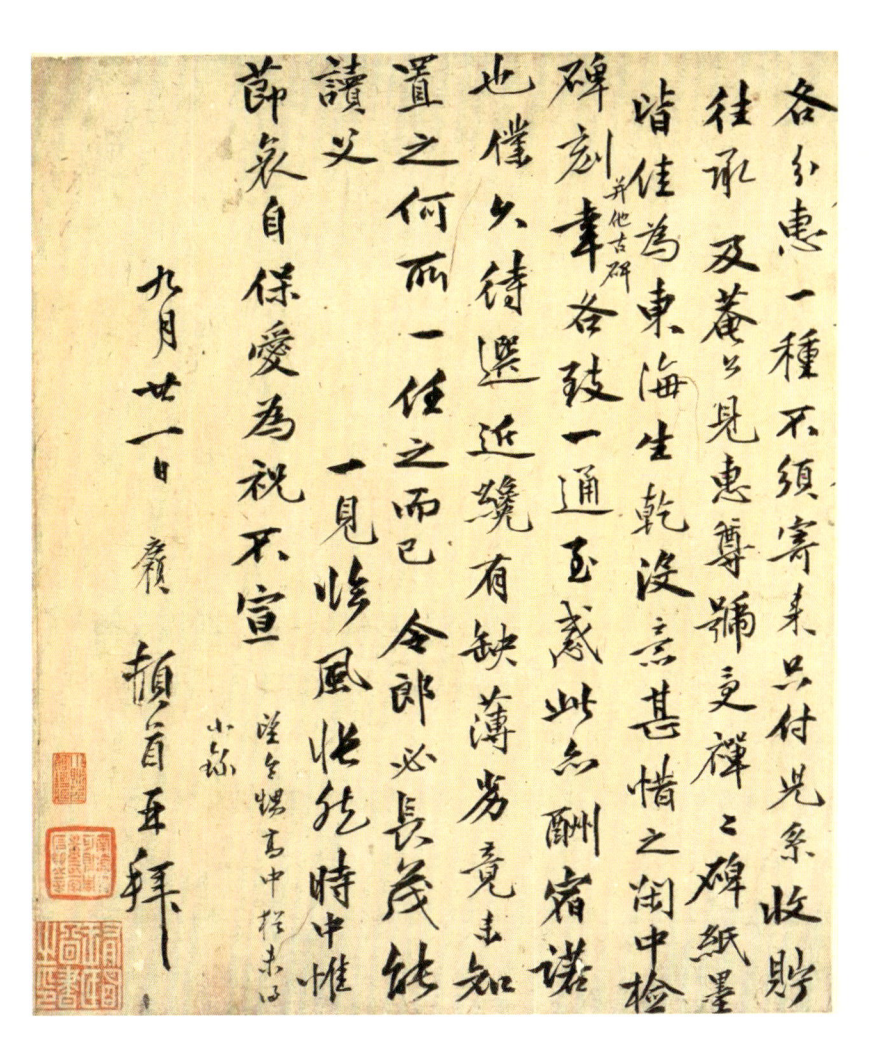

◆ 明 李应祯 《致刘昌札》（局部），现藏近墨堂书法研究基金会

时唐伯虎年已二十九岁。

其二，所谓现存唐伯虎最早的绘画作品《对竹图》，创作于弘治三年（1490年），此时唐伯虎已经二十一岁，比创作《贞寿堂图》晚了四年，暂可不论，留待后面细说。

由此可以确定，《贞寿堂图》是现存唐伯虎最早的具有明确创作时间记录的书画作品，其意义不言自明。

我们先来探究一下他创作这一作品的时代背景。

苏州长洲人周希正，当时官拜山东嘉祥学政。他与弟弟周希善一起准

备庆祝母亲的八十大寿。这哥俩精心组织了一场笔会，欲以书画形式颂扬母亲守节抚孤的贞德，以弘扬孝敬文化，表达对母亲的感恩。这是古代知识分子祝寿的一种常见的文化形式。

世代生活在苏州的周氏，以诗书传家。周希正、周希善兄弟俩的父亲叫周泰，是景泰年间的广东乐会（在今海南琼海市）知县。一般来说，明代出任知县的官员大多系进士出身。周泰的夫人叫楼嬿，字懿端，"通书史，精女工"[1]，说明楼太夫人出身不俗，起码是一位知书达理、精于理家的女主人。

景泰五年（1454年）四月六日，知县周泰卒于任内。当时家人作为随眷，都生活在广东乐会，距离苏州老家数千里。楼太夫人为了让客死异乡的丈夫归葬，带着两个年幼的儿子跋山涉水，扶棺前行，历经千辛万苦。途中数次遭遇流寇与盗匪，每一次她都抱着必死的决心，"誓不受辱"[2]，最终回到苏州。从此以后她"孀居矢节，门户萧然，蚕绩弗倦，手自授书以教二子"[3]。长子周诏（字希正）很有出息，参加南京乡试考中了举人，然后去山东济宁做了嘉祥县的教谕。

苏州贞寿堂，就是周希正、周希善兄弟俩奉养母亲楼太夫人的居室堂号。

在明朝中期，文人们用书画为长辈祝寿已成风尚，其形制主要有两种，

---

[1]. 《匏翁家藏集》卷七十三《故乐会知县周君墓表》。

[2]. 同上。

[3]. ［清］顾文彬：《过云楼书画记》卷八《唐六如贞寿堂图卷》。此句出自李应祯所写卷首序。

◆ 明 唐寅等 《贞寿堂图卷》（局部），现藏北京故宫博物院

一是册页，二是长卷，《贞寿堂图卷》属于第二种。

《贞寿堂图卷》的卷首是李应祯撰写的卷首序，此序犹似头戴官帽的远道来客，让人顿觉精神一振；然后是唐伯虎的画作《贞寿堂图》，此图恰似官帽下的眉目，是整幅长卷的视觉核心，令人百看不厌。

这幅《贞寿堂图》采用左右对称构图，描绘的是一派秋日景色。观赏者的视线先从浓墨皴擦的左下端岩石处进入画面，而后沿苍松劲柏巡视到被群树围绕的两楹房屋，其中正厅大门敞开，堂内端坐着一位老妪，其右侧是一方书桌。堂内侍立着两位身穿长袍、头戴方巾的读书人。显然，这三人就是周泰的夫人楼嬺和她的两个儿子周希正、周希善兄弟。

屋外竹篱蜿蜒曲折，将视线引至屋侧辽阔而平静的水面。竹篱外有一小木桥，一老翁似正要过桥来探访主人。

若将视线拉远，则可看到左下端的岩石恰与右上方的远山遥相呼应，近石远山，天地辽阔，令人回味无穷。

唐伯虎的画作之后，依次是唐璪、沈周、杜启、吴一鹏、吴传、陈谟、陈沃、夏永、吴宽、钱腴、谢缙、尉淳、唐寅、濮裕、文壁、楼翰的相率歌咏，前后多达十六家的题诗，蔚为壮观。在作《贞寿堂图》后，唐伯虎也作了一首题咏诗：

> 作宰良人殁海邦，崎岖历过厉冰霜。
> 持身自信能恒德，教子咸推以义方。
> 老柏岁寒存晚节，孤梅雪后有余香。

唐伯虎传

> 荣膺禄养安仁寿，宜与南山并久长。[1]

纵观手卷全图，绘画如同被众星围拱之月，占据着画卷核心位置，且突出了叙事主题，显得自然而妥帖，既让人感觉温馨舒适，也展现出了唐伯虎的才子本色。

在绘画上，少年唐伯虎具有如此出色的表现力，的确卓尔不群。但我们只要细心观察，还是能够发现他的画风明显受到了元代山水画派的影响，而且此时的唐伯虎必然已经接受过摹古的技法训练，所以才能表现出如此娴熟的绘画能力。

明朝人学画，无非两条门径。一是拜师，二是私淑古人，归根结底都是向古人学习，在摹古的道路上，继承和发扬传统理念和技法。

我们从史籍中发现，唐伯虎很早就开始与书画商交往，并从他们手中借阅古画，用于绘画技法的学习。有位名叫骏在的书画商，购得赵孟頫之子赵雍的《洗马图》，先是请祝允明题跋[2]，后又请唐伯虎题诗：

> 骐骥骅骝世有之，不逢伯乐自长嘶。

---

[1]. 见故宫博物院、苏州姑苏区人民政府编：《唐寅书画全集·绘画卷1》，故宫出版社，2016年，第122页。

[2]. [明]郁逢庆编：《书画题跋记》卷七《赵仲穆洗马图》云："骐骥昔在人间，继在毫末。今归吾贾君骏在君矣。走千里，价千金。浴瑶池而秣天山，卫龙墀而骖鸾辂，一旦事耳，君尚稍加葡拂以饲之。因君索题，为采旧跋语揭诸前，而漫赘斯说。岁丁卯夏日，苏人祝允明记。"

> 却凭笔貌千金骨，谁信相知是画师。[1]

此诗可以印证，唐伯虎习画之路发端于私淑，即所谓"不逢伯乐自长嘶"，说明他早期学画时并没有拜师。他对绘画有着强烈的兴趣，也很自信，自比骏马"骅骝"，而且在世人没有充分认识到他的绘画才能的时候，他就说出了"谁信相知是画师"，坚信自己能够成为一笔画出"千金骨"的画师！

再从《贞寿堂图》的绘画技法看，唐伯虎的笔墨主要追随宋元画风。他笔端的人物俱是白描，这显然是学习了北宋李公麟的技法；而在构图上则受到南宋意蕴的浸润；配景之远山，又受到元代黄公望的影响。由此印证了一条真理：所谓天才就是那些比旁人更善于学习，更具有迅速领会和表现能力，而又能触类旁通、少走弯路的成功者。唐伯虎就是这样的人。

十七岁的唐伯虎绘制出如此令人惊艳的画作，不仅让苏州士人刮目相看，更让周希正兄弟心满意足，于是在装裱《贞寿堂图卷》时，按惯例将《贞寿堂图》置于李应祯的卷首序之后，又特意置于众人诗作之前，这在当时算是对一位初出茅庐者的抬爱。

仔细端详《贞寿堂图卷》上唐伯虎的书法，其字结体安详，既有赵孟𬖥的从容多姿，又有李北海（李邕）的飒爽雅致，行笔还有黄庭坚的松缓气度，已是有模有样了。

而若将此墨迹与弘治三年唐伯虎在周臣《听秋图》上的题跋进行对比、研究，我们便可确信，《贞寿堂图》及唐伯虎的题诗，并非他十七岁时的作品！因为周臣《听秋图》上唐伯虎的书法虽是楷体，但行笔迟涩，结字

---

[1].《书画题跋记》卷七《赵仲穆洗马图》。

不稳，字形瘦长，明显属于早年他书技不成熟时期的作品。而在弘治三年时，唐伯虎已经二十一岁了，换句话说，他二十一岁时的书法尚未成熟，如何能在十七岁时写出比二十一岁时更好的字呢？这是不可能的。所以说，唐伯虎绘制的《贞寿堂图》和题诗均是后配，它并不是唐伯虎现存的最早作品。也即，在成化二十二年正月十五日，周氏兄弟为母亲举行诗文祝寿活动时，唐伯虎尚未创作这幅《贞寿堂图》以及题诗。或许他压根就没参加当时的祝寿活动。

分析《贞寿堂图卷》上唐伯虎的书和画的风格、特点，大致可以推测出《贞寿堂图》至少应为唐伯虎二十六岁以后的作品，此时已是弘治年间。

造成这一历史性误会的原因在于装裱。当年为楼太夫人举行诗文祝寿活动时，唐伯虎并未参加。若干年后，唐伯虎画名已显，周家人方来邀请唐伯虎补画了《贞寿堂图》，又请他写了一首祝寿诗，然后与当时参加这一活动者的祝寿诗放在一起装裱成卷。如此一来就搅乱了时序，这才导致了后世人的误判。

不过，即使《贞寿堂图卷》是后配而成的，也不影响我们从中窥探唐伯虎成长的经历和环境。

卷上的题诗者，大多是他的同时代人，而且就生活在他的周围。他们既见证了唐伯虎最初进入苏州文人圈时的情形，也将看到他随后所经历的狂飙巨浪。

而真正带领唐伯虎进入这个圈子的人，并没有参加这场诗文祝寿活动。此人就是大名鼎鼎的祝允明。

祝允明对唐伯虎的艺术与人生产生的重大影响，在《贞寿堂图》上是看不见的。

第四节　祝允明的出现

　　直至二十一岁，唐伯虎才终于被一位奇特的贵人关注，命运的齿轮开始转动。唐伯虎遇到的这位贵人，正是有明一代书法大家祝允明。

　　关于唐伯虎订交祝允明的时间，学术界有三种观点：一是在唐伯虎十四岁时[1]；二是在十五岁时[2]；三是宋志英辑《明代名人尺牍选萃》中祝允明《六如居士尺牍序》自述的二十三岁时。《六如居士尺牍序》是不是真迹，尚存争议，但从内容上看，应该是有依据的。从唐伯虎成长的轨迹来看，祝允明自述的二十三岁的说法更具可信度。

　　祝允明怎么会关注到这位年轻书生呢？原因在于福昌寺壁上唐伯虎的一首诗，拨动了他的心弦。祝允明在《六如居士尺牍序》里回忆道："宏（弘）治三年，与徵明游福昌寺，见楼壁题四言诗，狂放可掬，更觉钦钦。余和之云：宅此心体，沈矣洞洞。爽气西纳，妙月东奉。时临长津，以鉴群动。

---

[1]. 见杨继辉硕士论文《唐寅年谱新编》第18页。明宪宗成化十九年癸卯年（1483年）条："先生（唐寅）与祝允明交约在是年。"

[2]. 吴诵芬等编：《明四大家特展——文徵明》，台北故宫博物院，2014年版。

唐 伯 虎 传

徵明笑睨曰，'汝倾心唐寅耶？渠好使酒，与张灵昵，余当与汝偕访之'。"[1] 文徵明向祝允明介绍唐伯虎时，特意提到张灵，因为张灵在几年前就已经是祝允明的弟子了。其实，祝允明早就听说过唐伯虎这个人，所以他又说："余向耳其名，闻声相思者数年。余亦傲，不愿交俗儒。"[2] 只是因为祝允明也是个高傲的人，担心唐伯虎是个"俗儒"，所以没去见他。

祝允明又说："后以循未果。壬子秋，方与子畏订交。"[3] 壬子秋，是指弘治五年（1492年）的秋天，这一年，祝允明才正式与唐伯虎订交。

第一次见到唐伯虎，祝允明吃了一惊，说："子畏天授奇颖，才锋无前，百俊千杰，式当其选，形拔而势孤，立峻则武狭。"[4] 就是说，唐伯虎言辞机敏，话锋犀利，昂首挺胸，有一种威武不能屈的侠士风采。这是弘治三年的事。

从弘治三年到弘治五年秋天的两三年间，祝允明曾多次拜访唐伯虎。可能是为了观察，但最终目的一定是为了与他订交。可是唐伯虎并未答应，所以"循未果"。

祝允明当时已三十有余，颇负盛名，而且背景很硬，可这一回，他算是热脸贴上了一个年轻人的冷屁股。

为什么说祝允明是一位奇特之人？原因就在于他生有异相，右手比别人多出一个指头，共六根手指。众人皆称奇怪，他也洒脱，跟着别人一道起哄，因此自号"枝山"。

---

[1]. 宋志英辑：《明代名人尺牍选萃》，国家图书馆出版社，2008年，第5—8页。

[2]. 同上。

[3]. 同上。

[4]. 《怀星堂集》卷二十七《梦墨亭记》。

第一章·江山代有才人出

祝允明是个典型的高官子弟。他是苏州长洲人,于1460年出生在山西太原。其祖父祝颢时任山西布政司右参政,祝允明的父母作为随眷居于太原,于是他出生在太原。

祝允明的外公是曾任内阁首辅的徐有贞,名重一时。徐有贞是位心狠手辣的政客,在英宗复辟的"夺门之变"中起到了关键作用。当初,他与家人告别时说:"事成社稷利,不成门族祸。归,人;不归,鬼矣。"政变成功,他大权在握,翻脸不认人,不仅把有恩于自己的大臣陈循逐出内阁,令其谪戍铁岭卫,更罗织罪名,将民族英雄于谦置于死地,一时"天下无不冤之"。[1]

成化十四年(1478年),十九岁的祝允明娶中书舍人李应祯之女为妻。第二年生子祝续。

年长唐伯虎十岁的祝允明,虽然已是名人,但名声不太好。史书上说他"为人好酒色六博,不修行检"[2],整天去青楼喝花酒,酒气熏天还要再去赌博,欠人钱财却装作若无其事。人们对这位浪荡公子纷纷侧目。

不过,说祝允明是"浪荡公子"也不属实,其实他在苏州府已负盛名,

---

[1]. 另见《明史》卷一百七十一。徐有贞,字元玉,又字元武,晚号天全翁,苏州吴县人,明朝中期大臣、内阁首辅。宣德八年进士,选庶吉士,历任编修、侍讲。景泰八年,徐有贞与石亨、曹吉祥等人密谋发动了"夺门之变",拥戴明英宗复辟有功,拜华盖殿大学士、兵部尚书,封武功伯,因此世称"徐武功"。他逸杀于谦、王文,又与石亨、曹吉祥争权,结果被构陷罪名,贬为广东参政,后又流徙云南金齿卫。石亨败亡后,他被放归。成化八年郁郁而终,时年六十六岁。徐有贞善书法,长于行草,小行书尤为精妙,名重当时。其长女嫁给了祝瓛,生子即祝允明。

[2]. [明]阎秀卿:《吴郡二科志·祝允明》。

唐伯虎传

并不是酒囊饭袋。史书上还说他"聪慧绝伦，博学，工属文，不为章句"[1]。这源于他祖父祝颢的精心栽培。天顺八年（1464年），祝颢致仕之后就全力培养孙子。祝颢强调因材施教，曾说"教人与治人不同，贵在随材成就……毋强以文辞"之语。小小祝"枝山"，五岁起就坐在祖父腿上开始临帖学习书法，不久便能写出雄健大字。

祝允明的外公徐有贞也是博学之士，熟知天文、地理、道释、方技，尤其擅长书法行草，深得怀素、米芾笔意，风格古雅雄健。后因官场失意，徐有贞卸任归田，放浪山水十余年。在此期间，徐有贞对外孙祝允明的书法多有教诲。徐有贞去世时，祝允明已经十三岁，跟随外公学习书法已有七八年之久。

祝允明成年后，又得到岳父李应祯的精心调教。李应祯擅长篆、隶，兼长行、楷、草书，尤其惯用三根手指的指尖搦笔，虚腕疾书，风格独绝，无人能比。他的入门弟子除了外孙祝允明，另一位出名者就是文徵明。

由此可见，祝允明书法之所以如此了得，皆源自家学。他的父亲祝瓛虽然不出名，但其祖父祝颢、外公徐有贞以及岳父李应祯，均是有明一代的书法名家。拥有这样优越的学习条件的人，不光在明朝绝无仅有，纵使放眼中国古代历史长河，也属罕见。当然，这绝不是祝允明成才的绝对条件，他的天分自是必不可少，但更为重要的原因还是他自己感兴趣，以及长年累月的勤学苦练。

在吴中四才子中，祝允明年纪最大，出名最早。他不仅书法出色，还十分崇尚唐宋派文学，文章奇伟，曾经得到督学御史（即提学御使）司马

---

[1].《吴郡二科志·祝允明》。

◆ 明 祝允明 《小楷初唐诗》（局部），现藏香港中文大学文物馆

要的激赏，甚有时名。文徵明回忆说："于时，公（祝允明）年甫二十有四。同时有都君玄敬者，与君并以古文名吴中。"[1] 这位"都君玄敬者"，就是都穆。此君比唐伯虎年长十二岁，未来也将成为少年唐伯虎的挚友。

"好酒色"是否就是祝允明的人生缺陷？他所生活的明中期社会并不是这样认为的，否则泛滥于大江南北的青楼妓院，也就不会成为上至达官显贵，下至文人雅士，乃至商人们乐此不疲的去处。这是因为宋代以来，程朱理学死板僵化，害人不浅，到了明朝中期已经遭遇一些开明之士的不屑与唾弃，社会风气较明代早期已趋开放，所以像祝允明这样的才子，依旧很受欢迎。

在福昌寺看到唐伯虎的题壁诗之后，祝允明认定唐伯虎是个有为少年，再加上文徵明的撮合，他决定亲自登门拜访。

---

[1].《甫田集》卷二十三《题希哲手稿》。

唐伯虎传

身为官宦公子的祝允明与微贱商人之子唐伯虎素昧平生,而且两人的社会地位悬殊,他为什么要主动亲近唐伯虎?

这是苏州地区特殊的文化环境决定的。苏州士人在一起,常见"折辈行与交"[1],对于彼此的年龄、家庭背景并不太重视,而常常是"追逐其间,文酒倡酬,不间时日"[2]。其中很大的原因是科举制度对社会各阶层所起到的调节和融汇的作用。读书可以改变穷苦人的命运,科举使得底层人民进入统治阶层成为可能。尤其是苏州府这个地方,具有浓郁的尊崇文化、尊贤下士的传统。而这种文化现象的背后,实则是重视人才的培养和爱护。以当时画坛盟主沈周为例,王鏊说他"尤喜奖掖后进,有当其意,必为延誉不已"[3],而身为帝师的王鏊本人,也是如此,唐伯虎、文徵明均深受其益。当然,子弟不肯用功读书的高门大户,也可能会很快地衰败下去,成为破落户。岁月似水,按照不可预知的规律,不停地搅拌着泥土,重塑着每个读书人的命运。

弘治三年首次见面后,祝允明又专程跑去见唐伯虎,彼此加深了印象。祝允明说"唐君子畏……偏玩世不恭,有睥睨一切之意"[4]。他貌似一副无所谓的愤青模样,可听他谈吐,才思敏捷,胸怀抱负,见解超过了同龄读书人,确实才华横溢。祝允明感叹他"性极颖利,度越于士"[5],果真

---

[1].《甫田集》卷二十三《题希哲手稿》,另见文嘉《先君行略》。

[2]. 同上。

[3]. [明] 王鏊:《石田先生墓志铭》(拓本)。

[4].《明代名人尺牍选萃》,第5—8页。

[5].《怀星堂集》卷十七《唐子畏墓志并铭》。

是一位人才。

祝允明料定唐伯虎的前途不可限量，只是在心里暗暗感叹：虽说孤傲之人都瞧不起流俗之辈，可是他不过是个少年郎啊，不应该太过孤傲。祝允明不免为之惋惜。不过祝允明很大度，多次去见唐伯虎，向他伸出橄榄枝，表示自己愿意与他交往，可是这位小老弟却不领情，对伸来的橄榄枝不置可否。

唐伯虎当时还是个毛头小伙子，情绪波动很大，也不太懂人情世故。祝允明解释说："（唐寅）幼读书，不识门外街陌，其中屹屹，有一日千里气。不或友一人。余访之再，亦不答。"[1]

这时期，唐伯虎正在府学读书，而府学的管理非常严格。"游郡学时，学官以严厉束诸生。辨色而入，张灯乃散。"[2] 学子们天不亮就要赶到学堂接受点名，到了天黑才可以放学。可能在客观上，他也挤不出多少时间与社会上的名士交游。

到了弘治五年秋天，祝允明考中举人。唐伯虎登门道喜，还给祝允明送来了两篇自己撰写的文章，述说了自己的情怀和理想。

祝允明回忆说："一旦，（唐伯虎）以二章投余，乘时之志铮然。余亦报以诗，劝其少加宏舒。言万物，转高转细，未闻华峰可建都聚，惟天极峻且无外，故为万物宗。子畏始肯可，久乃大契。"[3] 祝允明读了唐伯虎的文章，发现他写作时犯了幼稚病，即空话、大话过多，于是跟他促膝谈

---

[1].《怀星堂集》卷十七《唐子畏墓志并铭》。

[2].《名山藏·高道记》。转引自周道振、张月尊：《文徵明年谱》，第44页。

[3].《怀星堂集》卷十七《唐子畏墓志并铭》。

心道：写文章与做人是一个道理，要么你向更高处攀登，要么向细微处探究，这样你才可以在人世间图谋自己的发展方向，但从没有听说过把都市建立在巍峨的山峰之中。读书人应该拥有辽阔的胸怀，包容万物，不排斥新鲜事物，才能成就更大的事业。之后，祝允明还说了一些鼓励的话，并写诗作为回赠之礼。

唐伯虎听从了这番教诲，两人在弘治五年的秋天"乃大契"，正式订交。祝允明从此成为唐伯虎亦师亦友的挚友。

虽然唐伯虎此时写的文章属于雏鸟初飞，存在着这样那样的毛病，但正如鲁迅表达过的，即便是天才，他的第一声啼哭也不是好诗，还需要给他一点成长的时间和空间。

第五节　苏州文坛的三位领袖

弘治五年，与唐伯虎订交之际，祝允明正与杨循吉、都穆等一起领导一场轰轰烈烈的古文辞运动。二十三岁的唐伯虎和文徵明加入之后，成为这个文艺小团体中的年轻健将，一时名噪吴中，为时所重。文徵明次子文嘉在《先君行略》中记载："（文徵明）稍长，读书作文，即见端绪，尤好为古文词。时南峰杨公循吉、枝山祝公允明，俱以古文鸣。"

人们据此认为，唐伯虎在与祝允明订交之后，经过祝允明的引荐，得以进入苏州文坛，得到前辈耆宿的指点和提携，才开始大放光芒。

情况并非如此。事实上，在唐伯虎与祝允明订交之前，唐伯虎已经与苏州文坛上的耆宿名家交往了。《贞寿堂图卷》上的题咏者们，就是此间苏州文坛的核心人物，而声名最著者，当数吴宽和沈周，他们已经是苏州文坛的领袖。

吴宽于成化八年中状元，为明朝苏州地区的第二位状元。他与文徵明之父文林是同年，两人同赴殿试时，唐伯虎才三岁，还在穿开裆裤。二十年之后，吴宽已是朝中名臣，天下闻名。他不仅是著名文学家，而且书法也相当出色——明朝早期的书坛，台阁体大行其道，吴宽则书写出一手苏轼的"墨猪"书风，与沈周的黄庭坚书风、李应祯的米芾书风一起挣脱了台阁体的束缚，为开创吴门书风的辉煌时代，奠定了深厚的时代基础。尤其是，吴宽曾侍奉皇太子朱祐樘读书，被誉为名相阁老，在家乡苏州享有崇高威望，赢得拥趸无数。

早在成化二十二年三月十五日，吴宽曾邀请苏州一些书画名家来鉴赏自家收藏的名画《赵千里兰亭图轴》[1]，祝允明和唐伯虎都在此画上作了题跋。

祝允明在《赵千里兰亭图轴》上书写了王羲之的《兰亭序》，落款为"成化丙午三月望，太原祝允明书"。成化丙午年，就是成化二十二年。唐伯虎题跋曰："宋室赵伯驹，丹青为南渡画家之冠。寸图传世，价重南金，况此灿然全璧乎？匏庵先生及希哲皆当代巨鉴，则余何敢望诸公哉。勉附

---

[1]. [清] 梁章钜：《退庵金石书画跋》卷十二《赵千里兰亭图轴》。此画左边有"吴宽"朱文印，可证实其为吴宽本人的藏品。

数语，以申幸观。吴趋唐寅。"[1]

唐伯虎的题跋耐人寻味。他先是夸了画家赵千里的历史地位，再赞其作品之珍贵，然后又评价藏品的品相完美，接着话锋一转说"匏庵先生（吴宽）及希哲（祝允明）皆当世巨鉴，则余何敢望诸公哉。勉附数语，以申幸观"，显示出唐伯虎极为恭敬和谦虚的态度。

世人皆知唐伯虎恃才傲物，常在人前表现得桀骜不驯，颇有玩世不恭的做派，可是面对吴宽和祝允明二位先生，他却如此乖巧。这说明，唐伯虎性格率真无邪，不加掩饰。对自己敬佩之人，他俯首帖耳，而对自己不屑之人，则表现得狂傲，所以唐伯虎对世人的态度并非一概傲慢，而是因人而异、区别对待的。

当然，由于唐伯虎没有在题跋上留下时间，我们也可以推测这则唐伯虎的题跋是后写的，但从内容上看，应该与他和祝允明订交的时间很近。

没过多久，即成化二十二年夏，唐伯虎又与吴宽有了一次纸上相会。

当日，吴宽遥想苏州东禅寺的一位宋代和尚"林酒仙"。（这位和尚俗姓林，名遇贤，曾是苏州东禅寺的高僧，因为嗜酒，号酒仙，留下很多逸事掌故。）吴宽以"酒仙诗"命题，最先邀请祝允明写诗，结果祝允明一下子写了九首，随后又有沈周和唐伯虎的和诗各一首，而后合成一卷，名曰《酒仙诗卷》。

唐伯虎写林酒仙的四言诗，俏皮而活泼：

---

[1].《退庵金石书画跋》卷十二《赵千里兰亭图轴》。

◆ 明 吴宽 《诗翰卷》（局部），该作又名《有感词翰卷》，现藏美国弗利尔美术馆

不痴不颠，是佛是仙。

开眼狂走，合眼吃酒。

北斗须弥，着紧婴儿。

日午夜半，打乖老汉。

唐伯虎结识吴宽，不像是祝允明引荐的，应该另有其人。此人可能就是唐伯虎的好友，吴宽的侄子吴奕。关于吴奕，此处暂按不表，我们将在后文谈到他的为人处世。

吴宽此时年过半百，早已名满朝野，而唐伯虎只是一个十七岁的懵懂少年，羽翼未丰。他们两人之间的差距不只是年龄与辈分，更在于社会地位，且各自思考的问题也大为不同。

从史料上看，在成化二十二年的半年之内，吴宽与唐伯虎有过两三次书画交往。二人看似联系紧密，实则互动并不热络，而且，吴宽对这位青年才俊似乎也没有留下太深的印象，以至于唐伯虎后来去北京拜见吴宽时，两人之间依旧显得很生分。我们据此推测，唐伯虎青年时代为吴宽藏画所作的题跋与诗，极可能都是后配的。也有一种可能，就是由他人代办的，而这位替吴宽办事的马前卒，应该就是唐伯虎的好友吴奕。

苏州文坛的另一位领袖人物是诗、书、画大家沈周，他比唐伯虎整整大了四十三岁，此时已年过六旬。

沈周是一个时代的高标，无论是人品、学识，还是艺术成就，都是那

◆ 明 唐寅《野亭霭瑞图卷》，现由美国基怀尔收藏，卷后是吴宽所撰的长跋

个时代的典范。

沈周出生在苏州长洲县的艺术世家。他的祖父沈孟渊、伯父沈贞吉、父亲沈恒吉等都是读书人，与元末明初的许多文化名人及其后裔多有交往。在经历明初的社会与政治动荡之后，他们的好友如陈汝言、王蒙、徐贲、王绂等先后受牵连而死或遭贬谪，因此沈家人厌恶政治，家族有着不应科举、寄情山水、书画自娱的传统。沈周本人继承了这个家族传统。他热衷与文坛名士交游，与他们建立了深厚的感情。

沈周的艺术成就，首先体现在他的绘画上。他的画于元四家的基础上，兼容南宋马、夏派的技法而自成一家。中年后，沈周不仅可以独步江南书画界，甚至在全国，也堪称翘楚。

好友吴宽评价说："石田先生（沈周）绘事妙绝天下。盖其工力既到，而阅历更深，直入荆（浩）关（仝）之堂奥。故其所作，每自珍惜，而人皆贵重之。"[1] 最权威的观点应该是明代王穉登对沈周的评价："先生绘事为当代第一，山水、人物、花竹、禽鱼悉入神品。其画自唐、宋名流及胜国诸贤，上下千载，纵横百辈，先生兼总条贯，莫不揽其精微。"[2] 这一评论切中要害，进一步认证了中年之后的沈周，在明中期艺坛的领袖地位不可撼动，同时引领了吴门及江南画坛的潮流。

---

[1]. 见吴宽在沈周《摹古册》上的题跋。

[2].《吴郡丹青志·沈周》。

《野亭霭瑞图卷》（局部）

　　沈周的书法也跟吴宽一样，勇于创新，摆脱了旧式台阁体的窠臼，弘扬了黄庭坚的书风，为吴门书法树立起一面新的旗帜。而作为一位出色的诗人，尤其到了老年，他的诗风"踔厉顿挫，沉郁苍老"，更是为世人所称道。

　　今人看沈周，其杰出的书画艺术成就大致可以归纳为三点。

　　其一，沈周是一位具备了全面艺术修养的宗师级大画家，能将自己在诗、书、画三个方面的优势结合起来，完美呈现在尺幅之间，他的作品诗里有画，画中藏诗，将中国书画的神韵推向了一个很高的境界；其二，他的画风，能将中国画南宗的写意、北宗的画工融会贯通，既弘扬了宋、元以来的文人画传统，又融进了明初浙派画家的艺术特点，将北宋壮丽雄浑的景象与南宋苍茫峻秀的画风融为一体，从而展现出自己的艺术气质；其三，沈周

◆ 明 佚名 《沈周像》，现藏近墨堂书法研究基金会

款识：人谓眼差小，人谓颐太窄。我自不能知，亦不知其失。面目何足较，但恐有失德。苟且八十年，今与死隔壁。此石田先生自赞也，偶见幼溪所临，为录其上。壬戌腊八日，后学文嘉。

◆ 明 沈周 《山水册》（局部），现藏台北故宫博物院

的书法学黄庭坚，书风"遒劲奇崛"，在"书画同宗"这一理念的实践中，他采用了书法的运腕和运笔技巧，增强了自身用笔的硬度，突显出绘画作品的力量感，完美地阐释了诗情画意的艺术效果，使其书画艺术具备了独特的精神风貌，奠定了他在明朝中期独步天下的艺术地位。

尽管沈周名气很大，可他一生始终保持着谦谦君子的文人风度，为人低调，待人和善，广交朋友，因此赢得了好口碑，广受敬仰。

王穉登指出："一时名士如唐寅、文璧之流，咸出龙门，往往致于风云之表。"[1] 前文已经说过，文徵明与沈周是亲戚关系，文徵明二十岁时成为沈周的入室弟子，而唐伯虎作为画坛的晚辈，与沈周的接触也应十分频繁。我们观摩唐伯虎早期的绘画作品，的确能轻而易举地感受到沈周画风对他的影响。而王穉登又说："（唐伯虎）才雄气逸，花吐云飞，先辈名硕，折节相下，庶几青莲之驾，无忝金龟之席矣。""评者谓其画远攻李唐，足任偏师，近交沈周，可当半席。"[2] 唐伯虎是不是沈周的入室弟子？并无

---

[1].《吴郡丹青志·沈周》。

[2].《吴郡丹青志·唐寅》。

自贊

噫嘻先生何如其人窮年矻矻書結髮勵行白首于道茫然無聞者乎爵劇公孤官居臺閣志懷抒忠蹇昧納約卒無以致君澤民者乎貴戚蓳炎不能附纍璠獺不能捲阿一有違言超然志之不屑其身者乎遇事直前不知顧忌身不思後不知規畫歸卧空山家徒立壁晏默居之以忘其貧者乎斯人也其量則隘其才則庸曾無禆補于世所幸自潔其躬跡其所至盖知慕首陽之掇而不知柱下之工知希止足之疏傅而不能爲應夔之姚崇者乎

乾隆元年丙辰十月七世孫奕清升敬錄

◆ 清 佚名《王鏊像》，現藏南京博物院

确证。但是，从唐伯虎一生对待沈周的态度上来观察，他确实是始终执弟子礼。

除了吴宽和沈周之外，苏州还有一位文坛领袖，风头正健。这个饱学之士就是唐伯虎的恩师王鏊。他的科举文章在当时享有盛名，是全国知名度最高的文人之一，也是身居朝廷高位的苏州士人，影响力不在吴宽之下。

王鏊的家在苏州太湖的洞庭东山，具体地址是洞庭东山震泽乡胥母界陆港口王氏三槐堂王琬旧第。他父亲王琬曾在湖滨建造一座得月楼，与湖水相映，远近可见。王鏊自己又修建了一处别墅，名曰"招隐园"，内有真适园等建筑。

王鏊的从兄王鏧家也在洞庭东山，相距不远。兄弟俩感情融洽，过从甚密。

厌倦了世间俗情的王鏧要避世，想要躲进自家楼台里颐养天年，就在洞庭东山石桥边建造了一座园林，寓"藏舟于壑"之意，命名为"壑舟园"[1]，作为自己修身养性的别业。壑舟园的水边还仿船修建了一座亭子，名叫"虚舟亭"。无人荡桨行，只合投竿住。王鏧闲来凭栏，畅想着自己在万顷碧波上航行。

王鏧的出世神思，正合王鏊的夙愿。早在三十五岁时，王鏊就曾自书《三十五初度》，其诗曰："人生七十古来少，嗟我如今已半之。来日更添如许久，余生能得几多时。功名似鹢长遭退，学问如船逆上迟。万事悠悠只如此，青山能负白云期。"表达了王鏊厌弃官场、崇尚知识、乐于治

---

[1]. 民国叶承庆《乡志类稿·方舆》载："其先王文恪公（王鏊）从兄涤之高隐不仕，取藏舟于壑之制，名其居曰'壑舟'。"

学的态度，让我们了解到王鏊对青山白云般的闲适生活也充满无限期望。

成化二十三年，王鏊三十八岁。十月初一这天，王鏊担任召集人，以"鏊舟园"为主题，举行了一场影响深远的诗文雅集，并邀请了多位朝廷同僚和江南俊彦和诗助兴。

王鏊以庆祝鏊舟园落成为契机，邀请16位重量级嘉宾前来参加盛会。是否这16人都亲临鏊舟园的落成仪式？未必。其中一些人可能只是参加了纸上雅集。但这些和诗者中，拥有进士头衔者有12位，其中状元2位、榜眼1位、探花2位，此外还有会元1位、历届乡试解元7位。

参加和诗的嘉宾，身份反差极为鲜明，例如文徵明一辈子参加了九次乡试，至死都未能考中举人，而杨廷和[1]十二岁时就中举人，十九岁时又考中进士，应该算是全国最年轻的举人和进士之一。

同年二月，京城刚刚举办过殿试，状元郎是费宏，他也参与了和诗。他是整个明代最年轻的状元，时年二十岁。

在状元费宏的前一届，即成化二十年的殿试中，李旻获得状元，李旻和他的同年、榜眼白钺也都参加了和诗雅集。

参加鏊舟园雅集的宾客中，年龄最长者是画家姚绶，他比沈周还要年长五岁，是天顺年间的进士，长须飘然，时年已经六十六岁。他这次来苏州，由其弟子蒋文藻陪同。蒋文藻年纪也应不小了，因科举无望，于是专心于绘画，在当地已经小有名气，这次他来鏊舟园，画了一幅《鏊舟园图》。参加这次雅集的年纪最小者，就是唐伯虎，这一年他十八岁。

---

[1]. 杨廷和，字介夫，号石斋，四川成都府新都人，文学家杨慎之父。他是四朝元老，为明中期政治改革家。

第一章·江山代有才人出

这次和诗活动,参加者名气之大、层次之高、人数之多,是苏州城前所未见的,自然轰动一时,这也足见王鏊人脉之广,以及他在朝廷内外的威望。

状元郎李旻外表秀伟,面拖长须,不拘绳墨,喜欢与人探讨学问。他出口即为妙文,甚得大家钦服,所以他愈加喜欢说话,在鏊舟园里更是滔滔不绝。与他同届考中进士者,还有苏州本地名人杨循吉。他个性鲜明,时人称其"性狷隘",也就是说他性格偏急、心胸不广,喜欢议论人家短长,还常常以生僻的典故考问别人,故意让人下不了台,因此颇不招人待见。

三年前,杨循吉考中进士,授礼部主事。椅子还没有坐热,就上疏要求皇帝释放建文帝的子孙。吴宽提前得知此事,痛骂他道:"汝安得为此灭族事耶?"吴宽夺下其疏,这才避免了他大祸临头。

这样的学究怎么能做官?于是杨循吉为自己找了个理由,不久就致仕回家了。他在苏州西郊支硎山(又名观音山)下结庐,读书著述,成为苏州文坛的名士。他曾经以诗言情,曰:"君以我乐山林耶?我非忘世爱陇亩。衙门晨入酉始出,力不能支空叹愀。"说明他也明白自己不是当官的料,就趁早收钵回家。

李旻和杨循吉虽然是进士同年,但地位已然不同。李旻是状元,殿试之后就被授予六品官,而且被选为庶吉士,成为皇太子的师傅。而明朝所有的首辅、内阁大臣,都须是庶吉士出身,这样一来,就显示出他的远大政治前景。而杨循吉虽然也被授予官衔(七品),可当了礼部主事不久就从官场上败下阵来,所以在李旻面前矮了一头。看到李旻神采飞扬地讲话,杨循吉即使憋得难受,也不敢夺其话锋,只能乖乖听着。

唐伯虎传

为纪念这场盛会，主人邀请沈周和蒋文藻分别绘制了《壑舟园图》[1]。这两幅同题的作品，想必是事前已经绘制好的，待16位嘉宾赋诗唱和的书法作品集齐之后，装裱成两大册，一为《蒋文藻壑舟图册》，一为《沈周壑舟图册》。

《蒋文藻壑舟图册》中题诗者7人，即李旻、姚绶、杨廷和、费宏、杨循吉、蒋冕、沈翼，俱是进士出身。王鏊亲自在此册页上书写长篇《壑舟记》，落款曰："仲兄涤之既倦游，筑室洞庭之野穹焉……成化丁未冬十月朔，弟翰林院侍讲鏊记。"

在《沈周壑舟图册》中，王鏊在扉页题写了"壑舟"两个大字，其下题诗者亦是7人，有沈周、祝允明、唐寅、罗玘、白钺、涂瑞、刘机。

唐伯虎此时只是苏州府学的一名秀才，之所以能够跻身这样豪华的文士圈，不仅是因为他才华出众，更重要的一个原因是，他是王鏊的得意门生。

唐伯虎早年与恩师王鏊的联系并不多，这可能与王鏊长期在京城做官，很少回到故乡有关。后来王鏊官场失利，退居故乡，而此时的唐伯虎已是中年人，师生俩这才热络起来，几乎是三天两头就会见一面。

---

[1].《壑舟园图》配诗文后装裱成两大册，由钱谦益收藏，后数易其主。乔孙王金增珍先人之遗物，以善价购归。后又得闲旷之地，仿先人园景而筑之，仍名"壑舟园"，但此园非彼园矣（据《苏州日报》2023年05月13日潘君明文章《壑舟園》）。

第六节　少年唐伯虎的师友圈

唐伯虎后来成为明代著名诗人，一生写下无数诗词歌赋，其中许多名篇广受人们喜爱，而目前能够明确的他最早的诗篇，是写于成化二十二年的《怅怅诗》，当时他十七岁。这首诗表达的内容是唐伯虎立志读书，走科举道路。他最关心的便是功名前程，诗中也流露出他对锦绣前景既憧憬又担忧的矛盾心情：

> 怅怅莫怪少时年，百丈游丝易惹牵。
> 何岁逢春不惆怅，何处逢情不可怜？
> 杜曲梨花杯上雪，灞陵芳草梦中烟。
> 前程两袖黄金泪，公案三生白骨禅。
> 老后思量应不悔，衲衣持钵院门前。[1]

人们关注并咏叹这首诗，是因为它预示着唐伯虎将在科举道路上经受坎坷，更有一语成谶之意。

写下这首诗的时候，他已与张灵成为好友，且经常做出一些出格的事情。与此同时，他与文质彬彬的文徵明也成为腻友，而且文徵明之父——受人尊敬的官员文林先生，也向唐伯虎敞开了怀抱。

前面已经讲到，唐伯虎十六岁就考进了苏州府学，成为生员。此前，博平知县文林按照惯例前往京城参加吏部举行的官员考核，其子文徵明随

---

[1].《吴郡二科志·唐寅》载："寅初为诸生，尝作《怅怅诗》"，"允与其事合，盖诗谶也"。

行。文林考核成绩优秀，得到了晋升，授官南京太仆寺丞，官阶正六品，掌管军马牧养的事务。官署位于距离南京不远的滁州（今安徽省滁州市）。

文林父子从北京回到苏州，在准备赴任南京太仆寺丞的日子里，唐伯虎与文徵明相识了。唐伯虎通过文徵明引荐，去拜见其父文林，以求教益，从而获得了赏识。

能够得到文林的青睐和厚爱，这是唐伯虎的幸运。

文林是个热心肠，慧眼识人又爱才。他对唐伯虎用心颇深，犹如对待自己的孩子一般，甚至比对自己的孩子更好。比如文家办酒席或是有什么好吃的，文林必定会把唐伯虎叫来一起享用。唐伯虎对此非常感激，曾在致文徵明的信中回忆说："先太仆（文林）爱寅之俊雅，谓必有成。每每良燕，必呼共之。"[1]

同时，文林又是一个性格率真的人，他爱憎分明，敢于得罪人。他在任博平知县时，得知当地产美梨，"甚美而硕"，梨农每年都要向朝廷进贡，"土人岁一贡，率以为常，而蒙害者甚众"。文林认为梨农辛苦劳作，却获利甚微，不利于当地人民，便命人将梨树全伐去。后来文林去南京太仆寺任职，仍旧不改脾气。他上任后发现了诸多弊端，毫不留情地进行大刀阔斧的改革，也因此得罪了不少人。

在孩子的教育问题上，文林始终是位善于思考的长辈。他在滁州为官时，意识到青少年时期正是人生三观形成的重要时期，于是抓紧了对儿子文徵明的思想品德教育。文徵明"随侍往滁，读书务稽古人之德，能自得师"[2]。

---

[1].《六如居士全集》卷五《又与文徵仲书》。

[2]. [明]黄佐：《泰泉集》卷五十四《衡山文公墓志铭》。

这就是说，在父亲文林的指导下，文徵明有选择地详读了古代先贤的著作，从古人品行中汲取营养和智慧，培养了自己分辨是非的能力。

初识唐伯虎时，文徵明没少被对方取笑，原因是他过着朴素的生活。文徵明不喜打扮，甚至有点儿邋里邋遢。据说文徵明有一双臭脚，又不勤于换袜子，经常把人熏跑。可是，他本质上是个修养极好的人，大事不糊涂，小事不关心。他们的好朋友徐祯卿说，文徵明"性专执，不同于俗。不饰容仪，不近女妓，喜淡薄"[1]。这显然是受了家庭教育的影响。

而唐伯虎此时已开始暴露性格上的缺陷，处世轻浮，爱出风头，不检点自己的行为。他平时喜欢打扮，衣着光鲜，这在崇尚知识的文人圈里虽不是毛病，但也不会加分。他对自己喜欢的人热情奔放，遇到自己反感的则白眼相对，这必然会得罪人。而且，他常常和张灵一起做出许多荒唐举动，这就犯了忌讳，令人反感。而文林"一闻寅纵失，辄痛切督训，不为少假"[2]，就是说，文林一旦听到唐伯虎做了荒唐事，就会痛斥他，不给他找借口。实际上这是文林对晚辈"爱之深，责之切"也。

面对文林的"痛切督训"，唐伯虎态度诚恳，好像虚心接受了批评，可不久便将批评抛在了脑后。好在他天赋异禀，才华出众，赢得了众人的垂青与厚待，因此在青少年时期并未遭遇多少坎坷，这也算是幸运。

这一时期，苏州文坛上还有几位活跃的人物，他们也都与唐伯虎交游甚多。如与祝允明关系尤其亲密的都穆。都穆这个人少负才名，"七岁能

---

[1].《新倩籍·文壁小传》。

[2]. [明] 唐寅：《送文温州序》。

唐伯虎传

诗,及长,不习章句,泛滥群籍"[1],说明他不是一个刻板的人,敢于追求新鲜事物。而且,都穆读书非常勤奋,每天都要通宵达旦。钱谦益在《列朝诗集小传·都少卿穆》中记载了一则都穆好学的故事:"吴门有娶妇者,夜,大风雨灭烛,遍乞火无应者。杂然曰:'南濠都少卿家,有读书灯在。'扣其门,果得火。"苏州城里的人,夜里若要去寻找火种,必去都穆家,可见其学习之用功。钱谦益还说:"玄敬(都穆)少与唐伯虎交,最莫逆。"[2]

在苏州文坛兴起的古文辞运动中,参与者包括了杨循吉、都穆、祝允明、唐伯虎、文徵明以及后进徐祯卿等人。文徵明回忆说:"年十九还吴,得同志者数人,相与赋诗缀文。于时年盛气锐,不自量度,憪然欲追古人及之。"[3]到了六十岁时,文徵明又在《题希哲手稿》中回忆说:"于时,公(祝允明)年甫二十有四,同时有都君幺敬(都穆)者,与君并以古文名吴中,其年相若,声名亦略相上下……某与唐君伯虎亦追逐其间,文酒倡酬,不间时日……既久困场屋,而忧患乘之,志皆不遂。惟都君稍起进士,仕为徒官。君与唐虽举于乡,亦皆不第……三君已矣!其风流文雅,照映东南,至今犹为人歆羡。"[4]由此也可看到,在弘治元年,都穆、祝允明、唐伯虎、文徵明作为苏州古文辞运动的中青代领袖,各自的人生风采与命运轨迹。

这四个人,在弘治年间形影不离。他们有个相似之处,就是家庭条件

---

[1].《列朝诗集小传》丙集《都少卿穆》。

[2]. 同上。

[3].《甫田集》卷二十五《上守溪先生书》。

[4].《甫田集》卷二十三《题希哲手稿》。

都较为优渥,手头宽裕,于是便有闲钱大肆淘买、收藏古书。为得到心仪的古书版本,他们不惜出高价,甚至引来了别人的嗤笑。文徵明自述:"弘治初,余为诸生,与都君元(玄)敬、祝君希哲、唐君子畏,倡为古文辞。争悬金购书,探奇摘异,穷日力不休,偶然皆自以为有得,而众咸笑之。"[1]

这里需要说明的是,所谓"吴中四才子"的说法,最早的起源应该在这里,而且是文徵明说出来的,即都穆、祝允明、唐伯虎和文徵明。但是,这四个人中唯一考中进士的都穆后来又被踢出了四人组,换上了另一位进士徐祯卿。为什么会出现这种情况?这可能跟唐伯虎经历的会试舞弊案有关。传说都穆是告密者,其一度声名狼藉。

还有一件事,可以看出唐伯虎师友圈的外延。

弘治二年(1489年)五月既望,也就是农历五月十六日,是个盛夏。

这一天有位名叫于孟功的先生要去北京赴任,于是大家为他饯行。沈周画了一幅《高贤饯别图》,有"树、石、桥、亭。亭前一人拱立迎客"[2]。参加饯别雅集者,还有祝允明、徐天全(徐有贞)、袁补之、王酉室(王谷祥)、袁胥台、文徵明、吴宽、彭隆池(彭年)、唐寅、朱大理、杨南峰(杨循吉)、都穆、蔡林屋(蔡羽)等13人,以及侍佣等11人。于孟功后来将诗画合璧,装裱成手卷,沈周作《送于孟功先生赴召入京师序》,裱在画后,落款是"弘治二年仲夏既望,长洲沈周撰并书"[3]。

---

[1]. [明]沈敕编:《荆溪外纪》卷十五,文徵明《大川遗稿序》。

[2]. [清]王杰等纂辑:《石渠宝笈续编》御书房藏三《明沈周高贤饯别图》。

[3]. 同上。此图为伪作。造假者疏忽了徐天全(徐有贞)已于成化八年去世,不可能参加这一饯别活动。但我们还是可以从中窥探当时苏州文坛的名人圈。

唐伯虎传

　　唐伯虎的好友中还有一位博学的布衣朱存理，这是个典型的书呆子。他一生没有别的追求，从小到老，大事做不来，小事不愿做，整天只知道死读书和抄书，甚至都不愿为自己的生计着想，要靠大家的接济才能过日子。文徵明说，朱存理一个人独往独来惯了，懒得与他人接触，可是"惟闻人有奇书，辄从以求，以必得为志"[1]。这种活法，逍遥自在，也算是快意人生，大家仍然很尊敬他。朱存理的邻居叫朱凯，两人性情相近，引为知己，因此被众人称为"二朱先生"。

　　弘治三年四月初八，朱存理约了沈周、唐伯虎等人在渔子沙上雅聚，并请沈周画了一幅《杨花图》。大家见春末柳絮漫飞，相约咏诗。因沈周年长，朱存理恭请他先写，于是沈周吟咏了《柳花》：

>　　扑面吹衣雪点晴，乱纷纷地亚夫营。
>　　借风为力终无赖，与水何缘却托生。
>　　看雀啅金新蕊破，爱蜂撩玉小团轻。
>　　踏歌女子空连臂，唤不归来信薄情。
>　　右咏柳花盖与野航（朱存理）于渔子沙上且约同咏。野航以余长年推先而后竟不复。[2]

---

[1].《甫田集》卷二十九《朱性甫先生墓志铭》。

[2]. 中国古代书画鉴定组编：《中国古代书画图目》二《明沈周杨花图》，文物出版社，1987年。

朱存理擅作诗。他的诗"精工雅洁，务出新意，得意处追躅古人"[1]，而且他似有强迫症，不肯屈人之下，当他见到沈周的诗写得极佳，就忸怩着不肯写，沈周因此调侃说自己上了一当，犹如"浮白一觥以自罚"，等于自己白白罚了一杯酒。

待沈周《杨花图》装裱后，为填补空白，朱存理又去找唐伯虎，让唐伯虎将其诗抄录于后。朱存理比唐伯虎年长二十六岁，年近半百。他为什么单单挑选唐伯虎抄录自己的诗？无须多想，一定是朱存理认为在那一场雅聚上，唯有沈周和唐伯虎的诗写得最好，而且唐伯虎的书法也佳。在"明代四大画家沈周、唐寅、文徵明及仇英中，唐氏天才最高"[2]，这是古今较为一致的认识。

于是唐伯虎写道：

> 细雨庭除复送春，倦游肌骨对佳人。
> 瓶中芍药如归客，镜里年华属妄尘。
> 夜与寸心争蜡烛，泪将残酒共罗巾。
> 石州词调扬州梦，收拾东风又一巡。
> 右送春一律，野航命录杨花卷后，盖以其慨伤相数故也。吴趋唐寅。[3]

---

[1].《甫田集》卷二十九《朱性甫先生墓志铭》。

[2]. 翁万戈编：《美国顾洛阜藏中国历代书画名迹精选》，上海人民美术出版社，2009年，第223页。

[3].《中国古代书画图目》二《明沈周杨花图》。

朱存理一辈子活得天真率性，常常只按照自己的想法处世，不顾及他人感受。又有一次，他去请沈周作山水画，竟然拿出了四丈的巨纸。沈周一看，吓坏了，说"余惮其长，以谢不能"。沈周的意思是：你拿来的宣纸太长了，我画不了这么大的画。可是朱存理根本不予理睬，自顾自地将画纸在画案上铺好，然后逼迫沈周作画。沈周无奈，硬着头皮画完一段，实在不想画了，就搁下了画笔。朱存理也不急，徐徐收起画纸，然后下一次再来，继续把画纸铺好……沈周碍于情面，最终还是乖乖地满足了朱存理的要求。这就是沈周《为朱存理作设色山水》[1]的由来，此卷长约12米半（1263厘米）。

由此可见，在唐伯虎的交游圈里，大多数人是其父兄辈。众人心怀坦荡，都赞赏唐伯虎的才华，认可他的诗、书、画。而年轻人要想上进，就应该与有学问的前辈多交游。

从以上故事可以大略看出，唐伯虎从少年到青年时期的苏州交游圈。

第七节　唐伯虎的绘画老师周臣

还有一位不能不说，这个人就是唐伯虎的绘画老师周臣。因为缺乏史料，后世已经无法考证清楚唐伯虎是何时跟随周臣学画的。弘治三年春夏之际，

---

[1]. 此画现藏近墨堂书法研究基金会。

第一章·江山代有才人出

周臣为顾宗器之子画了一幅怀念双亲的《听秋图》，邀请姚绶、唐伯虎、都穆和乡人蒋昂在画上题跋。唐伯虎的名字这才第一次出现在老师周臣的作品上，这是师徒俩首次同框出现在史料之中。

是年，唐伯虎二十一岁。

他在《听秋图》上题跋了一首诗：

半夜西风两耳悲，二人奄弃九秋时。
纸屏掩霭鸟惊梦，玉露凋伤木下枝。
白发镜容存小障，清商琴调感孤儿。
永思何物堪凭据，满袖啼痕满鬓丝。[1]

《听秋图》上的这段楷书题跋极为重要，它是鉴定唐寅早年书法的重要史料。其字体偏长，结字尚不稳健，笔画凝滞，可知是早年未成熟时期的作品。

后人推测唐伯虎追随周臣学画的时间，应该是在其二十一岁之前。

我们先来看看周臣是何许人也。

周臣一生布衣，早年师从陈暹。陈暹曾经是一位宫廷画家，入值仁智殿供奉，因此有机会观赏宫廷的书画收藏。在深入研究了南宋院体画的诸多作品之后，他尤其喜爱李唐风格，并将相关技法传授给了弟子周臣。

周臣比唐伯虎年长十岁。唐伯虎当初侍立于周臣身边跟着学画时，已经受到沈周绘画的影响，具备了一定的绘画功力，而周臣的画风也已成熟，形成了自己的风格，但在社会上尚未成名。明人何良俊评点说："周东村（周

---

[1]. 庞元济编：《虚斋名画录》卷三《明周东村听秋图》。

臣)……其画法宋人,学马夏者。若与戴静庵(戴进)并驱,则互有所长,未知其果孰先也,亦是院体中一高手。"[1] 何良俊的评点实事求是,说明周臣的画法的确是继承了南宋院体画的风格。

中国山水画的发展,到了唐代分为南北两宗。南宗画派注重抒发个人内心感受,讲究顿悟,注重写意;北宗画派更注重于工整细腻、细节繁复的逼真写实,讲究渐修。这个观点源于晚明人董其昌的著名南北宗理论。宋代院体画属于北宗画派,到了南宋时期,在皇家画院的领导之下进入鼎盛时期,以李唐、刘松年、马远、夏圭为代表,这四人史称"南宋四大家"。风格鲜明的马远、夏圭的山水画,在民间的影响更大,遂成"马夏派"。

周臣的画法,延续了中国画注重师承的传统。在跟随陈暹学习之外,周臣主要沿袭、临摹了南宋院体画派李唐、马远、夏圭等人的技法,加上自己的整理和发挥,形成了构图严谨、画风显明的风格。周臣尤其擅长使用大小斧劈皴、披麻皴等技法,其作品中的山石画风坚凝,用笔相当纯熟。他画中近景岩石的冰澌斧刃效果、远景山水的斧劈皴效果,明显源于南宋宫廷的"马夏派"。而这种画风,在唐伯虎早期的画作中尚不明显,而在他拜师周臣之后,冰澌斧刃的技法就凸现了出来。

周臣成名约在他三十岁时,大致可以推算出是在唐伯虎拜他为师之后。明人何良俊称周臣的名气"与戴静庵(戴进)并驱,则互有所长",这是一种赞誉,一方面说明周臣的名气在发酵,另一方面也说明他们之间的画风存在区别。戴进是宣德年间浙派绘画的创始人。在以沈周、唐伯虎、文徵明、仇英为旗帜的明中期吴门画派诞生以前,戴进已经独领风骚数十年。

---

[1]. [明]何良俊:《四友斋丛说》卷二十九《画二》。

◆ 明 周臣 《水亭清兴图》，现藏台北故宫博物院

唐伯虎传

而在周臣两三岁时，戴进就已经谢世了。

正德四年（1509年）三月，为给桃渚先生做寿，其家人曾邀请苏州五位画家合作了一卷《桃渚图卷》，绘制者有沈周、周臣、文徵明、唐伯虎和仇英。沈周、文徵明师徒是一组；周臣、唐伯虎是一组。表面上看，这是两组师徒的合作，有点儿像擂台赛。不过最年轻的仇英，固然是文徵明的门生，可他也跟着周臣学过画，唐伯虎也应该算作沈周的弟子。

在这些画家中，人们最关注的是周臣和唐伯虎的师承关系，于是纷纷观察这对师徒在书画笔墨之间的联系，寻找笔法趋同的证据。

周臣似乎早已看清这位悟性极佳的弟子的发展前景，因而有了自觉性，在态度上非常尊重他。"昔人谓唐子畏画师周臣，而雅俗迥别。或问：'臣画何以俗？'（周臣）曰：'臣胸中只少唐生数十卷书耳！'"[1]周臣此语，道出真谛。他说自己与弟子唐伯虎相比，欠缺的是数十卷书，实则是承认了自己在文化修养上的不足。这里周臣坦承了一个道理：中国书画承载着数千年的历史传统，讲究的是文化内涵，而有些书画家之所以能够成为大师，就是因为胸中的书卷耳，而非指尖那一笔一画的计较。

明人何良俊还说："闻唐六如（唐寅）有人求画，若自己懒于着笔，则倩东村（周臣）代为之，容或有此也。"[2]唐伯虎请老师周臣为自己代笔，即使属实，那显然也是以后的事。唐伯虎在三十岁以前，家庭尚属小康，无须以笔墨谋生，而且他还要专心读书，求取功名。客观上讲，唐伯虎此时的名望，与专业画师周臣比起来，的确还差了一头。

---

[1]. [清]王应奎：《柳南随笔》卷五。

[2]. 《四友斋丛说》卷二十九《画二》。

第一章·江山代有才人出

今人翁万戈说："他（唐伯虎）从周臣学得南宋李唐、刘松年等院体画的风格，但也交友前辈沈周、同岁的文徵明，因而上窥北宋李成、范宽，下师元四家：黄公望、倪瓒、吴镇和王蒙。他发展自己的面貌，但主要的基础是院体，精于山水及人物。"[1]

从现存的资料上看，周臣一生作画，始终把大画家李唐作为自己的绘事楷模，而弟子唐伯虎也深受其影响，一辈子为李唐的拥趸。

李唐生活的年代是由北宋进入南宋初年的时期。他擅长画山水，改变了荆浩、范宽的技法，用遒劲爽快的笔墨，画出山川雄峻的气势。李唐晚年的画作，更是去繁就简，创造出"大斧劈皴"的技法，他所画山石，质地坚硬，立体感强，对南宋画院产生了极大的影响，成为南宋山水新画风的标志。同时，他又兼工人物画，初似李公麟，后将衣褶画法变为方折、劲硬，并以画牛著称。李唐的确是一代宗师，他的画风为刘松年、马远、夏圭、萧照等所师法继承，在南宋一代流传很广，对后世影响巨大。[2]

我们把周臣的《宁戚饭牛图》与唐伯虎的《葑田行犊图》这两幅画对照来看，就可以明显感受到这两幅画在立意、构图和人物造型上的趋同性，尤其是长线藤蔓、树叶点擦等技法，如出一辙。如果进一步观察师徒俩的其他作品，还能够在山石的斧劈皴、水波纹等画法上寻找到一致性。他们创作的时间虽有先后，但在技法上是相通的，这不仅说明了两人之间的师

---

[1].《美国顾洛阜藏中国历代书画名迹精选》，第214页。

[2]. 李唐存世的重要作品有：《万壑松风图》，时李唐约五十八岁，在北宋画院所作，现藏台北故宫博物院；《清溪渔隐图》，现藏台北故宫博物院；《长夏江寺图》，现藏北京故宫博物院；《采薇图》，现藏北京故宫博物院；《烟寺松风图》是李唐晚年八十力作，现藏江苏盐城。

◆ 明 周臣 《宁戚饭牛图》
　现藏台北故宫博物院

◆ 明 唐寅 《菿田行犊图》
　现藏上海博物馆

承关系，更是证明了周臣对唐伯虎的影响之深远。

　　周臣门下，出了两位大师级的书画家，一是唐伯虎，二是仇英。他们的声名后来都超过了老师周臣，以至于后世的射利者们常常把老师周臣的画，附会成他学生的作品，以求卖得高价。上海博物馆收藏的《观瀑图》，署名是唐寅，后经专家鉴定，确系后人为牟利而将周臣画款印挖去，改写成唐伯虎的伪款，骗过了历代书画收藏家和鉴赏家。这也说明在作品风格上，周臣和唐伯虎存在着许多共通之处，彼此间并无绝对独立的艺术元素，也很难区分他们绘画水平的高低，而最可信赖的鉴别依据，最终还是作者的落款。

周臣的作品在民间极少留存，故周臣与文徵明、吴宽合作的《匏庵雪咏图》手卷就更显珍贵。此卷引首由文徵明手书"匏庵雪咏"四个隶书大字，落款为"门生文徵明题"，可知是文氏四十二岁以后的书法作品。其次是周臣所绘设色盈尺小卷《匏庵雪咏图》，绘大雪飘零之际，白雪冻溪，乔木环绕的山庄内，主人吴宽在对客读卷吟咏。周臣的画笔精谨而生动有致，明显参阅了宋元人的笔意，是周臣画中的变体，实开唐伯虎一派法门的佳作。其后是吴宽自书的诗四首。

到了晚清，《匏庵雪咏图》手卷由金石学家王懿荣收藏。戊戌变法失败后，帝师翁同龢被革职，"永不叙用"，而后遣送还家养老。他的门生王懿荣将《匏庵雪咏图》赠送给老师，伴其残年。因此翁同

◆ 明 唐寅《观瀑图》（局部），现藏台北故宫博物院

唐伯虎传

龢在画卷上题签"吴匏庵雪咏、周东邨画。戊戌五月,王莲生赠"(王莲生即王懿荣),可鉴此画传承有序。

另附一笔:2016年9月故宫出版社出版的《唐寅书画全集》载,国家文物局中国古代书画鉴定组中的当代鉴定权威,在对传世至今的唐伯虎作品进行梳理时,针对众多作品产生了严重分歧。例如,上海博物馆收藏的唐伯虎作品《茅屋风清图》《高山奇树图》《雪山行旅图》《陶潜赏菊图》等,杨仁恺先生认为是真迹,而徐邦达、傅熹年先生则判定是代笔。

鉴定古代书画产生分歧,本是极为正常的学术现象,古已有之。问题的关键在于,徐邦达、傅熹年先生明确指认唐伯虎的这几幅作品是代笔,其意义就有所不同。

所谓代笔,是指在作者授意之下,由他人代为撰写、绘制作品。具体到以上作品,很显然:画是别人所绘制,而题字确系唐伯虎所写。

由此引申出另外一个问题:这几幅画的代笔者究竟是谁?难道真是唐伯虎的老师周臣?

答案是否定的。滥觞于近代的实证主义思潮认为,孤证不能成为信史,更何况书画鉴定主要通过笔迹来比对,并辅佐以其他鉴定方法,最后加上鉴定者的经验而产生一个模糊的判断结论,这就愈加没办法确证孰真孰假。不过,我们可以确信的是,为了让利益最大化,唐伯虎晚年在市场上销售的作品,确实会有代笔现象。这也是历史上常见的事实。

至于唐伯虎的代笔人究竟是谁,有多少位,真相早已被岁月的烟云遮蔽,很难从中找出确证。历史,本来就是一座神秘的磨坊。不过,在本书第十一章,我们将介绍唐伯虎的师弟孙育这个人,他应该就是唐伯虎代笔作品的组织者之一。

◆ 明 周臣、文徵明、吴宽合作 《鲍庵雪咏图》（局部），翁同龢旧藏，现藏北京鸣鹤雅集

时间飞逝，一转眼，唐伯虎已经从一个懵懂的学子长大成人。

按理说，唐伯虎是家中长子，又读了十多年的书，也见识过社会上的人情世故，如今长大成人，应该懂事了，也该替父母减轻生活的压力了。可是，父亲却对他焦虑起来，在与友人谈到自己的这位长子时，常常露出忧心忡忡的神色。祝允明撰文写道："（唐）广德尝语人，此儿必成名，殆难成家乎？"[1] 这里"成家"二字的意思，是指其主掌家业的能力。显然，父亲唐广德对长子唐伯虎掌管自己的命运、处理家庭事务的能力，深感担忧。

父亲唐广德的担忧，是否来自唐伯虎与张灵订交之后，做出的种种放浪行为呢？可能性很大。知子莫如父，唐广德如此评价自己的长子，一定还有其他依据。而青少年时期唐伯虎身上暴露出的某些性格特点，不仅令父亲感到焦虑不安，也为其未来人生旅途上所遭遇的坎坷，埋下了伏笔。

俗话云："三岁看小，七岁看老。"每个人性格的形成，有其天生的一面，

[1].《怀星堂集》卷十七《唐子畏墓志并铭》。

唐 伯 虎 传

怕是一辈子都很难改变。

后来上书吴宽时，唐伯虎说，"寅夙遭哀闵，室无强亲，计盐米、图婚嫁、察鸡豚、持门户"[1]，强调自己出生在寻常家庭，没有强亲作为后台靠山，他只是图个温饱，想像普通人那样娶妻生子，过安稳日子，把自己的家庭维护好——此话不像是唐伯虎的肺腑之言。年轻时的唐伯虎，就已是一位激情澎湃的诗人，心怀壮志，傲视天下，岂肯说出这等蔫头耷脑之语？这话反而更像是唐广德所言，唐伯虎在此只是引述而已。

这些史料证明：父亲唐广德对少年时期的唐伯虎期望很高，可是当儿子成年以后，反而又为儿子的未来担忧起来。

这是没有办法的事。唐广德早年为儿子设计科举之路，好比自己在搭弓射箭，一旦那支箭飞起来，箭的飞行轨迹和落点，他自己就无能为力了。

[1].《唐寅集》，第219页。

第二章 人寿几何？

第一节　洞房花烛

明朝的婚姻约定俗成，女子十三岁即可出嫁，不过大多数女性约在十六岁，即所谓二八妙龄成婚。男子十五至十八岁，甚至二十岁，都属于正常婚龄。

唐伯虎十九岁成婚，这里的十九岁当然是指虚岁，也就是在弘治元年。

这门亲事，门当户对，显然是按照传统的礼仪，先奉父母之命，然后是媒妁之言。媒婆批好了男女生辰八字，再穿针引线，竭力撮合，最后由双方家长拍板。

女方父亲叫徐廷瑞，没有可靠史料记载他是干什么营生的，应是个寻常人家。徐廷瑞的夫人吴氏是位恪守妇道的传统妇女，"内言不闻，非仪两绝"[1]，忠厚守制，是个勤于持家的女人。夫妻俩一共生育了三个女儿，唐伯虎娶了老二。据唐伯虎自述，岳父母共生"女三，长适叶璋，次适寅，次适张铭"[2]。

大红花轿把徐二小姐抬进唐家大门之后，她就算唐家的人，生死再与徐家没啥关系了。徐二小姐很快融入婆家的日常生活。她的性格像母亲吴

---

[1].《六如居士全集》卷六《徐廷瑞妻吴孺人墓志铭》。

[2]. 同上。

第二章·人寿几何？

氏，嫁鸡随鸡，嫁狗随狗，"内言不闻，非仪两绝"，对公婆言听计从，对丈夫唐伯虎也从无抱怨。在外人看来，这是一门美满的婚姻，可遗憾的是，唐伯虎和徐氏这对小夫妻，同床数年，却一直没能孕育出小生命。

唐伯虎系长子，成亲以后，没有分家，依旧生活在父母家里。他像所有封建士人一样，羞于谈家事，因此我们对他的婚后家庭以及夫妻生活一无所知。只知道唐伯虎一如既往，整天在外游逛，登高楼，喝花酒，与文人雅聚，吟诗作画，还四处淘购古书籍，过着灯红酒绿的日子。

月亮升起来，唐伯虎躺在床上，时常做梦。

可是他梦见的人儿，既不是身边的娇妻徐二小姐，也不是仍未出生的孩子，而是远在安徽滁州的好友文徵明（当时文徵明尚未回到苏州）。

唐伯虎一骨碌爬起来，把梦里的思念写成了诗篇，投寄给远方的文徵明。

文徵明读到他的诗篇，甚为感动，于是写了一首和诗《答唐子畏梦余见寄之作》：

> 故人别后千回梦，想见诗中语笑哗。
> 自是多情能记忆，春来何止到君家？[1]

唐伯虎梦见文徵明，是弘治四年（1491年）的事。此年文徵明二十二岁，光棍一条。唐伯虎诗中应该也说到"语笑哗"一事，这是指好事儿。可这"好事儿"又是什么事呢？应该是唐伯虎获悉文徵明将要成亲的喜讯。

---

[1].《甫田集》卷一《答唐子畏梦余见寄之作》。上海图书馆所藏四卷本《甫田集》收入的诗篇均有编年，所以我们能据此知道文徵明这一诗篇写于弘治四年，这一年唐伯虎二十二岁。

唐伯虎传

文徵明幼年时不会说话，比常人开智慢了一拍，但是他的生理功能没啥毛病，为什么还没结婚呢？原来是未婚妻出了要命的问题。

其实文徵明早就订了婚，未婚妻是苏州昆山王氏之女。不承想，这个命薄的女孩子"未婚而夭"。父亲文林还曾替儿子写过一篇《代璧儿祭王府博妻文》，以祭奠这位早凋的可怜女子。这样一来，文徵明的婚事又被迫拖延了几年。

明朝的未婚夫妻在举行婚礼以前，不得相见，所以文徵明还未见过未婚妻的相貌，就已与她阴阳相隔，怎能不郁闷。

此时文徵明在滁州随侍父亲文林，而祝允明的岳父李应祯也在滁州，任南京太仆寺少卿，是文林的上司。明朝南京太仆寺的官秩，设卿一人，从三品，少卿二人，正四品，寺丞二人，正六品。文林与李应祯是同乡老友，又同朝为官，关系甚密。文徵明就利用自己身在滁州的机会，跟着李应祯学习书法，朝夕陪伴左右，埋头苦练。

李应祯是苏州的书法大家，主要学米芾体，同时他还是一位著名的收藏家，平生所好，唯有书画和金石拓本，为此用尽了自己的积蓄。文林评述李应祯时说："精识古书画，购拓名贤画像及金石书刻，不厌勤剧。历官三十年，家无余赀。死之日，惟书数千卷而已。"[1] 李应祯比文徵明年长三十九岁，却能与之"折辈交"，属于忘年交的情分。有一次，李应祯在给文徵明讲解《魏府君碑》时，感叹道：老夫学习书法四十多年，终于揣摩出书法的要诀，可惜人已老，没有什么用场了；而你现在年富力强，以后就要看你的了！因此李应祯竭尽全力地教授文徵明书法技巧。

---

[1]. [明]文林：《文温州集》卷九《南京太仆寺少卿李公墓志铭》。

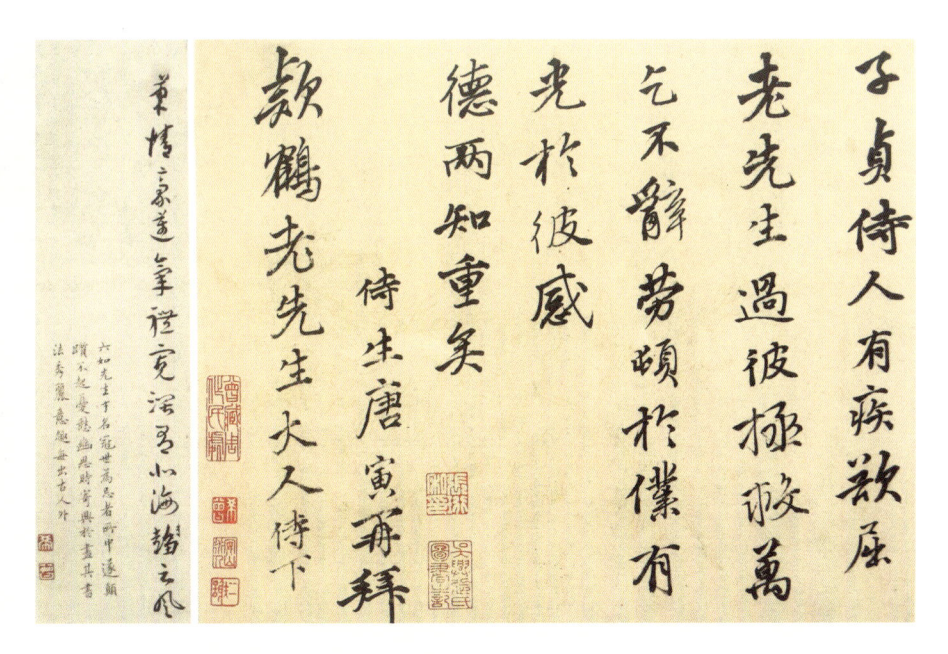

◆ 明 唐寅 《致款鹤老先生札》，现藏北京故宫博物院。

李应祯教授文徵明书法，讲解得细致而透彻："凡运指、凝思、吮毫、濡墨，与字之起、落、转、换，大、小、向、背、长、短、疏、密、高、下、疾、徐，莫不有法。"[1]这些内容令文徵明茅塞顿开，书艺大有进步。文徵明后来充满感激地给老师写了一首诗，云："公能折行忘前辈，我幸通家讲世亲。"[2]

转过年来，到了弘治五年。

待在苏州的唐伯虎也没闲着，正忙着为人作画。弘治五年二月，苏州一代名医王观请唐伯虎画了一幅《款鹤图》，背后颇有故事。

王观出身于苏州名医世家。他的二哥名叫王节，是皇城太医院里的御医。王观本人在当时也非常有名。祝允明评价王观道："自成化以来，江之南北，达于京师以及四远，称上医有十全功者，曰：王先生惟颛。"[3]这位王

---

[1].《甫田集》卷二十一《跋李少卿帖》。

[2].《甫田集》卷一《上少卿范庵先生》。

[3].[明]钱谷：《吴都文粹续集》卷四十，祝允明《款鹤王君墓志铭》。

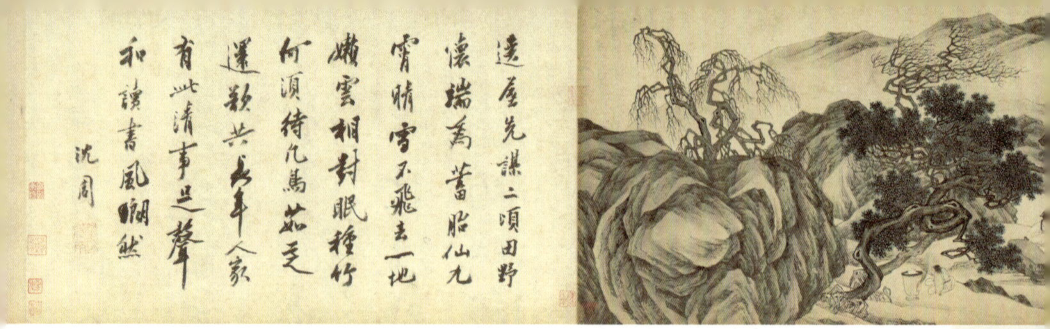

◆ 明 唐寅等 《款鹤图卷》（局部），现藏上海博物馆

先生惟颛就是王观，初号杏圃，因苏州吴县知县文天爵赠其鹤，甚得欢心，于是为自己更号为款鹤，人称款鹤先生。

王观家与文徵明家世代姻亲。王观的三哥叫王泰，"邑庠生，升贡太学未行"[1]，娶了文徵明的姑姑。按照辈分讲，王观长文徵明一辈。可是，王泰的儿子王云后来娶了文徵明之女，他俩又平辈了。王观的次子，就是著名画家王谷祥[2]，是文徵明的学生。当然，这些都是后话。

唐伯虎在文坛交游，难免受人托请，比如麻烦名医王观出场为朋友看病。他曾经给王观去信："子贞侍人有疾，欲屈老先生过彼拯救，力乞不辞劳顿。于仆有光，于彼感德，两知重矣。侍生唐寅再拜，款鹤老先生大人侍下。"[3]

子贞侍人是谁呢？一说是位不知名的画家，还是个道士，名叫唐道时，字子贞。但按照年龄推算，明显不确。其实这位子贞侍人另有其人，就是唐伯虎恩师王鏊的长子王延喆，他字子贞。

王延喆也是唐伯虎一生的好友，关系甚密。台北故宫博物院收藏有唐伯虎《六月十八日致子贞信札》，证明他俩友情深厚。但从信札笔迹看，应是唐伯虎晚年所写：

---

[1]. 《吴都文粹续集》卷四十，周鼎《明故王曈斋先生墓志铭》。

[2]. 王谷祥，也作王榖祥，字禄之，号酉室，长洲人。善写生，渲染有法度，意致独到，即一枝一叶，亦有生色，为士林所重。中年绝不肯落笔，凡人间所传者，皆赝本也。书仿晋人，不随二王之风，篆籀八体及摹印，并臻妙品。卒年六十八。

[3]. [清] 端方、[清] 缪荃孙纂辑：《壬寅消夏录》之《明贤遗墨卷下》。

《款鹤图卷》（局部）

别后到家，得彼处情事甚急。尚未回来，须作急打点。达之当事。寻一便人从之，以防意外。内写即唐寅良友，多蒙曾当面说过也。盖彼与我有干涉耳。寺中书恐不能用也。诸不一。子贞二兄即元。六月十八日。唐寅再拜。[1]

回过头来，名医王观要麻烦唐伯虎为自己画一幅"别号图"[2]，也算是

---

[1]. 该信札现藏台北故宫博物院，归入《唐寅尺牍册之一》。

[2]. 所谓"别号图"，是明代中后期广泛流行于社会各阶层的一种绘画题材。常常以"主人别号"为名，实则寄寓了别号主人对山林隐逸生活的向往，像是一种"精神肖像"，是中国传统隐逸文化在绘画上的折射。唐寅一生创作过许多这类题材的作品。

唐伯虎传

礼尚往来，唐伯虎自然要用心为之。

绘画手卷本是承载中国书画内容最重要的形式之一，装帧雅致，令观赏者如同游目画廊一般，逐渐展示图画的动人全貌。

精心观察唐伯虎早年创作的《款鹤图》，可看到画卷前端近景描绘了皴擦有致的巨大岩石，岩石后有一树秃枝，点明时节在深秋；岩石前，一棵柏树苍干盘绕，叶满树冠。柏树之下，炉火正旺。一童子跪在炉边，眼观炉上水壶，手持团扇扇火，炉膛里已升起烟火。

视线来到中景：见一老翁，年近半百，这便是别号主人款鹤先生王观。只见他端坐在石台之侧，双手拢袖，抬头目视前方。前方是平滑如镜的水面，有一只丹顶鹤立于水岸，正款步走来。石台之上，前有一宣德铜炉，几点星火。炉后面平铺着白纸，款鹤先生似乎正在思考如何写诗。

画卷的后端：蜿蜒在主人身后的山石，折返而来，看似卧虎盘踞于此。山石之上，忽然跃出一道六叠瀑布，翻腾而下，水花四溅，犹如天籁在耳，令人心旷神怡。画卷末端留白处，唐伯虎挥笔写下两行题款，曰："吴趋唐寅奉为款鹤先生写意。"

唐伯虎不止画了一幅《款鹤图》，在另一幅《款鹤图》中，他写道："弘治壬子仲春既望，摹李河阳笔，似款鹤先生。初学未成，不能工也。唐寅。"[1]李河阳者，即"南宋四大家"之首李唐。唐伯虎写"初学未成，不能工也"，可见他对王观的谦卑态度和敬畏之心。

也就是在这个时候，文林父子和李应祯结伴而行，一起回到了苏州。

弘治五年三月，李应祯获准致仕。文林也觉得在南京太仆寺干得没意思，

---

[1]. [清] 张照等编撰：《石渠宝笈》卷六《明唐寅款鹤图》。

而且家中有事，于是干脆就告病请归。两家人结伴同舟返回了故乡。路过宜兴时，他们还一起游览了张公洞，"相从甚乐"。

文家到底发生了什么事？其实是为迎接两件大喜事。其一，在苏州自家的空地上，文林新建的停云馆落成了。"停云馆三楹。前一壁山，大梧一枝。后竹百余竿"，整洁雅致，别有洞天。其二，次子文徵明终于要结婚了。

文徵明的准新娘是昆山人吴愈的第三女，比文徵明小三岁。吴愈是成化十一年（1475年）进士，比文林晚了一届，但两人是老朋友。

吴愈是著名画家夏昶（1388—1470）的女婿。[1] 夏昶，字仲昭，昆山人，以画墨竹闻名，"时称天下第一"。李东阳当年盛赞夏昶的画作，并作诗《夏仲昭墨竹》，诗云："江南墨竹近来荒，剩有人传夏太常。图印只今犹旧姓，风流知是少年狂。"夏昶的墨竹名播海外，朝鲜、日本、暹罗等国也有爱好者"悬金争购"，号称"夏卿一个竹，西凉十锭金"[2]。夏昶之兄夏旸，字孟旸，官永宁丞，也擅书画，但不常作，也不轻易示人，所以没人见过他存世的作品。

吴愈与夏昶之女育有三女。千金陆续出阁，长女嫁给了王银，生子王同祖；次女嫁给了正德三年（1508年）进士、太仓人陆伸，生子陆之箕，此子后成为都穆的女婿；第三女就是文徵明的夫人。文徵明一辈子称其夫人为"三小姐"，恭敬有加，至老不曾改口。夫妻俩相敬如宾，举案齐眉，幸福地生活到嘉靖二十一年（1542年），吴三小姐以七十岁高龄去世。明代韩昂在《图绘宝鉴续编》中说，文徵明"写竹得夏昶之妙"，应该就

---

[1]. 柯律格认为夏昶是吴愈之妻的舅舅。见柯律格著《雅债》第17页。待考。

[2]. 见周文翰《文徵明传》第7页。

唐伯虎传

是从他与夏氏结亲这个角度说的。

吴愈任南京刑部郎中，与文林的官阶差不多大，恰巧此时吴愈升任四川叙州府（治今宜宾）的知府，成了四品要员。在上任之前，他还专门来苏州城拜访了亲家文家。那时文徵明与三小姐吴氏刚刚结婚。三月十日，文林为送别亲家吴愈组织了一场雅集活动，邀请沈周绘制了一幅《送别图》[1]，由文林和祝允明撰序，再请沈周、陈琦、吴瑄、张习、都穆、朱存理、刘嘉绪等人题诗。

亲家吴愈的到来，算是文家的一件大事，而作为文徵明的挚友，唐伯虎却没有参加这一活动，显然当时他人不在苏州。

到了这一年秋桂飘香的时候，喜讯传来：祝允明终于通过了乡试，考中举人！

祝允明的科举之路也不顺畅。他前后参加过五次乡试，前四次均铩羽而归。直到弘治五年的这次南京乡试他才如愿以偿。而且巧的是，弘治五年南京乡试的主考官不是别人，正是王鏊。

作为南京乡试的主考官，王鏊对录取谁和不录取谁，其实并无特权。乡试考生的考卷，先是由同考官批阅，然后择优录取，最后才将已经录取的考生的考卷呈送主考官，而在这一过程中，考生姓名及其以上三代的信息全部被弥封，考官们也不知道已经录取的考生是谁。解开弥封，是开榜前的最后一道程序。

当王鏊拿到祝允明的试卷时，弥封尚未解开。王鏊读了这份试卷，便对他的同僚说：这份试卷，肯定是苏州人祝允明的！待到开榜，果不其然。

---

[1]. 见《韫辉斋藏唐宋以来名画集》之《明沈周送别图卷》。

这说明，王鏊对祝允明的行文风格和笔迹，已经非常熟悉。

祝允明通过了乡试，成为举人，压在他心头的石头终于算是落地了，他自此有了去北京参加礼部会试的资格。

根据祝允明的自述，祝允明就是在这个时候，在文徵明的介绍之下，与唐伯虎正式订交。

王鏊的长子王延喆身体不好，一直在家养病。其父舐犊情深，放心不下，所以待南京乡试完毕，王鏊顺道回苏州住了十天。

按当时惯例，主考官王鏊顺理成章地成了祝允明的座师。王鏊本来就很器重祝允明，与其交往甚多，于是得意扬扬，对旁人说：我真没有看错人！

从这里也可以看出，为何与唐伯虎同龄的张灵是祝允明的弟子，但唐伯虎不是，因为他是王鏊的学生，而祝允明这时也视主考官王鏊为座师，成了王鏊的学生，所以唐伯虎和祝允明可以算作师兄弟。

第二节　玉郎何处拥婵娟？

明朝"男主外，女主内"的家庭观念非常明确。唐伯虎结婚之后，按照长子不离家的传统习俗，依然生活在以父亲唐广德为主宰的大家庭里，以父母为依靠。他完全不必为家务事操劳，还是过着潇洒的日子，只要手里有钱，一转身就去呼朋唤友，追逐花巷流莺去了。

◆ 明 唐寅 《蕉叶睡女图卷》（局部），现藏纽约大都会博物馆

能够约束唐伯虎者，必是其父唐广德，可唐广德没有文化，也从未见其管束过孩子，一直对唐伯虎放任自流。大约唐广德见过、听过的文人骚客，大多数都是喜欢喝花酒的，他或许因此以为，文人上青楼是再自然不过的事情。

唐伯虎的新婚妻子徐二小姐，亦无法扯住丈夫的衣袖，阻止他买酒买醉、频繁出入青楼的步伐。

人的情欲像一条流浪狗，一旦放纵，再难恋家。唐伯虎整天和祝允明、都穆、张灵、钱同爱之流厮混在一起，这些人不仅有才，而且还有一个共同的特点——好女色。这是一个不争的事实。

唐伯虎从不讳言自己的好色，一生写过许多与青楼女有关的诗篇，如《花酒》《寄妓》《哭妓徐素》《代妓者和人见寄》《玉芝为王丽人作》等。从这些诗篇中我们可以看到他与妓女们耳鬓厮磨，交情实在不浅。

晚明大儒陈继儒在《太平清话》中说："唐伯虎有《风流遁》数千言，

皆青楼中游戏语也。"尽管唐伯虎写的《风流遁》已失传，我们无法再见唐伯虎当年在青楼狎妓的套路和情话，但其实并不足惜，他留下的艳诗、艳词、艳曲已经足够多，俯拾皆是。

如唐伯虎《黄莺儿·咏美人浴》：

> 衣褪半含羞，似芙蓉，怯素秋，重重湿作胭脂透。
> 桃花在渡头，红叶在御沟，风流一段谁消受？
> 粉痕流，乌云半軃，撩乱倩郎收。[1]

一轮明月升起来，红烛照天，与唐伯虎良宵共度的这位美人儿，不是妓女，又会是何人？

再如《一剪梅》二阕：

---

[1].《六如居士全集》卷四。

唐伯虎传

> 红满苔阶绿满枝,杜宇声声,杜宇声悲!
> 交欢未久又分离,彩凤孤飞,彩凤孤栖。
> 别后相思是几时?后会难知?后会难期。
> 此情何以表相思?一首情词,一首情诗。
>
> 雨打梨花深闭门,孤负青春,虚负青春。
> 赏心乐事共谁论?花下销魂,月下销魂。
> 愁聚眉峰尽日颦,千点啼痕,万点啼痕。
> 晓看天色暮看云,行也思君,坐也思君。[1]

但是,并非所有的读书人都是好色之徒。文徵明就是典型的正人君子。

文徵明一生严谨,凛凛然也,从不喜欢登青楼、找妓女,即使将他放在今日,在感情方面他仍然是男性道德楷模。结婚以后,文徵明对妻子吴三小姐非常尊重,这在那个时代是难能可贵的。王世贞说他"内行尤淳固,与吴夫人相庄白首也。生平无贰色,足无狭邪履"[2]。文徵明"目不视窈窕,逢妓女必匿去",甚至"年五十余,即绝房欲"[3]。

这个时候,唐伯虎、钱同爱、徐祯卿与文徵明四个人都在学堂读书,关系最为要好。文徵明回忆说:"时余三人与君(钱同爱)皆在庠序,故会晤为数。时日不见,辄奔走相觅;见辄文酒宴笑,评骘古今;或书所为文,

---

[1].《六如居士全集》卷四。另见《唐寅集》,第163页。

[2].[明]王世贞:《弇州山人四部稿》卷八十三《文先生传》。

[3].[明]徐复祚:《花当阁丛谈·文太史》。

相讨质以为乐。"[1] 他们并不在同一个学堂读书,然而关系密切,几天不见彼此就要去寻找对方。

唐伯虎、钱同爱、徐祯卿都是游蜂浪蝶之辈,按现在的说法是"渣男",尤其是钱同爱"每饮必用妓"[2],他们岂肯"冷落"了好友文徵明。于是唐伯虎几个人动了歪脑筋,决定要促狭一下文徵明。

某日,他们一起去石湖上行舟游玩。船至湖心,大家已经喝得半醉。这时候,唐伯虎将藏匿在船舱里的妓女唤出,让她来专门伺候文徵明。"徵仲大诧,辞别。妓固留之。徵仲大叫,几赴水,遂于湖上买舴艋(小船)逸去。"[3]

好友们想拉文徵明"下水"的尝试,曾有许多次。

又一次,唐伯虎、祝允明与文徵明同游竹堂寺。竹堂寺有许多房产出租,妓女们在那些地方搞营生。事前,唐伯虎诓骗自己熟悉的妓女:"这次来的文君,在'青楼中素称豪侠',使钱豪爽,你必须好好接待!"待到酒酣半醉时,唐伯虎故意引吭高歌,而得了暗号的妓女,便扭动着腰肢进房来伺候文徵明。文徵明哪里肯依,拔腿开溜。妓女当然不肯让煮熟的鸭子飞掉,便抱住了他的腿,死活不撒手。文徵明冲着祝允明和唐伯虎大喊:"两公调我耳!"[4] 意思是你们这两个促狭鬼是在戏弄我啊!

更为滑稽的是,钱同爱邀请文徵明去游览石湖,又如法炮制。身陷湖

---

[1].《莆田集》卷三十三《钱孔周墓志铭》。

[2].《四友斋丛说》卷十八《杂记》。

[3]. [清]叶镶:《散花庵丛语》。

[4].《六如居士外集》卷一。

唐伯虎传

中的文徵明逃离不得，便灵机一动，竟然脱去了鞋子，把自己的臭袜子"披拂于（钱）同爱头面上"，"其足纨（袜子）甚臭，至不可向迩"[1]。而钱同爱本是有洁癖之人，哪里受得了文徵明那双著名臭脚的"熏陶"，只得令"舟人泊船，放衡山（文徵明）登岸"[2]。多年之后，文徵明的长子文彭娶的娘子正是钱同爱之女。

尽管这些人疯狂地胡闹，但有个规矩明摆着，就是读书人玩归玩，闹归闹，这种酒色歌舞只是日常生活的调味品，科举学业才是正经大事，必须板凳冷坐，青灯苦读。但是，唐伯虎酒色糊涂，颠顶不堪，常常摆不正两者的关系，依旧纵情声色，"不事诸生业"[3]，令众人担心。

虽然祝允明喜欢拈花惹草，但是对于读书这件事，他仍然是一本正经的。当唐伯虎痴迷情色而罔顾其他时，连祝允明都看不惯他了。

唐伯虎依旧在青楼里流连忘返，甚至将男女共欢的情景直接画下来，并加以艺术处理，成为一幅幅别开生面又精妙绝伦的艺术作品。后来人们就给这一类题材的作品冠以一个新名字，叫作"春宫图"。

唐伯虎随手绘制的春宫图大受欢迎，朋友们争相抢夺，这也极大地满足了唐伯虎的虚荣心，因此他越画越多，这就构成了唐氏著名的春宫图系列。当然，唐伯虎创作这类"淫秽"作品，取材最宜在青楼。春宫图在当时是一种创新的画种，由古及今最出名的画家就是唐伯虎，他也被后世誉为春宫图的盟主。他的师弟仇英，也擅长绘制这类题材的作品。

---

[1]. 《四友斋丛说》卷十八《杂记》。

[2]. 同上。

[3]. 《明史》卷二百八十六《文苑二》。

可惜的是，唐伯虎所作的春宫图真迹未能流传至今。传世者皆为临摹本，以及大量的木刻版本，其中著名的作品有《退食闲宴》《竞春图卷》《花阵六奇》，以及《风流绝畅》《鸳鸯秘谱》等。

到了明末，随着收藏市场的勃兴，春宫图的摹刻套色版画盛极一时。《胜蓬莱》《鸳鸯秘谱》《繁华丽锦》《江南消夏》等春宫画册极为畅销。其中有一套名叫《风流绝畅》的册页，共有二十四幅，印行于明万历三十四年（1606年），做工极精，颇受市场欢迎，一时洛阳纸贵。这套画册是由徽派凑刀名手黄一明摹刻而成，号称根据唐伯虎的原作而刻。虽然这些版画大多署名唐伯虎，但到底是不是唐伯虎的原创，已经无法考证。其实，能否考证已不重要，因为唐伯虎已经成为春宫图的旗手。

唐伯虎的春宫图对后世影响深远。到了清代，曹雪芹在创作《红楼梦》时也爱拿他当话题。《红楼梦》第二十六回：

（薛蟠告诉宝玉：）"昨儿我看人家一张春宫，画的着实好。上面还有许多的字，也没细看，只看落的款，是'庚黄'画的。真真的好的了不得！"宝玉听说，心下猜疑道："古今字画也都见过些，那里有个'庚黄'？"想了半天，不觉笑将起来，命人取过笔来，在手心里写了两个字，又问薛蟠道："你看真了是'庚黄'？"薛蟠道："怎么看不真！"宝玉将手一撒，与他看道："别是这两字罢？其实与'庚黄'相去不远。"众人都看时，原来是"唐寅"两个字，都笑道："想必是这两字，大爷一时眼花了也未可知。"薛蟠只觉没意思，笑道："谁知他'糖银''果银'的。"

至于清代的春宫图，则以改琦之作为最。他的春宫图多工笔，蕴藉含蓄，雅而不俗。但是改琦的画技与影响力，远不及明代的唐伯虎和仇英。这些都是后话。

弘治七年（1494年），文徵明给唐伯虎写了一首诗，意在调侃他"玉郎何处拥婵娟"：

> 曲栏风露夜醒然，彩月西流万树烟。
> 人语渐微孤笛起，玉郎何处拥婵娟？[1]

这说明，在当时的读书人看来，唐伯虎的花心并非罪不可赦，他的花心没有对家庭和社会造成多大的伤害，因此得到了亲友们的谅解和包容，即使像文徵明这样对生活严谨的人，也能含笑而待之。

第三节　丧乱之痛

唐伯虎第一次直面亲友的死亡，是其总角挚友刘嘉绪的去世，时在弘治四年。刘嘉绪英年早逝，年仅二十四岁，而唐伯虎当时也只有二十二岁。

---

[1].《甫田集》（四卷本）卷一《月夜登南楼有怀唐子畏》。

生死问题，是每个人都要面对的终极问题。若是能解决好这个问题，就是个通透的人。唐伯虎是读书人，从道理上讲，对于命运无常的生命本质他应该是明白的。他自己也曾说："生死人之长理，必非有赖而能免者。"[1]问题在于，外人的生死像一场戏剧，自己不过是台下观众，而一旦生离死别发生在自己的生活里，痛彻肺腑的感受则全然不同。

刘嘉绪与唐伯虎"总角相知，童年托爱"[2]，情同兄弟。前文已经说过，刘嘉绪少负文名，曾以一篇《吊范墓文》名动苏州城，所以大家都看好他的科举前景。十三岁的时候，他父亲去世，家道中落，但他依然保持着儒家传统，"终困穷而能守一身"，从不说过头话，不做过分事，因此受人尊敬。钱谦益夸赞他"风仪如玉"。唐伯虎也赞扬他的人品"咏珪璋以比德，指松柏而论材"[3]，具有真君子风范。

刘嘉绪病得突然，而且病情发展得很快。唐伯虎刚听说刘嘉绪得病，甚是关心，"鄙人以密友入问汤药"，嘘寒问暖，极尽关怀。在刘嘉绪奄奄一息之际，唐伯虎"执手相见，潸然泣下"，可见他们两人的感情确实非同一般。

刘嘉绪"没身之日，识与不识，莫不踯躅挥涕"[4]。众人都在痛惜刘嘉绪之死，叹息生命"玉匣难全，琉璃易碎"！

已经六十五岁的沈周是刘嘉绪之父刘昌的老友，听到这个消息，抚案

---

[1]. [明]唐寅：《祭妹文》。见《唐寅集》，第260页。

[2]. 《六如居士全集》卷六《刘秀才墓志》。另见《唐寅集》，第250页。

[3]. 同上。

[4]. 同上。

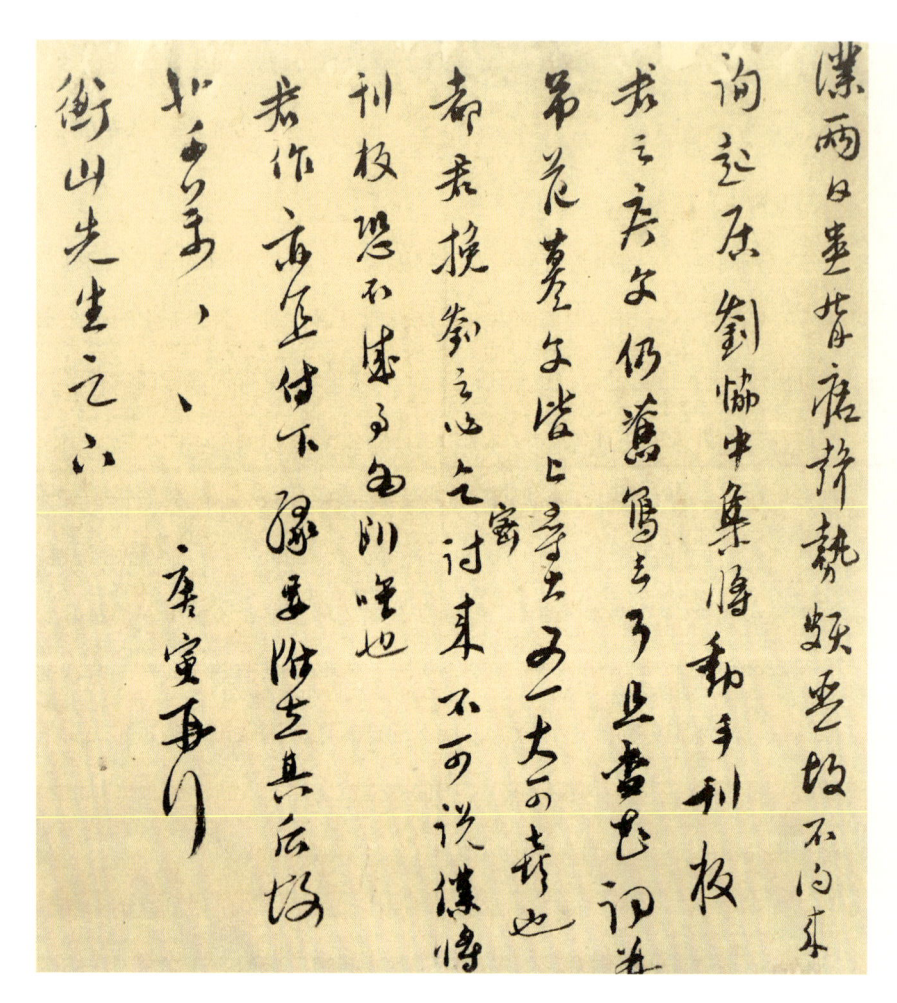

◆ 明 唐寅 《为刘嘉绪刊板致文徵明札》，现藏北京故宫博物院

大悲，写下了诗篇《悼刘协中》：

先参负文豪，喜子绍前志。
总角弄古辞，绰有高远致。
……
茫茫修短数，岂亦容人意？
不应老钝夫，顾为英俊泪。[1]

---

[1]. [明]沈周撰，[明]瞿式耜辑：《石田先生诗钞》卷三《悼刘协中》。

第二章·人寿几何？

刘嘉绪之死，是唐伯虎第一次经受与亲密朋友死别的打击，虽然他难忍悲痛，但他依旧满怀深情地为刘嘉绪撰写了文字生动、文辞典雅的《刘秀才墓志》，还动手为刘嘉绪编辑诗文、遗稿二卷，期望以此让挚友的佳作永传不朽。

刘嘉绪死后，都穆为他的遗稿写了序。刘嘉绪的表兄、进士杨循吉也为他撰写了墓志铭。刘嘉绪有一子，名稚孙，成年后娶了文徵明之兄文徵静之女。[1]

到了弘治六年，噩耗再次降临到唐伯虎的头上：唐家的顶梁柱、父亲唐广德去世了。

唐广德可能是猝死，唐伯虎完全没有思想准备，所以也来不及写下怀念父亲的文章，而"广德尝语人，此儿必成名，殆难成家乎？"这句话，也就成了父亲唐广德的遗憾。前半句说明，父亲对唐伯虎的学业前景深信不疑，相信自己的长子一定能成就大名；但是后半句，其实是对唐伯虎的持家能力，表示深深的担忧。

在任何一个社会里，对平头百姓而言，家庭都是一副重担。要想把生活过得美满，不仅需要家人的勤劳与团结，更需要掌门人善于把持和建设家业。父亲去世之后，唐伯虎成了这个家庭的新主人，而他一贯"跌放不检约"的作为，让人忧心忡忡：这样的人怎能担起照顾这个大家庭的重任呢？对照唐伯虎此后的生活之路，其父的担忧恰恰得到了印证。

就在父亲去世的同一年，他那年纪轻轻的发妻徐二小姐，还未给他生下孩子，也匆忙离世了。唐伯虎写下了一首诗，述说了内心的悲痛：

---

[1]. 见[清]孙岳颁、[清]王原祁等纂辑：《佩文斋书画谱》卷四十二《书家传》。

唐伯虎传

> 凄凄白露零，百卉谢芬芳。
> 槿花易衰歇，桂枝就销亡。
> 迷途无往驾，款款何从将？
> 晓月丽尘梁，白日照春阳。
> 抚景念畴昔，肝裂魂飘扬。[1]

可是，唐家的悲剧还在继续上演，丧乱之痛席卷而来：第二年春，即弘治七年，唐伯虎的母亲丘氏离世了。

唐伯虎时年二十五岁。仿佛天一下子坍塌下来，他完全无法应对，哭喊道："不幸多故，哀乱相寻；父母妻子，蹑蹑而没；丧车屡驾，黄口嗷嗷。"[2]

痛不欲生的唐伯虎，甘愿以自己的性命来换回父母的生命，于是写下"杀身良不惜，顾乃二人怜"[3]。

在如此短暂的时间里，一下子失去了四位至亲和朋友，任何人都难以承受如此重大的打击。但是，对于年轻的唐伯虎来说，这种打击还没有结束。

唐家有三个孩子，唐伯虎是长子，下面有个妹妹，最小的是弟弟唐申。妹妹是家中的一枝花，是父母的小棉袄，也得到了兄弟们的关爱。在这一年，弟弟唐申十九岁，那么这个妹妹的年龄应该是二十至二十四岁。唐伯虎早在十九岁结婚，那么妹妹不应该晚于十九岁结婚才是常理。按照明代惯例，大多数女子出嫁的年龄应在十五六岁，可是这个妹妹已经远远地超过了这

---

[1]. [明]唐寅：《伤内》。见《唐寅集》，第13页。

[2]. 《六如居士全集》卷五《与文徵明书》。

[3]. [明]唐寅：《夜中思亲》。见《唐寅集》，第13页。

个年龄段，却还未出嫁。这样看来，妹妹可能有些特殊情况，她的婚事因故被延误了。

可是，偏在父母、嫂子相继病重、去世之际，妹妹忽然出嫁了，令人颇觉蹊跷。因为缺乏唐伯虎妹妹的资料，我们不妨按常理推测：妹妹极可能是为了给患病的亲人冲喜，所以才在匆忙之中嫁与他人。

仓促出嫁的妹妹，迎来的绝非美满的婚姻，不久后，妹妹居然在婆家自尽了！

唐伯虎再也无法忍耐自己的悲痛，一边心在滴血，一边写下了《祭妹文》：

> 呜呼！生死人之长理，必非有赖而能免者。唯黄耇令终，则亦归责于天，而不为之冤隐；然疾痛之心，久亦为之渐释也。吾生无他伯叔，惟一妹一弟。先君丑寅之昏，且弟尤稚，以妹幼慧而溺焉。迨于移床，怀为不置，此寅没齿之疚也。尔来多故，营丧办棺，备历艰难，扶携窘厄。既而戎疾稍舒，遂归所天。未几而内艰作，吊赴继来，无所归咎。吾于其死，少且不俶，支臂之痛，何时释也？今秋尔家袭作蓍龟，以有此兆宅，来朝驾车，幽明殊途，永为隔绝。[1]

关于妹妹自尽的原因，后人有诸多猜想。唐伯虎的妹妹尚未出嫁时，受到了全家人的关爱，尤其是父母的呵护。突然之间，世界上最疼爱她的

---

[1].《唐寅集》，第260页。

唐伯虎传

双亲相继亡故，这种打击确实是毁灭性的。我们不妨再推测一下：妹妹此际去了陌生的婆家，又缺少关爱，于是产生了抑郁情绪，不能排解，最终走上了绝路。

从唐伯虎的叙述中看，她的婆家非但无过错，反而受其牵累，因为他们的婚房，被认为是不吉利的"兆宅"，因此要请来道士、巫婆做法事，以消灾禳祸。而唐伯虎自己也认为，妹妹之死，应该"归责于天"，没有"冤隐"。

唐伯虎因此只能自责：丧乱期间，"尔来多故，营丧办棺，备历艰难"，自己作为长子未能给予妹妹更多的关怀，所以妹妹一时想不开，导致了这样的人间悲剧发生。

呜呼哀哉！人生遭遇如此大祸，唐伯虎自然是彻夜难眠。本来是六口人的温暖家庭，蓦然故去了四位，仅剩下他和弟弟唐申两个人。越思量，越是悲怆，泪透枕巾。他不得不重新思考关乎人生本质的问题：每一个人的生命由何而来，又往何处去？短短数十个春秋的生命，究竟有什么意义？那些逝去的亲人，他们的灵魂又将去往何方？

思来想去，仍然找不到一个答案。人们应该怎样去寻找各自的幸福？在唐伯虎看来，只能寄托于神灵的庇护，匍匐在佛祖的脚下……

仿佛是一夜之间，唐伯虎满头霜白。早起对镜，无限感慨，于是他独自来到书房，挥笔写下了一首诗：

> 清朝揽明镜，元首有华丝。
> 怆然百感兴，雨泣忽成悲。
> 忧思固逾度，荣卫岂及衰。
> 夭寿不疑天，功名须壮时。

第二章·人寿几何？

> 凉风中夜发，皓月经天驰。
> 君子重言行，努力以自私。[1]

从唐伯虎的这首诗来看，尽管他因亲人们相继逝去而万分悲痛，泪如雨下，可是他的神志依然清醒，还在劝慰自己和弟弟唐申：思亲不能过度，沉溺不能过深，否则任何药物都不能挽回健康。他还告诫自己：不必去抱怨老天爷对自己不公，因为那没有用，而是要勇于面对命运的安排，最重要的是，自己应该在青壮年时期赶紧去成就功名。

此时，正赋闲在苏州家中养病的文林，看到了唐伯虎的这首《白发》，予以深切同情，于是和诗一首：

> 气羸发先改，五十头尽雪。
> 岂无年差长，美鬓鬓如涅。
> 颜颓讵足叹，树立恐中折。
> 服善死所甘，侥枉生亦窃。
> 叶脱根株固，贞元难遽绝。
> 天地罔杀机，与夺谁穷诘？
> 铿寿今亦亡，回死有余烈。
> 数命人人殊，疾徐付甘节。
> 大冶范我形，坚脆任生灭。[2]

---

[1]. [明] 唐寅：《白发》。见《唐寅集》，第11页。

[2]. [明] 文林：《和唐寅白发》。见《唐寅集》，第625页。

唐伯虎传

文林的和诗,蕴含着浓郁的玄学色彩。比如"天地闷杀机,与夺谁穷诘?"说明人类生活的环境,本来就深藏凶险,太复杂,人力很难搞清楚它、改变它。文林的用意十分清楚,那就是劝慰唐伯虎要节哀顺变,不管天道人间如何玄幻,只要活出自己的精气神来,就不会辜负来世间走的这一遭。

文林所说的"天地闷杀机,与夺谁穷诘?"不光是在拷问唐伯虎,也在拷问自己的灵魂。事实上,文家人也遭受了亲人接连离世的打击。

弘治六年七月十五日,文林的继母吕氏去世。

弘治七年四月十七日,苏州人吴东的妻子周令人于夜间突然去世,年仅二十一岁。吴东是文林的亲家吴愈之子,也就是文徵明妻子"三小姐"的哥哥。唐伯虎应邀撰写了《吴东妻周令人墓志铭》。

也是在弘治七年,文林与继室吴氏所生的儿子,名顺孙,是年三岁;文徵明与妻子"三小姐"吴氏所生的儿子,名重金,是年两岁。这叔侄二人,其实还是两个牙牙学语的孩子,于当年十一月五日生水痘,几乎同时去世,痛煞了文家人。

文林认为,这几年是人世间的凶年,人的生命力格外脆弱,因此噩耗频传。

第四节　收藏市场的兴起

弘治八年（1495年）秋天，文徵明第一次参加乡试。父亲文林在儿子出发去南京应考之前，反复检查了儿子的行囊，并一再地叮嘱文徵明须注意的考场事项。而后文徵明才走出家门。因为家有重孝，唐伯虎按照惯例没有参加此前府学的科试，因此没有资格参加这届乡试。

对文徵明来说，这次去南京乡试的熟人不少，但关系最好的人要数都穆和顾璘。顾璘本是苏州吴县人，明初时，因户籍管理非常苛刻，他的曾祖以匠籍移居南京，隶属工部衙门，到他已经是第四代。他在南京的名气很大，被称为"金陵社集最初的领袖"[1]，可是人们依旧认为他是"吴中才子，有知人鉴，为当时风雅主盟"[2]。顾璘与苏州的联系十分紧密，与文徵明、唐伯虎等人的友情笃深。

南京乡试的结果是都穆、顾璘通过了考试，文徵明落榜了。

落榜属于很正常的情况，因此并没有影响文徵明的心情。乡试归来，文徵明两手空空，立即跑去见唐伯虎，而此时的唐伯虎正与苏州好友们一起品鉴古籍与书画。

每当社会进入相对安宁的时期，文化会兴盛，艺术品市场亦会趋于活跃。早在宋代的徽宗时期，就曾掀起过一轮艺术品收藏的热潮。那是中国历史上艺术品收藏的第一个高峰时期。

而中国历史上的第二个艺术品收藏高峰时期，就出现在明朝中后期，

---

[1]. 何宗美：《明末清初文人结社研究续编》，中华书局，2006年，第141页。

[2]. 转引自邓绍基、史铁良主编：《明代文学研究》，北京出版社，2001年，第482页。

唐伯虎传

肇始于眼下的"弘治中兴"年间。

为什么是弘治年间呢？这是由时代背景决定的。

元末，盐贩出身的张士诚造反，占据了苏州，与朱元璋领导的另一支队伍争夺天下，结果张士诚战败身亡。而张士诚占据苏州时，不仅善待文士，还做过一些有益社会的事，因此受到苏州百姓的欢迎。到了明初，朱元璋当上了皇帝，极其害怕苏州人存二心，于是开始对苏州地区进行残酷统治。据明代王锜《寓圃杂记》记载："吴中素号繁华，自张氏（张士诚）之据，天兵（明朝的军队）所临，虽不被屠戮，人民迁徙实三都，戍远方者相继，至营籍亦隶教坊，邑里潇然，生计鲜薄，过者增感。正统、天顺间，余尝入城，咸谓稍复其旧，然犹未盛也。迨成化间，余恒三四年一入，则见其迥若异境，以至于今，愈益繁盛。"[1]也就是说，苏州在明初时期，百业萧条，直到唐伯虎出生之后的成化年间，才开始重新振作，到了"弘治中兴"年间，社会经济才又现繁华景象。

收藏市场至此快速发展。这个时候，无论是身居庙堂之高的大官名臣，还是民间的士人商贩，都以艺术为贵，附庸风雅，开始四处收罗艺术品。买卖艺术品的风气已经普及开来，人们趋之若鹜。

以当朝的内阁首辅徐溥为例，这个人就是当时有名的书画收藏家。徐溥是常州府宜兴人，与书法家李应祯有个共同的爱好——热衷于收藏苏东坡的法书。当年徐溥从李应祯手里借得苏东坡的《楚颂帖》（又名《种橘帖》），再加上他自家收藏的《乞居常州奏状》（即《乞居帖》）等，合成著名的苏氏三帖，然后他请名匠将此三帖刻石，竖立在宜兴洑溪书堂，

---

[1]. [明]王锜：《寓圃杂记》卷五。

第二章·人寿几何？

以供"乡人子弟景仰先贤之意"[1]。徐溥实在喜欢《楚颂帖》，再三与李应祯商洽转让事宜。李应祯最终答应转让《楚颂帖》，怎料李应祯还未将《楚颂帖》交付徐溥，便去世了。

因为徐溥尚在北京首辅任上，一时赶不回来，于是宜兴徐家就请双方共同的朋友、文徵明之父文林居中作保，代为收货。这样《楚颂帖》就暂时存放在文家。文徵明说这件名帖"凡留余家半岁"[2]，也就是时间长达半年之久。

文徵明一共见过两次苏东坡的《楚颂帖》。第一次是在滁州，老师李应祯给他看的，并告诉他，这幅名作得自金陵张氏，当时花去十四千铜钱；第二次就是在老师已经去世、父亲替徐家收货之际。在徐家的邀请之下，文徵明还在《楚颂帖》上作了题跋。文徵明的题跋颇似鉴赏家的口吻："世传苏文忠喜墨书，至有'墨猪'之诮。而此实用淡墨，盖一时草草弄笔，而后世遂宝以为奇玩。"[3] 所谓"墨猪"，是指苏东坡擅于侧锋写字，笔画丰肥。后世人就调侃说，苏东坡的字看上去像"墨猪"一般，也有人称之为"蛤蟆体"。

作为江南文化中心，苏州府从成化到弘治年间已经涌现出一批著名的艺术收藏家，除了我们前面介绍过的李应祯、吴宽、王鏊等人外，还应该包括张穆、史鉴、陈璚、黄云、王献臣、许国用等人。这些人构成了苏州最重要的收藏力量，形成了一个消费群体，使得苏州的艺术收藏蔚然成风。

---

[1]. 见明代徐溥跋拓本《苏文忠公楚颂种橘乞居三帖》。今人多认为《楚颂帖》和《种橘帖》是指同一帖。

[2]. 《甫田集》卷二十一《跋东坡楚颂帖真迹》。

[3]. 同上。

唐伯虎传

张穆,字敬之,正统四年(1439年)进士,出任过刑部主事、员外郎等职,成化初进浙江右参政,因此被称为"张大参"。他收藏过黄庭坚的著名法书《经伏波神祠》,与沈周交往甚密。

黄云是苏州府昆山人,字应龙,生卒年不详,约活动于成化至正德年间,弘治中以岁贡授瑞州府学训导。他收藏有五代巨然的《庐山图》,为此文徵明撰写了七言长诗《题黄应龙所藏巨然庐山图》。他还收藏了宋吴说《游丝书》和宋高宗《敕岳飞杀贼手诏》等,而且黄云的书法也是宗黄庭坚一路,与沈周是同好。

王献臣是苏州吴县人,也是一代收藏名家。他收藏的宋代蔡襄《茶录》、元代赵孟頫《烟江叠嶂图诗》等名品,也都请沈周、文徵明题跋过。

许国用也是苏州著名的收藏家,收藏极富。文徵明非常尊敬他,曾写《题画赠许国用》,其中诗曰:"愿为识者画,不受俗子迫。惟君鉴赏家,心嗜口不索。"许国用收藏的元四家之一倪瓒的《江南春》,是一件大名品,好评如潮。许国用之子许初,为嘉靖年间的南京太仆寺主簿。

唐伯虎的好友都穆之父都昂,也是一位远近闻名的收藏名家兼古玩商。甚至连杀鸡宰鹅、开饭店的王宠之父王贞,也是一位字画收藏的好事者。

唐伯虎后来专门去吴江史鉴家鉴赏书画,史鉴的情况留待后文再说。

相比之下,沈周此时已经年近七旬,无疑成为此时苏州收藏鉴赏圈的泰斗。他"耕读其间,佳时胜日,必具酒肴,合近局,从容谈笑。出所蓄古图书器物,相与抚玩品题以为乐。晚岁名益盛,客至亦益多,户屦常满。先生既老,而聪明不衰,酬对终日,不少厌怠。风流文物,照映一时"[1]。

---

[1].《甫田集》卷二十五《沈先生行状》。

第二章·人寿几何？

可见他虽然年事已高，却对书画收藏兴趣不减，经常与众多同好一起"抚玩品题以为乐"。

沈家的收藏活动从沈周的曾祖父沈良琛在世时就开始了。沈良琛是元四家之一王蒙的好友，因此收藏了王蒙的作品。沈周最得意的收藏应该是宋代林逋的两页信札。林逋，字君复，后人称"林和靖"。他终生不仕不娶，唯喜植梅养鹤，自谓"以梅为妻，以鹤为子"，人称"梅妻鹤子"。宋代诗人王淇的名句"只因误识林和靖，惹得诗人说到今"，说的就是他。沈周曾请吴宽将这两页信札带去京城，邀请内阁首辅李东阳等题跋。

沈周收藏的古代名作如五代宋初郭忠恕《雪霁江行图》、元代黄公望《富春山居图》[1]、元代赵孟頫《瓮牖图》等，都很出名，他也对"本朝永乐、洪熙间名士"之作做了精心的搜集，包括张宇初、庄公瑾、张暄、薛希贤、郭文通、赵廉、戴进、杜琼等数十位当时名家之作，这说明他的收藏并非厚古而薄今，而是有着自己的收藏思路。

沈周的长子沈云鸿[2]也是一代鉴藏巨眼，收藏极富，受人敬重。时人说到收藏事，总爱将父子俩并列，云"启南父子如何如何"，可知沈云鸿眼力不俗，可以与其父齐肩。沈云鸿的妻子徐氏，是内阁首辅徐有贞的侄孙女，也就是祝允明的表姐。沈云鸿就是祝允明的表姐夫。

文徵明说沈云鸿"其学长于考订……特好古遗器物书画。遇名品，摩抚谛玩，喜见颜色，往往倾橐购之"，"（长）江以南，论鉴赏家，盖莫

---

[1]. 明末时，此画传到常州府宜兴收藏家吴洪裕手中，后被烧成一长一短两段。较长的后段称《无用师卷》，现藏台北故宫博物院；前段称《剩山图》，现藏浙江省博物馆。

[2]. 沈云鸿收藏书画等古物时，往往倾橐以购。虽家有藏书万卷，名画百轴，但他告诫后人："勿以藏书、画充货财，必不易散；若能读之，则吾所遗产厚矣。"

唐伯虎传

不推之也"[1]。沈云鸿是沈良琛的玄孙,已历五代递藏,虽然沈家子孙也会经历分家、析产,但沈云鸿依然是苏州最出名的收藏家。沈云鸿最崇拜的是宋人米芾,而米芾曾表示希望自己像蠹书鱼,永远生活在书堆里。沈云鸿亦说:"余之癖,殆是类邪!"他自己收藏了许多历代名迹,其中包括传说是三国钟繇真迹的《荐季直表》,名重一时,此外还有曾入宣和内府的王羲之《袁生帖》、元代大书法家康里巎巎《李白古风诗卷》等,沈云鸿邀请了祝允明、文徵明等为之题跋。

中国人历来崇尚书画,所以将名画法书推至收藏领域的第一等级。随着收藏市场的兴盛,书画的行情也就飞涨起来。比如宋代名帖苏东坡《楚颂帖》,李应祯的收购价格是"十四千",大约是十四贯铜钱。一贯铜钱大约值银一两,那么《楚颂帖》相当于十四两白银。吴愈的岳父夏昶属于当代画家,他"画竹一枝,直白金一锭"[2],而明代的银元宝,一锭有一两、二两、五两、十两、二十两、五十两甚至一百两,夏昶"画竹一枝",按最少的"一锭"一两银算的话,如果他在一幅画上画了数十枝竹子,价格也是很惊人的了。这说明,当时的收藏市场已经红火起来了。

不管怎么说,书画艺术品的收藏花费巨大,普通家庭完全承受不起。而作为年轻一代的士人,文徵明、唐伯虎和钱同爱他们虽然对历代法书名画保持着极大的兴趣,但毕竟条件有限,买不起,怎么办?他们就开始收藏别的门类。

文徵明对砚台情有独钟。据典籍记载和对传世的带有文徵明铭记的砚

---

[1].《甫田集》卷二十九《沈维时墓志铭》。

[2].《明史》卷二百八十五《文苑一》。

第二章·人寿几何？

台的初步统计，已见金精砖砚、墨霞寒翠砚、天池浴日砚、景曜流晖砚、古砚、绿玉砚、汉铜雀瓦砚、停云馆石砚、赉尔圆砚、铜雀砚、小白华砚、凤兮砚、高斋砚、丁巳砚等。[1]

不过，文徵明收藏的最有名的砚台叫"五星砚"，此砚由他自己命名。他为此写过一篇名为《五星砚》的文章，讲述了他对"五星砚"的收藏与痴迷："余得古端砚，锐首丰下，形如覆盆。面缕五星聚奎及蓬莱三岛，左右蟠双螭，刳其背令虚，镌东坡制铭。'一龟横出作龃龉状。文缕精致，不知何时物也。'因命为五星砚。"[2]

文徵明收藏砚台的途径，主要是去市场上购买。他有诗曰："卖市得古砚，雅与时制别。"可见，当时的苏州已经有了专门用于买卖古董的市场。随着文徵明名气日隆，别人馈赠的砚台也逐渐多了起来。

而唐伯虎的收藏，主要集中在古今书籍方面。到了唐伯虎二十六七岁的时候，他的收藏已经相当可观了。

弘治八年的一天，文徵明来到唐伯虎家。两人坐在小楼上，凑了几碟小菜，温了一壶老酒，一边饮酒一边聊天。

文徵明的酒量原本有限，但这次聊得特别开心，于是放胆多喝了几盅。半醉的感觉挺好，他写了一首诗，以兹纪念：

> 今日解驰逐，投闲傍高庐。
>
> 君家在皋桥，喧阗井市区。

---

[1].《文徵明年谱》，第74—75页。

[2].《甫田集》（四卷本）卷一《五星砚》。

唐伯虎传

> 何以掩市声，充楼古今书。
> 左陈四五册，右倾三两壶。
> 我饮良有限，伴子聊相娱。
> 与子故深密，奔忙坐阔疏。
> 旬月一会面，意勤情有余。
> 苍烟薄城首，振袖复跨蹰。[1]

据文徵明诗篇，我们可以了解到唐伯虎家"充楼古今书"。唐伯虎当时费心收集的古今书籍，不仅堆满了书架，连他居住的小楼里也到处堆着书，场面十分壮观。

文徵明时常去看望唐伯虎，有时还要从他家借一些令人称羡的古籍善本，回家精读、鉴赏。

弘治八年十二月二十日，文徵明向唐伯虎借了宋代学者黄伯思撰写的《东观余论》刻本。

《东观余论》是一部关于书法的专著，内容是黄伯思收集、整理、考订后的史料，具有极高的文献史料价值。此书纠正了旧时颇为流行的官刻法帖《淳化阁帖》中的诸多疏误，堪称最早从实证科学的角度来研究书法的扛鼎之作。

文徵明在此书上题跋："右《东观余论》，宋秘书郎黄伯思长睿撰。长睿，元符庚辰进士，年四十而卒……岁旃蒙单阏十二月廿日，从唐子畏借观因

---

[1].《甫田集》（四卷本）卷一《饮子畏小楼》。

题。"[1] 未经主人邀请，借书人是不可以在书上题跋的，这是基本规矩，所以文徵明的这一题跋，必是应唐伯虎之邀。

徐祯卿说唐伯虎"喜玩古书，多所博通"[2]。这个"玩"字大有讲究，应当以"鉴赏"讲，也就是说，唐伯虎已是一位收藏古书的行家。而行家收藏古书，不仅注重书的内容、出版时间、珍稀程度等，更讲究古书的品相，上文说明唐伯虎所藏之书的质量确实很高，已经得到了大家认可。

文徵明每次来到唐伯虎家的小楼，都忍不住要去书架上翻书。唐伯虎常常也会借机炫耀一番，然后要求文徵明在书上题跋。弘治九年（1496年）三月二十四日，文徵明在唐伯虎收藏的宋吴缜撰写的二十卷《新唐书纠谬》上题跋，曰："弘治丙辰春三月廿四日，观于唐子畏书楼。文壁记。"[3]

唐伯虎的藏书不只吸引了文徵明，也引起了其他人的注目。每当客人来访，他都会拿出自己珍藏的古籍善本，供大家一起鉴赏。

这年十二月，苏州葑溪人邢参来到唐家。唐伯虎给他看了宋版《太玄集注》六卷以及《太玄解》四卷附《太玄历》一卷，还请邢参在卷末题跋，曰："弘治乙卯腊月，葑溪邢参观于皋桥唐伯虎家。"[4]

不仅唐伯虎喜好古书，他身边还有一个热爱藏书的群体，祝允明也算其中一个。祝允明自述其收藏的老版本《昭明文选》就有三五种之多。比

---

[1].《甫田集》卷二十一《书东观余论后》。

[2].《新倩籍·唐寅小传》。

[3]. [清]于敏中、[清]王际华等编：《天禄琳琅书目》卷二《新唐书纠谬》。此书上有"吴郡唐寅藏书印"朱文长印。

[4]. [清]瞿镛编纂：《铁琴铜剑楼藏书目录》卷十五《太玄集注六卷太玄解四卷附太玄历一卷》（宋抄本）。

唐伯虎传

唐伯虎小五岁的钱同爱也喜书成癖，一见到自己喜欢的好书，不论价，抢着去购买，因此他收藏的不仅有经、史、子、集，还有稗官野史等杂书，其版本极为珍稀。而且每次外出，他都要四处淘书，遇有秘籍，人家若是不肯出售，便随手札记。祝允明说钱同爱："秀才既力文甚竞，助以佳本，尤当增翰藻，不可涯尔。"[1] 就是说他藏书是为了写出更好的文章，因此藏书甚丰。

弘治年间，古籍善本已经成为收藏的一个重要门类，其价格水涨船高，而"吴中数年来，士以文竞，兹编始贵"[2]，说明苏州藏书的风气最盛，引领着江南收藏市场的行情。其中，钱同爱收藏的古书"高本尤佳"，最为出众。

钱同爱收藏的古书中，最让大家羡慕的是一套《昭明文选》，那是大家公认的最好版本。由于科举考试常常选择其中的内容出题，因此该书被当作参加科举者的必读书，故有"文选烂，秀才半"的说法。

许多人爱收藏，除了出于炫耀心理，更看重的是藏品的市场价值，而唐伯虎却更看重友情，常常视金钱如粪土。前面说到，他收藏的《太玄集注》六卷以及《太玄解》四卷附《太玄历》一卷，是很贵重的古书，可是他却豪爽地赠送给了钱同爱。徐祯卿后来在此书上题跋："此本旧藏唐子畏家，后以赠钱君同爱，更无副本，惟赖此传诵耳。钱君幸珍藏之。丁巳冬徐祯卿识。"[3]

唐伯虎家的经济来源，主要是父亲开的饭店。如今父母都已去世，作

---

[1]. [明] 陈继儒：《妮古录》卷四。

[2]. 同上。

[3]. 《铁琴铜剑楼藏书目录》卷十五《太玄集注六卷太玄解四卷附太玄历一卷》（宋抄本）。

为长子的唐伯虎又不善经营，弟弟唐申年纪还小，而且也到了要结婚的年龄，所以兄弟俩基本上是靠吃老本过日子，很快就到了难以为继的地步。可是，唐伯虎却依旧像公子哥一般花天酒地，根本不规划以后的生活。上没有开源收入，下不会节衣缩食，朋友们都为唐伯虎的处境感到担忧。一些长者实在看不惯他整天胡乱花钱、醉生梦死的模样，于是在背后议论纷纷。

挚友文徵明急在心里，于是投诗给唐伯虎，劝告他不要整天去青楼"微酣夜拥花"，还警告他说，你不可以再学阮籍了，每天都把自己灌得酩酊大醉，不管家事！他在这首诗中规劝道：

> 落魄迂疏不事家，郎君性气属豪华。
> 高楼大叫秋觞月，深幄微酣夜拥花。
> 坐令端人疑阮籍，未宜文士目刘叉。
> 只应郡郭声名在，门外时停长者车。[1]

对此，唐伯虎自述："仆（唐寅）之跌宕无羁，不问生产；何有何亡，付之谈笑。"[2] 他虽听到了人家的忠告，但如风过耳，只当作"谈笑"。

叽叽喳喳的好言相劝之声多了，却起到了反作用。弘治八年的深秋，唐伯虎终于迈开双腿，借以舟行，去浙江平湖、嘉兴躲清净。

唐伯虎在平湖、嘉兴有许多朋友，比如邹衡。邹衡是嘉兴的一位秀才，也是画道中人。他善于种茶、品茶，家在嘉兴城里，又在离东湖不远的东

---

[1].《甫田集》（四卷本）卷一《简子畏》。

[2]. [明]唐寅：《与文徵明书》。见《唐寅集》。第221页。

邱村建有别业。另一位朋友叫戴经，"居嘉兴双湖上，自号双湖，人称之亦曰双湖"[1]。

唐伯虎来到平湖、嘉兴，自然要拜访旧友，然后在朋友的陪伴下游览当地的名胜古迹。他们一起去鹦鹉洲散心。

鹦鹉洲在什么地方？实际上就在今天浙江嘉兴市东湖。明代人程楷记述："鹦鹉洲，一名小瀛洲，上建报本塔院。东北隅有放鱼矶夷于水，水落石出，山高月小，秋冬之际，尤难为怀。"[2]可见，鹦鹉洲是东湖水面上的一个小岛，而且当时去鹦鹉洲游玩的最佳时节是"秋冬之际"。不过，鹦鹉洲上的佛教庙宇报本塔始建于明嘉靖四十二年（1563年），由刑部主事陆杲发起，进士冯汝弼、赵伊协助，历经三年才建成。唐伯虎此次游览之际，报本塔尚未建立，他看到的只是一座桂香亭以及其他建筑。这个季节正好是桂树开花的日子，空气中弥漫着桂花的香味。

唐伯虎兴致盎然，于是在船上铺纸研墨，对着眼前的烟波景色，将桂香亭放置在图画的中心位置，创作了一幅《桂香亭图》。

他用细笔画出山水、楼台，又用墨色加以渲染，使得画面呈现出烟雾缭绕的气氛，如同仙境一般。旁观者见之，以为惊奇，然后，唐伯虎挥笔题写道：

皋岑丹桂飘香，古岸夕阳秋色。

---

[1]. 明代吴鹏《飞鸿亭集》卷十八《戴双湖墓志铭》载："公姓戴氏，讳经，字孟常。"嘉兴的双湖，即东湖与南湖。

[2]. 天启本《平湖县志》卷五。

> 烟波江上归帆，鹦鹉凭林暮迫。
>
> 幽篁风送蛋鸣，野草闲花沈陌。
>
> 苍茫云水悠然，中有高人游逸。
>
> 乙卯深秋登鹦鹉皋岑，玩桂香亭畔，俯翠壁葑岩，苍茫百里，皆云气烟光，对景摹于舟次。[1]

第五节　徐祯卿的第一知己

针对唐伯虎整天醉生梦死、胡乱花钱、不理家事的做法，不只挚友文徵明一人有过规劝，还有一人，就是唐伯虎的小老弟徐祯卿。

徐祯卿批评唐伯虎道："家资微羡，而餍习优汰，不能自裁，日以单瘠，局然处困，衔杯对友。"[2] 就是说，你唐伯虎家不过是一个小康之家，你却整天"衔杯对友"，"不能自裁"，以后的日子还怎么过下去！

讲真话是需要勇气的，而徐祯卿又比唐伯虎小九岁，他敢如此坦率地批评唐伯虎，全凭着一个"诚"字！

家境贫寒的徐祯卿初识唐伯虎之时，自己才十五六岁。因为买不起书，

---

[1]. [清] 姚际恒：《好古堂家藏书画记》卷上《桂香亭图小轴》。

[2].《新倩籍·唐寅小传》。

唐伯虎传

徐祯卿经常要去唐伯虎的邻居、好友刘嘉绪家借书,这样一来二去就认识了唐伯虎。

徐祯卿的长相实在是太丑陋了,鼻子不是鼻子,眼睛不是眼睛,像永远睡不醒的样子,让人心里硌硬,所以没人愿意接近他。这让徐祯卿的自尊心很受伤,而心地善良的唐伯虎自认识徐祯卿之后,从未厌弃他,总是热忱地跟他打招呼,推心置腹地谈心,逢人就夸奖他,还主动将他引荐给王鏊、沈周和杨循吉等名流。徐祯卿这才开始获得苏州文坛的注意,逐渐有了名气。

徐祯卿不是浪得虚名,所以在唐伯虎将他引荐给苏州文坛后不久,人们就感受到了他的能量,对他的态度也来了个一百八十度的大掉头。《明史》上说:"祯卿少,与祝允明、唐寅、文徵明齐名,号'吴中四才子'。"[1]

徐祯卿心怀感激,视唐伯虎为自己的第一知己,总是真诚以待。

与徐祯卿订交后,唐伯虎因为热衷于古籍收藏,所以时常邀请徐祯卿参加古籍收藏圈子的活动。有一个收藏故事,虽然发生在弘治十年,但我们在此提前讲一下,借以介绍徐祯卿这个历史人物的一些特点。

弘治十年冬,杨循吉、祝允明、徐祯卿和唐伯虎等人一起结伴去钱同爱家,以鉴赏钱同爱收藏的《昭明文选》。这件藏品前文已简述过了,它在苏州已经非常出名。

在鉴赏现场,杨循吉说:"余昔游南都(南京),求监本,率多漏缺,不可读。偶阅书肆,获部之半,又非全书也。其后赴试京师(北京),今少宰洞庭王公(王鏊)出其前帙见示,俨然合璧,因遂留而成之。孔周(钱

---

[1].《明史》卷二百八十六《文苑二》。

同爱）何从得此精好？倍予所藏。好学之笃，又有好书济其求，宜有以庆赏！"[1] 这说明，杨循吉花了很多工夫才找到《昭明文选》后半部，再配上王鏊转让给他的前半部，这才拼成了完整的一部《昭明文选》。可是，这部书的质量，却抵不到钱同爱那套《昭明文选》的一半，所以杨循吉认为钱同爱能够收藏到那套《昭明文选》，确实是值得庆贺的收藏界美事，也突显这部古籍的珍贵。随后，大家分别在钱同爱收藏的《昭明文选》上题跋留念。唐伯虎和徐祯卿在众人题跋之后，也跋云："唐寅观，丁巳冬。""徐祯卿批玩。"

读书人藏书，大多是因为喜欢读书；喜欢读书，却又不喜欢藏书的读书人，是极其罕见的，而当时在现场的徐祯卿，就是这样一个奇人。当然也可能是因为徐祯卿家穷，买不起书，可是读书人写文章，常常要引经据典，手头没有藏书怎么办？

令人惊羡的是，徐祯卿这个人有着超强的记忆力，能把自己读过的书全部记在脑子里，因此家里不藏一本书。[2]

此时，徐祯卿刚刚读过唐伯虎写的文章《昭恤赋》，很是感动，再加上平时对他的了解，于是写就了一篇《唐寅小传》：

唐寅，字伯虎，雅资疏朗，任逸不羁。喜玩古书，多所博通。
不为章句，属文务精思，气最峭厉。尝负凌轶之志，庶几贤豪之踪，

---

[1].《书画题跋记》卷十二《祝希哲宋版文选跋》。

[2].《吴郡二科志·徐祯卿》："徐祯卿……貌侵，生天性颖异，家不蓄一书，而无所不通，与吴趋唐寅相友善。寅独器许，荐于石田沈周、南濠杨循吉，由是知名。"

唐伯虎传

俯仰顾眄,莫能触怀。家资微羡,而餍习优汰,不能自裁,日以单瘠,局然处困,衔杯对友。引镜自窥辄悲,以华盛时荣,名不立,俟河之清,人寿几何?恐世卒莫知,没齿无闻,怅然有抑郁之心,乃作《昭恤赋》以自见。又尝自论曰:"嗟乎!唐生何志之肆,而材之缩邪?"若使剖质相明,亦足以彰伟观,流薄曜也。素伉于意气,怪世交鄙甚。要盟同比,死生相护,毋遗旧恩,故长者多介其谊概云。[1]

徐祯卿写的这篇小传,极为重要。祝允明写《唐子畏墓志并铭》,是在唐伯虎去世之后的盖棺论定,是对他一生的回顾与总结,而徐祯卿这篇《唐寅小传》,写的正是由青年时期进入中年时期的唐伯虎,是命运发生重大转折前夕的唐伯虎。这篇小传可以让后人清晰地了解三十岁以前唐伯虎的真实模样。

徐祯卿年纪不大,有一双慧眼,看问题比较客观,分析得亦深刻。在他看来,在接连失去四位亲人的打击之下,唐伯虎的确突然憔悴了,时常引镜自悲,"怅然有抑郁之心"。可是,面对这种打击,唐伯虎并没有被厄运击垮,失去自控的能力,而是能够冷静地面对"人寿几何"这样的哲学问题,更为可贵的是,他依旧胸怀壮志,坚持追求功名事业。他明确地表示:自己的志愿绝不在继承家业开饭店,那太小看他了!

同时,徐祯卿也观察到,经过这些家庭悲剧的摧残,唐伯虎的家庭经济状况已经走上了下坡路。更为糟糕的是,身陷困境的唐伯虎"不能自裁",

---

[1].《新倩籍·唐寅小传》。

第二章·人寿几何？

不仅无力经营自己的家庭和生活，而且仍然花天酒地、"衔杯对友"，过着超乎常人的奢侈生活，导致"日以单瘠，局然处困"。这样的生活方式，又能维持多久呢？

徐祯卿的忧虑，与唐广德的那句"此儿必成名，殆难成家乎"，不谋而合。

第六节　九鲤湖求梦

弘治八年，朝廷重臣吴宽的继母病故。按惯例，吴宽必须丁忧[1]，回到他苏州的家去守孝。弘治皇帝极为倚重自己的老师吴宽，吩咐吏部，虚位以待。

吴宽回到苏州时，他的同年好友文林，以及文林的二弟文森都在苏州的家里丁忧。

早在弘治五年文林就辞官回家养病，第二年他的继母吕氏去世，文林开始丁忧。文林的二弟文森是成化二十三年进士，任河间府沧州庆云县知县，所以吴宽这次回家丁忧时，文林兄弟的丁忧期即将结束。名义上，文家兄弟都在候官，等待朝廷重新启用的任命。几位老朋友相见，犹同久旱逢甘霖，

---

[1]. 所谓丁忧，是朝廷遵循道德礼仪传统的一种制度性安排。官员的父母去世后，官员必须回家守灵三年（实际上是约二十七个月）。几乎任何官员都不能例外。

唐 伯 虎 传

自此经常往返，极是欣慰。

文林这次待在苏州老家的时间很长，从弘治五年到弘治十一年，前后一共是六年。文徵明与唐伯虎同岁，这样推算起来他俩也应该从二十三岁长到了二十九岁。

唐伯虎十六岁就认识了文林、文徵明父子，只要文林在苏州，唐伯虎就时常来文家报到，向文林请安，并经常就自己在学习上遇到的问题，向文林请教，然后再与文徵明一起学习诗、书、画，一起玩耍，度过了他们的青春岁月。

文林此时对唐伯虎的态度，发生了一些变化。

表面上看，文林依旧是深情款款，如同初识少年唐伯虎时那样。唐伯虎曾自述："先太仆（文林）爱寅之俊雅，谓必有成。每每良燕，必呼共之。"[1]而且，只要有乡贤、耆老在场，文林一定会对他的才华赞赏有加，还主动将他引荐给那些有声望的人。但是，此时的文林再次闻知唐伯虎在社会上做了一些"跌放不检约"的事，对此十分恼火，批评的口气也更凶了，如同严父一般，不再给唐伯虎留一点面子。

唐伯虎心里明白，文林对自己不留情面的训导，是出于真心爱护，所以他曾在文章中写道："寅故戒栗强恕，日请益隅坐，幸得远不齿之流。然后先生复赞拔誉扬，略不置口，先后于邦闾耆老，于有司无不极至，若引跛鳖，策驽骀然。是先生于后进也，尽心焉耳矣。"[2]最后这一句"是先生于后进也，尽心焉耳矣"是说：文林对于我这位"后进"，真是尽心竭

---

[1].《六如居士全集》卷五《又与文徵仲书》。

[2].《六如居士全集》卷五《送文温州序》。

力矣!

　　站在第三者的角度来看,文林的确像是担负起了严父的角色。已故的唐伯虎之父唐广德,因为没有文化,不知道应该怎样去教育、管束这个被人们认为是天才的儿子,所以他生前只能是荒山牧羊,对唐伯虎放任自流。而文林却恩威并施,他所起到的作用,远远超过唐伯虎的父亲唐广德。

　　在唐伯虎的这段文字中,有一句话很重要:"日请益隅坐,幸得远不齿之流。"就是说,唐伯虎每天要去文林面前"请益",听取教诲,这样就远离了那些"不齿之流"。

　　唐伯虎说的"不齿之流",指的是谁呢?

　　唐伯虎之所以没有写出其名字,是因为彼此都是熟人,必须回避,以给对方留足面子。而我们从唐伯虎的交游圈来看,这个"不齿之流"显然指的是张灵,以及那些经常与他俩在一起吃喝玩乐的商人。也正因为如此,成年后的唐伯虎很少再与张灵交往,甚至在唐伯虎的生活圈,也只是偶尔才能看到张灵的身影。

　　在吴宽这次于弘治八年回苏州丁忧期间,文徵明依照父亲的要求,又开始跟随吴宽学习古文法。这应该是其第二次师从吴宽。第一次是在文徵明九岁时,第二次学习时他已经二十六岁。"文定(吴宽)得公(文徵明)甚喜,因悉以古文法授之,且为延誉于公卿间。"[1] 吴宽十分喜欢文徵明儒雅谦逊的个性,欣赏他专心治学的精神,而且此时的吴宽已是朝廷重臣,受人景仰,所以经吴宽"延誉于公卿间",文徵明的声誉更加彰显。

　　可是,文徵明内心依然把书画创作当作自己的最爱,时常抽空与唐伯

---

[1].《甫田集》附录,文嘉《先君行略》。

唐伯虎传

虎相见，畅谈自己在书画创作和鉴赏方面的心得，切磋技艺。唐伯虎与他志同道合，因此文徵明说："吾友唐子畏同志，互相推让商榷。"[1]

平时很少张扬的文徵明，有一次跟唐伯虎理论起自己的经验来，说道："作画须六朝为师，然古画不可见，古法亦不存。漫浪为之，设色行墨，必以闲淡为贵。"四十年后，唐伯虎已经故去，文徵明回忆起这一段往事时，觉得自己当初很可笑，说："今日视之，直可笑耳。"[2]可见，他们一干人在弘治年间，见识历代法书名画的数量有限，视野狭窄，书画鉴赏的水平也尚处初级阶段。

特别是，文徵明谈到李唐——唐伯虎心目中偶像级的宋代大画家时，总是激情澎湃。早年以卖画为生的大画家李唐，在北宋赵佶时期进入了宫廷画院，南渡后，又在南宋的宫廷画院担任待诏。文徵明回忆说："余早岁即寄兴绘事，吾友唐子畏同志，互相推让商榷，谓李晞古（李唐）为南宋画院之冠。其丘壑布置，虽唐人亦未有过之者。若余辈初学，不可不专力于斯，何也？盖布置为画体之大规矩。苟无布置，何以成章？而益知晞古为后进之准……嘉靖癸巳二月五日，文徵明识于悟言室。"[3]说明文徵明与唐伯虎一样，他们在学习绘画的早期，都是把李唐当作学习的榜样，尤其将李唐绘画的构图视为"大规矩"。两人并无区别。

在此期间，唐伯虎的情绪仍不稳定：一方面，在亲人接连过世的重创下，他时常还会不自觉地在悲观绝望的情绪中徘徊，认为人类是生活的受害者，

---

[1]. [清]厉鹗：《南宋院画录》卷二《李晞古关山行旅图》。

[2]. 《过云楼书画记》卷八。

[3]. 《南宋院画录》卷二《李晞古关山行旅图》。

个人生命的本质毫无意义;另一方面,他的性格比较随和,只要朋友们一招呼,他就把文林的训斥抛到脑后去了,所以他仍然整天不安心读书,不务正业,呼朋唤友,酩酊大醉,过着"半醒半醉日复日,花落花开年复年"的日子。

大家都认为,他这是在虚度年华,像烂泥巴糊不上墙,因此又为他的学业着急。

可是,毕竟唐伯虎是个心存理想的读书人,不会甘心自己整天吃饱混天黑,如同行尸走肉一般地虚度年华;在清醒的时刻,他仍然会对生活抱有希望,渴望幸福,盼望自己能够心想事成。而当人们不能摆脱现实的困境时,人们常常祈求神灵的谕示和庇佑。人类自古如此,苏州文人亦如此。

弘治九年,唐伯虎决定到福建仙游的九鲤湖祈梦。为什么要去九鲤湖祈梦?因为九鲤湖是当时苏州人认为最灵验的地方,据说那里的"神仙"很灵,托梦很准。

相传,在汉武帝时,安徽庐江有一何姓太守,他的九个儿子因反对父亲参与淮南王谋反,南逃至九鲤湖隐居。某日,他们九兄弟终于炼丹成功,于是跨鲤升天,翩然成仙,九鲤湖也因此得名。九兄弟成仙的故事,比道教中著名的"八仙"还要早诞生一千多年,古人便在湖边巨石上镌刻了"第一蓬莱"的题刻。

九鲤湖是道教圣地,山上有一座道观,观内有九尊神仙像以及传梦的判官塑像。人们对种种传说深信不疑。比如长洲人徐昊,曾经委托朱教谕去九鲤湖的九仙观祈梦。朱教谕返回后说:"梦到一高山下,但闻大风刮地而已。"懂得《周易》的人析梦,才知道"易卦:山下有风,为蛊也"[1]。

---

[1]. [明]陆粲:《庚巳编》卷六《九仙梦验》。

◆ 明 唐寅（传）《梦仙草堂》（局部），现藏美国弗利尔美术馆。此图描绘的是唐寅去九鲤湖求得的梦

蛊在巫术中是一种使人心意迷惑的毒物。果然，十余年后，徐昊因蛊病去世。

在唐伯虎的师友中，有许多人曾前往仙游的九仙观祈梦，而且乐此不疲。比如，文林曾经派了两位手下去九仙观祈梦，为的是了解他自己的寿期；都穆也曾亲往九仙观，想了解自己的科举前程。据说都很灵验。

最典型的好梦，是唐伯虎的好友王献臣寻得的。王献臣在永嘉县担任知县时，曾经千里迢迢前往九鲤湖。他祈梦的目的，是为自己乖巧的女儿寻觅佳婿，结果梦想成真，后来他在自己的拙政园里建造了一栋高楼，名曰"梦隐楼"，闻名遐迩。

在矛盾中挣扎的唐伯虎也决定前往，去祈求神仙的梦示。

王鏊闻讯，写了一首《送唐子畏之九仙祈梦》：

人生出处天难问，闻有灵山试扣之。

> 三月裹粮真不易，一生如梦复何疑。
>
> 天台雁荡归时路，秋月春风别后思。
>
> 我亦有疑烦致问，苍生帖息定何时。[1]

在诗中，王鏊也希望唐伯虎替他去祈梦，但这不过是一种说辞。王鏊关心的是"苍生"，格局与唐伯虎完全不同，仙人回答不了他的问题。不过，他在诗里写明了唐伯虎启程前往九鲤湖的时间是三月，春天的鲜花已经全部醒来了。

关于唐伯虎何时去九鲤湖求仙有多种说法，一说是在弘治六年，但此时唐伯虎正在为亲人守孝，三年之内不得出远门，因此弘治九年成行的说法最契合。

弘治九年三月，唐伯虎沿着天台雁荡的路线翻山越岭，终于来到了仙游九鲤湖的道观。他按照他人的指点，"先于判官（塑像）前致祷，祀以白鸡，因留宿祠中，夜必有梦，起用杯珓卜之，如得胜兆则已，否则此梦无准，及夜再祈。如有童仆相随者，其梦亦同。多为隐语，过后始验。"[2] 幸运的是，神仙似乎很喜欢唐伯虎，他只在道观住了一个晚上，就祈梦成功：在梦中，仙人送给他墨一担，龙剂千金！[3]

得梦之初，唐伯虎一头雾水，自然无法预知未来。但总有一些人自称

---

[1].《六如居士外集》。

[2].《庚巳编》卷六《九仙梦验》。

[3]. 关于仙人"遗墨"的寓意，古人说法不一，甚至完全对立。明俞弁《山樵暇语》卷九说，"子畏梦一人遗墨一担"，因此遭遇横祸：在会试中"横遭口语，坐废"。而明蒋一葵《尧山堂外纪》卷九十一说："由是词翰绘素，擅名一时，因构梦墨亭。"

掌握了析梦的钥匙，恭喜他未来将"擅名一时"。唐伯虎听后当然十分高兴，对未来也满怀期许，于是乘兴而归。

唐伯虎前后两次到九鲤湖祈梦，这是第一次。

第七节　一个少妇的悲哀

半年之后，即弘治九年的八月，正是金桂飘香的季节，苏州城里发生了一件轰动一时的烈妇事件。

苏州府学的吴县秀才顾春是唐伯虎的同学，文徵明姑姑文玉清的长女俞氏嫁给了顾春[1]，顾春也就成了文徵明的堂妹夫。

顾春年轻寿短，自知命在旦夕，躺在床上与父亲顾惟寅、妻子俞氏哀伤诀别。

此时俞氏刚刚产下一婴儿，身体虚弱。顾春害怕自己死后俞氏改嫁，无人专心抚育孩子，于是恳求妻子能够守住节操，留在顾家。俞氏为了让丈夫安心，竟然举起剪刀，要刺瞎自己的双眼，以使自己不能再出门。在俞氏刺瞎左眼，正要去刺右眼时，她的姑妈在惊惧之余，夺下了她手里的

---

[1].《甫田集》卷三十《俞母文硕人墓志铭》："硕人文氏，讳玉清。先公温州府君女弟，徵明之姑也……女四人，长适县学生顾春，早寡，刺目自誓，有司以贞烈奏旌其门。"

剪刀，哀求道："你上要侍奉公婆，下要照顾孩子，就留下一只眼睛吧。"这样总算保住了她的右眼。六天后，顾春呜呼哀哉。

俞氏的举动，在今天看来简直是愚蠢之极，但在当时却成为封建礼教的典范。那些迂腐又残酷的卫道士认为：对丈夫，俞氏此举完成了守节义务；对公婆，谓之孝；对孩子，是慈爱。她的这种自我残害举动，甚至被赞誉为具有牺牲精神，是莫大的善举，理应受到整个社会的敬仰。吴县衙门两次向朝廷上表，请求恩赐表彰，竖立牌坊，并公布吴县慰恤通告，谓之"吴县票"，云："适闻顾春秀才物故，妻俞氏引刀刺目与诀。死者固大可怜，而俞感发激烈，尤足以振颓俗。兹专香纸四盒，用吊春灵；布二匹、米二斗，用慰俞哀。少将勤恤，免谢。弘治九年九月二十五日。吴县票。"[1] 吴县以此对社会广而告之。苏州的士大夫更是赞不绝口，朝廷阁老吴宽亲自为俞氏的事迹撰写了文章，以求使其流芳百世。

在如此背景之下，逝者顾春之父、乡绅顾惟寅出面担当执事，邀请苏州远近名人题诗作画，期盼这一善事永传不朽。

周臣、唐伯虎和仇英师徒三人，分别为此创作了一幅主题画，借以表达对俞氏的敬仰之情。

周臣所绘的《俞节妇刺目图》，"图中白发（老媪）拄杖据椅坐，执桂花引儿者，节妇姑也；眇一目，两手扶几往取花者，节妇也。……时弘治九年八月二十八日也"[2]。

仇英所绘的《刺目图》，画面写实，细节纷杂，笔细工精："（前景为）

---

[1].《过云楼书画记》卷八《仇十洲唐六如刺目双图卷》。

[2].《过云楼书画记》卷七《周东村俞节妇刺目图卷》。

唐伯虎传

设色画松下，节妇眇一目，左手支颐，右手把剪坐。一媪对之摇手，作惊诧状。榻上杂置镜台、针箱，盖当时情事也。"[1]

唐伯虎所绘的《刺目图》，使用的是白描技法，画面简洁："画节妇，挑灯凭几坐，旁一儿才扶床，若课之读者。后绘松筠，以表劲节。"[2]察其内容，类似传统画里的《课子图》。

创作完成之后，顾家将唐伯虎和仇英所绘的《刺目图》装裱在同一个手卷里，随后接装了吴县票，再之后是祝允明的和韵诗，王文恪（王鏊）、陈白阳（陈淳）各题一绝，最后是沈周的题诗，云："面拟拜吊，借马有妨，挽诗冥褚，专人奉去，入目为荷。沈周拜，惟寅乡兄执事。"[3]沈周与顾惟寅有些老交情，顾家发生了这等壮烈悲剧，本应前往吊唁，却因为交通的问题未去成，于是他写了挽诗并附上礼金等，委托专人送去。

顾春、俞氏夫妇阴阳两隔，固然是一个家庭悲剧，然而俞氏以举剪刺目的自戕方法来守节，实在是过激又愚昧，即使在当时的民间也不流行。她的可悲之处，不仅在于身体受到伤害，还在于她自己深受其害却不知罪魁祸首就是封建礼教思想。更为不幸的是，吴县衙门还希望通过表彰俞氏的行动"振颓俗"。包括吴宽、王鏊、沈周、周臣、唐伯虎在内的所有讴歌俞氏这种举动之人，实际上也都是封建礼教思想的帮凶。

在唐伯虎完成《刺目图》的一个月后，好友袁臣器远游归来，带来了沿途绘制的山水写生画，请唐伯虎撰写了一篇《中州览胜序》。

---

[1].《过云楼书画记》卷八《仇十洲唐六如刺目双图卷》。

[2]. 同上。

[3]. 同上。

第二章·人寿几何？

唐伯虎称袁臣器是"吾党"，显示出两人之间的亲密关系。袁臣器也是一位书生，"少年逸器，温然玉映，盖十室之髦懿也"[1]，应是苏州士人中的俊彦。他喜爱作画，却是一位不出名的画家，我们对他的背景情况几近一无所知。

我们根据唐伯虎撰写的这篇文章得知，在五个月之前的弘治九年五月，袁臣器曾离开苏州，用脚步去丈量山河大地，先是从镇江渡过长江，到达了彭城（今江苏徐州），再沿着淮河去眺望大海，最后抵达了大梁（今河南开封），直到九月末归来，出门旅游近半年之久。一路上，他将自己亲眼所见的山川、陵陆、冲隘、名胜，尽收笔底。

唐伯虎为袁臣器写的这篇《中州览胜序》，中心思想就在于"予闻丈夫之生，剡蒿体，揉柘干，以丽别室，固欲其远陟遐举，不龌龊庸下也。而愿悫者怀田里，没齿不窥阃阁，曰：世与我违，甘与菑木委灰同弃"。大意是说，大丈夫的一生，不应该贪恋享乐，憋屈在自家屋檐下。如果生不逢时，就应该安心隐居，像草木灰那样甘愿把自己的生命在风中扬弃；而一旦机会成熟，就应该强健体魄，胸怀壮烈，勇敢地去追求更为远大的人生壮志！

《中州览胜序》通篇讲的是儒家的入世思想，把现实理想视为生命的要义。通常来说，这是一种积极向上的人生观，符合当时的社会主流观念。从中可以看出，唐伯虎自九鲤湖归来，已然换了一个人。

到了弘治十年，文林丁忧期满，他终于接到了吏部的新任命——温州知府。

---

[1]. [明]唐寅：《唐伯虎集》卷二《中州览胜序》。

苏州士人闻知喜讯皆欢欣鼓舞，唐伯虎也因此喜上眉梢。

第八节　通向南京乡试的末班车

弘治十一年，为迎接三年一届的乡试，全国各地的学政早就忙碌起来，纷纷为诸生的考试做准备，南直隶也不例外。

文徵明记名在长洲县学，已经参加过上一届的乡试，可以名正言顺地参加这一次乡试。文徵明有位同舍同学叫顾兰，两人"日相追逐唱酬为乐"，是非常要好的朋友，顾兰也取得了这一届去南京参加乡试的资格。

唐伯虎此时还没参加苏州府学的科试，没有拿到去南京参加乡试的资格。可是，在如此紧要关头，他对于备考之事，似乎依旧表现出漠不关心的样子，这让众人感到诧异和担忧。事实上，在这段时间里，他并非松松垮垮，而是过得异乎寻常地开心，因为这段时间他迎来了两桩好事。

第一桩好事是，唐家有了后人。

唐伯虎的原配夫人徐二小姐直到去世，也未能生下孩子。弟弟唐申的妻子于弘治十年生下一子，名"长民"，这令唐伯虎欢欣鼓舞，并视同己出。唐伯虎自述："长民，余弟申之子也，母姚氏。余宗不繁，自曾大父迄先府君，无有支庶。余又不育，暨有此子也，兄弟骈肩倚之。"[1] 就是说，从唐伯虎的曾祖父到父亲这三代人，都是独子，男丁不旺。如今唐伯虎没有孩子，喜见弟弟唐申生了儿子，所以他们兄弟俩将共同养育这个男孩，以继承家族的烟火。而且，侄子唐长民长相可爱，"颖慧而淳笃"，作为伯父，他喜不自禁。

第二桩好事，是唐伯虎自己再婚。

原配夫人徐二小姐去世后，唐伯虎耐不住寂寞，于是再婚。他的再婚时间是弘治十年。唐伯虎与第二任妻子相处得并不和谐，甚至还发生了激烈冲突，导致唐伯虎本人和他的朋友们，均没有记录这个女人的任何事迹。因此我们连这个女人姓甚名谁、来自何方，全然不知。

但是，在与第二任妻子新婚之初，二人卿卿我我，琴瑟和鸣，也在情理之中。

可是在正统的夫子们看来，与科举大业相比，无论是唐申生子还是唐伯虎娶妻，这对读书人都是等而下之的小事。

此时，文林尚在苏州，还未前往温州府赴任，所以能经常见到唐伯虎。以文林"一闻寅纵失，辄痛切督训，不为少假"的个性，一定会劝诫他好好备考。而唐伯虎虽然表面上对文林毕恭毕敬，俯首听命，但行动上依然见不到什么改变，文林也只得徒呼奈何。

此时，有一个人发挥了决定性的作用。这个人就是祝允明。

据祝允明自述：

---

[1]. [明] 唐寅：《唐长民圹志》。见《唐寅集》。第256页。唐兆民《遗命记》亦有记载："母姚氏，生兄长民。"

唐伯虎传

一日，余谓之（唐寅）曰："子欲成先志，当且事时业；若必从己愿，便可褫襕幞，烧科策。今徒籍名泮庐，目不接其册子，则取舍奈何？"子畏曰："诺。明年当大比，吾试捐一年力为之。若勿售，一掷之耳。"即瑾户绝交往，亦不觅时辈讲习。取前所治毛氏诗，与所谓四书者，翻讨拟议，只求合时义。[1]

祝允明的训斥直截了当，犹如挥舞着锋利长枪，直接把唐伯虎挑下马来。他说：如果你不愿实现科举初心，还是这般浑浑噩噩混日子，那就脱掉儒子长袍，烧掉课本，不要再记名在府学里了！

唐伯虎如遭棒喝，这才如梦方醒。他"接受了好友祝允明的规劝，闭门读书"[2]，并回答祝允明说："诺。明年当大比，吾试捐一年力为之。若勿售，一掷之耳。"就是说：好吧，明年就是乡试的年份，我拿出一年的时间来备考。如果考不中，从此不再当读书人！

唐伯虎自此发愤读书。他在《夜读》诗中自述："名不显时心不朽，再挑灯火看文章。"

据祝允明说，从此之后，唐伯虎就躲在家里，大门紧闭，断绝了与外界的一切往来，也不与同时备考的诸生交流，只是自己一个人在青灯幽窗下苦读。

祝允明笔下的唐伯虎，此时像一个苦行僧，独自埋头读书，不闻窗外事。可是，他是个耐不住寂寞的人，不可能像个乖巧的大小姐，大门不出，

---

[1].《怀星堂集》卷十七《唐子畏墓志并铭》。

[2].《美国顾洛阜藏中国历代书画名迹精选》，第214页。

◆ 明 邹衡 《绿香泉图》，现藏台北故宫博物院

二门不迈。从史料上来看，此时的唐伯虎并未完全裹足在家，甚至还在家里接待过外地来访的朋友。从祝允明训斥他的弘治十年，到弘治十一年八月南京乡试的这一年时间内，唐伯虎多次参加朋友们的雅集，而且有两次，就是在弘治十一年乡试的当年。

他的嘉兴朋友邹衡，在修建别业时挖到了一口古井。这口古井已废弃了上百年，而在这次重修后，发现"井之泠泠，出泉者则汹汹混混，昼夜不息，殊非所传之似也……因命之曰绿香泉"[1]。邹衡的别业位于嘉兴东湖附近的东邱。这令邹衡喜出望外，于是他画了一幅《绿香泉图》，并抱着画来到苏州，邀请好友唐伯虎、戴经、郁能等人题跋。

唐伯虎虽在备考之中，可对于邹衡的来访热情似火；而对于老友的请求，他更是乐而为之。唐伯虎在邹衡的画作《绿香泉图》上题跋曰：

> 伊优金索转银床，满引瑶池碧玉香。
> 闻说一杯甜似蜜，与君相结赋沧浪。

◆ 唐寅在《绿香泉图》上的题诗

[1].《石渠宝笈》卷三十三《明邹衡绿香泉图》。

唐伯虎传

　　唐伯虎在备考的这一年中，尽管并没有断绝与友人的交往，但与往日相比，他的社交活动确实已经很少了。他的确是把自己的主要精力投入温习科举功课之上。按照规定，他只需通过府学的最后一轮考试——科试，就可以顺利拿到前往南京参加乡试的通行证。

　　大家也都觉得，唐伯虎通过苏州府学的科试，应该是如囊中取物——十拿九稳的事情。可是，最终还是出现了人们意料之外的结果，就如本书开头所写：御史方志是位刚正刻板的学究，在督学苏州府学时，方志不认可唐伯虎、张灵等人治学、为人的方式，存心要剪断他俩的翅膀，使他们落选。

　　张灵嗅觉很灵敏，在府学张榜之前，他就预感到御史方志可能要"中伤"他俩，因此十分紧张，整天愁眉苦脸。当时的唐伯虎思想有些麻痹，还宽慰他说："子未为所知，何愁之甚？"[1] 意思是，我们还不知道内情，你何必胡思乱想、自寻烦恼？

　　张灵叹曰："独不闻龙王欲斩有尾族，虾蟆亦哭乎？"[2]

　　张灵的预感果真应验：两人在科试中均落选。

　　危急之际，文林父子暗中游说，苏州知府曹凤更是出面斡旋，唐伯虎最终才赢得方志的宽容和谅解。因此，曹凤被人称为唐伯虎的"知己第一人"！[3]

---

[1].《吴郡二科志·张灵》。

[2]. 同上。

[3].《涌幢小品》卷三《子畏知己》。

方志将枪口抬高一寸,放了唐伯虎一马,让唐伯虎"得隶名末"[1]。就是说,方志将唐伯虎的名字,补录在苏州府学的科试题名榜的最后一名。这样,作为通过院试的最后一名考生,唐伯虎终于挤上了前往南京乡试的班车。

倒霉的张灵的确被御史方志剪断了翅膀,在科举之路上折戟沉沙。大概是张灵口碑太差,没人缘,无人愿意为他向御史方志求情。

张灵遭此重大打击,再加上他自甘沉沦的个性,自此过得十分潦倒。

---

[1]. 同上。

第三章 南京解元

第一节　文林赴任温州府

弘治十年，文林和二弟文森丁忧期满，吏部给文氏兄弟下达了任命书。文森任山东兖州府郓城知县，他很快就上任了。文林被任命为温州知府，他却犹豫再三，踯躅不愿赴任。

文林不愿赴任，并非对温州这个地方有忌讳，而是另有原因。其一，这些年来，他备受丧亲之痛。先是妻子祁氏，然后是继母吕氏，再后来是三岁的儿子顺孙和两岁的孙子重金，祖孙三代人相继去世，可谓黄泉路上无老少，让人伤心至极。其二，自己的身体每况愈下，疲惫不堪，他甚至预感到自己来日无多，产生了悲观情绪。其三，自成化八年考中进士以来，他沉浮宦海已经二十余年，如今年近半百，对官场已经开始厌倦。于是，文林给朝廷上书，请求辞官，但未被批准。

众人听说文林要辞官，皆吓了一跳。好友沈周第一个站出来表示反对：读书人拼死拼活地寒窗苦读，不就是为了得到一个官衔好替民做主吗？如今终于当上了知府，岂可前功尽弃，半途而废！沈周写了《闻宗儒除温喜而有作》一诗，曰"功名要人立，生才天自庸"，劝文林提振信心，再赴宦海，大干一场。

文徵明此时尚在病中——以他那种唯命是从的孝子性格，断不会公开

第三章 · 南京解元

反对父亲的决定，可是在他的诗篇里，他却表达了希望父亲出仕的意思。他在《寂夜一首，效子健》中说："少壮不待老，功名须及时。男儿不仗剑，亦须建云旗。"[1]亲如儿子一般的唐伯虎，则旗帜鲜明地请求文林赴任，为此写了《上文林书》。

在众人的劝慰下，文林最终改变了主意，答应出任温州知府。为此，朋友们组织了多场饯别宴会，欢送他去温州府建功立业。其中两场，留下了清晰的史料。

弘治十一年的春天，杨循吉在苏州名胜虎丘举办了一场欢送雅集，参加者共8位，其中包括沈周、韩襄[2]和韩襄的从子寿椿，以及朱存理、徐祯卿和唐伯虎等人。

江南的春色，无比妖娆。当日下着毛毛雨，空气湿润而凉爽，令人心旷神怡。

文林撰写了一篇《戊午春，将赴温州，杨君谦礼部邀饯于虎丘，同集者沈启南、韩克赞二老，幅巾杖藜，韩从子寿椿与朱性甫青袍方巾，唐子畏、徐昌国并举子巾服，而余与君谦独纱帽相对。会凡八人，人各为侣，适四类不杂》[3]，在其生花妙笔之下，我们看到参加雅集的8位名士年龄相差极大，可谓老中青三代人。他们的服饰各具特色，自带风流：两位长者，一位是七十二岁的沈周，另一位是年龄稍小的韩襄，他俩头戴宽幅头巾，

---

[1].《甫田集》（四卷本）卷一。

[2]. 韩襄，字克赞，别号宿田，长洲人，出生于名医世家，他的祖父就是永乐年间的御医韩夷。韩襄传其祖业，名闻当时。韩襄是沈周的知己，友情最契。沈周赠送他的画，皆是奇品。

[3].《文温州集》卷一。

唐伯虎传

拄着拐杖,慈眉善目,笑沐春风,一副为人尊者的模样;朱存理和寿椿皆是不求仕进的学者,年龄应在五十岁上下,身穿素青袍,头戴方巾,显得整洁利落,儒雅有风度;而年龄最小者,就是唐伯虎和徐祯卿,唐伯虎是年二十九岁,徐祯卿才二十岁,两人身着举子巾服,意气风发;文林和杨循吉都是官员出身,头戴乌纱帽,身穿官袍,举止温文尔雅。

众人纷纷向文林道喜,赞叹先生一贯勤政为民,不辱使命,必将名垂青史。文林则显得格外冷静。他在诗中写道:"鸟歌当离筵,东风逗微雨……嗟余独行迈,弃斥无所求",表情无惊无喜,安然若平时。

唐伯虎当场赋诗一首曰:

日月徂暑,时风布和;远将仳离,抚筵悲歌。
左右行觞,缉御猥多;墨札参横,冠带崔峨。
絚(缒)弦嘈嘈,嘉木婆娑,孔雀西南,止于丘阿。
我思悠悠,慷慨奈何![1]

十天后,沈周也倡议组织一场饯别宴会,地点在杨循吉家的南峰草堂,参加者还是前次的 8 人。沈周为此创作了《为文温州画虎丘饯别图卷》,作为送别文林之礼。沈周、朱存理等分别题了诗。

沈周的诗《南峰饯别文温州》,写得非常出色,重点回忆了文林自南京太仆寺归来之后六年中的生活情形,并叮咛他保重身体:

---

[1]. [明末清初]钱谦益:《列朝诗集》丙集。唐寅《送文温州》。

> 先生移疾倦宦游，六年家居懒下楼。
> 分符到门不可阻，欲行尚为乡山留。
> 拌餐到处笋烂漫，饯腹自诧文湖州。
> 灵岩昨已纪胜集，南峰未肯饶清幽。
> 斜阳半岭溢人面，绿云夹树扶锦兜。
> 村翁野衲亦追逐，半路出酒劝且酬。
> 禽声下上太守醉，直与欧老争遨头。
> 明朝雁荡洵奇美，但恐簿书山与雠。
> 不如抱被补一宿，别后岁月其如流。[1]

从这首诗中还可以看出，欢送文林的宴会颇为热烈，因大家纷纷向他敬酒，他已微醺，所以沈周劝他在赴任路上"不如抱被补一宿"，好好休息。

也就是在南峰饯别宴会上，唐伯虎为文林奉上了他的著名篇章《送文温州序》，这成为后世研究唐伯虎的重要文献。唐伯虎在该篇文章中饱含深情地回忆了文林"居乡"六年之中，对自己的种种关怀、教育和无私的帮助，表达自己"寅之所以德先生，而无可为报者也"，即无法报恩的羞愧心情：

> 寅稚冠之岁，跌放不检约。衡山文璧（壁）与寅齿相侔，又同井闬，然端懿自持，尚好不同，外相方圆，而实有埙篪之美。璧家君太仆先生，时以过勤居乡，一闻寅纵失，辄痛切督训，不

---

[1].《石田先生诗钞》卷四《南峰饯别文温州》。

唐伯虎传

为少假。寅故戒栗强恕，日请益隅坐，幸得远不齿之流。然后先生复赞拔誉扬，略不置口，先后于邦间耆老，于有司无不极至，若引跛鳖，策驽骟然。是先生于后进也，尽心焉耳矣。

且夫周文之圣，积累仁义，诗人咏之曰："得四臣而天下附。"孔子之教，册籍纪焉，曰："有颜子、季路、闵曾、游夏之徒，而道益彰。"今蓬巷之士，颂先王守圈模、茹薹、冠素、羹葵、饭脱粟，逶迤宽博，其异于鼓刀负贩之人，若芥发耳。不先有所引擢，后有所推戴辅翊，其何能自致于青云之上？传言曰："朋友不信，不获乎上矣。"此后辈之所以必仰赖也。而为前辈者，道有所论援，相与优息，而无独知无从之叹；而后辈则高山在瞻，有所标的，是上下相成也。今之后辈，被服姣丽，伸眉高论，旁视无忌，不复识有前辈之尊与益也，是岂长者绝之哉？庶后进之彦以寅观，则知前辈之用心用人也矣。

今先生出刺温，以病谢不报。赴郡有期，既当为诗以饯。敢又书此，以叙寅之所以德先生，而无可为报者也。[1]

这场饯别宴会后不久，文林就告别了故乡苏州，前往温州。离家之时，文林写下一首《赴温留别停云馆》，该诗写得心事重重，犹如诀别一般。真是一步三回头，不忍离去：

书馆不能别，凝情抚曲栏。

---

[1].《六如居士全集》卷五《送文温州序》。

> 心知为乐浅，只觉去家难。
> 水石性终在，菊松盟又寒。
> 殷勤向儿子，好护碧琅玕。[1]

到了温州任上，文林即开始想家，后悔自己不该为了浮名离家来做知府。他牵挂着苏州老家停云馆里的松、竹、菊花，担心它们无人照顾，于是给儿子文徵明寄去一首诗：

> 种菊庭中花有无？小山松竹近何如？
> 痴抛独乐了公事，悔拾浮名别故庐。
> 伏腊正悬归老计，经秋不得寄来书。
> 眼昏头白今如许，料理而翁正在渠。[2]

人生事，难预料。有时旁人看得清楚，自己却糊里糊涂；有时旁人看不清楚，自己了然于心却又无力回天，只留一腔愁绪，满怀悲苦。无论你身居多高位，拥有多少财富，到头来还须独自面对人生现实与生死。所以说，人生是一段独立修行的旅途，关键时刻必须靠自己拿主意，否则后悔莫及。

自此一别，文林孤魂远去，再也没能回家来看上一眼。

---

[1].《文温州集》卷一《赴温留别停云馆》。

[2].《文温州集》卷一《寄壁》。

第二节　南京解元

根据古人的画像，我们可知唐伯虎个子高，青年时体态轻盈，筋骨健朗，长相英俊，总爱穿戴"檐帽绿衫"，一副朝气蓬勃的模样。他又长着一张瓜子瘦脸，眼角上挑，眉毛微竖，留着稀疏的胡子。[1]后来的内阁首辅杨一清说他"丰姿楚楚玉同温"[2]，说明他不仅皮肤像白玉一样白净，气质也佳。可见唐伯虎的确是个有气度的美男子，很是惹人瞩目。

弘治十一年七月，唐伯虎和好友文徵明、顾兰、钱贵等结伴赶到南京。这是唐伯虎有生以来第一次参加南京乡试，也是唯一一次。从现有资料来看，这也是他第一次来到南京。

南直隶应天府（今南京）乡试开考的时间早已确定。乡试考题由各省布政司来出，而第一场考试的时间必定是在当年八月初九。乡试分为三场，每场考三日。

南京本是明初首都，时称应天府。朱元璋于洪武元年（1368年）正月初四在南京称帝。建文四年（1402年），朱元璋的第四子燕王朱棣篡位成功，成为永乐皇帝以后，迁都北京顺天府，于是置南京为留都，管辖南直隶地

---

[1]. 明李日华《味水轩日记》卷六云："唐伯虎小像，檐帽绿衫，微髭绕喙，鬓毛下至颊，盖以骨胜者。"再如清蒋超伯《南唇楛语》卷六《祝唐等像》："唐六如面上圆下狭，眉目微竖，三绺微须。"

[2].《六如居士外集》卷四，杨一清诗《用赠谢伯一举人韵，赠唐子畏解元》。

区 14 个府、4 个州的行政事务。因此，南直隶地区的所有生员、监生等有乡试资格者，均要到南京参加乡试。

在南京，唐伯虎借住在好友颜君家。颜君是谁？今已无考，但沈周、祝允明、文徵明、都穆、黄云都与颜君有交情，曾题诗赠予他。从这些题诗中可知，颜君是个性格有点古怪的人，可大家仍旧很喜欢他。祝允明说他"奇人必有邻"；黄云说"颜君绝俗乃尚友"，而且颜君家里还种了许多竹子。唐伯虎借住在颜君家期间，受到了很好的款待，因此称赞他是"好主人"。

唐伯虎忙于备考的同时，还要按惯例去南京拜见一些前辈或者达官贵人。比如说，他们去拜见了文林和沈周共同的老朋友应天府丞吕常。唐伯虎将自己新写的一件书法手卷《广志赋》奉赠给吕常。文徵明还带着唐伯虎熟悉了一下前往南京贡院的路径和考场环境，并补充了一些生活必需品。最关键的是，他们须在八月初八这一天去贡院看"混榜"。

所谓"混榜"，就是考试座位表，又称"坐位榜""席舍图"。考前一天，贡院始出告示。"国朝乡试为席舍图，用纸装二轴，图东西坐行，以千字文编号，注各生姓名、乡贯、经义。会试亦同。"[1] 找到了各自的名字，也就找到了对应的考场位置。这对参加乡试的考生极为重要。

八月九日，天还没放亮，心急的考生就或是提着灯笼，或是点着火把，开始赶往考场。等到唐伯虎和文徵明、顾兰他们来到南京贡院门口时，已是人头攒动。考生们需要列队、唱名，然后逐一进入考场。

---

[1]. [明] 董其昌：《学科考略》。

唐伯虎传

南京贡院考场，又称江南贡院[1]，位于南京夫子庙学宫东侧，始建于宋乾道四年（1168年），经过历代修缮扩建，在明朝时已经成为中国古代规模最大的科举考场。

贡院帘门外，唐伯虎最先看到的应该是宽约十米的清水"泮池"。池塘上架有一座石桥，即著名的"飞虹桥"。此桥宽6米，长约15米，由巨石筑成。石桥两侧护栏板上，镌刻着高浮雕纹饰，寓意"一路连科""青云直上"。

考生们进入考场，须经过三道门岗。每道门前，兵丁们都要对每一位考生进行彻底检查，包括考生携带的衣服、笔墨纸砚、油灯等。若是在最后一道门岗"龙门"还被查出违禁品，那么监兵和作弊的考生要被一同扭送刑部问罪。

经过层层严查，唐伯虎终于来到了考场。他的考棚也叫"号舍"，只有四尺（相当于1.33米）见方，人若躺下，双腿无法伸直。号舍是用砖石砌成的简易房子，众多号舍排成数排，整齐划一，犹如猪舍一般。这样的号舍有成千上万间。考场号舍之多，场面之大，蔚然壮观。

一声号令，考试开始。

答题之前，考生先要在考卷上写明姓名、出生年月、籍贯以及自己三代长辈的情况。考场内设有"弥封所"，由专门的官员进行弥封。所谓"弥封"即用纸糊去考生们的个人信息，以防止考官在阅卷时舞弊。

---

[1]. 江南贡院位于南京市秦淮区夫子庙学宫东侧，又称南京贡院、建康府贡院，是中国历史上规模最大、影响最广的科举考场。到了清朝同治年间，有"房屋四百九十九间，披厂七十四间，号筒二百九十五字，共号舍二万零六百四十四间"。江南贡院从建成至晚清废除科举，为国家输送八百余名状元、十万余名进士、上百万名举人。

第三章 · 南京解元

考试内容也有规定。八月初九为第一场,一般以《论语》一文、《中庸》或《大学》一文、《孟子》一文,五言八韵诗一首,"经义"四篇为主。三道"四书"题,每道要写200字以上,四道"经义"题则需要各写300字以上。十二日为第二场,试题是"五经"一道,并试诏、判、表、诰任一道,议论文要求写300字;十五日为第三场,试以五道时、务、策,即考生要结合经学理论,对当时的时事政务发表自己的观点或者见解。从考试内容可以看出,儒家经学是科举考试的核心内容。

九天三场的考试期间,每场考试的第三天,允许考生离开考场在外住一夜,第二天早上再来,所以考生在九天六夜里,必须完全生活在自己的号舍里。在每排号舍的尽头,有一间粪号(厕所),考生要去方便时不得言语,只能手举牌子来示意。牌子的一面写着"入静",另一面写着"出恭"。"出恭"一词即由科举制度而来。

八月的南京,天气炎热,考生们吃住全在狭小的号舍里,偶尔会发生中暑、生病乃至食物中毒而导致死亡的意外事件。尽管会发生此类事件,号舍依旧是一处神圣之地,里面充分体现了科举考试的公平精神。考生身份虽有高低贵贱之分,但在这里待遇一律平等,任何人不得获得额外关照。考试不仅要考核学生们学习四书五经的成果,也会考核他们的品德。

依照惯例,主持乡试的主考官全由朝廷选派。他们大多是翰林院出身的庶吉士,皆为饱学之士。弘治十一年南京乡试的主考官有两位,分别是来自北京的司经局洗马梁储和翰林院侍读刘机,他俩皆为庶吉士出身。

请注意,主考官之一的刘机,是不是唐伯虎的旧相识?早在成化二十三年,王鏊为纪念其从兄王鏊建成"壑舟园"而筹划的雅集诗画合册上,就有这位刘机大人的题诗。可那已是十年前的旧事;或许,当初刘机根本

没去苏州，而是王鏊后来在北京请他补写的。从唐伯虎和刘机的经历来看，他们一生都无其他瓜葛，所以唐伯虎与刘机并不认识。当然，即使两人是旧相识，刘机也不曾给予唐伯虎任何关照。

主考官梁储审卷时，手捧唐伯虎的考卷，不住地颔首赞叹，并对同事们说道："士固有若是奇者耶？解元在是矣！"[1]就是说，天下真有这样的奇才啊，解元就应该属于他了！

险些被御史方志取消乡试资格的唐伯虎，一鸣惊人，夺得了这一届南京乡试的第一名，荣膺解元。至此，唐伯虎达到了他一生中最为辉煌的顶峰。

性格直爽的广东人梁储，是成化十年（1474年）乡试第七名，成化十四年会试第一名、殿试二甲第一名。他不仅是才子，且爱才心切，尤其喜欢唐伯虎的文章，有着才子见才子的相惜之意，全无文人相轻的狭隘之气。

---

[1].《吴郡二科志·唐寅》。

◆ 明 仇英（传）《观榜图》（局部），现藏台北故宫博物院

出榜之后，他亲会唐伯虎，并对他的学识和才华称赞不已。

唐伯虎性格外向，面对如此惊喜，怎按捺得住内心的喜悦与激动？于是他写了一首七律诗，呈献给主考官梁储，抒发了他的凌云壮志：

> 壮心未肯逐渔樵，泰运咸思备扫除。
> 剑责百金方折阅，玉遭三黜忽沽诸。
> 红绫敢望明年饼，黄绢深惭此日书。
> 三策举场非古赋，上天何以得吹嘘？[1]

从诗中看，唐伯虎高兴得简直忘乎所以了，大有来年再去北京问鼎之意。

---

[1]. [明]唐寅：《领解后谢主司》。见《唐寅集》。第58页。

这一举动，暴露出了他性格的不沉稳或说是天真，真正有城府者，越是在得意之际，越会表现出虚怀若谷的态度。

乡试放榜，时在九月，正是桂花飘香时节，故称"桂榜"。台北故宫博物院藏有明代《观榜图》手卷，托名仇英，描绘了明代科举放榜时的壮观景象：

在贡院高墙之外临时搭建的长廊上，新晋举人名单像围帘一样一字排开。观榜人流如喧嚣的长河，汇聚在长廊下面。考生们一个个仰头凝眉，分外焦急，争相寻找自己的名字。最生动的是那些观榜后正欲离开的读书人，有人四肢瘫软，由侍者搀扶着走出人群，不知道他们究竟是因中举高兴得过了头，还是受了落榜的惊吓，才露出这副六神无主、呆鹅一般的神情。由此可看出乡试对读书人有多重要。

第三节　人生得意须尽欢

唐伯虎考中解元的喜榜像天上疾飞的鸽子，转眼飞到了苏州。

作为唐伯虎"知己第一人"的苏州知府曹凤，更是喜不自禁。因为这一届南京乡试中，苏州考生成绩突出，不仅唐伯虎获得了第一名解元，苏州生员陆山获得了经魁，而且录取的最后一名举人（锁榜）也是苏州生员，名叫陆钟。

实际上，作为中国文化最兴盛发达的地区，南直隶参加这次乡试的考生人数多达数千乃至上万，而每次乡试只能录取其中的 135 名成为举人。陆钟正巧排名在第 135 位。

苏州人为此欢欣鼓舞，引以为豪。知府曹凤率人做了许多面彩旗挂在苏州城里，其中一面旗帜上写有"一解一魁无敌手，龙头龙尾尽苏州"[1]，一时远近为之传诵。

乡试之后，唐伯虎果然成了科举明星，赢得无数前来攀附的拥趸，多人盛邀他去雅聚，因而他在南京盘桓多日，没能看到家乡人民为之欢庆的热闹场面。

前面提及的应天府丞吕常，登门拜访南京吏部尚书倪岳时，带去的礼物正是唐伯虎于乡试前赠予他的那卷《广志赋》手卷，吕常对尚书大人说："此吴中唐生寅所业，以赴京闱试（乡试），持以为贽（礼物）。先生试一鉴定，以为何如？"[2]

年近花甲的倪尚书打开手卷，大为惊喜。他后来在给主考官梁储送行时，赞曰："以为后来之英，乃有斯人耶？主司得士（指唐寅）如此，固当以魁解处之！"[3] 此话是说，唐伯虎就是我们未来的精英人才嘛，主考官筛选出他为解元，选得对！

倪尚书是朝廷名臣，平日受到百官的敬仰，此言一出，唐伯虎更是誉满金陵。而正在兴头上的唐伯虎越发激情似火，竟然连珠炮似的撰写了数

---

[1]. 《山樵暇语》卷九。

[2]. [明] 倪岳：《青溪漫稿》卷十九《送洗马梁先生南畿院校文还朝序》。

[3]. 同上。

唐 伯 虎 传

十篇《广志赋》，呈献倪尚书等权贵名绅指教。唐伯虎的好友顾璘后来回忆说："青溪倪公（倪岳）见之（唐伯虎），亟称才子。"[1]

有位显要——似乎当时不方便说出他的名字，史料上称之为"某侯"（侯本意指诸侯，后泛指达官贵人，这里显然指的是某位身居要职的权贵，可能是宗室成员，也可能是后来出了点儿问题的高官）——在举行家宴时，盛邀唐伯虎出席。

《山樵暇语》记载："唐子畏侨居南京日，尝宴集某侯家，即席为《六朝金粉赋》。时文士云集，子畏赋先成，其警句云：'一顾倾城兮再倾国，胡然而帝也胡然天。'侯大加赏。前句出李延年歌，后句出《诗经·君子偕老》。由是其名愈著。"[2] 此种情形，符合人们的心态。一旦名人带头叫好，附庸者一哄而上，于是好上加好，再无质疑的必要，遂成众星捧月。

唐伯虎所作《六朝金粉赋》，即《金粉福地赋》：

> 闽山右姓，策将元勋；
> 玉节凌霄而建，金符弈世而分。
> 位定高明，补娲天以五石；
> 职俾贞观，捧尧日以三云。
> ……
> 锦袖琵琶，眼留青于低首；
> 金钗宛转，面发红于近前。

---

[1]. [明]顾璘：《国宝新编》。

[2]. 《山樵暇语》卷六。

> 一笑倾城兮再倾国,
> 胡然而帝也胡然天。
> ……
> 借王勃之风,奋江淹之笔。
> 咀兰成咏,汉殿分香;
> 刻叶为题,郑公借术。
> 竭雕虫之薄技,倾铅华而尽述。[1]

"人来疯"性格的唐伯虎,越是人多酒足,情绪越是亢奋,那些美妙词句也像是喷泉一样喷涌而出。而他即兴创作的这篇千余言长赋,用典华丽,文采飞扬,的确显示出他博学融通、超尘脱俗的才华。座中名士,无不叹服。唐伯虎的名气因此愈发彰显。

花满眼,酒如泉。唐伯虎在南京整天出没于"黄金建百尺之台,白玉作九成之观"这类地方。当然,青楼也是他常去的温柔乡,而且南京青楼女子似乎比苏州的更具风姿,也更有文化涵养。他写道:"织锦窦姬,荐朝阳之赋;卷衣秦女,和夜月之篇。宝叶映綦履而雅步,银花逐笑靥而同圆。丽色难评,万树过墙之杏;韶光独占,一枝出水之莲。"[2] 简直是满眼繁花似锦,出入流莺相随。

唐伯虎一定记得孟郊的那首《登科后》,该诗恰好表达了他当时的畅快心情:

---

[1].《唐寅集》,第 2 页。

[2]. [明] 唐寅:《六朝金粉赋》。

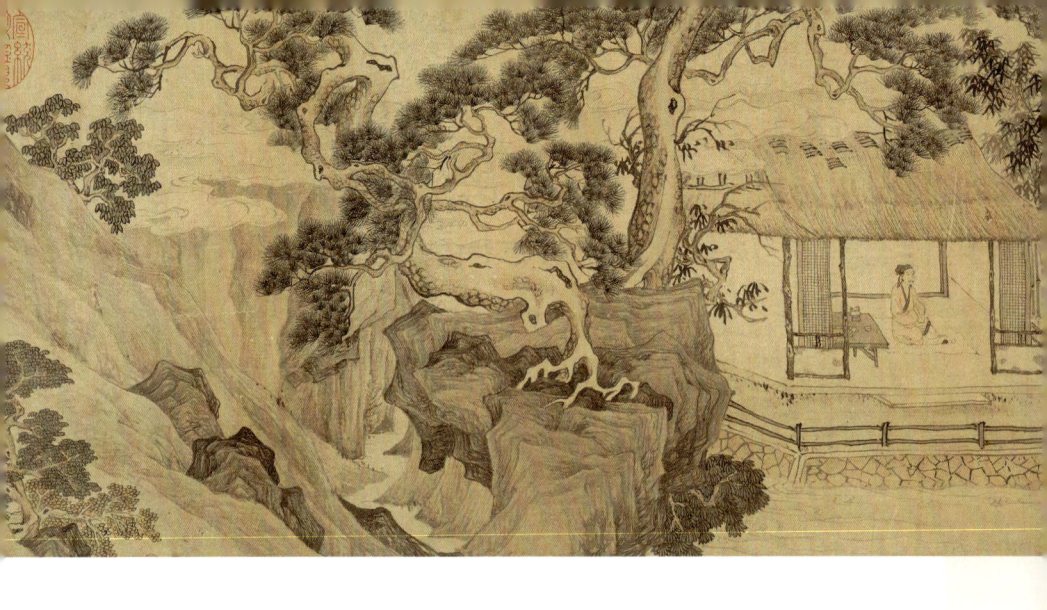

> 昔日龌龊不足夸，今朝放荡思无涯。
>
> 春风得意马蹄疾，一日看尽长安花。

  天下没有不散的筵席。在南京风光了一阵子之后，唐伯虎准备回家。离开南京之前，唐伯虎不忘旧谊，去拜访了韩世贞、世年兄弟[1]。韩氏兄弟祖籍在苏州，父亲为官后定居南京，他们的祖辈可能是唐伯虎家的邻居，两家从父辈起就建立了非常友善的关系，所以唐伯虎称"世贞韩五校书与仆为通家兄弟"，于是又是一场"相饯秦淮"的欢宴。"乃弟（韩）世年命觞，聊纪一时之胜云"，由此可见，在南京青楼的宴饮，他们个个喝得十分痛快。

  唐伯虎回到苏州后，不爽前约，为南京好友颜君绘制了一幅《对竹图》，并在图后题诗一首，以表达自己对颜君的感激之情：

> 箪瓢不厌久沉沦，投箸虚怀好主人。

---

[1]. 现藏上海博物馆的《唐寅送别图立轴》有唐寅的题跋，曰："世贞韩五校书与仆为通家兄弟，戊午忝登选时，相饯秦淮。"这里的戊午年即弘治十一年。

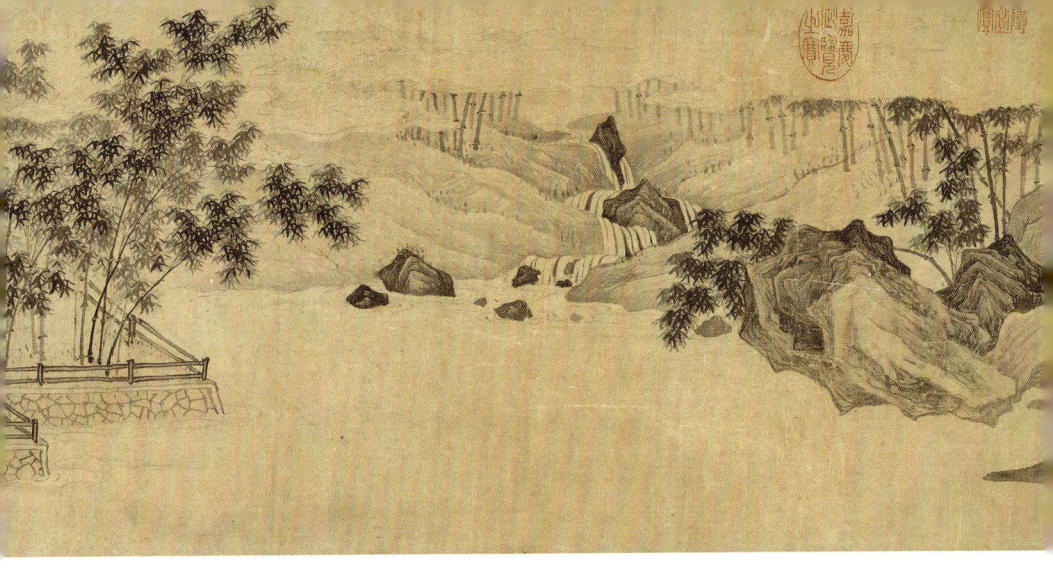

◆ 明 唐寅 《对竹图》（局部），现藏台北故宫博物院

> 榻上氍毹黄叶满，清风白日坐阳春。
> 此君可与契忘形，何独相延厌客星。
> 苔满西阶人迹断，百年相对眼青青。[1]

从诗中可见，颜君是位慵懒文人，过着简朴的生活，既不关心时事，也不与他人来往，家中颇为脏乱。可是他待唐伯虎却真诚且热情，所以唐伯虎借住在他家，感觉自己如同"清风白日坐阳春"般自由。

对文徵明而言，这次南京之行是他第二次参加乡试。同行好友唐伯虎、顾兰、钱贵等都已经考中举人，而"素号多才"的自己却再次落榜。

远在温州任上的父亲文林闻知此讯，立即给文徵明写信，告诫说："子畏之才宜发解，然其人轻浮，恐终无成。吾儿他日远到，非所及也。"[2] 文林的观察非常到位，"轻浮"的确是唐伯虎的致命缺点。文林以前为此曾多次批评过唐伯虎，但收效甚微，说明这是他的天性，很难改变。文林说"吾

---

[1]. 见[明]唐寅：《对竹图》。

[2]. 见《甫田集》附录，文嘉《先君行略》。

唐伯虎传

儿他日远到,非所及也",这既是一种安慰,也是一种鞭策,更是他的判断,而不只是文林舐犊深情。

对于父子间的私信内容,文徵明一生守口如瓶。直到文徵明去世以后,才由其次子文嘉在《先君行略》中记录下来,此时距离唐伯虎去世已近四十年矣。

文徵明并不是心胸狭隘之人,他能够调节好自己的情绪。针对第二次乡试落榜,他于次年写了一首诗,将自己比作无人问津的待嫁女子:

> 前年伴嫁南邻妹,今岁仍陪北舍姨。
> 老大无媒心独苦,闭门好画入时眉。[1]

文徵明看似在自我调侃,读之令人掩面而笑,实则他的内心非常郁闷,一句"老大无媒心独苦",似有说不尽的愁苦滋味涌上心头而无处话悲凉。怨不得天,怨不得地,只能怨自己命苦。末了的"闭门好画入时眉"句,是自我励志的话,鼓励自己要继续努力,更加勤勉地攻读。

---

[1].《甫田集》(四卷本)卷一《前年》。

第四节　北京谢恩

这年冬天，常州府江阴县（今江阴市）的举人徐经[1]，慕名来到苏州吴趋里皋桥，拜访了新晋解元唐伯虎。徐经是年二十六岁，比唐伯虎小三岁，出生在江阴富豪之家。

两人一见如故，当下订交。

徐经虽是江阴人，但他的家庭素与苏州文坛有交情。他的父亲徐元献也是一位科举英才，曾拜常州武进翰林张亨父为师。成化十六年，徐元献获乡试经魁，中举人，可惜三年后就英年早逝了，年仅二十九岁。徐经的祖父徐颐因痛失爱子，也于次年（1483年）六月病故。徐元献去世之后，他的墓志铭正是由苏州名宿吴宽撰写的。[2]

徐经与苏州都穆、南京顾璘是弘治八年的乡试同年，都考中了举人。徐经的乡试成绩为二甲第四十一名。

都穆比唐伯虎年长十二岁，四十岁才得以领乡荐去南京参加乡试，而且还是得益于他在吴宽家坐馆。当时的巡抚何公去吴宽家拜访，看到厅堂里悬挂了一篇文章，颇为叹赏。吴宽告知，文章是布衣都穆所作。巡抚于是出面打招呼，命地方官员以礼聘之，这才叫都穆出领乡荐，有了去南京参加乡试的资格。

弘治九年，顾璘考中进士，而徐经与都穆都止步于会试，因此他们又

---

[1]. 徐经，字衡父，又字直夫，自号西坞，徐霞客的高祖。光绪本《江阴县志》卷十三《选举》说他于弘治戊午中举。

[2]. 《匏翁家藏集》卷六十三。

唐伯虎传

要与唐伯虎一起参加弘治十二年（1499年）在北京举办的会试。

江阴县梧塍的徐经家，是"江南鼎甲"[1]的大富人家，藏书极丰，建有"万卷楼"。在这一点上，徐经与唐伯虎雅趣相同，都喜欢读书、藏书。徐经看到喜欢的书，"无所顾藉，日惟悬金购书，以资博综"[2]。他还有个优点，就是虽为富豪子弟，却从不显摆，且亲君子远小人，尤其尊重有才学的人，"所与游者，皆一时名硕"。唐伯虎身边的许多朋友，如文徵明、都穆、杨循吉等也都是他的朋友。文徵明非常欣赏徐经的为人，曾亲自撰文赞誉说："衡父（徐经）以清明粹羡之资，秉祥雅醇质之性，自其少时，已能脱去绮纨之习。服儒信古，隽味道腴，思追躅昔贤，以基世用……雅游参会，以事扬榷。"[3]由此可见，徐经是一位颇有教养、乐于助人、勤学上进的青年人。

唐伯虎的生辰是二月初四，为了让他尽早赶去北京参加会试，亲友们就提前给唐伯虎举办了庆生活动，其实就是大家找个理由吃顿饭，喝个酒，欢庆一下（也有可能是唐伯虎为了给自家其他人庆生而举行了生日宴会）。徐经来苏州恰巧赶上了这场聚会，于是以"百金为寿"[4]，请唐伯虎笑纳。

百金，也就是一百两银子。以文徵明购房为例，他在嘉靖年间来到北京，当时北京的房价已经很贵，购买一座小院的价格是百两银子。他在庆寿寺租了一处房子，月租金为二两银子。可见徐经的"百金为寿"，在当时确

---

[1].《梧塍徐氏宗谱》卷三十三。文徵明《贲感集序》。

[2]. 同上。

[3]. 同上。

[4]. [明] 尹守衡：《明史窃》列传七十三《唐寅》："当赴会试，江阴举人徐经丞欲交知于寅，百金为寿，同舟俱北。"

第三章·南京解元

实是一笔很大的贺礼。明朝人好礼，亲友遇到红白喜事，均要送礼。弘治年间，人们即使送厚礼，多者也就是数两银子，一般是几钱。

此时的唐伯虎家虽然表面看着风光，实际上已经到了捉襟见肘、入不敷出的地步。唐家本是小康家庭，主要收入来源是饭店生意，可唐氏兄弟俩不善经营，只能坐吃山空。回想这几年，唐家已经营葬了四位亲人，弟弟唐申结婚和生子、唐伯虎的再婚都是很大的开销，而且唐伯虎考中解元后，要给报喜者发红包，又须答谢府学的官员，还要应酬各方来祝贺的亲友，的确不堪重负。

再举个例子。唐伯虎有位朋友叫杭濂[1]，来自常州府宜兴县。杭濂与都穆、祝允明、唐伯虎等都是好友，尤其钦佩文徵明，他甚至曾离开双亲、妻儿和学校，专门跑到苏州与这几个好友生活在一起。杭濂看望唐伯虎时，就住在唐家的西楼。后来有一年，文徵明给他写了一首诗。这首诗写到唐家西楼的破败："三更风雨闹虚檐，灯焰寥寥抱枕眠。应有旅游人不寐，凄凉莫到小楼前。"[2] 由此可见，唐家此时连维修房屋的费用都没有了。

徐经赠送的百金寿礼，对于唐伯虎来说是雪中送炭，因此他甚是感激。

唐伯虎与徐经相识后，大有相见恨晚之慨，当即决定结伴北上，一起去参加北京礼部会试。是年冬天，他们便动身赶往北京。

他们出发的这一天，天寒地冻。人们都不愿意出门，祝允明特意赶来为唐伯虎送行，写下了送别诗《别唐寅》：

---

[1]. 杭濂，字道卿，号大川，是宜兴诸生，擅长对偶之文。一生未中举，依旧刻苦学习。据文徵明为杭濂文集撰写的《大川遗稿序》可知，他也像文徵明一样长寿。

[2]. 《甫田集》（四卷本）卷一《枕上闻雨，有怀宜兴杭道卿》。

唐伯虎传

> 长河坚冰至，北风吹衣凉。
> 户庭不可出，送子上河梁。
> 握手三数语，礼不及壶觞。
> 前辕有征夫，同行竟异乡。
> 人生岂有定，日月亦代明。
> 毛裘忽中卷，先风欲飞翔。
> 南北各转首，登途勿徊徨。

从苏州前往北京，最舒适便捷的交通方式是水路舟行，只需沿着京杭大运河一路北上，就可以直抵京城。但是，他们或许已经从邸报上获悉："弘治十一年十二月……（皇上）命司经局洗马梁储兼翰林院侍讲充正使，兵科给事中王缜充副使，持节往安南，封其世子黎晖为安南国王。"[1] 安南是今越南的古称，这个名称来源于我国唐代的安南都护府。黎晖后来成为后黎朝第五代君主黎宪宗。

眼下"长河坚冰至"，已经不能通航。唐伯虎为了能够在其座师梁储出使安南前赶到北京，当面谢恩，决定走陆路。晚明人尹守衡在《明史窃》中说唐伯虎与徐经"同舟俱北"[2]，不确，而祝允明是亲自参加送行的人，从他诗中的"长河坚冰至""前辕有征夫"可以断定，他俩是从陆路北上的。

如果大运河畅通的话，由水路从苏州去北京的正常时间是十天左右；如果日夜兼程，一周能够赶到。但是陆路车行，要费时许多，加上是冬天，

---

[1]. [明] 李东阳等编纂：《明孝宗实录》卷一百四十五。

[2].《明史窃》列传七十三《唐寅》。

第三章·南京解元

天寒地滑，有诸多不便，所幸他们与要去北京的征夫们同行，行程时间应该有保证，再长也不会超过一个月。这些征夫有可能是军户出身的戍边军人，也有可能是为朝廷运送物资的人。可以推算出，唐伯虎和徐经出发的时间，大约是在弘治十一年的十一月至十二月初，因为在弘治十一年十二月，他俩就已经赶到了北京，并且出现在唐伯虎的座师梁储面前。

再说已经卸任南京乡试主考官的梁储。回到北京后，他接到出使安南的命令，于是去拜访了自己的老领导、老同事程敏政。程敏政十岁时就被皇帝召试，进翰林院学习，是满朝皆知的"神童"。他博学多识，此时已是最有名望的博学鸿儒之一，官职是礼部右侍郎。

程敏政十分尊敬梁储，称其为"畏友也"。他说："予与公（梁储）同事相得，其文学之昌，才识之卓，操履之懿。"[1]说明他俩在翰林院工作时是好友，互敬互重。

两人闲谈时，梁储很自然地谈到自己这次去主持南京乡试时发现了唐伯虎这个人才。梁储说："唐某才士，宁第甲江南。"[2]

程敏政回忆说："公（梁储）前此受命，主试于南畿，号得士，其第一人曰姑苏唐寅。"在此之前，唐伯虎已经奉赠给有知遇之恩的梁储一个书法手卷，即《赠太子洗马兼翰林院侍讲梁公使安南诗序》[3]。梁储拿着这个手卷拜访程敏政，请程敏政写序，以为留念。程敏政慨然应允，于是在《赠

---

[1]. [明]程敏政：《篁墩文集》卷三十五《赠太子洗马兼翰林院侍讲梁公使安南诗序》。

[2]. [明]文震孟：《姑苏名贤小记》卷下《唐解元伯虎先生》。

[3]. 此手卷原应叫《赠太子洗马兼翰林院侍讲梁公诗》，后唐伯虎在北京见到梁储，又在该手卷上写了《梁公使安南诗》，随后程敏政又写了序，因此后人把这个手卷的名称越加越长。总之，它们指的是同一个手卷。

唐伯虎传

太子洗马兼翰林院侍讲梁公使安南诗序》中,他写下了以上几段细节内容。

在此之前,唐伯虎和徐经已经匆匆抵京,客居旅舍。两人吃住在一起,形影不离。由于南直隶地区是科举重地,向来出产殿试前三名,而唐伯虎是新鲜出炉的南京乡试解元,格外受人关注,于是"六如(唐寅)文誉籍甚,公卿造请者阗咽街巷。徐(经)有戏子数人,从六如日驰骋于都市中,是时都人属目者已众矣"[1],大意是,京城名人纷纷前来旅店看望他俩,而且他们出门的时候也很招摇,与数名童仆、戏子喧嚣而过,因此惹人瞩目。

在欢送梁储出使安南的某场饯别宴上,经梁储引荐,唐伯虎和徐经认识了程敏政。程敏政此时已闻知唐伯虎这个人,才子见才子,也是惺惺相惜,相互留下了好感。

其实,三品高官程敏政待唐伯虎、徐经友善,其中还包含了另一种友情,那就是唐伯虎的老师沈周是他的老朋友。弘治六年二月二十六日,程敏政在沈周收藏的宋代《林逋手札二帖》上题跋:"石田沈君请饭宝幢教院,出和靖帖见示,因赋此诗。时手疮未愈,写作皆不工,真疥此卷矣。弘治癸丑二月廿六日,程敏政识。"[2] 程敏政另有致沈周信札:"累年阔别,甚欲一见,以写所怀。不意舟次吴门,匆匆竟不得一面。人生离合,不偶如此!"[3] 可见程敏政与沈周虽然联系不多,但交情深厚。

所以在梁储出使之后,程敏政邀请唐伯虎和徐经来自己家里,给唐伯虎出了三道题,以试其才。

---

[1].《四友斋丛说》卷十五《史十一》。

[2]. 何炎泉等编:《明四大家特展——沈周》,台北故宫博物院,2014年版。

[3].《篁墩文集》卷七《与姑苏沈启南书》。

唐伯虎似乎未加思考，回答得相当利索。

程敏政不禁数次感叹："真是当世奇才！"

与唐伯虎同时代的何良俊是这样记录这次在程府的私下面试的："先是，梁文康公（梁储）竣试还京，与程詹事敏政从容语次，数称'唐某才士，宁第甲江南'。程公遂诣先生，请三事使具草，三事皆敏捷。程公因亦数称'唐某当世奇才，一第不足毕其长'。"[1] 就是说，程敏政赞叹，唐伯虎的确是"当世奇才"，虽然当了南京乡试的第一，还没有充分展现他的才华！

当然，唐伯虎和徐经也确实想借着与程敏政接触的机会，向其请教如何应对会试。毕竟唐伯虎是第一次参加会试，没有经验；而徐经虽然参加过一次，但落榜了，显然缺乏自信心。

程敏政就根据自己对会试的认识，私下谈了他当年参加会试的感受和经验。科举考试的内容在考前属于国家秘密，不得泄密，而且全由主考官负责——此时朝廷并未公布程敏政出任此届会试的主考官的消息。他真的不知道自己将出任此届会试的主考官吗？我们不得而知。

从唐伯虎和徐经的角度想，他们来北京的目的是参加会试，当然期望能够通过会试，参加随后的殿试，而程敏政是天下闻名的饱学之士，他十岁进翰林院，又是榜眼出身，眼下还是主管会试的礼部的右侍郎，能够得到他的指点，岂不是天大的好事！所以他俩的确有攀附之意，这也是人之常情。

从程敏政的角度看，唐伯虎既是老友弟子，又是好友引荐，不能不给面子；而且唐伯虎是朝野皆知的才子，前程远大，说不定还会是未来的国家栋梁、官场同事，所以没必要显得太过生分，因此也予好言相慰。

---

[1].《四友斋丛说》卷十五《史十一》。

唐伯虎传

再从文坛角度观察，明朝士人讲究师承，有着投门的惯例。比如某人考中进士或举人，会称主考官是自己的座师。甚至素昧平生的人，也会主动慕名投名帖，去登门求教。需要特别指出的是，明朝官员收入很低，而且常常因故被罚俸，或是被拖欠俸银，官员们也常以纳门生、辅导学生的名义收点礼金，以补贴家用。这是公开的秘密。

唐伯虎、徐经认识程敏政之后，去他家拜访，虽然表面上看并无违背常理之处，但是，程敏政与他俩很有可能谈到会试内容，这是极其不妥的。毕竟会试在即，会试的主管部门是礼部，程敏政又是礼部的高级官员，在考前与考生私下会晤，很容易被人抓住把柄。

从程敏政家出来，唐伯虎、徐经回到旅舍，赶紧按照程敏政的指点进行模拟练习。待到都穆等参加会试的友人到北京后，他俩又将这些内容告诉了众友人——好事不能独享，否则如何被称为好兄弟呢！

在北京的这一段日子，除了备考会试以外，唐伯虎又去拜访了在京为官的苏州籍乡贤。在他心里，最受尊敬的人当推吴宽。

吴宽是当朝老状元，在京城德高望重。前面说过，弘治八年吴宽的继母去世，吴宽归家守孝。吏部缺员，皇帝不肯补缺，命虚位等待吴宽归来。吴宽守孝三年结束，皇上让其掌管詹事府事务，入值东阁，专典诰敕，并侍从皇太子朱厚照。唐伯虎来北京的时候，吴宽丁忧刚结束，还朝不久。

吴宽是文林的同年好友，又是文徵明的老师，而且他的从子，也就是侄子吴奕[1]是唐伯虎的好友。有了这几层关系，唐伯虎去拜见吴宽，就是很

---

[1]. 吴奕，字嗣业，号茶香居士，吴宽三弟元晖之子。元晖早逝，吴宽又出仕，留下吴奕在家侍奉母亲，读书医俗。蔡羽说他"尝嗜杯酒，而陶陶乎不至荒也，故谓之落魄公子云"。吴宽视之若子。吴奕学伯父吴宽书法，极为逼真。

正常的事。

为此，唐伯虎专门写了一篇文章《上吴天官书》：

寅再拜：

昔王良适齐，投策而叹；欧冶去越，折剑言词。艺不云售，慨犹若此；况深悲极愤者乎？寅凤遭哀闵，室无强亲，计盐米、图婚嫁、察鸡豚、持门户。明星告旦，而百指伺哺。飞鼠启夕，而奔驰未遑。秋风飘尔，而举翩触隅。周道如砥，而垂头伏枥。与隶交叱，刀锥并侵；烟爨就微，颠仆相继。

彷徨闾阎之下，婆娑里巷之侧。飞尘扬波，行人如蚁。恫恫惸惸，不可与处。此乃有生之忧，非寅之所畏也。至若槿树辞荣，芳林引暮，学书不成，为箕未贳；艳色废于群丑，齐音呭于众楚。鸡既鸣矣，而飘摇远游；日云夕矣，而契阔寤叹；九衢延丝，而穷辙涟如；高门将将，而败刺无从。

又汉纲横施，略瑕录腐。驽马效其驰驱，铅刀砺其铦锷。有志功名之士，扼腕攘袂之秋也。若肆目五山，总辔辽野，横披六合，纵驰八极。无事悼情，慷慨然诺。壮气云蒸，烈志风合。戮长猊，令赤海。断修蛇，使丹岳。功成事遂，身毙名立。斯亦人士之一快，而寅之素期也⋯⋯故敢伏光范门下请教，不胜惶恐之至。[1]

此时吴宽已经六十五岁，是位温厚的二品老臣，看到这篇傲气十足的

---

[1].《六如居士全集》卷五。

唐 伯 虎 传

文章,非但不生气,反而惊呼:苏州现在还有这等人才!他立即召见了唐伯虎,不但勉励其上进,还把他推荐给京城的公卿[1],令唐伯虎备受关爱。

唐伯虎想见的第二位尊者,就是著名画家杜堇。杜先生虽然是南方人,可他一生基本生活在北方,其画风深受宋代院体画的影响,与明初浙派的精神一脉相承,也与生活在南方的周臣等遥相呼应,因此成为成化、弘治年间最为流行的画风。无论山水、人物还是花草、器物,他样样精能,其作品是时代的高标。

杜堇也是文林的多年好友,两人来往密切。二十多年前,杜堇来北京时,文林正在病中,依旧抱病为杜堇送行,令杜堇感念在心。弘治初年,文林曾去北京参加吏部述职、考核,离开北京时,杜堇将自己的《题画送文太仆宗儒南还》奉赠文林,诗句"春寒病起还相送,二十年前过爱情"[2]说的就是当年旧事。

唐伯虎拜见杜堇,两人相见甚欢。杜堇只是一位民间老画师,待客做派与吴宽全然不同。两人刚一见面,杜堇就谈论起南方美食菜煮鱼——相传这道菜是吴王的最爱,这是杜堇流露的思乡情怀。杜堇的故乡是镇江丹徒,与苏州府相距不远,都属于长江以南的吴语系地区,生活习俗相近。唐伯虎为此写了一首七律《赠杜柽居》赠予杜堇,诗云:

  白眼江东老杜迁,十年流落一囊书。
  长安相见红尘里,只问吴王菜煮鱼。

---

[1]. 明代袁表《唐伯虎集序》云:"尝上书吴文定公宽,览书曰:'吴安得有此人耶?'颇为延誉公卿间。"

[2]. 见《吴都文粹续集》卷五十二。

这次在京城与老画家杜堇的相识，对唐伯虎的绘画艺术产生了深刻影响。

作为画家的唐伯虎，最为仰慕杜堇的是他笔下的人物画。杜堇擅长白描，人物画生动而传神，这显然得益于他对李公麟画法的精研与继承，并在此基础上发展形成了自己的风格。仔细对照唐伯虎在弘治十一年（也就是他来北京参加会试前后）创作的人物画，至少能够发现他在画风上发生了三点显著的变化。

其一，唐伯虎此前画人物大都是寥寥数笔的远景，并未对人物进行精描细刻，难见眉目神采，例如他的早期作品《贞寿堂图》《对竹图》等。他笔下的人物，更像是山水环境中的配角。这说明此时的他在人物画上，尚处于早期状态。此后所见唐伯虎的人物画，皆敢于画近景，这是他见了杜堇之后的重要变化。

其二，中国画中的人物，衣褶灵动性的表现十分紧要。唐伯虎此后画人物，常使用韭叶描和金针描技法。韭叶描是周臣所擅长的，因此可被视为他师从周臣的成果，而金针描技法，则是杜堇所赐。

◆ 明 唐寅《灯宵闲话》，现藏台北故宫博物院

唐伯虎传

其三，杜堇画仕女画，开脸有"三白"，"三白"是其著名的技法，相传由其首创。唐伯虎后来画仕女画，也惯用三白技法，这显然是从杜堇处继承而来的。

过了春节，很快就到了上元节，也即正月十五的元宵节。唐伯虎和徐经等人携手登车，满怀激动，赶往紫禁城午门，观看热闹一时的鳌山灯会。

北京的鳌山灯会，始自明代永乐九年（1411年）。为庆祝上元节，永乐皇帝下令整个国家放假十天。紫禁城午门本是皇宫禁地，在上元节会破例向京城臣民开放三天，而且由皇家出资，在午门外搭建鳌山灯火，也就是将千百盏彩灯扎叠成山，堆叠至十三层高，形状有如传说中的巨鳌，民间因此谓之"鳌山"。对外开放的这三天里，任由百姓观灯赏月，君臣与百姓同乐，气氛欢庆祥和，这个传统也就传承了下来。

唐伯虎被五光十色的彩灯照得神魂颠倒，诗兴大发，一口气作了四首《观鳌山》，不厌其烦地描绘宛如仙宫一般的鳌山灯会：

其一

禁籞森严夜沴寥，灯山忽见翠岧峣。

六鳌并驾神仙府，双鹊联成帝子桥。

星振珠光铺锦绣，月分金影乱琼瑶。

顾身已自登猴岭，何必秦姬奏洞箫。

其二

金吾不禁夜三更，宝斧修成月倍明。

凤蹴灯枝开夜殿，龙衔火树照春城。

莲花捧上霓裳舞，松叶缠成热戏棚。
杯进紫霞君正乐，万民齐口唱升平。

其三
仙殿深严号太霞，宝灯高下缀灵槎。
沉香连理三珠树，结彩分行四照花。
水激葛陂龙化杖，月明缑岭凤随车。
箫韶沸处开宫扇，法仗当墀雁队斜。

其四
上元佳节丽仙都，内殿欢游惬睿图。
壁际金钱衔鸂鶒，冰中铁网出珊瑚。
鼓将百戏分为埒，灯把三山挈入壶。
不是承恩参胜赏，歌谣安得继康衢。

　　从诗中看，他在紫禁城的午门，居然邂逅了弘治皇帝朱祐樘。唐伯虎的运气不会真的这么好吧？

　　皇帝身着华服，站在午门城楼上，神采奕奕地向他的子民们挥手致意。城楼下的万众百姓纷纷跪地叩拜，齐声高呼：万岁万岁万万岁！

　　此时此刻，唐伯虎觉得紫禁城午门的城洞像个杯口，似乎将万道霞光收了进去，因此写道："杯进紫霞君正乐，万民齐口唱升平"——或许，这只是作为诗人的唐伯虎的浪漫想象而已。

　　等待参加礼部会试的日子里，唐伯虎频繁穿梭于京城公卿豪门间，快

唐伯虎传

乐似神仙。人们皆争相夸赞他的盖世才华,而他的才思也如泉喷涌,创作出一篇又一篇华丽诗篇。唐伯虎自述曰:"方斯时(成为乡试解元后)也,荐绅交游,举手相庆,将谓仆滥文笔之纵横,执谈论之户辙。岐舌而赞,并口而称。"[1]

身在京城的唐伯虎夜夜笙歌,的确无暇再去思念远在故乡的好友文徵明了。可在昔日,他曾梦里寻他千百度,一日不见心发慌。那些青春岁月里的故事,俱成往事矣。

---

[1]. [明]唐寅:《与文徵明书》。

第四章 会试舞弊案

第一节　祸从天降

弘治十二年二月初九，会试在北京贡院开考。

相对于前一年八月开考的"秋闱"乡试，二月初九的会试叫作"春闱"或"春试"，又因它由礼部负责，所以又叫"礼闱"。

开考前不久，皇帝下诏，"（弘治十二年）二月丙申，命太子少保礼部尚书兼文渊阁大学士李东阳、礼部右侍郎兼翰林院学士程敏政为会试考试官"[1]。二月丙申，即农历二月初六，公元1499年3月17日，满打满算，距离会试开考的时间只剩四天，李东阳和程敏政才出任本届会试主考官。

会试的考试形式与乡试相似，也分三场，即二月初九为第一场，考试内容为"四书义三道，五经义各四道"；二月十二日第二场的内容为"试论一道，诏、诰、表、内科一道，判语五条"；二月十五日第三场"试策五道"[2]，至二月十七日结束。

按照惯例，每届参加会试的举人有四五千人，录取者约有300名。

北京贡院是在元代礼部衙门旧址的基础上扩建而成的，天顺七年（1463

---

[1].《明孝宗实录》卷一百四十七。

[2]. [明] 董其昌：《学科考略》。

第四章·会试舞弊案

年）的会试，曾经发生过一次灾难。会试期间，考场意外失火，而监考的御史死守规矩，反锁大门，结果导致参加考试的举人被活活烧死了九十余人，且伤者无数。贡院自此吸取教训，对考场进行了翻修。天顺七年会试惨剧发生三十六年之后，唐伯虎、徐经、都穆等走进了这个考场。

北京贡院内有一棵枝繁叶茂的大槐树，非常出名。树的根部在路东，主干向西弯曲，树冠呈现在路西，树身如同卧龙一般，民间说它是文昌星下凡，称之为"文昌槐"。每到考试期间，考生们一进贡院，就纷纷跪在槐树下膜拜，祈求文运降临，保佑自己能够顺利跃过龙门。

唐伯虎必然会路过文昌槐。他是否会像其他举人一样，跪倒在树下祈求神灵护佑？史料并无记载。不过，以他当时的自信心态，求神不如求己，应该不拜。

贡院的会试很顺利，十七日圆满结束。

唐伯虎、徐经、都穆等举子如释重负，回到旅店，四仰八叉倒头休息。他们还需耐心等待十几天，才能知晓自己是否通过考试。

二月二十七日，大家都在度日如年中翘首以待。忽然之间，旅舍里冲进一队头戴尖帽、身佩绣春刀的官兵，这些人正是大名鼎鼎的锦衣卫。他们问清楚了谁是南直隶苏州府的唐伯虎和常州府的徐经后，就不由分说地给二人戴上锁具，押上了槛车，直接送进诏狱，拘押候审。

明朝的监狱有很多种。最常见的是拘押普通人犯的刑部监，都察院监是专门关押官员的，还有关押盗贼的五城兵马司监，以及五军都督府监和厂卫监等。其中，最厉害的叫诏狱，即根据皇帝诏令抓捕的罪犯，才有"资格"入诏狱。

难道说，唐伯虎和徐经的名字已达天听，抓捕他俩的命令是由皇帝亲

唐 伯 虎 传

自下达的？

不错。

因为有人向皇帝实名举报：会试主考官之一程敏政利欲熏心，勾结考生唐伯虎和徐经，在会试中营私舞弊！

举报者何人？户科给事中华昶[1]。吏、户、礼、兵、刑、工六科，实为中央的监察机构，目的是监察与其对应的朝廷中央六部官员。各科设都给事中一人，左右给事中各一人为副职。都给事中秩正七品，左右给事中秩从七品。官衔虽小，利矛在手。

实名举报一事，明史有清晰记载：

> 丁巳，户科给事中华昶奏："国家求贤，以科目为重，公道所在，赖此一途。今年会试，臣闻士大夫公议于朝，私议于巷；翰林学士程敏政假手文场，甘心市井。士子初场未入而《论语》题已传诵于外；二场未入而表题又传诵于外；三场未入而策之第三、四问又传诵于外。江阴县举人徐经、苏州府举人唐寅等，狂童孺子，天夺其魄，或先以此题骄于众，或先以此题问于人。此岂科目所宣有，盛世所宜容？臣待罪言职，有此风闻，愿陛下特敕礼部，场中朱卷凡经程敏政看者，许主考大学士李东阳与五经同考官重加翻阅，公为去取。俾天下士就试于京师者，咸知有司之公。"[2]

---

[1]. 华昶，字文光，别号梅心，更号双梧居士，常州府无锡人。弘治九年进士。历任韶州知府，宽政益民，韶民立祠以祀，官至福建布政司左参政。

[2].《明孝宗实录》卷一百四十七。

第四章·会试舞弊案

作为纪检官员，华昶的奏折写得相当严谨：

第一，华昶重申科举的重要意义，指出国家求贤与士大夫们的人生出路，全赖此一途，系"公道所在"，但作为名臣的程敏政却自甘堕落，居然像商人一样拿国家利益与奸人做交易，而唐伯虎、徐经等狂童孺子狗胆包天，敢于私下交易。程敏政泄露试题，就是泄露国家机密；

第二，华昶拿出了他们舞弊的证据，直指会试每一场考试的试题，在考前都已被泄露；

第三，华昶本人大义凛然，愿意承担举报所导致的一切后果。

而且他选择上奏的时机是在会试结束之后、放榜之前，这样就让参与舞弊者，来不及幕后补救，显示了其痛打落水狗之决心。

皇上接到举报，必然大怒。他虽然十分倚重程敏政，可科举大业乃国家大事，岂可儿戏。皇上立即下令抓人，然后命令礼部调查议处。程敏政本是礼部右侍郎，是三把手，按规定必须回避调查事宜。

礼部毫不含糊，立即回复。奏折曰：

> 昶必有所闻，故陈此奏。但恐风闻之事犹或未真，况未经开榜，不知所指实之人曾取中否。乞如所奏行，令李东阳会同五经同考试官将场中朱卷凡经程敏政看中者，重加翻阅，从公去取，以息物议。开榜日期，亦乞改移本月二十九日或三月初二日。[1]

礼部的回复令人深思——按理说，在调查取证之前，礼部本可以实事

---

[1]. 《明孝宗实录》卷一百四十七。

唐 伯 虎 传

求是地禀告皇上，这个案子应该如何去查，礼部又准备如何去查找真相。然而，他们却开门见山地支持了华昶的举报，认为"昶必有所闻"，就是说，华昶"必"是掌握了证据。难道礼部想坐实程敏政的舞弊案？这的确令人颇费思量。

皇帝随即批准了礼部的请示，同意将会试开榜时间推迟到三月初二。

三月初二，会试开榜，"礼部会试取中式举人伦文叙等三百名"[1]。都穆金榜题名，唐伯虎、徐经理所当然地止步于会试。

三月初七，主考官李东阳向皇帝报告说，自己和大臣们在礼部官员的陪同下，"重加翻阅去取，其时考校已定，按弥封号籍，二卷俱不在取中。正榜之数有同考官批语可验。臣复会同五经诸同考连日再阅"[2]。通过检查会试原始考卷上的弥封号籍，以及同考官在考卷上的批语等，证实唐伯虎、徐经两人原本就不在录取名单上，华昶举报程敏政与他俩勾结的事实不能成立，由此证明了程敏政的清白。

这一点很重要。按常理推测，如果程敏政知道了考题内容，又故意泄露给了唐伯虎和徐经，而他俩又都是来自江南的优秀读书人，怎么会全部落选？退一步想，至少也会有一个人考中吧？

当天，锦衣卫"得旨。华昶、徐经、唐寅锦衣卫执送镇抚司对问明白以闻，不许徇情"[3]。根据皇帝的谕旨，华昶也于这一天被锦衣卫抓捕，关进了监狱。

---

[1]. 《明孝宗实录》卷一百四十八。

[2]. 《明孝宗实录》卷一百四十八。李东阳的这份奏折于三月丙寅日呈上。

[3]. 《明孝宗实录》卷一百四十八。

第四章·会试舞弊案

此处需要简单介绍一下华昶的背景。他与徐经是同乡，都是常州府人。常州府下辖五县，即武进、江阴、无锡、宜兴和靖江。华昶是常州府无锡县荡口人，此地俗称"鹅湖"，与苏州交界，素有"小苏州"之称。而徐经是常州府江阴县人。两地相邻，人员相亲，习俗相同。徐经在诏狱里的供词有"昶挟私诬指"，说明他俩此前相识，而且有私怨，徐经认为华昶公报私仇。

华昶本人与唐伯虎的许多师友关系友善。当年华昶科举落榜，王鏊还曾给他写过一首诗《送华昶下第归无锡》，予以安慰。唐伯虎的好友都穆，此前曾在华昶家坐馆。这样一来，这件事就变得复杂起来。

明朝审讯允许刑讯逼供，诏狱更是个无所不用其极的地方。能够扛得住诏狱逼供的人，肯定是刚烈之臣。在锦衣卫面前，徐经和唐伯虎这两个乳臭未干的年轻举人，简直像他们动刑前的开胃小碟。

不熟悉唐伯虎的人皆以为，此人博学多才，深明事理，一定明白古人所言："顺，不妄喜；逆，不惶馁；安，不奢逸；危，不惊惧，胸有惊雷而面如平湖。"如今又是在圣明的皇帝脚下，总须拼死讨个清白，可他们哪里会知道，对照古人为君子设定的这四个标准，唐伯虎竟然一条也做不到。才看到狱吏的青面獠牙时，他就已经吓得屎尿一裤裆。唐伯虎自述："至于天子震赫，召捕诏狱，身贯三木，卒吏如虎，举头抢地，涕泗横集。而后昆山焚如，玉石皆毁；下流难处，众恶所归。"[1] 其实，不光唐伯虎一个人如此，大多数读书人皆如此，讲道理时可以表现出视死如归的豪气，一旦遇到真流氓，就都成了软蛋。

---

[1]. [明] 唐寅：《与文徵明书》。

唐伯虎传

"复拷问徐经,辞亦自异。"[1] 被拷打之后,徐经一会儿供述这是"昶挟私诬指",一会儿承认"来京之时,慕敏政学问,以币求从学,间讲及三场题可出者,经因与唐寅拟作文字,致扬于外"[2]。

这场所谓的会试舞弊案闹得满城风雨。吴宽在致家人的信中,谈到了唐伯虎的案件。显然,他此时谈及的也只是道听途说。吴宽写道:"唐寅因程(敏政)学士卖题事被华(昶)给事中奏劾在内,尚监在锦衣卫。寅虽无银买,然因知情。如得脱便好,未知何如也。"[3]

皇帝已经收到许多奏折,正为此事烦恼不堪。

工科都给事中林廷玉是程敏政的熟人,曾经一起做过同考官,熟悉会试流程。他也站在华昶这边,揭发程敏政,还指出疑似参与作弊的六人。林廷玉说:"臣于敏政非无一日之雅,但朝廷公道所在,既知之,不敢不言。且谏官得风闻言事,昶言虽不当,不为自家计也。今所劾之官晏然如故,而身先就狱,后若有事,谁复肯言之者?但兹事体大,势难两全,就使究竟,得实于风化何补?莫若将言官、举人释而不问,敏政罢归田里。如此处之,似为包荒,但业已举行,又难中止。若曰朋比回护,颠倒是非,则圣明之世,理所必无也。"[4] 林廷玉这种小人,哪个朝代都有。他还自称与程敏政是"非无一日之雅"的朋友,将自己打扮成正义的代表,实则跳梁小丑而已。

随后,给事中尚衡、监察御史王绶等言官,也纷纷以职务立场上书,

---

[1].《明孝宗实录》卷一百五十一。

[2]. 同上。

[3]. [明] 吴宽:《吴宽致吴奕札》。转录自杨继辉《唐寅年谱新编》,第44页。

[4].《明孝宗实录》卷一百四十九。

要求释放华昶，逮捕程敏政。

程敏政本以为自己身正不怕影子斜，一直保持沉默，可是言官们越闹越凶，不肯罢休。为了显示自己的骨气与担当，程敏政索性上书辞官，可是皇帝却又不许。于是，他提出要去诏狱当面对质，自证清白。这正合了主持审理这一案件的左都御史闵珪的心意。闵珪是位老臣，此前担任刑部尚书，于弘治十一年加太子少保，已是正二品大员。

弘治十二年四月辛亥，"下礼部右侍郎兼翰林院学士程敏政于狱"[1]。程敏政是"自投罗网"，下狱的具体时间是四月二十二日，此时距唐伯虎和徐经下狱已经两个月了。

几方对质之后，这桩会试舞弊案真相大白。

第一，程敏政没有舞弊。会试之前的几个月，因唐伯虎和徐经前去拜访，他确曾指点过他俩应该如何参加会试，甚至有可能为他俩押题。但是，程敏政出任会试主考官是在考前四天，他本人非但不是出题者，而且根本不知道会试考题的内容，更重要的是，在评判考卷时，也没有录取唐伯虎和徐经。

《明孝宗实录》明确指出，有人看不惯程敏政平时"外附权贵，内结奥援，急于进取之心恒汲汲然"[2]，就是说，程敏政平时人际交往广泛，与当朝的主要官员以及宫中的重要太监联系紧密，暴露出他有政治野心。"盖当时有谋代其位者，嗾（教唆）给事中华昶言之，遂成大狱"[3]，就是有人

---

[1].《明孝宗实录》卷一百四十九。

[2].《明孝宗实录》卷一百五十一。

[3]. 同上。

唐伯虎传

看中了程敏政的职位，想取而代之，所以指使华昶出面举报。程敏政因此中了暗箭。

第二，唐伯虎与徐经听了程敏政的指点，回去后"拟作文字，致扬之外"[1]，导致了考场外的谣言风传。

第三，华昶举报失实。他的举报，表面上看是言官的职务担当，实则欲投人怀抱，为虎作伥，这在《明史》等史料中写得直截了当。

"左都御史闵珪等请会多官共治"，"以具狱上"，并经过皇帝的批准，审判、处理的结果如下。

一是程敏政罢官释放，致仕回家。处罚他的理由是，"敏政临财苟得，不避嫌疑，有玷文衡，遍招物议"[2]，给朝廷造成了负面影响。"临财苟得"，是指徐经想拜程敏政为师，跟着学写文章，赠送了拜师礼金。

二是华昶"言事不察"，"谪华昶南京太仆寺主簿；林廷玉海州判官"[3]，说明华昶的举报不实。

三是唐伯虎、徐经有"夤缘求进之罪"[4]，就是巴结官员。这是一条莫须有的罪名。礼部判他俩赎罪除名，"毕，送礼部奏处，皆黜充吏役"[5]。经过礼部研究，决定发配他俩去浙江衙门充当末等小吏。

老资格的大臣吴宽对这个判决嗤之以鼻。他说："（礼）部中又不分别，

---

[1].《明孝宗实录》卷一百五十一。

[2]. 同上。

[3].《国榷》卷四十四。

[4].《明孝宗实录》卷一百五十一。

[5]. 同上。

却乃援引远例，俱发充吏。"[1] 就是说，礼部将很久以前对某个案子的判决（"远例"），扣到了唐伯虎、徐经的头上，葬送了这两位优秀读书人的前程。

唐伯虎和徐经不服判，曾数次上诉，但仍然无法改变礼部的处罚决定。

程敏政在诏狱里一共被关了十几天，出狱时朝廷并未彻底还其清白，于是程敏政悲愤交集，后背痈毒发作，回家后仅仅过了四天，"以致愤恨而死。有知者，至今多冤惜之"[2]。对于程敏政之死，朝廷自知理亏，所以在他死后，追赠礼部尚书，赐祭葬如例，说明朝廷上下都知道他是被冤枉而死的。

第二节　告密者究竟是谁？

会试舞弊案的举报者当然是华昶，而且他的指控有鼻子有眼，似乎证据确凿："士子初场未入而《论语》题已传诵于外；二场未入而表题又传诵于外；三场未入而策之第三、四问又传诵于外。"[3] 这些详细内容，又是

---

[1]. 见《美术生活》三十七期《吴中文献特辑》载吴宽《与履庵为唐寅乞情帖》。转录自杨继辉《唐寅年谱新编》，第44页。

[2].《明孝宗实录》卷一百五十一。

[3].《明孝宗实录》卷一百四十七。

唐伯虎传

谁透露给华昶的呢?

我们先来说说华昶这个人。他三十八岁考中进士,被内阁和翰林院选为庶吉士,两年后却未能留馆,改任户科给事中,这说明他在翰林院里并未获得赏识。

庶吉士亦称庶常,其身份特殊。明朝取消宰相之后,实行了内阁制度,从英宗宣德皇帝朱祁镇起,所有的内阁首辅和辅臣,都必须具备庶吉士的资历。庶吉士是怎么产生的呢?按例制,每隔三年须举行一届殿试,每届录取大约三百名进士,然后通过新一轮阁试,再从中挑选约三十名具有发展前景的新进士入翰林院,为皇帝起草诏书或者讲解经籍,这实际上是在对他们进行重点培养和考察。

弘治十二年二月,在揭发所谓的会试舞弊案时,华昶刚刚离开翰林院去履新,尚未在真正的官场待过几天,他并不知道官场的水到底有多深,有多浑。而且,他是一个没有城府的人,不久前还曾疏言,"'天下之财聚于大官,大官之财聚于内官',一时争诵其语"[1]。内官是什么人?就是皇帝身边的太监,属于皇帝的心腹。刚一上任,你就说了别人不敢说的话,而且还得罪了内官,怎么会有好果子吃呢?所以说,华昶这个人看问题浮浅,且图慕虚名。

都穆在这届殿试中获二甲第九十五名,是一个不错的成绩。他顺理成章地成为新科进士。可是,许多熟人不但没有为他感到高兴,反而用鄙夷的眼光看他,因为众人把唐伯虎蒙冤受屈归咎于都穆了。

都是读书人,谁也不傻。华昶之所以敢振振有词地告御状,其中必有

---

[1]. 乾隆本《无锡县志》卷二十七《宦迹》。

第四章·会试舞弊案

告密者。而这个告密者，大家认定就是都穆。

唐伯虎本人就曾明确告诉文徵明："北至京师，朋友有相忌名盛者，排而陷之。"[1] 这位朋友不是都穆，又会是谁！

明苏州府长洲人蒋钦说："玄敬（都穆）闻之，以语其友给事华昶，昶遂疏程（敏政）鬻（卖）题。"[2]

曾任刑部主事的孙继芳在《矶园稗史》中记载得颇为详尽："弘治己未，程篁墩敏政鬻试目，给事中华昶发其事，始于举子都玄敬，为昶西宾，言之昶，因举劾。昶与穆誓死不相累，故昶虽被掠答，终不及穆。至今人咸弗知之。嘉靖初，昶侄孙钥为职方主事，语予云。时昶历方伯，都为郎中，俱归休矣。"[3] 就是说，都穆将唐伯虎、徐经"舞弊"的内容告诉华昶时，华昶发誓，决不说出是都穆告的密。

都穆"为昶西宾"，这是不争的事实。都穆考中举人前，曾在华昶家坐馆。弘治七年，文徵明致信（《怀元（玄）敬时客授梁溪》[4]）都穆时，都穆正在华昶家。而且都穆与华昶关系密切，来北京相见，也早为众人所知。

明人秦酉岩的《游石湖纪事》对此事的记载就更加详细了：

戊寅春初，看梅于吴中诸山，于楞伽山会雅宜（王宠）先生子龙冈。龙冈，故六如先生子婿，为说唐先生事，漫识如左：

---

[1].《六如居士全集》卷五《又与文徵仲书》。

[2].[清] 黄宗羲编：《明文海》卷四二八，蒋钦《唐伯虎寅》。

[3].[明] 孙继芳撰：《矶园稗史》。

[4].《甫田集》（四卷本）卷一《怀元敬时客授梁溪》。

唐伯虎传

子畏少英迈不羁，与南濠都君穆游，雅称莫逆。江阴有徐生经者，豪富而好事，结交吴中诸公，间于六如友善。徐故太学生，弘治戊午岁大比，徐通考官得关节。徐亦能文，念非唐先生莫可与同事者，遂以关节一事语唐，唐得之，更以语穆。是岁唐举第一人，而徐与穆亦得同榜。徐德唐甚，相与偕计，徐更通考官程敏政家奴，先期得场中试目，复以语唐。唐为人洞见底里，无城府，如前语穆。未揭榜前，穆饮于马侍郎（原注：失其名）邸寓，与给谏华昶俱。会有要宦谒马，马出接之，与谈会试事。宦云："唐寅又举第一矣！"……穆辄起嫉妒心，遂语马以故，昶亦与闻之，一日而遍传都下矣。昶遂论程，并连唐、徐，至廷鞠，两人者俱获罪，程亦落职。是岁，凡取前列者，皆褫名，都以名在后，反得隽，而唐先生遂终身落魄矣。

唐后与穆终恨恨，誓不相见，如此累年。有一友生，游于两君之门者，欲合其交，伺唐饮于友人楼上，亟闻于穆。乃语唐曰："穆且至！"唐闻之，神色俱变。穆谓友已通情，疾入楼，袭见之。（寅）瞥见，遂跃楼窗而下，亟趋归。友人恐其伤也，踪迹之，已抵家，口呼："咄咄贼子，欲相逼邪？"亦竟无恙。两人者，遂终身不相见。[1]

龙冈是王宠之子王阳，唐伯虎将独女唐桃笙许配给了他。这段生动翔实的记录，将会试舞弊案的前因后果和盘托出，因此流布甚广。然而对照

---

[1]. [明] 秦酉岩：《游石湖纪事》，转录自《唐寅集》，第 567 页。

第四章 · 会试舞弊案

史料研判，其中又疑窦丛生。

明人沈德符在《万历野获编》中记载，因为唐伯虎平时轻慢都穆，所以都穆怀恨在心，决定要加害他。舞弊案结束后，两人回到苏州，唐伯虎发誓与都穆断交。有一天，都穆瞧见唐伯虎在楼上，想去见他。唐伯虎发现都穆已经登楼，就从楼上跳了下去，即便有摔死的风险，也不肯与之相见。从此之后，都穆再也不曾见过唐伯虎。[1] 当然，沈德符也承认，这个故事是听"吴中故老"说的。他还说都穆得到了报应，其"子孙甚微"。

到了明末清初，钱谦益的文章说："余闻之故老，玄敬（都穆）少与唐伯虎交，最莫逆。伯虎锁院（会试）得祸，玄敬实发其事。伯虎誓不与相见，而吴中诸公皆薄之。玄敬晚年，深自悔恨，其殁也，不请铭于吴人，而远求胡孝思，盖亦其遗意云。"[2] 在钱谦益的笔下，都穆一辈子抬不起头来，对自己的所作所为极为后悔。

诬告唐伯虎、徐经的这口黑锅，就这样坐实在都穆的身上。都穆生前也没有留下只字辩诬之言。钱谦益说都穆心中有愧疚，至死都难以解脱，所以留下遗言，不要同乡好友为他写墓志铭。但"不请铭于吴人"是钱氏的猜测，并无实据可查。

如果认定都穆是阴险小人，非要断送挚友唐伯虎的前程，这的确是冤枉了他。后世学者已经认识到了这个问题，于是纷纷寻找证据为都穆辩诬。

---

[1]. [明]沈德符:《万历野获编》卷二十三载："弘治中，唐解元伯虎以罣误问革，困厄终身。闻其事发于同里都卿元敬穆。都亦负博洽名，素与唐善，以唐意轻之，每怀报复。会有程篁墩预泄场题事，因而中之。唐既罢归，誓不复与都接。一日都瞰其楼上独居，私往候之。方登梯，唐顾见其面，即从檐跃下，堕地几死，自是遂绝，以至终身。"

[2]. 《列朝诗集小传》丙集《都少卿穆》。

唐 伯 虎 传

我们可以从以下几个维度来看看，都穆是不是那个居心叵测的告密者。

第一，会试之后，唐伯虎与都穆的关系发生了怎样的变化？

会试第二年，即弘治十三年（1500年）三月，唐伯虎从诏狱里被放出来已有大半年，此时他已经回到了苏州。新安吴文举、吴文复兄弟也来到了苏州，并邀请唐伯虎创作了一卷《椿树秋霜图》，目的是纪念他们已经故去的父亲吴延辉。祝允明还为此画卷写了《椿树秋霜序》，称赞吴延辉是"寔地产之杰才，惜天夺此良士"[1]。画卷中还有沈周、都穆和祝允明的题诗。这是唐伯虎经历会试舞弊案之后，第一次与都穆合作。

如果都穆就是告密者，以唐伯虎的个性，一定不会跟他合作。但是，有可能唐伯虎应邀画《椿树秋霜图》在前，他无法阻止此后都穆题诗。这种可能性是存在的。

不过，下面几个例子就几乎不存在这种可能性了。

弘治十三年十二月初十，有个叫施怡庵的人去世了。他的墓志铭由都穆撰写，唐伯虎书丹。

或许有读者不太了解古人制作墓志铭的过程，在此略加介绍。制作墓碑刻石，必须经过三道工序：首先是请人撰写文章；然后由书法家用毛笔蘸着朱砂，将碑文抄写到碑石上，这个过程叫"书丹"；最后由石匠依照书丹字迹，在墓碑上勒石。

唐伯虎如此气傲，如果确定都穆就是告密者，他怎么可能与之紧密合作来完成这项工作？

此后多年，唐伯虎一直与都穆有书画合作。比如唐伯虎创作于弘治

---

[1]. [清] 陆时化：《吴越所见书画录》卷三《明唐六如椿树秋霜卷》。

十五年（1502年）的《风木图》、正德元年（1506年）的《观梅图》、正德十五年（1520年）的《双鉴行窝图》册页等。在这些作品之上，都有都穆的题跋，而且他有时还会在都穆之后续笔。依唐伯虎的性格，他绝不可能像什么都没有发生一样，委屈自己与都穆谈诗论画，谈笑风生。

这说明，唐伯虎在遭遇诏狱之灾返回苏州之后，仍然时常与都穆一起雅聚。

第二，受害者徐经的家族是怎样看待都穆的？

都穆与唐伯虎、徐经为同届会试考生。唐伯虎、徐经被诬下狱后，就与科举再无牵连，而都穆考中进士后进入官场。

他们的共同好友、江阴人薛章宪，曾经写了《都玄敬惠山煮茗》，诗后注"时玄敬（都穆）不脱乌纱，予自挹水瀹茗"，就是说，他见都穆穿戴整齐，不方便去无锡惠山脚下的河边取水煮茶，自己就主动去帮他取水，显得对都穆十分尊敬。

薛章宪的妻子徐氏就是徐经的姐姐。他和妻弟徐经感情深厚，徐经去世后的祭文就是他写的。正德九年（1514年）薛章宪去世，家人将其遗著编成《鸿泥堂小稿》，因为敬重都穆，还专门去请都穆写了序。

可见，都穆与徐经的亲戚的关系极为亲密。如果都穆真是告密者，徐家人不可能如此敬奉都穆，不可能请都穆作序。

第三，唐伯虎的师友们是怎样看待都穆的？

明代文人十分看重人格，讲究骨气，对告密恶举都是厌恶不已。如果真是"人但知穆为文人，不知媢嫉反复若此"的话，唐伯虎挚友们的唾沫星子都能将他淹死，更不屑再与之来往。可是，与唐伯虎关系亲密者如祝允明、文徵明等人，与都穆的关系仍然很亲密。

唐伯虎传

先说爱憎分明的祝允明。他于正德九年二月赴京参加会试，不中。这是他第七次会试落榜，而他的儿子祝续已经在三年前中了进士，此时他对科举考试已是心灰意冷，决定不再参加会试。到了秋天，祝允明再次赴京，以老资格的举人身份到吏部候选，结果得授广东兴宁知县。此时都穆五十七岁，已经致仕在家休养。祝允明到达广东兴宁后，两人书信不断。祝允明听说都穆好学不倦，为了读书常常废寝忘食，出于对老友健康的担忧，写了《与都穆论却饭书》，劝都穆一定要按时吃饭，注意保养身体，由此看出两位老友感情深厚。

再说文徵明。他这个人，性格温和，遇事不急不躁，且牢守做人的底线，一旦被他瞧不起，是绝不可能再有往来的。可是同在正德九年的四月，文徵明和都穆一起来到太仓，住进了进士陆伸家。（陆伸是吴愈的女婿，也是文徵明的连襟，陆伸之子陆之箕是都穆的女婿。）此前都穆一直在外为官，两人相见的机会不多，今日相会，彼此甚欢。

文徵明赠都穆诗：

画堂更漏坐来深，绛烛荧荧见跋频。
感旧共悲黄壤客，逢君况是白头人。
苍茫谈笑今何夕？中外婵联总至亲。
不忘西窗听雨约，短床重扫十年尘。

都穆出生在收藏世家，他的父亲都昂是远近闻名的收藏名家。都穆没有儿子，女儿出嫁时分得了一些收藏品，而女婿陆之箕也是家富收藏。都穆和文徵明两位白发人聚在一起，一边秉烛鉴赏书画上的题跋，一边谈古论今，不知不觉间，夜已深沉。

此时窗外下起了雨，文徵明想起了李商隐《夜雨寄北》中的"何当共剪西窗烛，却话巴山夜雨时"，对都穆说道：这十年里，你在外地为官，我们来往不多，如今你已致仕回家，我们以后就要像青年时期那样，彼此多多走动。

文徵明说这番话的时候，与唐伯虎的来往也非常密切。就在数日前，即三月二十七日[1]，他还与唐伯虎等友人雅集，为刘麟赴陕西"过吴门言别"而和诗作画。

最后，我们再来看看唐伯虎的女婿王阳的说法是否真实可信。

前文讲到，记录在秦酉岩《游石湖纪事》里的那段故事，对后世影响很大，原因就是这段话来自唐伯虎的女婿王阳，于是后人信以为真，不断传抄。但事实上，王阳的说法不足信。

唐伯虎去世时，王阳才十岁，并不是这一事件的亲历者。而且，这个故事的实际来源是陆蕙田，这个人也不是亲历者。而且秦酉岩在《游石湖纪事》里已经写明，陆蕙田是"陆海观南之子，性迂怪，好谈吴中故实"，等于说他是个说话没谱的人。

这样看来，所谓都穆是告密者这一结论应予推翻。那么，我们应该为都穆平反吗？

且慢！

事实上，在唐伯虎的会试舞弊冤案中，都穆并非洁白无瑕，毫无责任。客观地说，他应该为此承担一部分责任。

---

[1]. 见《味水轩日记》卷七。

唐伯虎传

第一，华昶在奏折上罗列的所谓考题泄露内容，必定来源于都穆。因为如果不是从都穆处获取，华昶不可能得到如此详细的内容。这是华昶能够揭发成功的前提条件。

第二，都穆具备怨恨唐伯虎的心理动机。有许多证据显示，在唐伯虎考中解元之后，都穆看不惯他的轻浮之举——当然，不光都穆看不惯，很多人都鄙视唐伯虎得志便猖狂的作为。

第三，去北京参加会试之前，唐伯虎与都穆关系非常好；会试舞弊案发生后，唐伯虎再也不像过去那样跟都穆有过深的感情交往。这应该是确证，并不是孤证。

北京故宫博物院收藏了唐伯虎《行书致文徵明札页》（也称《为刘嘉绪刊板致文徵明札》），内容是唐伯虎要将刘嘉绪的遗作集刻板出书，需要收集都穆的"挽刘之作"，故请文徵明出面去征集。

原文如下：

仆两日患背疾，声势颇恶，故不得来询起居。《刘协中集》将动手刊板。君之序文仍旧写去耳。且《杏花词》并《吊范墓文》，皆已寻出，又一大可喜也。都君挽刘之作，乞密讨来，不可说。仆将刊板恐不成事，为所笑也。君作亦宜付下，缘要附去其后，故也。千万千万。唐寅再拜。衡山先生足下。[1]

从唐伯虎的口气来看，他非但不愿意与都穆相见，而且还害怕别人知道

---
[1]. 见《唐寅书画全集·书法卷》，第 101 页。

第四章·会试舞弊案

他与都穆有来往,所以烦请文徵明"密讨来,不可说",并叮嘱"千万千万"!

但是,无论华昶是忠于职守,还是挟私报复,无论都穆泄露内情是否属于无心,他们都不是制造这起冤案的幕后黑手,而只是台前木偶。

真正的幕后黑手,另有其人。这个人来自礼部高层。他认为程敏政阻挡了自己的晋升之路,所以暗中指使华昶出面举报,最终使得程敏政中箭落马。

这个人是谁?《明孝宗实录》上说得很清楚,他就是傅瀚。

> 初,瀚欲攘取内阁之位,乃嗾同乡监生江瑢奏内阁大学士刘健、李东阳。既而恐谋泄,遂倡言瑢与学士程敏政善,且奏事决非瑢所能,而奏中"排抑胜己"一言,又实敏政平日心事。以此激当道之怒,而敏政之狱,自是始矣。敏政既死,瀚果自礼部改詹事,代其位。后瀚家人忽晨见敏政入瀚室,又数见怪异,因忧悸成疾,逾年瀚竟死。[1]

傅瀚是一位老资格的官员。天顺八年,三十岁的他就考取了进士,因其成绩突出、才华超群,被内阁和翰林院选为庶吉士。

到了弘治十二年,傅瀚已经六十五岁,终于从礼部右侍郎转任左侍郎,腾出右侍郎的位置给了程敏政。虽然程敏政是礼部右侍郎,比他这个左侍郎地位低一点,但两人已是平级,可此时的程敏政才五十五岁,比他小了整整十岁。年过半百,人的精力开始下降,年龄的落差就会形成一种威慑。程敏政是科举榜眼,是皇帝眼中的红人,而且程敏政为人处世很有智慧,

---

[1].《明孝宗实录》卷一百八十四。

唐伯虎传

在朝廷里人脉资源丰富，所以在官场的声望很高。傅瀚若想论资排辈入内阁，就有点像等着天上掉馅儿饼，而程敏政极可能后来居上，把傅瀚挤出赛道。

因此，老谋深算的傅瀚必须提前下手。他敏锐地发现一些官员对程敏政不满，于是上下其手，充分利用初出茅庐的华昶，暗中运作了这个所谓的舞弊案，最终扳倒了程敏政：

> 是时，刘健当国，既偏溺于恚怒，莫之能辨。适大学士谢迁又素憾敏政，尝扬其交通太监李广营入阁之私，而谕德王华亦衔敏政，尝扬其主考卖题事，又都御史闵珪与迁、华皆同乡，乃嘱（闵）珪及科道数辈，内外并力交攻，罗织成狱。而华昶之甘心鹰犬者，又不足责也。[1]

此案的主审官闵珪、大学士谢迁，以及詹事府右谕德王华都是同乡，在整个案子的审理和处理上发挥了重要作用。闵珪与傅瀚都是天顺八年的进士，是同年，向来交情不错。而谢迁和王华等人平时也看不惯程敏政，因此形成了倒程势力。

傅瀚扳倒程敏政之后，排除了晋升路上的障碍。他先是出任了詹事府正三品的詹事，后又在第二年，也就是弘治十三年出任了正二品的礼部尚书，终于如愿以偿。王华则在程敏政死后接替了他的礼部右侍郎职位。

在正二品的官位上过了两年官瘾之后，傅瀚的礼部尚书一职又被张升接替。

---

[1].《明孝宗实录》卷一百八十四。

当年，傅瀚就死掉了。

第三节　夫妻反目

真相大白后，吴宽始知唐伯虎遭受诬告，又被罚去浙江充任小吏，甚是同情。弘治十二年八月十九日，他主动致信将要赴任浙江布政司左参政的欧信，说明了唐伯虎所遭遇的冤屈，请求他与同僚慈悲为怀，予以照顾。现引用吴宽《与履庵为唐寅乞情帖》部分文字：

自使旆到吴中，不得一书，闻敕书已先到，亦未审何时赴浙中，极是悬悬。兹有少□，今岁科场事，累及乡友唐寅，渠只是到程处为座主梁洗马求文送行，往来几次。有妒其盛者，遂加毁谤。言官闻之，更不访察，连名疏内。后法司鞫问，亦知其情，参语已轻，因送礼部收查发落。（礼）部中又不分别，却乃援引远例，俱发充吏。此事，士大夫间皆知其枉，非特乡里而已。

渠虽尝奏诉数次，事成已无及矣。今便道告往浙省屠老大人，惜其遭此，定作通吏名目者。如渠到彼，切望与贵寮长，杨、韩二方伯大人及诸寮友一说，念一京闱解元，平生清雅好学，别无过恶，流落穷途，非仗在上者垂眄，情实难堪。俟好音到日，或有出头之时，谅亦不忘厚恩也。冗中具此，不暇他及，惟冀心照不备。眷末吴宽再拜履庵大参大人亲契执事。八月十九日具。[1]

从信中可以看出，真相大白之后，社会舆论也发生了逆转，"士大夫间皆知其枉"，大家普遍开始同情唐伯虎的遭遇。

唐伯虎于六月从诏狱出来，并没有立即回家，而是留在北京申诉，请求礼部撤销那个处罚决定。但礼部坚持原判，不予理睬。唐伯虎只得拖着疲惫的身子，离开这个伤心地，回乡疗伤。

吴宽写这封信的时候，已是八月，此时唐伯虎尚未离开北京。吴宽猜测唐伯虎会去浙江，所以赶紧给昔日好友写信，请予照顾，并赞扬唐伯虎"平生清雅好学，别无过恶"，而且相信他能够战胜厄运，再度崛起，"俟好音到日"。其实，唐伯虎已经决定不去浙江充任末等小吏。

唐伯虎自北京返回苏州的路上，心情极为复杂。当初进京，他胸怀壮志，希望借助"南京解元"的头衔，乘胜追击，或许能像吴宽那样状元及第，凯歌高奏，万万没想到竟然会落得如此下场。

表面上看，礼部的判罚似乎还给唐伯虎、徐经留了一条生路，至少可脱掉士服，人前马后当个小吏，实则这是一条不归路，彻底扼杀了他俩的锦绣仕途。这等小吏，是被整个大明帝国的官僚体制压在最下层的，一旦上任就如同泥牛入海，很难咸鱼翻身。

"花开满树红，花落万枝空。"从今何处去？岂可舞东风。志存高远

---

[1].《美术生活》三十七期《吴中文献特辑》载吴宽《与履庵为唐寅乞情帖》。转录自杨继辉《唐寅年谱新编》，第44页。

的唐伯虎，宁为玉碎，也不愿如此毁掉自己的一生。唐伯虎和徐经两人似乎都没有犹豫，断然拒绝了礼部的安排。

直到十月末，唐伯虎才精疲力竭地回到苏州。他在《致周临朐》中说，"仆困顿风波"，"十月尽，仆还家矣"[1]。

回到苏州，人们听说他不肯去浙江任小吏，觉得可惜，纷纷前来安慰。有人还劝说，甭管大官小吏，蚂蚱终归也是肉啊，让他委屈一下，赶紧赴任。"子畏大笑，竟不行。"[2] 这再次显示出他的不羁和傲骨。

家庭是人生的堡垒，也是每一个人的避风港。唐伯虎回到苏州皋桥的家里，本以为在家人照顾之下，能够好生休养，恢复元气，再好好思考一下未来的人生安排。可是，唐伯虎往日不善理家，又挥霍成性，此时已是家徒四壁，困顿不堪。据唐伯虎自述：他身上的衣裳，破得都不敢扯一下；出门时穿的鞋子，也缺了一只，真是潦倒到了极点。

屋漏偏逢连夜雨，就在此时，他的后院也着火了："僮奴据案；夫妻反目；旧有狞狗，当户而噬。"就是说，不仅仆人不听使唤，连妻子也跟他吵闹不休，翻脸了。

唐伯虎的第二任妻子，其身世和见解颇不寻常。在明中期，妇女们遵循三从四德，须严格按照封建礼教的规矩生活，尤其在婚姻问题上，大多依照"在家从父，既嫁从夫""嫁鸡随鸡，嫁狗随狗"的原则终此一生。而唐伯虎的第二任妻子却真是一位罕见的女子，不仅敢于"夫妻反目"，而且还勇于离婚，净身出户——家里也实在是没有什么拎得走的财产。

---

[1]. 日本博文堂本《明贤尺牍》，见《唐寅集》，第 511 页。

[2]. 《怀星堂集》卷十七《唐子畏墓志并铭》。

唐伯虎传

唐伯虎在《和沈石田落花诗》中道：

> 六如偶送钱塘妾，八斗才逢洛水神。
> 多少好花空落尽，不曾遇着赏花人。[1]

这位"钱塘妾"，指的就是唐伯虎的第二任妻子。当然，写这首诗的时候，唐伯虎已离婚三年了，他的心境已趋平静。

刚回苏州时，家里的用人不消停，居然霸占了唐伯虎的书房；曾经追随他的人，如今也个个变了脸，像疯狗一样找上门来打闹不休……

唐伯虎当时被逼无奈，只得写下休书，与妻子离婚。从此一别，形同陌路。《吴郡二科志》载，唐伯虎"归无几，缘故去其妻"，家中只剩年轻的弟弟唐申一家子人了。

唐伯虎看着这个老实巴交的弟弟，"吾弟弱不任门户，傍无伯叔，衣食空绝"[2]，真是又急又无奈，只有悲痛满怀。

心力交瘁的唐伯虎为了安慰自己，写下了字字血泪的《百忍歌》：

> 百忍歌，百忍歌，人生不忍将奈何？
> 我今与汝歌百忍，汝当拍手笑呵呵！
> 朝也忍，暮也忍；耻也忍，辱也忍；
> 苦也忍，痛也忍；饥也忍，寒也忍；

---

[1].《六如居士全集》卷二《和沈石田落花诗》。

[2].《六如居士全集》卷五《与文徵明书》。

欺也忍，怒也忍；是也忍，非也忍；

方寸之间当自省。

道人何处未归来，痴云隔断须弥顶。

脚尖踢出一字关，万里西风吹月影；

天风冷冷山月白，分明照破无为镜。

心花散，性地稳，得到此时梦初醒。

君不见：

如来割身痛也忍，孔子绝粮饥也忍；

韩信胯下辱也忍，闵子单衣寒也忍；

师德唾面羞也忍，刘宽污衣怒也忍；

不疑诬金欺也忍，张公九世百般忍；

好也忍，歹也忍，都向心头自思忖。

囫囵吞却栗棘蓬，恁时方识真根本？[1]

在人生最为痛苦之际，唐伯虎想起了文林、文徵明父子。他与文家人虽然没有血缘关系，感情却胜似亲情。而此时，文林已经去温州上任，遥不可及，像兄弟一般的文徵明还在苏州，于是唐伯虎辗转反侧，披衣起床，秉烛给文徵明写了一封信，即著名的《与文徵明书》。

这篇《与文徵明书》，写得真是掏心掏肺，洒下的满纸辛酸泪，使得古今多少人都忍不住唏嘘哀叹：

---

[1].《唐寅集》，第29页。

唐伯虎传

寅白徵明君卿：

窃尝闻之，累吁可以当泣，痛言可以謦哀。故姜氏叹于室，而坚城为之隳堞；荆轲议于朝，而壮士为之征剑。良以情之所感，木石动容；而事之所激，生有不顾也。昔每论此，废书而叹；不意今者，事集于仆。哀哉哀哉！此亦命矣！俯首自分，死丧无日，括囊泣血，群于鸟兽。而吾卿犹以英雄期仆，忘其罪累，殷勤教督，罄竭怀素。缺然不报，是马迁之志，不达于任侯；少卿之心，不信于苏季也。

计仆少年，居身屠酤，鼓刀涤血。获奉吾卿周旋。頡頏婆娑，皆欲以功名命世。不幸多故，哀乱相寻；父母妻子，蹑踵而没；丧车屡驾，黄口啾啾。加仆之跌宕无羁，不问生产；何有何亡，付之谈笑。……

芜秽日识，门户衰废，柴车索带，遂及蓝缕。犹幸藉朋友之资，乡曲之誉，公卿吹嘘，援枯就生，起骨加肉，猥以微名，冒东南文士之上。方斯时也，荐绅交游，举手相庆，将谓仆滥文笔之纵横，执谈论之户辙。歧舌而赞，并口而称。墙高基下，遂为祸的。侧目在旁，而仆不知；从容晏笑，已在虎口。庭无繁桑，贝锦百匹；谗舌万丈，飞章交加。至于天子震赫，召捕诏狱，身贯三木，卒吏如虎，举头抢地，涕泗横集。而后昆山焚如，玉石皆毁；下流难处，众恶所归。缋丝成网罗，狼众乃食人，马牿切白玉，三言变慈母。海内遂以寅为不齿之士，握拳张胆，若赴仇敌。知与不知，毕指而唾，辱亦甚矣！……

嗟乎吾卿！仆幸同心于执事者，于兹十五年矣！锦带县髦，

第四章・会试舞弊案

迫于今日，沥胆濯肝，明何尝负朋友？幽何尝畏鬼神？兹所经由，惨毒万状。眉目改观，愧色满面。衣焦不可伸，履缺不可纳；僮奴据案；夫妻反目；旧有狞狗，当户而噬。反视室中，瓯瓿破缺；衣履之外，靡有长物。西风鸣枯，萧然羁客；嗟嗟咄咄，计无所出。将春掇桑椹，秋有橡实，余者不追，则寄口浮屠，日愿一餐，盖不谋其夕也。

……乃徒以区区研摩刻削之材，而欲周济世间，又遭不幸，原田无岁，祸与命期，抱毁负谤，罪大罚小，不胜其贺矣！……嗟哉吾卿！男子阖棺事始定，视吾舌存否也？仆素佚侠，不能及德，欲振谋策，操低昂，功且废矣。若不托笔札以自见，将何成哉？譬若蜉蝣，衣裳楚楚，身虽不久，为人所怜。仆一日得完首领，就柏下见先君子，使后世亦知有唐生者。岁月不久，人命飞霜，何能自戮尘中，屈身低眉，以窃衣食，使朋友谓仆何？使后世谓唐生何？素自轻富贵犹飞毛，今而若此，是不信于朋友也。……

此外无他谈，但吾弟弱不任门户，傍无伯叔，衣食空绝，必为流莩。仆素论交者，皆负节义。幸捐狗马余食，使不绝唐氏之祀。则区区之怀，安矣乐矣，尚复何哉！唯吾卿察之。[1]

在这封信里，唐伯虎进行了深刻反思。在考中解元之后，人们把他奉承为天之骄子，名流们争相与他交游，夸他文笔纵横，引领潮流。面对铺天盖地的恭维与吹捧，自己非但不能警觉，反而陶醉其间，忘乎所以。高

---

[1].《六如居士全集》卷五《与文徵明书》。

墙越来越高，但如地基不牢，必酿成后患。

至此，他终于醒悟，也才真正明白：文氏父子以往对他的深情厚爱，才是最为宝贵的财富。在唐伯虎的成长过程中，若举止放浪，必会被文林训斥；若遭遇灾难，文林又会好言相劝，细心抚慰。在生命的又一关键时刻，唐伯虎最需要的就是文林的关爱。而且，按文林的习性，见唐伯虎落魄至此，绝不会坐视不管。

可是，晚矣。文林已经去世了。

第四节　文林之死

文林于弘治十一年春启程去温州赴任，次年六月七日，就在温州任上谢世了，年仅五十五岁[1]。

文林好学，读医书，知天命，凡事也想得开。去世前，他身边只有继室吴氏和年幼的第三子文室在侧。文林去世之际，唐伯虎尚在北京，并不知情。

友人问他：知府大人，您还有什么遗言要交代？

---

[1]. 见《甫田集》附录，杨循吉撰《明故中顺大夫温州府知府文公墓志铭》："弘治丁巳冬十一月，上起南京太仆寺丞文公于家，以为温州府知府。……盖一年而政化茂行，竟用己未六月乙未卒于官，年五十有五。"

第四章·会试舞弊案

文林摇摇头，说："我男子死即死，再复何言。"

文林去世前，已有病危家书至苏州。文徵明连忙邀请了一位信得过的苏州郎中，同赴温州，急急抵达时已是六月十日，文林辞世已三日。

文林是公认的能臣，在温州勤政为民，有政声。温州人喜经商，民间矛盾频发，因此诉讼风气盛行，导致衙门积案如山，官员们疲于奔命，而且百姓对于官府的判决也未必心悦诚服。有鉴于中国本是一个以道德伦理为基础的社会，文林认为应该发挥家族长老和乡绅的作用，于是根据自己在永嘉县任知县的经验，推行乡约制度，要求温州府下属的各县树立道德规范，让民间自主订立"族范"条例，约束族人的行为。当时在江浙地区这个措施还比较少见，直到嘉万年间才成为地方官员普遍推广的施政措施。这样一来，温州府及各县诉讼案件的数量大幅下降，减少了民间冲突与司法负担。

文林去世后，温州士绅感其恩德，自发捐集了两千两银子，欲作为知府大人的安葬抚恤费用。文徵明赶到温州后，士绅们委托陈汝玉将这笔钱款交到了文徵明手上。当时的物价比较低，唐伯虎等人曾捐资为朱存理买驴，一头驴的价格约为五两银子，这笔钱可以买四百头驴，的确不菲。

为亡父声誉考虑，文徵明坚辞不受。他在《答陈汝玉书》中说："诸公怜其贫困不给，或有所周，其意良厚。而不肖（我）万一缘此以裕其家，则是以死者为利。不肖诚无状（我没有什么出息），亦何至利先人之死哉！《礼》：君子不家于丧，恶以死者为利也。"[1]君子，决不能以亲人之死图利。所谓升官、发财、死老婆"三喜"之说，只会在道德败坏的时代盛行。

---

[1]. 见罗振玉辑：《百爵斋藏历代名人法书》。

唐伯虎传

无奈之下，温州士绅们就用这笔钱，在当地修建了一座"却金亭"，以纪念这位英年早逝的好官。

七月，文徵明与继母吴氏、幼弟文室，扶棺回到了家乡苏州。

对一个家庭来说，营葬父亲是一件极其严肃而隆重的事情，文林又是一位进士出身的有声望的官员，情况就更加烦琐。为此，文徵明做了很多工作。他在撰写父亲的"行状"时，就遇到一个令他十分头疼的问题。

所谓"行状"，就是叙述逝者的家世背景、生卒年月、生平事迹等内容的文章，留作撰写墓志或供史官立传的依据，通常由熟悉逝者生平的亲人、门生、故吏或朋友撰述。行状可以有溢美之词，但不能胡编乱造，因为它不仅要给活人看，还要随墓志铭埋入地下，给另一个世界的死人看。古人相信人去世后，灵魂不灭。

文徵明拟好父亲的行状初稿，呈送自己的老师，也就是父亲的好友沈周审定。沈周想起一件事：文林任温州知府时，有位下属叫李恭，因为官不廉被文林鄙视，因此怀恨在心；待文林去世，李恭就给文林罗织所谓"挪用公款"的罪名，企图加以陷害；可是李恭不久也因病去世，死前还念叨着"文公文公"，民间传说这是李恭得到了报应。沈周希望把这件事也写进"行状"里，以证明恶有恶报。

文林的墓志铭，确定由他生前好友、进士杨循吉撰写。杨循吉在撰写《明故中顺大夫温州府知府文公墓志铭》时，就把关于李恭的这段故事写了进去。而应邀撰写墓志铭，主人家是要付费的，所写内容必须得到主人家的认可，方能刻石入土。文徵明研读了杨循吉撰写的这篇墓志铭，思考再三，最终还是决定将李恭这件事删去。文徵明认为：此事未必可信，而且父亲与李恭是老同事，如今两人都已离世，若在地府相见，一定不会愉快。

文徵明因此给杨循吉写了封长信，作了婉转说明。

杨循吉爱面子，又是个直肠子，还是出了名的坏脾气。为此他大为恼火，认为文徵明此举是瞧不起自己的文章，便退回了文家当初送去的礼物、钱财，以示决裂。

事实上，文徵明为人非常谦和。如果事关自己，他肯定不会与杨循吉发生龃龉，但这次不同，事关父亲，他无法退避。于是，文徵明邀请杨循吉的学生辈徐祯卿出面斡旋，并在致徐祯卿的信中赞颂杨循吉，"杨公一代名人，其文一出，人必传诵"[1]。徐祯卿不辱使命，终于平息了杨循吉的怒火，此事才得以周全。

杨循吉为人远不如吴宽厚道。在考中进士之前，他曾在吴宽家做过多年西席塾师，却没有学到吴宽宽厚待人的胸襟。吴宽也是文林的好友，又是朝廷大臣，文徵明理所当然要邀请他来为父亲撰写祭文，以光耀门楣。按理说，吴宽名重海内，又尚在北京任大官，作为晚辈的文徵明理应委派专人前往北京，以示恭敬。可文家此时实在是经济拮据，又乏仆人，于是给吴宽写了信，托人顺路呈上。吴宽不仅满足了文徵明所请，写了祭文《祭文温州文》和长诗《哀文宗儒》，以怀念昔日老友，还把文徵明按照惯例呈送的润笔费等悉数退回，不收分文。家乡故人闻知，无不感动。

弘治十二年十一月二十七日，文林棺椁下葬，苏州举行了大型的吊唁活动。在沈周的带领下，苏州文坛的许多人都参加了这一活动。

唐伯虎从京城诏狱获释归来，已是十月底，此时他深陷家庭内斗，不

---

[1].［英］柯律格：《雅债》。

唐伯虎传

久后又生了病。文徵明有诗说他"一榻秋风拥病眠"[1]，很是惦念。

唐伯虎闻文林下葬，忍住巨大悲痛，强撑病体，执门生之礼，前去祭拜文林。他在祭文开头写道："维弘治十二年十一月廿七日，学生唐寅谨以修脯，致奠于故温州太守文先生之灵。"

文林之死，唐伯虎真是悲莫大焉！来到灵堂之上，他再也无法抑制自己的满怀悲痛，捶胸顿足，"仰号再俯，不胜怅咽"。他在那篇祭文中悲痛地写道：

> 惟兮温州，番番令杰。
> 文为国纪，武振邦朅。
> ……
> 仰号再俯，不胜怅咽。
> 三泉有知，歆其芳洁。[2]

文林生前曾热衷于"数学"研究。这个"数学"，与今日之数学相去甚远，它虽然也包含了算术，但基本上是指阴阳五行、占卜历数之类的传统玄学。"温州公（文林）善数学，尝欲授公（文徵明）。公谢不能。（文林）乃曰：'汝既不能学，吾死，可焚之。'"[3]

孝子文徵明当然唯父命是从。他把父亲的这类藏书悉数烧掉，意思是

---

[1].《甫田集》（四卷本）卷一《夜坐闻雨，有怀子畏，次韵奉简》。

[2].《文温州集》卷十二《唐子畏祭文》。

[3]. [明] 文嘉：《先君行略》。

让先父带去阴间使用。

第五节　幻灭中的远游

文林葬于苏州吴县梅湾凤翔冈。

安葬文林之后，唐伯虎和文徵明各自在家养病。

是年十二月十六日，祝允明、钱同爱、朱良育、张钦、沈邠、邢参等朋友来唐伯虎家看望他，顺便一起商量一件事，就是如何帮助大家的好友朱存理买一头驴子。

朱存理是位老学究，一生不仕，以读书、抄书、藏书为乐。可是，买驴与读书有什么关系？

原来，朱存理曾有一匹马，非常爱惜，常常骑着它出门访客。别人家有事来借马，他都慷慨借与。可惜的是，这匹任劳任怨的老马寿终正寝了。这一年，朱存理已经五十六岁，家中破落，举步维艰，成了典型的"白首穷儒"。眼下又是严冬，天寒地滑，朱存理生活很不方便。好友们看不过去，决定集资为他买一头驴，以方便他出行。

一头驴，价格在白银五两左右。众筹买驴的活动，共有7位好友参加。唐伯虎家也落魄得快要揭不开锅，他自述自己还曾想去庙里吃施舍，实在是拿不出现钱，因此思来想去，拿出家中珍藏的旧刻《岁时集》全套十册，

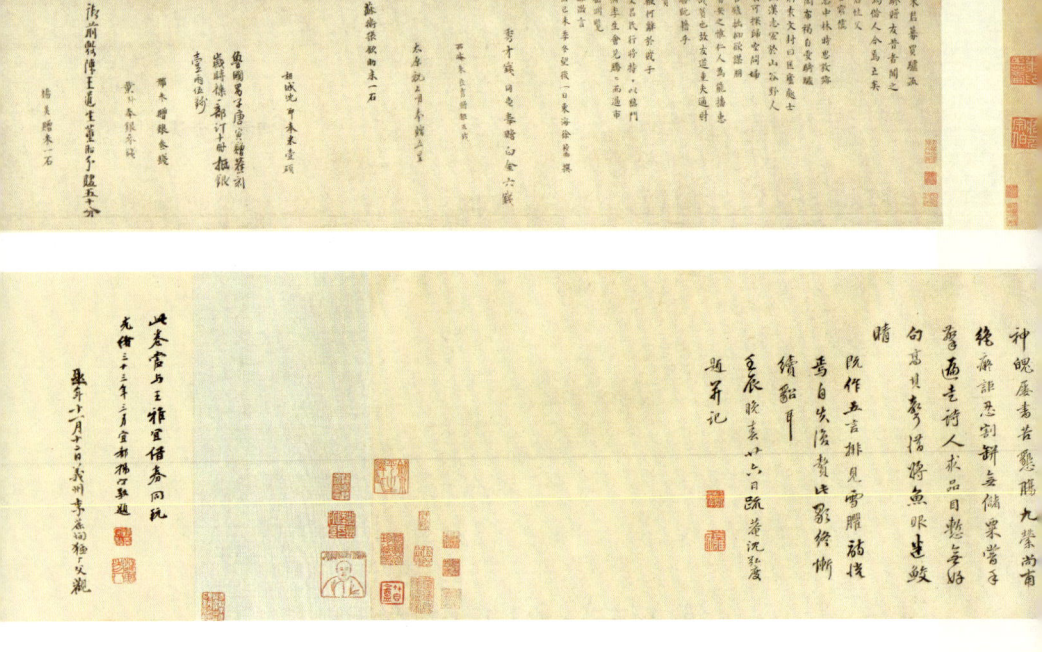

作价一两五钱，请人卖掉，凑上了自己的份子钱。在这些朋友中，唐伯虎出资最多。

徐祯卿听说了这件事，深受感动，为此撰写了《为朱君募买驴疏》。唐伯虎的小师弟仇英后来听说了这件事，于是创作了《募驴图》。好事者将两者合璧，装裱成了一个手卷。这个手卷后来为清代收藏家陆心源所得，他在书中记录道："《为朱君募买驴疏》：'税骖赠友，昔者闻之；有马借人，今焉亡矣。朱君性父，白首穷儒……弘治己未季冬望后一日，东海徐祯卿撰。'秀才钱同爱奉赠白金六钱，西崦朱良育赠银五钱，太原祝允明奉赠五星，苏卫张钦助米一石，相城沈邠奉米一硕，鲁国男子唐寅赠旧刻《岁时集》一部，计十册，抵银一两五钱，邢参赠银叁钱……"[1]

仇英这幅《募驴图》，使用了中国传统绘画中的白描手法，即用墨笔单线勾勒。这一技法可溯源至东晋大家顾恺之，发展至北宋李公麟时期已经登峰造极，臻于完美。后人采用白描技法，也称之为李公麟法。画面上一头驴由右侧被牵来，似乎很不情愿往前走，正俯首抬眼望着牵驴人；牵

---

[1]. [清]陆心源纂辑：《穰梨馆过眼录》卷一九《仇十洲募驴图卷》。

高風逸韻

◆ 明 仇英等 《仇十洲募驴图卷》，现藏美国弗利尔美术馆

驴者抿唇切齿，使劲牵着绳索想把驴往左侧牵引，送给它的新主人；左侧的那位正是"白首穷儒"朱存理。

原本乐观开朗的唐伯虎，因会试中的无端祸患而乐极生悲。他无意间跌入了官场虎口，弄得自己伤痕累累，身心俱惫。面对接踵而来的一系列重击，他实在无力招架，自此久病不愈。

病中的唐伯虎自觉已至穷途末路，开始对生活丧失信心。可是，他又不甘

唐伯虎传

心,于是到佛教中寻求解脱,期望借助佛教的力量拯救自己,摆脱困境,重获新生。他见《金刚般若波罗蜜经》有言:"一切有为法,如梦幻泡影,如露亦如电,应作如是观。"忽然明心见性,顿时开悟,遂自号"六如居士"。他还自刻印章一方,曰"逃禅仙吏"。祝允明说,唐伯虎取法佛经,是在会试罹祸之后[1]。此后,挚友文徵明在他的诗篇中也直接称呼唐伯虎为"唐居士"。

关于唐伯虎自号"六如"的来由,王鏊另有解释。他曾赞曰:"请问六如,六如何居?书如伯喈(蔡邕)、文如相如(司马相如)、诗如摩诘(王维)、画如僧繇(张僧繇)、气如湖海之豪、貌如山泽之癯。"[2]但王鏊的解释,是他对唐伯虎才华、风貌的赞扬,并非唐伯虎本人的态度。

还有一说,"苏门公啸有六如:一如深溪虎,一如大海龙,一如高柳蝉,一如坐峡猿,一如华丘鹤,一如潇湘雁"[3]。苏门公啸是个典故,出自《晋书·阮籍传》,比喻高士的情趣,与此时唐伯虎的精神状态相去甚远,再从唐伯虎此时的遭遇来看,"六如"源自《金刚般若波罗蜜经》这个说法,更为可信。

的确,弘治十二年对唐伯虎来说是极其不平凡的一年,这一年他的人生跌宕起伏,由辉煌的顶峰倏忽跌进了悲惨的谷底。

唐伯虎自小接受传统的儒家教育,坚信唯有科举之路才是正确的人生大道。如今,科举之门已经对他彻底关闭了。

如此看来,他的人生算是彻底毁灭了。

---

[1]. 祝允明《唐子畏墓志并铭》载:"子畏罹祸后,归好佛氏,自号六如,取四句偈旨。"

[2]. 《吴越所见书画录》卷五《明诸贤题唐六如像册》。

[3]. 《涌幢小品》卷十四《两六如》。

挚友文徵明也因丧父之痛和操劳过度，卧床养病，但他依然关心着唐伯虎。可自己此时也是心有余而力不足，只得写诗替唐伯虎哀叹：

> 皋桥南畔唐居士，一榻秋风拥病眠。
> 用世已销横槊气，谋身未办买山钱。
> 镜中顾影鸾空舞，枥下长鸣骥自怜。
> 正是忆君无奈冷，萧然寒雨落窗前。[1]

要想摆脱困境，重启人生新途，还需要一个过程，需要花费时间来思考和谋划。"是非颠倒人间事，问我如何总不知"，唐伯虎没有找到答案，于是他准备给自己的心灵放宽一些尺度，决定用脚步去丈量天地，自此产生了远游的想法。董其昌说"读万卷书，行万里路"是人生圆满的标准，不过董其昌晚说了几十年，唐伯虎当时也没有来得及总结。不过没关系，他即将践行这一圆满人生的标准。

唐伯虎在自书《行书琴棋七律页》中，把自己的科举业比作邯郸一梦，决心将之抛弃，"醉翻白眼看青天"，他决定寻找自己的"诞日"，以使自己重生。这首诗已经表现出他大无畏的精神气概：

> 琴棋局里地行仙，坐阅乾坤七十年。
> 爱月长铺窗下榻，看花自带杖头钱。
> 功名梦幻邯郸枕，书画资装舴艋船。

---

[1].《甫田集》卷一《夜坐闻雨，有怀子畏，次韵奉简》。

唐伯虎传

> 诞日一尊称万寿,醉翻白眼看青天。[1]

在众多好友里,文徵明最是知己。唐伯虎致信文徵明,说自己要"使后世亦知有唐生者"[2],意在告诉对方,自己会重新振作起来,让文徵明放心。

唐伯虎去远游,还有个心结,就是放心不下弟弟唐申一家。唐申老实又愚笨,没有谋生的本事,而且他已经结婚,长子唐长民已经四岁。唐伯虎甚至担心他们一家人会饿死。

无奈之下,唐伯虎只得拜托文徵明予以关照。他在《与文徵明书》中说:"吾弟弱不任门户,傍无伯叔,衣食空绝,必为流莩。""流莩"就是在流浪中饿死的人。唐伯虎与文徵明情同手足,他相信朴实厚道的文徵明,绝不会在自己远游期间,让唐申一家面临生计之忧。

唐伯虎因为病愈不久,临行前面容消瘦,脸色黝黑,像个托钵修行的僧人。于是他梳理头发,以显得精神饱满一些。可文徵明仍旧认为,他还是像个和尚,并以"除却梳头即是僧"[3]这句悲凉又温暖的话调侃他。

弘治十四年(1501年)秋,唐伯虎收拾好行装,雇了条小船,开始远游。祝允明说他"翩翩远游,扁舟独迈祝融、匡庐、天台、武夷,观海东南,浮洞庭、彭蠡"[4]。

唐伯虎的云游路线没有被完整地记录下来,后人从他的诗文、遗迹中

---

[1]. 见《唐寅书画全集·书法卷》,第93页。

[2]. [明]唐寅:《与文徵明书》。

[3]. 周道振辑校:《文徵明集补辑》卷十《月下独坐有怀伯虎》。

[4]. [明]祝允明:《唐子畏墓志并铭》。

◆ 明 唐寅 《行书诗扇页》，现藏天津博物馆

发现他离开苏州后，先是乘船抵达镇江，游焦山、金山，然后过长江至扬州，游览瘦西湖、平山堂等名胜古迹，又沿着长江去了芜湖、九江，到达庐山后，又在鄱阳湖泛舟，接着深入湖南，乘舟去了洞庭湖，游历衡山，而后前往福建的武夷山，还去了浙江的雁荡山、天台山，至杭州后，又去游览了徽州的黄山和九华山等地。所经之地包括了赣、湘、闽、浙、皖诸省。

唐伯虎游至湖南，登临岳阳楼，凭栏眺望，写下孟浩然的名句"气蒸云梦泽，波撼岳阳城"。[1]

路过福建宁德，唐伯虎落脚在一家旅店。酒至半酣，看到墙壁上悬挂着一幅《画菊》，他顿时寄情于菊花，挥墨题壁："黄花无主为谁容，冷落疏篱曲径中。尽把金钱买脂粉，一生颜色付西风。"[2]他把自己喻作黄花

---

[1]. [清]陶梁：《红豆树馆书画记》卷六《唐子畏岳阳楼阁》云，唐寅录"气蒸云梦泽，波撼岳阳城"于上。

[2]. 明代阚庄《驹阴冗记》之《画菊诗》云："姑苏唐子畏寅，尝过闽宁德，宿旅邸。馆人悬画菊，子畏愀然有感，题绝句云……盖自况云。"

唐 伯 虎 传

无主的风尘女子，倾尽了所有努力，依旧无法改变自己的命运。内心之悲凉，可见一斑。

到了富春江边，他徘徊在严子陵钓台。唐伯虎"想子陵之风，慷慨悲歌，徘徊者久之"[1]。

弘治十五年四月二十四日，这时已是唐伯虎出门远游的第二年，他来到淮口，意外地邂逅了好友杨立升。一路风尘的唐伯虎，他乡遇故知，自然是特别高兴。

杨立升已在船上摆席，准备好好为唐伯虎洗尘。

仆人解开缆绳，一叶轻舟随微风漂荡。此时已是黄昏，天幕上霞光万道，好似替小船架设了一道天然的丹青屏景。人在画中游，思绪开始穿越时空，如同仙人一般。

杨立升是饱学之士，通音律，尤其擅长吹奏洞箫。他那低沉悠扬的乐曲，如泣如诉，令人浮想联翩；唐伯虎环顾四周水景，犹如赤壁夜游，百感交集。此情此景，不仅让他联想起战火硝烟中的赤壁古战场，更让他想起怀才不遇的苏东坡。于是两人振衣端坐，相互礼拜，"对舟剧饮"。

欢宴一宿，至次日两人才相对作揖，依依惜别。分手前，唐伯虎送给好友一幅画，名为《赠杨立升》[2]，以为临别纪念。

随后，他再度去了福建仙游的九鲤湖。

这里需要特别说一下，唐伯虎前后两次踏访九鲤湖。第一次是在弘治

---

[1]. 见袁袠《唐伯虎集序》。

[2]. [清]金瑗辑：《十百斋书画录》癸卷《唐寅赠杨立升》载："壬戌四月廿四日，舟泊淮口，故人杨立升对舟剧饮。杨善洞箫，乌乌如赤壁夜游，顿首凭灵御风之想。次日言别，为作此图赠之。晋昌唐寅。"

◆ 明 唐寅 《秋山行旅》扇面，现藏台北故宫博物院

九年，那时他还未参加乡试，家里接连四位亲人逝去，他专程跑到九鲤湖，并且祈梦成功：仙人在梦中送他墨一担，龙剂千金。这次是他第二次祈梦。

此次祈梦，唐伯虎再获成功。仙人在梦中开示"中吕"二字。

这"中吕"二字，到底是什么意思？唐伯虎并不理解，回到苏州后，他向恩师王鏊请教。王鏊回忆说，唐伯虎"归以问余曰：'何谓也？'余亦莫知所指"[1]。王鏊是凡人，需要吃饭穿衣，怎么能知道不食人间烟火的仙人的心思呢？便回答说，真的不知道。

弘治十五年九月，已经出门游历了一年多的唐伯虎，并未从精神幻灭之中挣扎出来，所以他还想继续远游，无奈旧病复发，体力不支，只得中断行程，悻悻回家，继续静心养病。祝允明说唐伯虎"暂归，将复踏四方，

---

[1]. [明]王鏊：《震泽长语》卷下。

得疾久，少愈，稍治旧绪"[1]。

回到苏州，他听到了一个好消息：小兄弟徐祯卿于去年八月参加了南京乡试，考上了举人。

对唐伯虎而言，这到底算不算是个好消息呢？他很难说得清。毕竟从自己的经历中可鉴，人生道路越是顺遂，越是危机四伏。你爬得越高，稍有不慎，将会摔得越惨。

---

[1].《怀星堂集》卷十七《唐子畏墓志并铭》。

第五章 书画供养

唐伯虎传

第一节　生命的新觉悟

　　唐伯虎中止远游的原因，是身体有恙，确切地说应该是胃病，属于慢性病。文徵明说他"若非纵酒应成病"，指的就是他因长期纵酒无度而导致身体受损。慢性胃病，适宜中医慢调，好在苏州不乏名医故旧。

　　壮怀激烈的读书人，一旦失去生活信念与理想，也就失去了精神支撑，自然要进行一番生与死的思考。唐伯虎因此大病一场。他在痛苦中左思右想，反复探究生命真谛：死去，固然简单；可是活着，生命又该怎样继续？这是最为严峻的问题。

　　相比之下，文徵明既不像唐伯虎那样精力充沛、精神激荡，也不会如他那么脆弱易折。文徵明对变化无常的生活，始终抱定自己的信念，总是埋头做事，不肯浪费时间。还记得为朱存理凑钱买驴的朱良育[1]吗？他是文徵明的朋友，也是一介书生。朱良育认识到富贵不能持久，荣誉不能避灾，为此整天愁眉苦脸，就去向文徵明请教："夫禄不能代养，荣不能庇身，时逝日暮，将愁厄之不胜。子其计之。"文徵明答道："否，否。命不可枉，

---

[1]. 民国本《吴县志》卷七十载："朱良育，字叔英……子鸿渐，既登第，良育方贡入都，不受官，归。"说明他一辈子都未能当官。

◆ 明 唐寅 《纸窗寒月》扇面，现藏台北故宫博物院

时不可忽。人生实难，不勤何获?!"[1]文徵明认为，时间如流水，若不充分利用，只会白白浪费；人生多磨难，唯有身体力行去战胜空虚的精神，生活才有意义。他总是用这种积极向上的思想，去影响自己身边的友人。

能够拥有文徵明这样的好友，可谓三生有幸。文徵明虚怀若谷，且有副好脾气，对唐伯虎始终真诚无私，关怀备至，堪称挚友的典范。尽管此时文徵明也在饱受丧父之痛与伤病的折磨，可他仍然给予唐伯虎温暖和力量。在唐伯虎出门远游一个月的时候，文徵明就写下了《月下独坐有怀伯虎》：

经月思君会未能，空床想见拥青绫。
若非纵酒应成病，除却梳头即是僧。
友道如斯谁汝念，才名自古得人憎。

[1].《新倩籍·文壁小传》。

唐伯虎传

> 夜斋对月无由共，欲赋幽怀思不胜。[1]

文徵明不仅在诗中惦念唐伯虎的身体，还说"友道如斯谁汝念，才名自古得人憎"，指的应是某些熟人在背后说唐伯虎的风凉话：远游壮举，耗时费钱，而唐家已是破落户，身为长子的唐伯虎，非但没能挑起家庭重担，反而撂下挑子，独自潇洒，去游山玩水。文徵明或许是借别人的风凉话，有意刺激一下唐伯虎，劝他认真对待今后的生活。

龙游浅滩遭虾戏，虎落平阳为犬欺。唐伯虎自然也会听到这些闲言碎语，但是，自从经历痛失亲人、诏狱折磨、夫妻反目等大灾大难之后，吃尽苦头的他已透悟了人生，懂得了生活本是属于自己，与他人无关的道理，因此他完全不理会这些用眼睛打量别人的长舌怪，只把他们的话当作耳旁风。

唐伯虎"倦游归里，得疾。少愈，治理旧业"[2]。他终于要直面自己眼下的困境，开始着手解决自己和弟弟一家的生计问题，并谋划自己的未来。

唐伯虎的书法作品《行书龙头诗轴》，记录的正是会试舞弊案后的自己的状况，而最后一联"镜里自看成大笑，一番傀儡下场人"，则是表明自己要与过去的经历告别，开始新生活。

> 龙头独对五千文，鼠迹今眠半榻尘。
> 万点落花都是恨，满杯明月即忘贫。
> 香烟不起维摩病，樱笋消除谷雨春。

---

[1]. 见周道振、张月尊：《文徵明年谱》，第151页。

[2]. 《文徵明年谱》，第151页。

> 镜里自看成大笑，一番傀儡下场人。
>
> 漫兴一律。晋昌唐寅书。[1]

唐伯虎面临的生活困境并不简单。他的困境也是所有读书人的困境，在教育环境最好、人才最为拥挤的苏州府地区，情况最为严重。

文徵明曾说："略以吾苏（苏州）一郡八州县言之，大约千有五百人。合三年所贡，不及二十，乡试所举，不及三十。以千有五百人之众，历三年之久，合科贡两途，而所拔才五十人……及今人材众多，宽额举之而不足，而又隘焉，几何而不至于沉滞也？故有食廪三十年不得充贡，增附二十年不得补升者，其人岂皆庸劣驽下、不堪教养者哉？顾使白首青衫，羁穷潦倒，退无营业，进靡阶梯，老死牖下，志业两负，岂不诚可痛念哉！"[2]也就是说，苏州府想要通过参加科举寻找人生出路的秀才，常年保持在一千五百人左右，虽然老秀才不停地死去，但新生也不停地进来，大致保持着相对稳定的人数。每三年成功晋级为举人、贡士或进士的人数，三者总共不足五十人。有幸考中举人、进士，就可以去当官领俸禄，因而得以养家糊口，乃至升官发达，成为吴宽、王鏊、文林、吴愈这样的新显贵胄。而剩余的人则默默无闻，一辈子过着"白首青衫，羁穷潦倒，退无营业，进靡阶梯，老死牖下，志业两负"的悲惨日子。

唐伯虎虽是"南京解元"，成为举人，但是他的科举之路已经废止，因而他又退回到这剩余者的队伍里，确切地说，他还不如这些人——他连

---

[1]. 《唐寅书画全集·书法卷》，第230页。

[2]. 《甫田集》卷二十五《三学上陆冢宰书》。

继续考试的资格都被取消了,彻底没有了当官的希望。文徵明评价唐伯虎时说得痛快:"唐君继起高科,寻即败去!"[1]

像唐伯虎这样的书生"退无营业",不会种地,不会经商,一辈子只会读书,注定要"白首青衫""志业两负",在穷困潦倒中慢慢老死家里,前景极其可悲。唐伯虎的确有过"白首穷儒"的思想准备,想逃避到深山里了此残生。他自述"我欲相随卜居去,此身一脱市尘红"[2]。不过,这只是他一时的沮丧心理。

接下来该怎么办呢?

人是铁,饭是钢,一顿不吃饿得慌。为了寻找生活出路,祝允明说唐伯虎此时开始"治理旧业"。可这"旧业"又是指什么呢?

我们来梳理一下,他最有可能选择的出路有哪几条。

一是恢复唐家的饭店生意。照理说,哥哥唐伯虎去读书治学,弟弟唐申应该经营家族饭店,以供生活之资。但事实是,已过而立之年的唐申,眼见哥哥已混得近乎衣不蔽体,却依然不能自力更生,还在仰仗着唐伯虎生活,这足显其无能,所以指望唐申来经营饭店,即使恢复营业,也难以维持。

二是治学。许多弃仕的读书人告别科举之后,皆归入山林,追求自由自在的学者生活。历史上称他们为隐逸之士,虽然贫困,却饱学终身,也

---

[1].《荆溪外纪》卷十五,文徵明《大川遗稿序》。

[2].[明]唐寅:《山居图》题跋,见《唐寅集》,第394页。

◆ 明 唐寅 《山居图》（局部），现藏台北故宫博物院

可以赢得社会尊敬。唐伯虎的确有过这方面的打算。

祝允明指出,唐伯虎倦游归来,没有辜负自身才华,欲施展自己的抱负:"其学务穷研造化,元蕴象数,寻究律历,求扬马、元虚、邵氏声音之理,而赞订之。旁及风乌壬遁太乙,出入天人之间,将为一家学。"[1]他要研究的学问,在今人看来很难理解,原因在于我们与那个时代有着两个不同的认知体系。他从玄学角度去探究自然规律,事理深奥,涉及道教、风水堪舆、音韵以及卜巫学等传统文化范畴。我们接受的教育知识体系,则是以实证论为前提的现代科学,两者不在一个频道。唐伯虎研究的"律历",是指乐律和历法,而在明代,研究历法等学问是极危险之事。明朝规定,学子们不得学习天文、历算等实学知识,"习历者遣戍,造历者诛死"[2]。由此可见,他的治学,已经彻底摆脱了科举、儒教所主张的学问。不过最终,唐伯虎也没有搞出什么名堂来。

三是诗文。唐伯虎的诗文,确实拥趸无数,但在专业人士里面,并没有得到一致叫好。他早年下了很大功夫学习梁朝萧统的《昭明文选》。《昭明文选》选录先秦至梁的诗文辞赋,特点是惯于用典,讲究排比,辞藻华美,可是已经过时。比如当初御史方志就十分反感这类诗文。明代的袁袠曾说:"唐寅会试归来之后,佳作不多。"[3]唐伯虎自己也称"后世知我不在此"。的确,接受请托撰写墓志铭之类的文章,可以换回一些礼品和钱财。比如

---

[1].《怀星堂集》卷十七《唐子畏墓志并铭》。

[2]. 孙炜:《董其昌传》,广西师范大学出版社,2020年,第34页。

[3]. 江兆申:《从唐寅的际遇来看他的诗书画》,载《故宫学术季刊》第三卷第一期,1985年。

他的朋友桑悦，从来都是以文换钱，不白写一个字。但死人的事不会每天发生，况且这些微薄的收入，也不够维持唐家的生活开支。

或许，他还可以像杨循吉、都穆、华昶等人在考取进士之前那样，去乡绅家做西席，也就是做私塾先生，教授富家子弟。但热爱自由生活的唐伯虎随心所欲惯了，岂肯受制于人！

四是以书画立身，成为职业书画家。相比之下，这是最适合他并可以维生的手段。因为在此时，艺术品市场已经初具规模，书画作品具备了商品属性，而热衷艺术收藏的人群正在不断壮大。

明确人生处境，是走出人生困境的前提。《史记》载："论至德者不和于俗，成大功者不谋于众。"唐伯虎无法依靠科举求得入仕为官的机会，也就没有养家糊口的俸禄。他只能凭借丹青妙笔在世俗社会（市场）里谋生，先填饱肚子，再考虑描摹自己的未来。

人类天生害怕遭遇厄运。可是在厄运面前，把失去幸福与失掉希望相比，显然是后者的恐怖甚于前者。从这一点上讲，唐伯虎是勇敢的。他的勇气，值得敬佩。他不仅敢于承认失败，敢于面对悲苦的现实，更有勇气去拯救自己，勇于为自己的重生而拼搏。

或许是唐伯虎乐观的天性帮助他战胜了困厄，或许是他从佛教中获取了精神力量，赢回了自信，至此，唐伯虎重新找到了生活的动力和方向。

唐伯虎作《自赞》一偈：

> 我问你是谁？你原来是我；
> 我本不认你，你却要认我。
> 噫！

唐伯虎传

> 我少不得你，你却少得我；
> 你我百年后，有你没了我。[1]

这首偈是他对生命的新觉悟。倘若唐伯虎没有经历此前的大苦难，他就无法深刻体会生命的真谛，促使自己猛醒。而最后一句"你我百年后，有你没了我"，直驱菩提境界，显示其要换一种活法，去追求超越生命极限的理想，实现自我价值。

此时的唐伯虎看似悟透了生命的本质，心里却对如何超越现实的生活樊篱，怎样在当下的艺术创作和书画市场中重新安排自己的生活，怎样去追寻自己的未来理想，一点儿底也没有。不过这不要紧，因为他已经跨越了一道至关重要的门槛，即承认了科举失败的现实，发誓要重振人生，这就获得了生命重生的信念。

这是一次关于人生战略决策的胜利。

世无绝人之路，身处绝境的唐伯虎欣逢"弘治中兴"的历史时期。此阶段政治开明，社会稳定，经济发展开始提速，民间生活相对富裕，加之文化事业蓬勃发展，无疑为唐伯虎提供了一条适合他自己发展的现实之路。谚曰："力田不如逢年，善仕不如遇合。"就是说，农民再辛苦，不如遇到个好年份；而当个体生逢其时，时代力量就是改造人生命运的最好助力。

翁万戈说唐伯虎"是一位绝顶聪明的文人艺术家……他被迫放弃'正道'，而走入'左道旁门'。但这是大起大落后的反应。不久他就回到文学、

---

[1].《唐寅集》，第 272 页。

◆ 明 唐寅 《松冈图》，私人收藏

美术的园地，尽量发挥他的天才和功力"[1]。

  站在更高的历史维度来看，弘治后期，春风拂绿般的书画艺术品市场已经从萌芽状态彻底苏醒，呈现出勃勃生机。而以沈周为先导，文徵明、唐伯虎为代表的苏州书画新生代正在成为中坚力量，并开始以"吴门画派"的风姿崛起。

  大约就是在这一时期，唐伯虎认识了南京国子监太学生杨进卿，并为他绘制了《松冈图》，落款为"松冈图。唐寅为杨君作"。钤印也仅见"唐伯虎""唐居士"两方。文徵明在引首上题写了"松冈"两个大字，落款为"文壁为进卿太学书"。

  杨进卿的别号是"松冈"。他的祖籍在苏州，祖辈大约在明初迁去了南京，可是他家祖坟还在苏州，而且在苏州齐女门（即齐门）之北还有田产和别业，所以他时常回苏州祭祖或是访亲，与苏州文化圈也相熟。祝允明、都穆、文徵明、唐伯虎等都是他的朋友。他的南京好友顾璘曾写过《送杨进卿入吴二首》，云："茅堂寄在石湖西，麦垄桑田咫尺迷。爱尔通家好倾倒，放舟频过越来溪。"这是描绘他家在苏州的产业。

  唐伯虎为杨进卿绘制的《松冈图》后与诸多题跋合璧成卷，被命名为《明

---

[1].《美国顾洛阜藏中国历代书画名迹精选》，第214页。

◆ 宋 李唐 《万壑松风图》，现藏台北故宫博物院

唐子畏松冈图卷》[1]，该画是其早年的作品，笔力尚稚嫩。对照李唐《万壑松风图》，可发现唐伯虎此时的岩石与松树画法，明显受到了李唐影响。卷后还有祝允明、王宠、谢承举、汤珍等友人的题诗。从时间上看，王宠、谢承举、汤珍的和诗，属于后配。

---

[1]. 北京保利拍卖 2022 年秋季艺术品拍卖会有拍品《明唐子畏松冈图卷》。此画卷经清梁清标、叶梦龙、韩荣光、蒋超伯，以及近代吴华源、朱靖侯等递藏。当代张葱玉（张珩）断为"早岁笔"，尤见眼力不俗。

杨进卿科业不顺，始终未能通过乡试，后来就改业去经商了。唐伯虎、文徵明等人与他保持了一生的友谊。正德十二年（1517年），他们还曾在文徵明家举办过雅集，文徵明当场为杨进卿画了《飞鸿雪迹图》，那时他们都已年过半百了。这是后话。

第二节　职业书画家的开始

艺术品市场的兴起，必须具备三个条件：一是社会经济快速发展，民间财富迅速增加，人们具有了一定的消费能力；二是社会上层的带动；三是艺术品具备了货币价值，并开始在民间进行交易。三者互为因果，缺一不可。此时时代条件已大致具备。

我们先来考察一下时代背景，看看弘治皇帝朱祐樘在位18年（1487—1505年），是怎样有效治理国家，赢得"弘治中兴"的大好局面的。

所谓"弘治中兴"，是指朱祐樘继位之后，扭转了前朝奸佞当道的政治局面，"更新庶政，言路大开"[1]，众多能臣君子涌现，使得君臣关系融洽，出现了政治相对清明、经济蓬勃发展、社会安定富足的时代景象。

从国家层面看，朝廷实施了农业"实征制度"、盐业由"开中法"改

---

[1].《明史》卷一百八十载："当是时，帝更新庶政，言路大开。新进者争欲以功名自见。"

为"纳银"等税赋制度的改革，有效抑制了各级官员的腐败，民众踊跃为国家交税，出现了明中叶国家税收的最高峰。仅盐法改革一项，收益就使弘治年间年均财政收入达到永乐年间的 8 倍。农业社会是否可持续发展，有一个重要指标，就是看人口是否能稳定增长。从弘治元年至弘治十七年（1504 年），全国人户由 9 113 630 户增至 10 508 935 户，人口数则由 50 207 934 口增至 60 105 835 口[1]，增长了约 20%。

更为重要的是，社会经济和农业科技获得了重大进步，尤其在农业、纺织业和手工业方面发展迅猛。以农业为例，当时苏州府吴江县粳和糯的品种多达 107 种，其中粳 70 种，糯 37 种[2]。全国各地的粮食作物品种，如豆和麦的品种也很丰富。而且，正是在这一时期，美洲的玉米、甘薯（红薯）等新作物开始被引进种植，这使得农业粮食产量大幅提升。

在纺织业方面，以江南为中心的纺织业生产规模达到了前所未见的程度。在苏州府、松江府，以及与之相邻的嘉兴、湖州等地，常见"机杼声札札相闻，日出锦帛千计"[3]的繁忙生产场景。

除此之外，普惠至千家万户的苏州手工业也很繁盛。例如苏州出产的刺绣、裱褙、窑作、铜作、漆作、酒品、织席、藤枕、纱帽胎、兔毫笔、玉雕、食品等[4]，都是地方特产，制造精良，常以"苏州工"命名，享誉四方，热销全国各地乃至海外。

---

[1]. 见白寿彝总主编：《中国通史》，上海人民出版社，2004 年。

[2]. 见南炳文、汤纲：《明史》（上），上海人民出版社，2021 年，第 498 页。

[3]. 同上，第 509 页。

[4]. 参见《明代城市研究》。

国家财政丰裕的同时，人民生活得以改善，社会出现了繁荣景象。作为江南大都市之一的苏州，人口已有百万之众，可与杭州并驾齐驱，甚至比杭州更加富裕。唐伯虎有诗句"吴郡繁华天下胜。衣食肉帛百万户"。以苏州一个名叫盛泽镇的地方为例，冯梦龙说，这镇上都是温饱之家，织下细匹，必积至十来匹，最少也有五六匹方才上市。那大户人家积得多的，便不上市，都是牙行引客商上门来买[1]。冯梦龙说的这个"牙行"，就是商业中间人的行会组织。

在欣欣向荣的大都市里，有着古老传统、时隐时现的艺术品收藏市场，至此活力焕发，迎来了一个充满蓬勃生机的新时期。

弘治皇帝之父宣宗朱瞻基就是一位艺术家，擅长绘画。他经常将御制书画作为奖励赐给臣下。弘治皇帝本人也十分喜爱艺术，擅长绘画与抚琴，而且善待艺术家。有一次，弘治皇帝要赏赐画师吴伟几匹彩缎，又怕大臣们知道后没完没了地谏议，就对吴伟说："急持去，毋使酸子知道！"意思是说，赶紧拿走，别让那些酸腐的官员知道。

艺术品收藏市场的核心人物，显然是那些具备深厚文化修养的文人。他们通过鉴赏历代名画，创作书画作品，来展现自己的才华，结识同好，增进友谊，这就自然而然地需要一个平台。为了顺应收藏和交流的民间需要，苏州城里流行起文人结社的风尚。文士们时常雅聚，在一起谈诗论画，观摩彼此的藏品。弘治十三年三月十六日，张灵为唐伯虎绘制了一幅《荷池消夏图》，题跋曰："庚申春三月既望，画与子畏社长，吴郡张灵。"[2]

---

[1].［明］冯梦龙纂辑：《醒世恒言》卷一八《施润泽滩阙遇友》。

[2].《艺林月刊》八十四期刊张灵《荷池消夏图》。

唐伯虎传

这说明，唐伯虎在文社中是个非常活跃的分子，被人们推举为社长。

兴起于元末明初的江南文社，对艺术品市场的发展起着十分重要的推动作用。加入文社的文人，大多是家庭富裕的官宦子弟，对诗、书、画有着浓厚的兴趣。而市场里最活跃的力量则是那些无缘科举、投身商界的商贾和古玩收藏家，他们也都具备一定的文化修养，附庸风雅，追逐着文化名人，通过襄助艺术来炫耀自己的艺术品位和财富。这几股力量汇集起来，为艺术家们提供了丰裕的生活空间。

唐伯虎就是在这种时代背景之下，寻找到一个崭新的生活舞台，担负起全新的角色，成为职业书画家的。他自此便通过展现自己的诗、书、画才华，鬻书卖画来养家糊口。

在唐伯虎重新寻找到生活目标之前，老师沈周、挚友文徵明，实际上早已在鬻书卖画，而且在艺术品市场上声誉日隆，经济收益颇为可观。比如正德三年，文徵明写《题画寄道复戏需润笔》，抱怨弟子陈淳（字道复）索画太勤，调侃说要收取润笔费。作为写诗作画的报酬，润笔费早就是笔墨交易的规矩之一，只是文人清高，在金钱面前表现得过于矜持，称孔方兄有铜臭味，很少记录，实则如果不送钱送礼，一般人就很难获得书画家的作品。

西方学者罗杰斯更是明确指出：文徵明的夫人吴三小姐"负责收取来索画的人给予的酬金"[1]。尽管我们不清楚罗杰斯指出的这一细节出自哪里，但是，吴三小姐的做法颇为符合中国某些书画家的做派。索画人若要拿走书画家已经完成的作品，就要到画家夫人处交钱，而且画家夫人极可能手

---

[1]. 见《雅债》。

握画家的印章，不给钱，就不钤印，作品也就很难离开画家的门。这一现象直至今日仍然可见。

画家还会将自己的作品不断提价，这从另一个侧面反映市场行情的变化。举例来说，文徵明出名之前，松江府华亭有位叫张弼的大书法家，此人在书法领域独领风骚。张弼因家近东海，故号"东海"，人称"张东海"，他比文徵明年长四十五岁，是位老前辈。文徵明的朋友阎起山说："弘治癸亥，予家居无聊……时云间张弼书名雄天下。识者评之，不如璧（文徵明）远甚。"[1] 华亭人董其昌也认为："（张）东海在当时以气节重。其书学醉素（怀素），名动四夷。自吴中书家后出，声价稍减。"[2] "声价稍减"的意思是，文徵明卓然成家之后，张弼书法作品的市场行情开始下跌。

阎起山所说的弘治癸亥年，是弘治十六年（1503年），此时的文徵明依旧只是个秀才，数次参加乡试均落选，但他的书画作品已经蜚声文坛、画坛，人称其为"画史"。前来索书画者盈门，有人看到他家里堆满了纸和绢，"缣素盈几"。有个名叫陈子复的人，拿来扇子请其作画，文徵明竟然让他等了五年，才动手为他作画，并在扇面上题"世人不相谅，调笑呼画史"[3]，还说"吾方惧获怒，君顾得之喜。一笑题谢君，贤于二三子"[4]。这说明，在文徵明的身边已经形成了一定规模的收藏家群体，其中有"二三子"曾抱怨他画画的速度太慢。这是因为艺术品市场发展得实在

---

[1].《吴郡二科志·序》。

[2].［明］董其昌：《画禅室随笔》，上海师范大学出版社，2012年。

[3].《莆田集》（四卷本）卷二。

[4]. 同上。

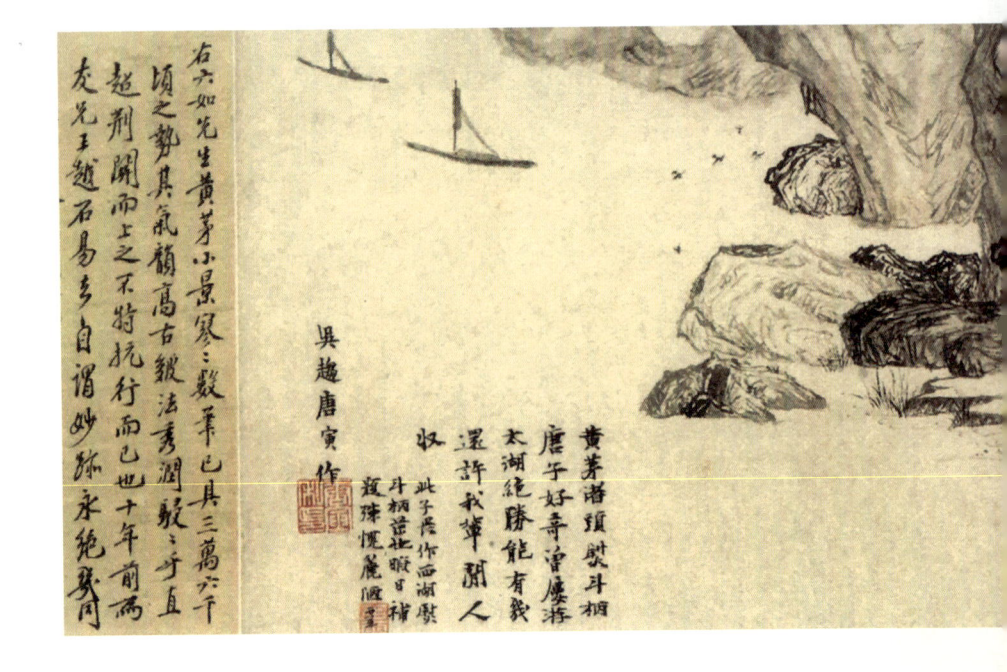

太快了。

据明代叶盛《水东日记》记载,天顺、成化年间,"翰林名人送行文一首,润笔银二三钱可求,事变后文价顿高,非五钱一两不敢请"。到了"正德间,江南富族著姓,求翰林名士墓铭或序记,润笔银动数廿两,甚至四五十两,与成化年大不同矣,可见风俗日奢重!"[1] 唐伯虎所处的时段,正是书画市场行情向上发展的时期。

"时寅倦游归里,因病不复出,托丹青以自娱"[2]。其实,远游归来的当年,唐伯虎已经投身于山水画的创作。这一时期,属于唐伯虎初入艺术品市场的时期,他的声名确实比沈周的高足文徵明稍微低了一些,但已经展现出光芒。唐伯虎绘制作品,大多是为了换钱,维持生活所需,并非为了"自娱",而且他的客户,主要是他身边的熟人。

弘治十五年四月,唐伯虎创作了《黄茅小景》,这幅画就是为书画收

---

[1].《山樵暇语》卷九。

[2].《文徵明年谱》,第151页。

◆ 明 唐寅 《黄茅小景》，现藏上海博物馆

藏爱好者丘舜咨而作。

《黄茅小景》是精心描摹的写实作品，风格奇绝。画面构图呈现出船头似的▽形，将太湖奇景"熨斗柄"置于最前端。右侧有一高士，正抬头仰望。唐伯虎在画面上题写了五字款"吴趋唐寅作"。张灵题诗补款，曰："黄茅渚头熨斗柄，唐子好奇曾屡游。太湖绝胜能有几？还许我辈闲人收。此子畏作西湖熨斗柄景也。暇日补题，殊愧粗陋。灵。"张灵诗句"还许我辈闲人收"，语带双关，说明收藏这幅画的丘舜咨是"我辈"中的一"闲人"。而喜欢艺术收藏的人，也时常被称为有钱有闲之人。

"熨斗柄"实际上是在湖中自然形成的一块奇石，位置在太湖的西部。苏州人经常来此游玩，特别是有钱人常驾兰舟狎妓出游，在"熨斗柄"处纵情声色。唐伯虎在随后的题诗中写"岸巾高屐携小妓，低唱并州第四声"，就是用文字对这一自然景观做的补充描写。

在此画卷上，张灵题引首"黄茅小景"，为四字榜书。画后还有唐伯虎、徐守和、祝允明、陆南、钱贵、蒋塘、文徵明等人的题诗。

唐伯虎题诗云：

震泽东南称巨浸，吴郡繁华天下胜。
衣食肉帛百万户，樵山汲水投其剩。
我生何幸厕其间，短笠扁舟水共山。
黄茅石壁一百丈，熨斗湖渚三十湾。
北风烈烈耳欲坠，十里梅花雪如磨。
地庐通红瓶酒热，日日蒲团对僧坐。
四月清和雨乍晴，杨梅满树火珠明。
岸巾高屐携小妓，低唱并州第四声。
人生谁得长如此，此味唯君曾染指。
若还说与未游人，双盲却把东西指。
吴趋唐寅为丘舜咨题。

文徵明的题诗，再次显示出他的大气胸怀与厚道为人，曰："谁剪吴淞尺纸间？唐君胸有洞庭山。"又曰："知君作画不是画，分明诗境但无声。

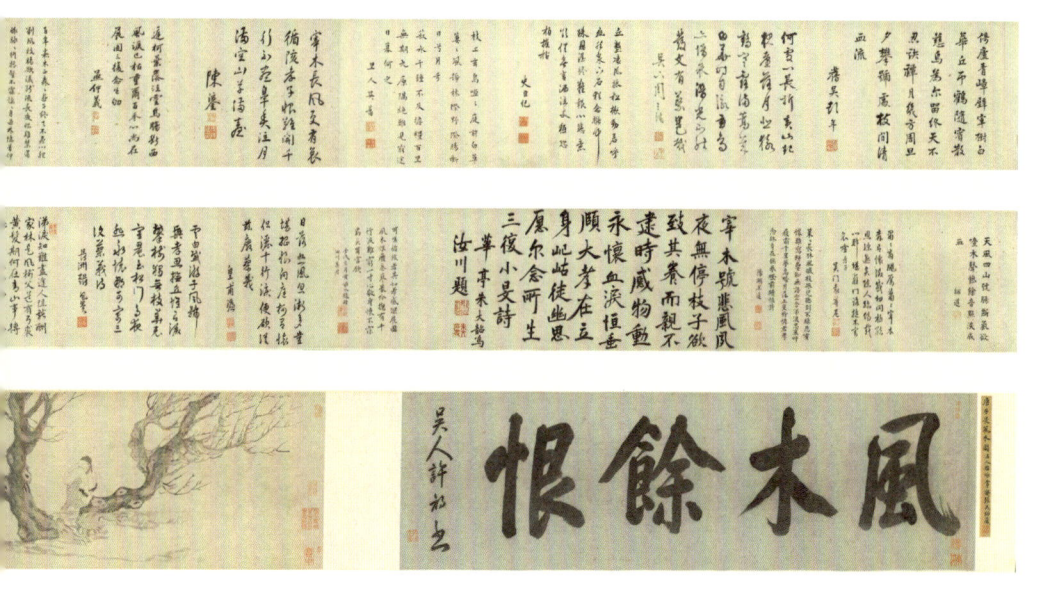

◆ 明 唐寅等 《风木图卷》，现藏北京故宫博物院

古称诗画无彼此，以口传心还应指。从君欲下一转语，何人会吸西江水。"而且他还自谦地说："我生无缘空梦堕，三十年来蚁旋磨。"[1]用书画收藏界的行话说，文徵明这是在"抬轿子"，竭力鼓吹唐伯虎的书画作品，其目的就是帮助唐伯虎赢得市场买家的青睐。

同年九月，唐伯虎又创作了另一幅作品《风木图》。风木，典出《韩诗外传》，比喻父母亡故，不及奉养。这是明朝流行的诗文绘画题材，用以反映孝亲文化。

唐伯虎在《风木图》上题跋曰："唐寅为希谟写赠。西风吹叶满庭寒，孽子无言鼻自酸。心在九泉灯在壁，一襟清血泪阑干。唐寅。"[2]

这首诗，唐伯虎既是为别人写，也是写他自己，内容直白而哀伤：游子归来，见到家里已是"西风吹叶满庭寒"，想起已经离世的父母，谴责自己是"孽子"；因为没有担负起孝子的责任，一时羞愧难当，泪洒阑干。

---

[1].《甫田集》（四卷本）卷一《次韵题子畏所画黄茅小景》。

[2].《虚斋名画录》卷四《明唐六如风木图》。

唐伯虎传

画后有都穆、王谷祥、黄姬水、陈有守等多人的题诗。黄姬水诗云:"可叹循陔者,其如孝感深。展图风木恨,废卷蓼莪吟。总有千行泪,难穷一寸心。敬身怀不寐,勖矣尔当钦。壬戌玄月黄姬水赠汝川叶君。"[1] 黄姬水是文徵明的入室弟子,非常敬重唐伯虎,其诗也表达出对唐伯虎遭遇的深切同情,但此幅手卷上黄姬水等人的题诗,应该是后补的。

进入书画收藏市场之后,唐伯虎的创作显然有别于传统的文人画。一般来讲,文人书画家被称为业余书画家,陈衡恪说他们"不在画里考究艺术上功夫,必须在画外看出许多文人之感想",换句话说,文人画并不重视书画创作的技巧,而是一味抒发作者自己的内心感受,因而在主观上忽视了欣赏者、收藏家的审美体验。而唐伯虎被称为职业书画家,并非仅仅是赞誉他在诗、书、画方面的全才,而是指出他更注重绘画技法的表现,尊重市场需求。因为他的作品必须经受市场的考验,赢得买家的喜爱,否则他无法以笔墨换取生活所需。

可喜的是,他做到了。唐伯虎的作品一经问世,就赢得各方喝彩,成为收藏家们争相追逐的藏品。

在苏州文社里,人们常常拿出自家收藏,与文友们一起欣赏。此时,沈周当然属于内业前辈,祝允明、文徵明和唐伯虎还须担负起鉴赏家的角色。而鉴赏家这个头衔,实际上承担着两项重要责任:其一是鉴定书画的真伪,这是一项技术活;其二是品鉴作品的优劣,这需要检验审美能力。沈周以其广博的学识、深厚的资望和超群的艺术能力深受众人仰慕,而祝允明、文徵明和唐伯虎这几位也深孚众望,自然也就成为文社里的核心人物。

---

[1]. 《虚斋名画录》卷四《明唐六如风木图》。

第五章 · 书画供养

弘治十六年三月下旬，有人展示了浙派大家吴伟的作品《歌舞图》，请祝允明、唐伯虎等鉴赏和题跋。那时候吴伟四十四岁，名气很大，风头正健。唐伯虎看到画作，两眼大放光芒，于是挥笔题诗：

> 歌板当场号绝奇，舞衫才试发沿眉。
> 缠头三万从谁索？秦国夫人是阿姨。
> 梨园故事久无凭，闲杀东京寇老绫。
> 今日薛谭重玩世，龙眠不惜墨三升。
> 吴门唐寅题李奴奴歌舞图，时弘治癸亥三月下旬，李方年十岁云。[1]

五年之后，吴伟就去世了。

在吴伟的那幅画上，有个顽皮可爱的"小女子"形象，她就是十岁时的李奴奴。李奴奴是谁？人们确信她是六岁时就已进入青楼的南京秦淮幼妓，吴伟画此作时她已是一位名妓。而这幅《歌舞图》则反映了狎客嫖妓时的孟浪情景。诗中，唐伯虎夸赞李奴奴像战国时秦国人薛谭那样多才多艺，有一副天生的好嗓子，能歌善舞。唐伯虎还指出，吴伟仕女画的绘画技法，来源于北宋名家李公麟。

在唐伯虎的题诗后，祝允明题诗："春雾濛香浥海棠，楼心初月媚垂杨。未消姑射峰头雪，一剪东风一点霜。"一段时间后，祝允明又在此画上补写了一段很重要的题跋："后，伯虎数月漫为续响，恐不免污佛头耳。

---

[1]. 见《中国美术全集·明代绘画》。另见《唐寅书画全集·书法卷》，第104页。

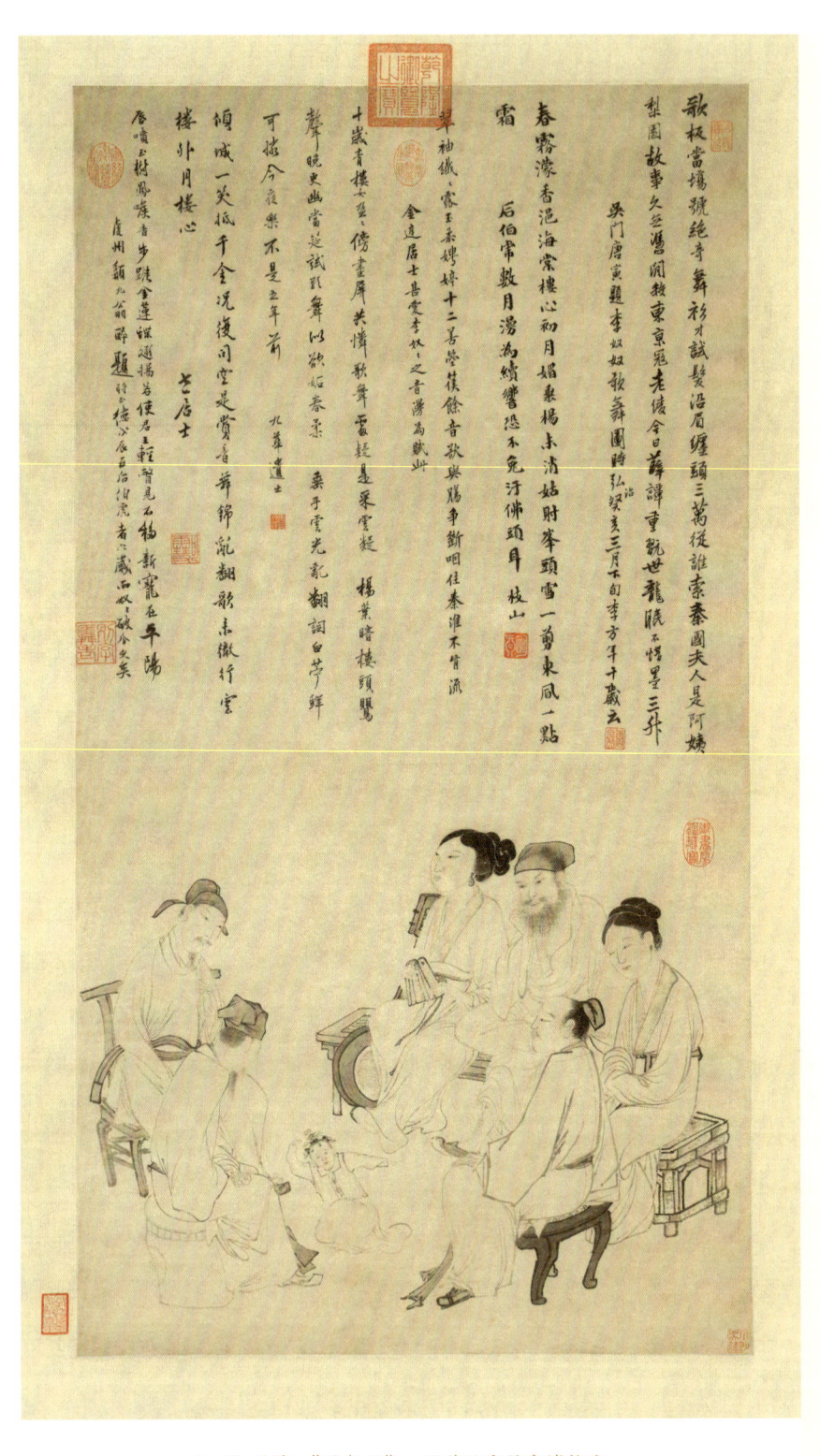

◆ 明 吴伟 《歌舞图》，现藏北京故宫博物院

枝山。"[1] 跋语指出：唐伯虎看了这幅画后，花了数月时间专心临摹仕女画，作画水平颇有精进，祝允明赞扬其为"续响"。祝允明又说他"恐不免污佛头耳"，意思是说，唐伯虎的人物画水平已经超过了前辈，使得吴伟的"佛头"光芒暗淡了下来。

这里还需要着重关注一点，唐伯虎在吴伟《歌舞图》上的题跋，呈现了一种新的书法面貌，即他的书法字体瘦身挺拔，体态欹侧，用笔硬爽，似有头重脚轻的态势，犹如脱去衣衫的舞者露出了筋骨一般，在生龙活虎地舞蹈着。这种翻飞出锋的书写旋律，多是受到了李应祯的影响。唐伯虎时年三十四岁，正是由青年向中年过渡的转折时期，这反映出他在书画创作道路上刻意求变的心理状态。

中国是个人情社会，收藏市场不可能是一个纯粹的资本市场。名义上，唐伯虎的一些作品，常常作为礼品馈赠友人，但在客观上，这些作品很像是"易货贸易"，同时又带有些许广告效应，这就将他的声名带出了苏州府，扩展到江南其他地区。

此前一年——弘治十五年，南京的"通家兄弟"韩世贞"御恤还乡"。韩世贞回乡祭祖，就是到祖坟前宣读皇上的诰命。几年前，唐伯虎去南京参加乡试时，韩世贞、世年兄弟曾经在秦淮青楼上热情地款待了他，而这次哥哥韩世贞回到苏州，唐伯虎理应回报。于是他绘制了一幅《送别图》，在画上题跋云："世贞韩五校书与仆为通家兄弟，戊午忝登选时，相饯秦淮。翘首三年，转成梦寐。岁壬戌，世贞御恤还乡，事毕归金陵，敢用小律为别。座上有不胜欣感之意。乃弟世年命觞，聊纪一时之胜云。"《送别图》

---

[1].《唐寅书画全集·书法卷》，第104页。

唐伯虎传

伴随韩世贞去了南京，南京收藏家们将看到吴门画派新晋画家唐伯虎的丹青妙笔。

从中国艺术品市场发展史的角度观察，明代的艺术品收藏高峰时期，肇始于弘治年间，鼎盛于嘉靖、万历年间。而明朝的三次"中兴"（弘治中兴、嘉靖中兴和万历中兴），也正是在这一时期。至明代灭亡的崇祯年，这段高峰期前后长达百余年。虽然民间收藏种类繁杂，但总体而言，仍然是以书画为主流。所以说，以沈周、文徵明、唐伯虎和仇英为代表的明代中期的吴门画派，正是这一高峰期的开拓者。

唐伯虎大约于弘治十五年成为职业书画家，其作品随之正式进入艺术品市场，至嘉靖二年（1523年）五十四岁去世，前后只有二十一年。这个时期，中国正迎来艺术品市场发展史上宋代第一个高峰期后的又一高峰时期，而唐伯虎正处在这第二个艺术品市场高峰期的肇始阶段。

当然，书画市场里的弄潮儿事实上是由鉴赏家担纲。这些人常常以行家的姿态出现，根据他们的个人经验、人脉和经济实力影响市场，掌握市场的话语权和定价权，以此推动艺术品市场的发展。这些人中的佼佼者，常被推崇为鉴赏巨眼或收藏界泰斗，他们大多生活在以苏州为中心的江南地区。

从弘治到正德年间，江南收藏界的鉴赏巨眼主要是以沈周、沈云鸿父子及吴江史鉴、无锡华珵（华尚古）为一时之雄；之后是以文徵明、文彭、文嘉父子以及无锡华夏、安国为代表；到了嘉万年间，则是以檇李项元汴[1]

---

[1]. 项元汴，字子京，号墨林，别号墨林山人，嘉兴人，董其昌的老师。项元汴是明代著名的收藏家、鉴赏家。他精于鉴赏，辨别真赝，一时无人可与之比肩，所藏书法名画以及鼎彝玉石等甲于海内。项元汴也是书画家，山水学元代黄公望、倪瓒，笔致疏秀，神合处颇臻胜境，书法出入唐智永、元赵孟頫间。

和华亭董其昌师徒为首,以嘉兴李日华等人为代表……他们所交接的接力棒,本质上是他们在各个时代的知名度和影响力,以及那些犹如过眼云烟的艺术收藏品。

唐伯虎一生,未能亲见艺术品市场发展至最为鼎盛的时期。

第三节　十四次乡试落第的蔡羽

唐伯虎遭遇的会试舞弊案,如同飞来横祸,成为他一生的噩梦,但也是他命运最重要的转折点。

他凭借着自己的诗书画天赋,很快撬动了艺术品收藏市场,以创作书画换取润笔费的方式自食其力,暂时摆脱了家庭困境。然而,他又不似文徵明那样忍得住寂寞,所以心情时好时坏,起伏不定。何以解愁?唯有喝酒。

什么地方喝酒最为淋漓痛快?当然是青楼。唐伯虎对苏州各处的青楼可谓熟门熟路,与那些打情骂俏的青楼女也俱是老相识。

唐伯虎"为天才横溢之人,既被科场所累,益郁郁不得志。则放情诗酒,寄意名花,在所不免。而至友如枝山、梦晋(张灵)辈,又非礼法之辈,相与把盏啸傲,缠头争掷,亦无可讳言"[1]。对美酒和女人的嗜好,几乎贯

---

[1].《文徵明年谱》。第 157 页。

穿了唐伯虎的一生,这是时人共知的事实。

在唐伯虎的醉眼里,"金屋"青楼好比天上的瑶池仙境,而顾盼多姿的妓女简直就是下凡的仙女。他在各个时期陆续写下了许多青楼诗篇,可以看出他在青楼中拥有众多佳丽相好,而且他也沉溺其间,难以自拔,从他流传后世的青楼诗中,我们便可窥见:

《寄妓》

相思两地望迢迢,清泪临风落布袍。
杨柳晓烟情绪乱,梨花暮雨梦魂销。
云笼楚馆虚金屋,凤入巫山奏玉箫。
明日河桥重回首,月明千里故人遥。

《哭妓徐素》

清波双佩寂无踪,情爱悠悠怨恨重。
残粉黄生银扑面,故衣香寄玉关胸。
月明花向灯前落,春尽人从梦里逢。
再托生来侬未老,好教相见梦姿容。

《代妓者和人见寄》

门外青苔与恨添,私书难寄鲤鱼衔。
别来泪点知多少?请验团花旧舞衫。

《玉芝为王丽人作》

玉芝仙子住瑶池，池上多栽五色芝。

捣作千年合欢药，客沾风味尽相思。

有意思的是，唐伯虎对女子的三寸金莲兴趣极浓，他曾写过一首《排歌·咏纤足》，想象力极为丰富：

第一娇娃，金莲最佳，看凤头一对堪夸。新荷脱瓣月生芽，尖瘦帮柔满面花。从别后，不见他，双凫何日再交加？腰边搂，肩上架，背儿擎住手儿拿。[1]

唐伯虎不仅为吴姬越女写诗，还以她们为模特儿，画过很多春宫图，并领着她们走出青楼，招摇过市，四处游玩。他的种种孟浪行径，看似狂傲，实则在掩饰内心的空虚，麻醉孤寂的灵魂。

如果说三十岁之前的唐伯虎对女性姿色的迷恋，源于青春不羁的放浪，那么在经历了会试舞弊案，彻底摆脱了科举制度的束缚之后，他则表现得更加肆无忌惮，甚至是刻意摆出花花公子的姿态，目的是不是蔑视所谓的公序良俗，以抗议命运对自己的不公呢？或有可能。人性的复杂也就在于此。

事实上，唐伯虎生活的明中期，狎妓之风远不如晚明时期盛行。彼时李贽的"童心说"还没有出现，社会上依旧是以儒家礼教学说为主流观念。人们看到唐伯虎之流伤风败俗，纷纷不以为然，可是唐伯虎依旧我行我素。

---

[1].《六如居士全集》卷四，另见《唐寅集》，第212页。

唐 伯 虎 传

人们也就习以为常，听之由之了。

弘治十六年七月，苏州城里七十四岁的老太太潘孺人任氏去世，她的家人邀请唐伯虎撰写《潘孺人任氏墓志铭》[1]，又请张灵篆书碑额。两人配合默契，利利索索地完成了任务，其实也就是合作完成了一单死人生意，他们未必与这位逝者认识。这说明，社会对唐伯虎的放浪之举还是包容的，依旧会仰慕他的才华。

张灵是唐伯虎的挚友，两人一起做过许多孟浪而又遭人讳忌的事，唐伯虎因此被文林训斥过，所以在唐伯虎二十多岁的时候，两人的联系几近中断。文林去世之后，唐伯虎成为职业书画家，两人的联系又多了起来。

这时候，时任都察院右佥都御史的苏州名人刘缨回家养病。

刘缨是文林的好友，而且是文徵明的老师。文徵明自述"某以契家子，蚤辱公（刘缨）教爱"[2]。刘缨巡抚四川刚满一年，因养子刘徵去世而哀伤过度，于是"上疏乞归"，获得了皇帝的同情，"诏予告暂还，病痊起用，仍给传以归，壬戌抵家。越三年乙丑……有诏仍以佥都御史巡抚四川"[3]。

唐伯虎拜访刘缨，看到刘缨的书桌上摆放着一种名叫"女儿娇"的牡丹花，这花是刘缨刚从四川带回来的特殊品种，花瓣又白又大，其中还夹杂了几片红色花瓣，娇艳无比，十分惹人喜爱。

第二天，有位叫达夫的书画爱好者来找唐伯虎买画，点题要他画牡丹

---

[1]. 此碑现藏苏州碑刻博物馆。碑文云："（任氏）于弘治癸亥七月甲午卒，距生之年，得七十有四。"

[2]. 周道振辑校：《文徵明集》（上），上海古籍出版社，1987年，第481页。

[3]. 《甫田集》卷二十六《资德大夫正治上卿南京刑部尚书刘公行状》。

花。唐伯虎就凭借记忆，给他画了一幅《女儿娇图》，并在画上题跋云："昨于刘都宪斋头见'女儿娇'，乃蜀中牡丹，奇本也。正白楼子中泛太红数叶。达夫索牡丹，因为貌之。苏台唐寅。"[1]

弘治十七年二月仲春的一天，云空和尚邀请祝允明、唐伯虎和文徵明在苏州东禅寺雅聚。

东禅寺的清溪堂前，有一棵连理红豆树，树高三丈，特别悦目，成为名刹园中一景。往年，天玑禅师驻锡于此时，常邀吴宽、沈周、祝允明、唐伯虎和文徵明来此游玩。沈周曾在此园的清溪堂门额上题写了"伴月"两字。

他们几人在清溪堂里喝了酒，然后"云空上人持纸索书，（祝允明）有感酒仙，漫录以应之"[2]。祝允明当时喝得很尽兴，于是撸袖提笔，用草书写了上下翻飞的擘窠大字，写的是杜甫名作《饮中八仙歌》。祝允明的书法，以草书最为著名，云空和尚得到祝允明大尺幅的草书作品自然是喜不自胜。

没过几天，好友们又聚在了一起。这次雅聚的地点是苏州虎丘的船上，参加者有祝允明、唐伯虎、文徵明、蔡羽[3]、徐祯卿等人。

他们把酒临风，畅说古人逸事，在船上游玩了一整天，好不热闹。蔡羽与唐伯虎、文徵明同岁，彼此在少年时就订交，算是老朋友。

蔡羽这个人很有意思，凡事很认真，显得老成细心，颇有夫子迂腐气。

---

[1]. [清]吴升编著：《大观录》卷二十《唐解元女儿娇图》。

[2].《味水轩日记》卷八。

[3]. 蔡羽，字九逵，自号林屋山人等，又称左虚子、消夏居士。苏州府吴县人，"吴门十才子"之一。十二岁能操笔作文，富有奇气。自视甚高，师从王鏊。书法家王宠曾师事蔡羽三年。

唐伯虎传

他一生参加过十四次乡试,皆落第。可就是这样一个人,谁也料想不到,竟然是个自恋狂:只要作文时写出了得意之句,他立即大步流星至镜子前,整顿衣冠,向镜中的自己作揖、跪拜,然后一本正经地赞誉道:"易洞先生,您的文章何等妙哉,我今日得向您行拜师礼了!"[1]("易洞"是蔡羽的号。)其间蔡羽始终一本正经,完全不觉得自己滑稽。

座中其他人皆热衷魏晋体的古文,而蔡羽喜爱的古文时间更早,直指先秦、两汉时期,读起来佶屈聱牙。他们在一起讨论文学话题,常常不在一个频道,话不投机,场面自然也就显得尴尬。可是,蔡羽却穷追不舍,非要把问题掰扯清楚。在座者皆饱学之士,都不愿意跟他拉扯、耽误工夫,所以大家都尽可能躲着他。但是蔡羽为人善良,大家又都不忍心伤害他的自尊心,于是赶紧应付几句,借口逃避,可一扭头,蔡羽还是如影随形,叫人哭笑不得。

蔡羽和文徵明、唐伯虎都是王鏊的学生,而蔡羽还是王守、王宠兄弟的老师。仔细想想,别人无论是做他的老师还是学生,都够辛苦的。然而他具有非凡的毅力,虽然一生考了十四次乡试,甚至他的学生王守已考取进士,他仍旧未能中举,但他从不沮丧。文徵明心疼地评论道:"(蔡羽)先生试辄不售,屡挫益锐,而卒无所成。"[2]

文徵明不擅饮酒也不爱酒,总是安安静静地躲在一隅,看着天上的云朵自由东西,心情愉悦。为纪念这次在虎丘的船上雅聚,他画了一幅《虎丘千顷云图》,并在画上题跋曰:"弘治甲子之春,偕林屋(蔡羽)先生

---

[1]. 见[清]龚炜:《巢林笔谈》卷三。

[2]. 《甫田集》卷三十二《翰林蔡先生墓志》。

及子畏、昌穀（徐祯卿）辈放棹武丘（虎丘），登千顷云，相集竟日，把酒临风，不觉有故人之思，遂即景图此，并系短句，以记一时之事云尔。衡山文壁徵明甫识。"

第四节　唱和《落花诗》

弘治十五年八月，沈周的长子沈云鸿去世，享年五十二岁。

沈云鸿不仅是位业余画家，更是位声名卓著的藏书家和书画鉴赏家。他家藏书万卷，名画百轴。他的收藏理念是藏以致用，主张藏书是为了更好地读书，藏画是为了更深入地懂画。他在临终前告诫沈家晚辈：不要把收藏书籍、字画作为投资，这样"必不易散"。他说："若能读之，则吾所遗产厚矣。"[1]他的这个观点并没有错，但是他又指出：不要寄望古书名画的增值功能，因为它们在市场上不易变现。

事实上，收藏市场的确具有一定的周期性，一旦市场进入行情上升期，艺术品就会成为紧俏商品，价格随即飙升，收藏也就呈现出投资获利的景象。然而市场不可能永远向上，必定会出现下滑，甚至崩溃的情况，于是收藏品不仅不易变现，还有大幅贬值的可能，这都是极为正常的事情。所以说，

---

[1]. 李玉安、黄正雨编著：《中国藏书家通典》，中国国际文化出版社，2005年。

唐伯虎传

沈云鸿只说对了一半。

　　沈周老年丧子，白发人送黑发人，自然非常悲伤。按照明制，服长子丧与服父丧类同，均为二十七个月，而后其灵柩始得安葬。文徵明为沈云鸿撰写了墓志铭。

　　到了弘治十七年春天，沈云鸿辞世快满两周年了，父亲沈周时年七十八岁，虽然身体健朗，可毕竟是古稀老人，情感脆弱，常去抚棺叹息，沉浸在思子之痛中不能自拔。他给弟弟沈召画了一部书画册，在跋语中描述了自己的痛苦心情："屏迹杜门，散发自娱。其间竟日，黄鸟为俦，白云侣宾，在诗酒之余……"[1]可知这两年里，他杜门谢客，懒于梳理，整日和黄鸟白云作伴，打发孤寂的时光。

　　有感于春天的落花，沈周先是绘制了一幅《落花图》，又陆续写下了《落花诗》《咏得落花诗》七律共计十首[2]，纪念儿子的同时，也咏叹人生无常与无奈，借以抒发内心的伤痛。

　　在此选取沈周《落花诗》二首：

之一

富逞秾华满树春，香飘落瓣树还贫。

红芳既蜕仙成道，绿叶初阴子养仁。

偶补燕巢泥荐宠，别修蜂蜜水资神。

年年为尔添惆怅，独是蛾眉未嫁人。

---

[1].《沈周书画跋册》，现藏台北故宫博物院。

[2]. 见《沈周落花图并诗卷》，现藏台北故宫博物院。

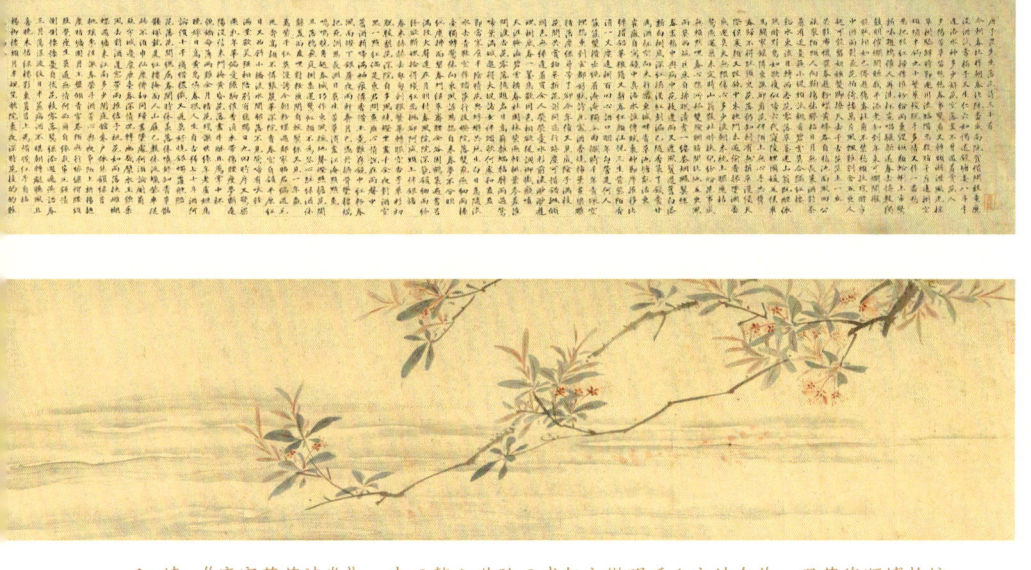

◆ 清 《唐寅落花诗卷》，由王鏊六世孙王武与文徵明后人文柟合作，现藏旅顺博物馆

之八

一园桃李只须臾，白白朱朱彻树无。

亭怪草玄加旧白，窗嫌点易乱新朱。

无方漂泊关游子，如此衰残类老夫。

来岁重开还自好，小篇聊复记荣枯。

  第一个看到《落花诗》诗稿的是其门生文徵明。文徵明惊叹不已，就拿着诗稿去给徐祯卿看。徐祯卿一看，也拍案叫绝。徐祯卿有个特长，就是记忆力超强，过目不忘，他随即将《落花诗》背诵下来，并和文徵明和诗。"弘治甲子春，石田（沈周）首倡《落花诗》，衡山、迪功和之。"[1]这场名闻江南的诗歌唱和活动自此拉开帷幕。

  文徵明在自己的和诗前写道："石田先生赋落花十首，命壁同作绮情丽句。所谓一唱而三叹者，岂儒生酸语所能继哉！然雅情不可虚辱，辄亦

---

[1].《过云楼书画记》卷四《文待诏落花诗卷》。

勉赋如左。"[1] 可知沈周最早叫来的和诗者，就是他最得意的弟子文徵明。

唐伯虎读到《落花诗》，也很感动。虽然他没有正式向沈周拜师，却待之胜似老师。他的确从沈周那里学习到不少东西，尤其是在绘画方面，所以在沈周面前，他也跟文徵明一样，执弟子礼。

感情喷涌的唐伯虎，一下子写了三十首《落花诗》和诗。此为第一首的前两联：

> 刹那断送十分春，富贵园林一洗贫。
> 借问牧童应没酒，试尝梅子又生仁。[2]

唐伯虎评点沈周《落花诗》时说："石田先生尝咏落花十篇，人情物态曲尽无遗，而用意炼语，超越前辈，视昔人绿阴青子之句，已觉寥然矣。间以示予，读之累日，不能释手，顾予方被翳林樾，自付陈朽，载瞻飞英，辞条委厕，有不撄怀者哉！勉步后尘，政不自知其丑也。暇日因书一过，并系小图寄兴。吴趋唐寅书。"[3] 其中"间以示予"句，说明文徵明、徐祯卿、唐伯虎三人至少是在沈周陆续创作《落花诗》期间就已经介入了和诗活动，而非在沈周完成了十首诗歌之后。

恰在此时，文徵明和朋友要去南京办事，顺便拜见父辈好友吕常，于

---

[1]. 《沈周落花图并诗卷》，现藏台北故宫博物院。

[2]. 《明唐寅行书和沈周落花诗卷》七律十首，现藏辽宁省博物馆。见《唐寅书画全集·书法卷》，第198页。唐伯虎一生多次创作、抄写自作《落花诗》，内容有异同。

[3]. 同上。

是也请吕常为《落花诗》作了和诗十首。

这位吕常,就是南京应天府丞吕秉之,也是唐伯虎当年的伯乐。几年前,唐伯虎去南京参加乡试,吕常到处为他美誉,还将唐氏《广志赋》手卷转赠南京吏部尚书倪岳,并将唐伯虎引荐给这位二品大官。

沈周等人的《落花诗》很快传播开来,和诗活动成为江南文坛的盛事。

> 旋,衡山(文徵明)随计吏南都(南京),又属吕太常秉之再和。金声玉应,备极喁于之盛。石田又各有酬报,先后累至三十篇。是岁十月,衡山以精楷书之,都四家六十篇。自为跋语。[1]

江南士人纷纷唱和,继而沈周再和,就这样诗来诗往,吟咏落花的诗篇数量越来越多,成了当时的文坛佳话。这些落花诗,既是对生命的咏叹,也是他们友情的见证。文徵明因此用小楷写了书法长卷《落花诗卷》,里面不仅抄录了沈周的《落花诗》,以及文徵明自作诗十首,吕常的十首,徐祯卿的十首,唐伯虎的三十首,还写了一篇后记。

是年中秋节,大家都很关心沈周的身体状况,希望他能够从老年丧子的悲痛中走出来,于是由弟子辈蔡羽出面,邀请沈周和文徵明、唐伯虎诸友一起去苏州缥缈峰赏月游玩。从缥缈峰之巅,可以眺望太湖,景色壮观,因此缥缈峰有"吴中泰山"之美誉。每到中秋,苏州人纷纷来此赏秋,许愿祈福,而蔡羽的家就在西山之上,这是邀请沈周最恰当不过的理由。

沈周没有辜负大家的厚爱,他以古稀之躯,策杖前行,畅游了缥缈峰,

---

[1].《过云楼书画记》卷四《文待诏落花诗卷》。

太湖三萬六千頃卷石夫誰巾卜居茅屋煙波足娛老秋風應用懷蓴鱸

甲辰新秋上澣

御題

大江之東水為國豪間臣浸稱震澤滙中有山七十二夫椒山最為居具一夫椒火耿敖齋此戰十年為齋水墨景煙樹蒼茫潯水墨景煙樹蒼茫老來移掃塵埃相期飭乞君面無墊巾余款備請坐人書細夜老水正秀飾魚羹秀菊同白唐寅

◆ 明 唐寅《震澤煙樹圖》，現藏台北故宮博物院

第五章·书画供养

还画了一幅《缥缈峰图》，并题跋云："甲子中秋，九逵蔡子约过缥缈峰看月，与子畏、徵明相期间泛。"[1]

想来众人中秋夜游，也会怀念吴宽。就在不久前，苏州文人的骄傲、朝廷重臣吴宽去世了，享年七十岁。

在吴宽去世的前一年，即弘治十六年春天，五位在京做官的苏州籍文人有过一次著名的雅聚，被称为"五同会"。这五位高官分别是礼部尚书吴宽、礼部侍郎李杰、南京都察院左副都御史陈璚、吏部侍郎王鏊和太仆寺卿吴洪。而这"五同"，就是指这五位好友乃是"同时、同乡、同朝、同志、同道也"。这些人都是弘治年间人，是当时苏州读书人中的杰出代表，他们在苏州籍的官员中官衔最高，名声也最为响亮。

在这次春天的聚会上，有位名叫丁君綵的画家用写实的手法创作了一幅《五同会图卷》[2]，然后复制四卷，分别由五家收藏。图卷上，从右至左分别是吴宽、李杰、陈璚、王鏊和吴洪。其中，年纪最小的是唐伯虎的恩师王鏊，时年五十四岁。

一年以后，吴宽于弘治十七年七月十日，卒于礼部尚书任上。皇帝闻讯，立即派官员前往治丧，加祭二坛，并追赠太子太保，谥号"文定"，还破格封赠了他的两个儿子：授长子吴奭为中书舍人，补次子吴奂为国子生。哀荣已经达到了人臣的极致。第二年冬天，吴宽的棺椁由京城归葬于家乡

---

[1]. 《壬寅消夏录》之《沈石田缥缈峰图卷》。

[2]. 现存《五同会图卷》共有三个卷本，分别由北京故宫博物院、上海博物馆和中国国家博物馆收藏。上海博物馆藏本为吴宽家旧藏本，卷后有文徵明题跋，后入王鏊后人手中，北京故宫博物院藏本就是据此复制的。吴宽《五同会序》中有"丁君綵妙绘事"之句，据此推测，《五同会图卷》的创作者应该就是丁君綵。

苏州木渎西花园山。

吴宽之死，令苏州士人深感悲痛。唐伯虎联想到几年之前，自己被礼部发配去浙江充当小吏时，这位老态龙钟的帝师，满怀悲悯之情，亲自写条子、托人情，替自己说好话。这样仁慈宽厚的老臣，官场上并不多见。

弟子文徵明闻讯，大哭一场，写下《哭匏庵先生四首》，其中诗曰："只缘难负君恩重，误却香山岁晚情。"意思是说，只因为皇帝舍不得您离开，先生只得死在帝都任上，而使门生我失去了孝敬您的机会！

好消息还是有的，比如弘治十八年（1505年）二月，徐祯卿再接再厉，在殿试中考中了进士。

其实，科举考试常常带有很大的偶然性。每过三年，天下饱学之士都要来检验一下天上掉的馅饼会不会砸中自己。不过，徐祯卿是公认的才子，他的"文章江左家家玉，烟月扬州树树花"，令古今多少文士倾倒，所以他考中进士，决不会有人说闲话。

此前，唐伯虎听说徐祯卿要进京赶考，照例送上了礼金。那时唐伯虎自己深陷经济困境之中，拼命作画赚钱，可是他仍希望徐祯卿能够穷家富路，不至于因没有盘缠而功亏一篑。

徐祯卿在赴京路上，想起了义薄云天的唐伯虎，写了一首情意绵绵的

◆ 明 丁君羽《五同会图卷》（局部），现藏中国国家博物馆

诗《怀伯虎》：

> 寒窗灯火张生梦，京路风霜季子金。
> 两地相思各明月，关山书尺几销沉。[1]

徐祯卿考中了进士，并有幸被皇帝垂询。

这本应该是梦寐以求的天大好事，可轮到徐祯卿就出现了点问题。什么问题？他的长相太过"谦虚"——徐祯卿容貌丑陋，皇帝看着很不舒服，于是命这位吴中四才子之一的徐祯卿到大理寺做左寺副，专门看管犯人[2]。

对于弘治十八年开科的这批进士，皇帝最看重的有两位。一位是苏州府的徐祯卿，另一位是松江府华亭的陆深，本有意选他俩去翰林院当庶常，用心栽培。可徐祯卿因貌丑，最终落选。

---

[1].《唐寅集》，第640页。

[2].《明史》卷二百八十六《文苑二》："孝宗遣中使问祯卿与华亭陆深名，深遂得馆选，而祯卿以貌寝不与，授大理左寺副。"

第五节　唐伯虎早期的艺术特色

断绝了入仕念想，唐伯虎不再关心科举事。

此间的唐伯虎表面上依旧花前月下、醉酒高歌，可是只要认真追寻他的足迹，观察他新交往的朋友，耐心赏读他的诗文和别人对他的评论，以及他在这一时期创作的艺术作品，就会发现：唐伯虎不仅全身心地投入书画创作，而且他的生活观念悄然发生了变化，开始向往居家过日子的平凡生活。这似乎与他一贯的生活作风不同，也隐示着他对新生活的期望。

对任何人来说，无论你想上九天揽月，还是下五洋捉鳖，你首先需要生活，这就必须解决具体的柴米油盐酱醋茶的问题，这些生活必需品都需要花钱购买。怎么办？唐伯虎唯一的赚钱方法，就是鬻书卖画。他开始与鉴赏家、收藏家、书画商频繁往来，其中很重要的一项工作就是营销自己的作品。他可能还参与了艺术品交易活动，充当牙人（中介），替人拉线"做媒"。这意味着，一旦交易成功，他可以抽取佣金。

唐伯虎的《行书手札页》，见证了他与书画市场之间的关联：

> 今日汤、施、谢三兄来方（访），苦头痛不及。晋接已令阍者，嘱其与君暇日同来。欲作大横幅，如前年所图者，不知有此兴否也？吴兄有画下春意册子，乞一问之。胸次甚闷。

◆ 明 唐寅 《行书手札页》（局部），现藏北京故宫博物院

茗墟翁再问：叶方度有好字画否？寅顿首。[1]

---

[1].《唐寅书画全集·书法卷》，第 71 页。

从手札内容看，他似乎正在为自己的作品寻找买家。

唐伯虎还写了一首《渔樵问答歌》，以渔樵对答的方式，来表达自己准备"生意宜从稳处求，莫入高山与深水"的经营策略，显然是对自己过往生活的总结与反思：

> 渔翁舟泊东海边，樵夫家住西山里；
> 两人活计山水中，东西路隔万千里。
> 忽然一日来相逢，满头短发皆蓬松；
> 盘桓坐到日卓午，互相话说情何浓。
> 一云"深山有大木，中有猛兽吃人肉；
> 不如平园采短薪，无虑无忧更无辱"。
> 一云"江水有巨鳞，滔天波浪惊杀人；
> 不如芦花水清浅，波涛不作无怨心"。
> "吾今与汝要知止，凡事中间要谨始；
> 生意宜从稳处求，莫入高山与深水。"[1]

弘治十八年前后，三十来岁的唐伯虎，已经完成了人生角色的重大转变，开始以职业书画家的身份徜徉在艺术品收藏市场之中。

◇ **两位前辈画家的影响** ◇

唐伯虎在被迫放弃科举仕途之后，主动选择了职业书画家的人生角色，

---

[1]. 《唐寅集》，第34页。

自谋出路。而这种巨大的人生转变，显然受到了两位前辈艺术家的影响和鼓舞。

第一位是戴进。戴进本是工匠出身，早年以制作金银首饰在杭州谋生，擅长绘画，后来随父亲进京。他在一位太监的举荐下入宫，宣德年间专事宫廷绘画，受到了朝廷文臣们的欢迎。后因遭嫉妒，被迫出宫。正统六年（1441年）重返杭州，以职业画家的身份谋生，卒于天顺六年（1462年）。他是明早期影响力最大的画派"浙派"的开山鼻祖。

戴进继承了中国传统画的精华，是位真正的书画大家，山水、人物、花鸟等绘画门类无一不精。他笔下的山水雄俊高爽，苍郁浑厚。他用笔劲挺方硬，受到了南宋院体画以及元代画风的影响，尤其浸润于南宋水墨苍劲一派——受其影响最为明显；他的人物画笔法娴熟，顿挫间风度益著，远追吴道子、李公麟的风格；他所作的花鸟、虫草、走兽图亦饶有生趣。

戴进去世八年后，唐伯虎方才出生，所以他俩生前没有任何交集。但是，在唐伯虎成长的过程之中，戴进所倡导的浙派艺术风头正健，引领着中国画坛的主流。事实上，也正是到了明中期，在沈周的带领下，包括唐伯虎、文徵明、仇英在内的"吴门四家"崛起，才改变了这种格局，导致浙派的影响渐趋衰微。唐伯虎正是汲取了戴进艺术上和精神上的力量，站在浙派艺术的肩膀之上，完成了对自我画风的超越，实现了自己的艺术人生。

第二位就是他身边活生生的榜样沈周。

沈周的人生，是典型的传统文人的人生。沈家历代布衣，族无显宦，却成为苏州望族。他的曾祖沈良琛，与元代四大家之一的王蒙是好友。王蒙某次踏雪夜访沈良琛，即兴作画，该画成为沈家的祖传珍藏。祖父沈澄不为官，以诗享誉江南。沈澄有二子沈贞吉、沈恒吉，皆工诗善画，追随元末明初著名画家陈汝言之子陈继习画，绘画水平颇高。

◆ 明 沈周 《庐山高》，现藏台北故宫博物院

第五章·书画供养

沈周即沈恒吉之子。陈继之子陈宽就是沈周的老师。成化三年（1467年），沈周创作的著名巨作《庐山高》，正是送给老师陈宽的祝寿之礼。

儒家提倡入世、出仕，鼓励读书人齐家治国平天下，而沈周家族吸取了明初王蒙、陈汝言等文化名人惨死的教训，矢志远离政治。因此沈周的祖、父辈都谢绝了仕途。沈周本人也继承了家族传统，坚决不事科举，以淡泊心境处世，一生待人谦和。

沈周曾对弟子文徵明感慨"画是平生业障"[1]，说明他从骨子里就喜爱书画艺术，矢志不移。这与文徵明全然不同。终其一生，文徵明都怀抱着儒家理想，即使九次参加应天府乡试不第，他依然要凭借工部尚书李充嗣的举荐以贡生身份入京，得了个翰林院待诏的末等职位。

这两位艺术大师虽然都没有功名仕途，却依然成为那个时代的骄子，一代艺术宗师。而他俩成功的人生事迹，无疑在失足于科举仕途的唐伯虎寻找生活新方向时，为其树立了榜样，指明了方向，鼓励唐伯虎重塑了自己的人生。

◇ 早期唐伯虎绘画的艺术特点 ◇

唐伯虎早期的绘画，虽然深受戴进与沈周的影响，但又有其自身的艺术发展过程。

事实上，戴进与沈周的画风代表两种相反的绘画观念。戴进是职业画家的代表，沈周则是文人画派的代表[2]。

---

[1]. 见《文衡山先生三绝卷》（民国珂罗版），商务印书馆，1925年。

[2]. 参见方闻著、李维琨译：《心印》，上海书画出版社，2016年版，第190页。

唐伯虎传

唐伯虎早期的作品,更多的是受到了沈周的影响和熏陶。唐伯虎和文徵明一样,在青少年时期就接受了沈周的艺术指教。如唐伯虎早期的作品《双松飞瀑图》,无论构图,还是人物、芭蕉的画法,都受到了沈周的影响,具有高度的相似性。另一个重要的例子,是唐伯虎早年的作品《对竹图》中竹子的画法,与沈周《芝鹤图》中竹子的画法如出一辙,显然是承袭了沈周的画风。

唐伯虎在受教于职业画家周臣之后,其山水画开始承接浙派画风之格局,突显出南宋院体画的风格。至此,他的画风开始与沈周的画风拉开距离。

由戴进上溯,唐伯虎进一步受到了宋代的李唐、刘松年、马远、夏圭的影响,进而将戴进和吴伟的明初画风融合起来,凸显出南宋院体画的神韵,也彰显出他自己画作的艺术风貌。

李唐、刘松年、马远、夏圭就

◆ 明 唐寅 《双松飞瀑图》,现藏台北故宫博物院

第五章 · 书画供养

是院体画派的"南宋四大家",其中李唐是一代宗师,他的画风对包括其他三位在内的著名院体画家都产生过深远影响。马远和夏圭因风格相似而被合称为"马夏派"。马夏派突破了前人山水画的全景式图样,以局部小景见长,因此获得了"马一角""夏半边"的称谓,后人称他俩是"残山剩水"的代表画家。这个"残山剩水"并非贬义词,而是对他们画风的一种界定。明初以来的浙派画家中坚人物,如戴进、吴伟等,也都继承了"南宋四大家"的艺术传统。

我们一再强调,唐伯虎的画风始终秉承李唐的传统,这是不争的事实。唐伯虎曾经在自述中赞扬刘松年:"刘松年画师汴梁张敦礼。工为人物山水,种种臻妙,名过于师……尺山寸水,寸木分人,具巉岩浩渺之势,蓊郁生动之神,尤为入神品,列诸卷之上,盖师六朝笔意云。"[1] 刘松年的老师是汴梁张敦礼,而张敦礼的老师就是李唐。李唐正是唐伯虎最为尊崇的院体画派的宗师。

后世学者也都坚定地认为,唐伯虎继承了南宋院体画体系的传统。清代美术史论家方薰指出,"六如(唐伯虎)原本刘、李、马、夏"[2],而毛大伦更是指出,"唐寅……才艺宏博,风流倜傥。至于绘事,山水、人物,无不臻妙。虽得刘松年、李晞古(李唐)之皴法,其笔姿秀雅,青出于蓝"[3]。他赞扬唐伯虎在南宋院体画的基础之上又前进了一步,系青出于蓝而胜于蓝。

据说,在弘治十一年,唐伯虎在南京曾见过浙派大家吴伟。换句话说,

---

[1]. [清] 裴景福编撰:《壮陶阁书画录》卷五《宋刘松年层峦晚兴图卷》。

[2]. [清] 方薰:《山静居画论》(下)。

[3]. [元] 夏文彦纂,[明] 毛大伦增补:《图绘宝鉴》(借绿草堂本)卷六。

唐伯虎传

唐伯虎中年以后的绘画风格，像是戴进与沈周这两棵艺术大树落下的种子，经过多年的酝酿，蓬勃生长出的一棵新树。

我们今天欣赏唐伯虎的作品，似乎比前人的认识更加具体：对唐伯虎现藏于中外各地的作品进行集中对比，我们发现，唐伯虎早期的山水画创作，有一个清晰的笔墨成长和发展的过程。从他的用笔角度观察，早期山石、树木、繁枝等景物的状态多是在刻意模仿，画面看似写实逼真，实则笔触发紧，缺乏生动自然的流动性，显得刻板，如《灌木丛筱图》《灌木丛篁图》《虚阁晚凉图》《古木幽篁图》。而且，唐伯虎山水画中的人物多居于次要位置，常作为山水画的配角被简单勾勒，唐伯虎并未对人物五官进行刻画。

之后，唐伯虎进入了"入古"状态。他开始按照自己的预想，营造自我空间——利用先贤的山水模

◆ 明 唐寅 《幽人燕坐图》，现藏北京故宫博物院

钱塘景物图屏路寄山崖屋
寄汀杨柳坡平人马歇鹧鸪
船过水风腥 唐寅

明 唐寅《钱塘景物轴》,现藏北京故宫博物院

函关雪霁斑入稠 轻载驴骡
云载井斜川店前山积铁蜕
秦陵下追晋昌唐寅作

◆ 明 唐寅《函关雪霁图》（局部），现藏台北故宫博物院

式进行"拼装",画面非但没有达到放松、自然的状态,反倒使得山势显得怪异、突兀。例如《幽人燕坐图》《钱塘景物轴》《山居图》《层岩策杖图》。

唐伯虎在早期山水画上的种种努力,为他即将迎来的"出古"状态奠定了基础,也预示着他的创作高峰即将来临。

总体而言,唐伯虎早期的山水画,没有局限于南宋院体画的樊篱,而是远宗更为广博的艺术源流。以《函关雪霁图》为例,我们也可以看出唐伯虎知识储备丰富,运用的绘画技法更是博采众长。

台北故宫博物院副研究员林莉娜说:"此类'寒林雪景'山石树法皆从五代、北宋李成、郭熙学习,峭拔雄奇巨石则融入荆浩、关仝、范宽的经营布置,皴石采马远、夏圭斧劈,间杂披麻、长皴,变化多端。"[1] 此一说很有道理。这说明,唐伯虎在年轻时期就对古代绘画的发展脉络做过精深梳理和研究,进而兼收并蓄,而非仅仅局限于继承南宋院体画一派,独吃一家饭。

◇ **唐伯虎的书法特点** ◇

唐伯虎的书法,也深受人们的喜爱。

弘治三年,唐伯虎年仅二十一岁。从他写在周臣《听秋图》上的一段楷书题跋来看,其字体偏长,笔画凝滞,结字尚不稳健,由此可知是其早年未成熟时期的作品。

弘治年间,唐伯虎深受颜真卿书法的影响,同时临习赵孟頫,作品结

---

[1]. 林莉娜等编:《明四大家特展——唐寅》,台北故宫博物院,2014年。

唐伯虎传

字端庄，用笔方正，线条优美，他的书法进步显著，开始有一种雍然之气。

到了正德元年，唐伯虎三十七岁，他的字体丰腴起来，用笔欹侧，显然是受到了李邕书法的洗礼。最显著的例子是《春游女几山图》的落款，与有年款的唐伯虎《落花诗》的字体完全一致[1]。自此，唐伯虎的书法形成了自家风神。

张宗祥先生评述说："明代书家，法宋者多。大家无过于祝京兆（祝允明）。舍宋嗣唐，不落蹊径，草追长史（张旭），楷法平原（颜真卿），功力之深，唐、文莫及；唐解元自赵（赵孟頫）出，而逼近院体，姿重骨弱故也。"[2]王世贞也说："伯虎书入吴兴（赵孟頫）堂庑，差薄弱耳。"[3]这说明，若把唐伯虎的书法置于历史长河，与历代法书大家相比，他的书法不能力透纸背，稍显软弱。这些评语，皆为慧眼所见。

尽管众说纷纭，但唐伯虎在弘治末年已然崭露头角。

苏州坊间开始流传一首类似儿歌的打油诗，貌似在调侃唐伯虎：

桃花坞中有狂生唐伯虎，

狂生自谓我非狂，直是牢骚不堪吐。

渐离筑，祢衡鼓，

世上英雄本无主。

[1]. 唐寅《春游女几山图》现藏上海博物馆。画上题跋本无年款。但与唐寅于弘治十八年所写的《落花诗》对比，字迹完全一致，台湾学者江兆申据此断定，《春游女几山图》创作于1505年。唐寅《落花诗》原作，现藏美国普林斯顿大学艺术博物馆。

[2]. 张宗祥：《书法源流论》。

[3]. 见《弇州山人稿四部》。

> 梧枝旅霜真可怜，两袖黄金泪如雨。
> 江南才子足风流，留取图书照千古。
> 且痛饮，毋自苦。
> 君不见，可中亭下张秀才，朱衣金目天魔舞。[1]

其中，可中亭下的张秀才张灵，看似狰狞，实则可笑可悲，完全成了陪衬。而"江南才子足风流，留取图书照千古"句，表现出唐伯虎在经受会试舞弊案的打击后，异峰突起，以书画和诗文取得的成绩，赢得了民间的赞美。

---

[1]. [清] 尤侗：《明史乐府》。

第六章
生活不相信眼泪

唐伯虎传

第一节　往来无白丁

　　唐伯虎在三十五至三十八岁时，也就是弘治十七年至正德二年（1507年）间，有了一个全新身份：职业书画家。按照他自己的说法，这种生活叫作"百年障眼书千卷，四海资身笔一枝"[1]。按今人的理解就是：唐伯虎已经具备了独立思想和日趋成熟的艺术风貌，成为一个以售卖诗、书、画为生的职业书画家，没有其他收入。

　　前面已经说过，不幸的唐伯虎遇到了一个幸运的时代。虽然他被断绝了仕途，却可以凭借出色的艺术才华谋生致富，从而摆脱了一旦仕途折戟就必定成为"白首穷儒"的凄惨命运。

　　唐伯虎经历的弘治中兴后期，恰逢天时地利人和，艺术品市场欣欣向荣。还是以沈周的书画为例，来看看人们对他的艺术作品的喜爱是多么狂热。据王鏊说："相城居长洲之东偏，其别业名有竹居。每黎明，门未辟，舟已塞港矣。"[2]就是说，收藏家们一大早就涌向长洲县相城的沈周家，等待收购他的作品，把他家门前的码头都堵塞了。此时的沈周已近八十岁。

---

[1].《六如居士外集》卷二《诗话》，另见《唐寅集》，第597页。

[2]. [明]王鏊：《震泽集》卷二九《石田先生墓志铭》。

第六章 · 生活不相信眼泪

恰在此时，唐伯虎的书画创作也渐入佳境。一方面他要迎合和满足市场需求，而另一方面，经济的发展又促进了他卓尔不群的艺术创作，自此他终于迎来了自己的第一个艺术高峰期。

凡事总须付出努力，才可能扭转命运的颓势。作为一名职业书画家，无论他名气多大，其艺术作品一旦进入市场，也就跟做生意没有本质的区别。但是，艺术家的工作又与引车贩浆的小生意迥然有别。比如贩夫走卒卖瓜卖菜、卖鸡卖鸭，可以沿街叫卖，直夸自己的商品品相好，而那个时代的艺术家多是斯文人，他们还须保持身段，给自己留些文化人的体面。

沈周和文徵明师徒就是一对体面又成功的艺术家。不仅他们的作品换回了不菲的报酬，他们的品行也受到了社会的普遍尊敬。他们深谙市场与为人之道。他们处世低调，善于与人打交道，而且从不吝啬给予中间人实际利益，因此口碑上佳，收获可观。

其实，艺术品的优劣之分来源于人们的审美观念，属于人们的主观判断。多数人对艺术品的真假优劣很难说清道明，判定孰高孰低，尤其是那些附庸风雅的门外汉，更是一头雾水。而艺术品市场向来水深，所以书画家们常常需要笼络一些"帮闲"，来替自己抬轿子、吹喇叭，为自己的形象和作品造势，因此艺术家身边的圈子极为重要。中国向来是人情社会，如果你人品忒差，或是过于小气，只顾自己赚钱而忽略了旁人的利益，你的路就会越走越窄。

虽然唐伯虎的情商远不及沈周和文徵明师徒俩，但是他的智商应该在二人之上，因此进入艺术品市场之后，他的做事风格就显得更加果断且有胆识。

为了包装自己，唐伯虎的做法的确高人一头。就在此间，他掂量了自

唐伯虎传

身的优势,把自己的科举最好成绩"南京解元"刻成印章,又刻了"江南第一风流才子"闲章,还将自己的号"六如居士",以及"逃禅仙吏""禅仙""唐居士"等均镌刻成印,轮流钤印到自己的作品之上。

更为大胆的是,他还自拟诗句,如"龙虎榜中名第一,烟花队里醉千场""秋榜才名标第一,春风弦管醉千场""世上闲人地上仙"等,也刻成了印章,钤印在自己的书画作品或者藏书上。这些诗句,在满腹经纶的士大夫眼里是极为刺眼的,有的甚至会被认为太过污秽。唐伯虎也承认,说"食色性也古人言,今人乃以之为耻"[1]。但是为了提高自己的知名度,吸引收藏家的眼球,他仍然这样做。按照现在的说法,这是为了追求更强烈的广告效应。唐伯虎就是这样的人,敢于放胆,与其平庸地生活,还不如令人过目不忘。

唐伯虎在他的《夜读》中自述:"人言死后还三跳,我要生前做一场;名不显时心不朽,再挑灯火看文章。"[2] 这种不甘平凡的个性,让他要么不做,要么搞出名堂来!

唐伯虎进入艺术品市场之后,结交了众多人物,这些人皆与艺术品市场有着特殊的联系,有些人就是他的文化掮客,比如苏州古琴名家杨季静。

杨季静这个人物很特殊,他不仅是古琴家,还兼职做古玩商,同时也是书画掮客,用今天的话来说,就是唐伯虎、文徵明等苏州书画家的销售代理。

弘治十八年二月,杨季静去扬州、南京等地巡回演奏古琴,好友祝允明、

---

[1]. [明]唐寅:《焚香默坐歌》,见《唐寅集》,第24页。

[2].《唐寅集》,第24页。

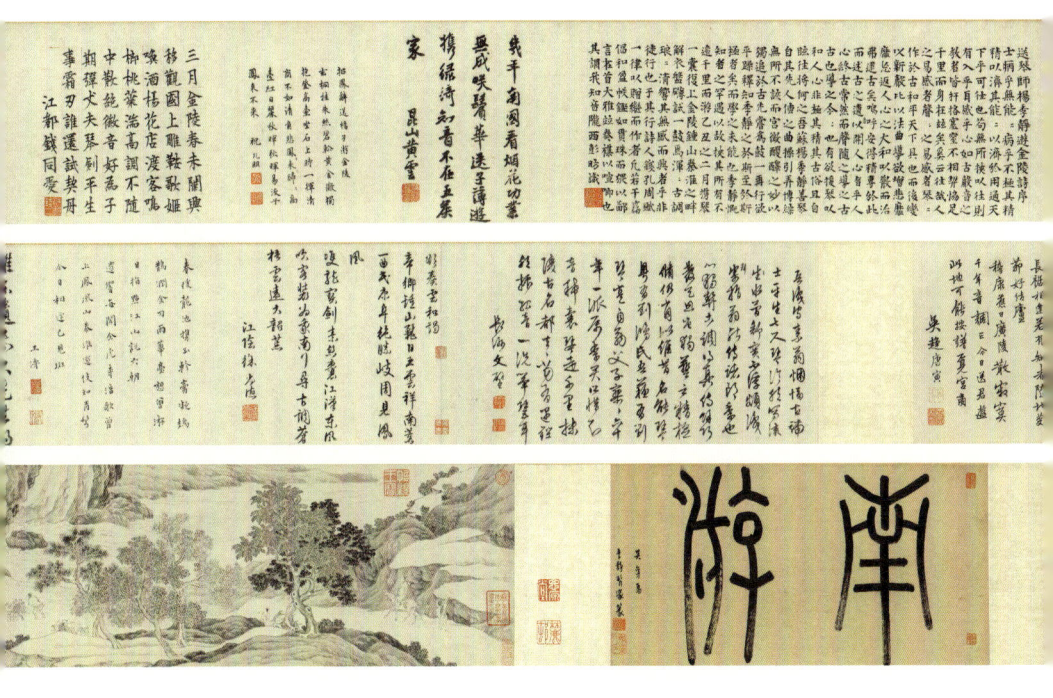

◆ 明 唐寅等 《南游图卷》，现藏美国弗利尔美术馆

王涣、文徵明、唐伯虎、吴奕、刘布、钱同爱和彭昉等一齐相送。唐伯虎不仅为他绘制了《南游图》，还题诗曰："今日送君游此地，可能按谱觅宫商。"[1]由诗可知，杨季静出门不仅纯属商业巡演，而且已经确定了目标客户。

时至明代，擅长演奏古琴的名家已经不多，而古老的琴谱更是凤毛麟角。世代琴师的杨季静家里藏有古琴谱，他本人也是闻名遐迩的古琴名手，结交了很多附庸风雅的富商名绅。苏州文士平日雅聚，能够聆听一曲杨季静的古琴，让心绪穿越时空，实为一大乐事。但是，古琴师这一职业并不能让人过上衣食无忧的生活，所以他还要兼职做一点艺术品掮客的生意。[2]杨季静经常接受客人的委托，邀请祝允明、唐伯虎、文徵明等为客户写字、绘画，自己从中抽取佣金。作为回报，艺术家也常常会额外赠画给他，以

---

[1].《大观录》卷二十《唐解元南游图卷》。

[2]. 参见《文徵明传》，第60页。

◆ 明 文伯仁 《杨季静小像》（局部），现藏台北故宫博物院

示谢意。唐伯虎为杨季静画过多幅作品，除了名作《南游图》外，还有《琴士图》等。文徵明在嘉靖七年（1528年）也为他绘制过一幅《蕉石鸣琴图》，并题写了《琴赋》。文徵明的侄子、画家文伯仁也曾为他绘制过一幅《杨季静小像》。

　　唐伯虎笔下的《琴士图》，简直把身在旅途中的杨季静描绘成了神仙。只见他头戴巾纶，身穿薄纱，赤脚盘腿，双手抚琴，从他迷离的眼神可以看出，他似乎已陶醉在自己弹奏的悠扬琴声里。杨季静面前的摆设，既有瓶、壶等造型的瓷器，又有方罍、鼎等青铜器，而且配有精致的底托。这些物品显然不是生活实用器具，而是古董珍玩。他为什么要带着这些收藏品四处游走？唐伯虎想借此婉转地指出，杨季静不仅是古琴家，还是古玩商。他在各处演出时，面前摆上这些便于携带的收藏品，正是为了展卖。

　　唐伯虎与杨季静有着亲密的合作关系，这幅《南游图》是专门为他送行而画。好友们纷纷在《南游图》后题诗作跋。彭昉为这幅画作序云："乙丑之二月，携琴一囊，复上金陵。钟山秦淮之畔，解衣磅礴，试一鼓焉。"彭昉，字寅之，是文徵明县学的同学；刘布，字时服，山西按察司金事刘钰的曾孙、沈周之外甥；王涣，字涣文，尤善古赋，有时名。吴奕也在卷首题写了"南游"两个篆书大字，顶天立地，姿态娟秀。

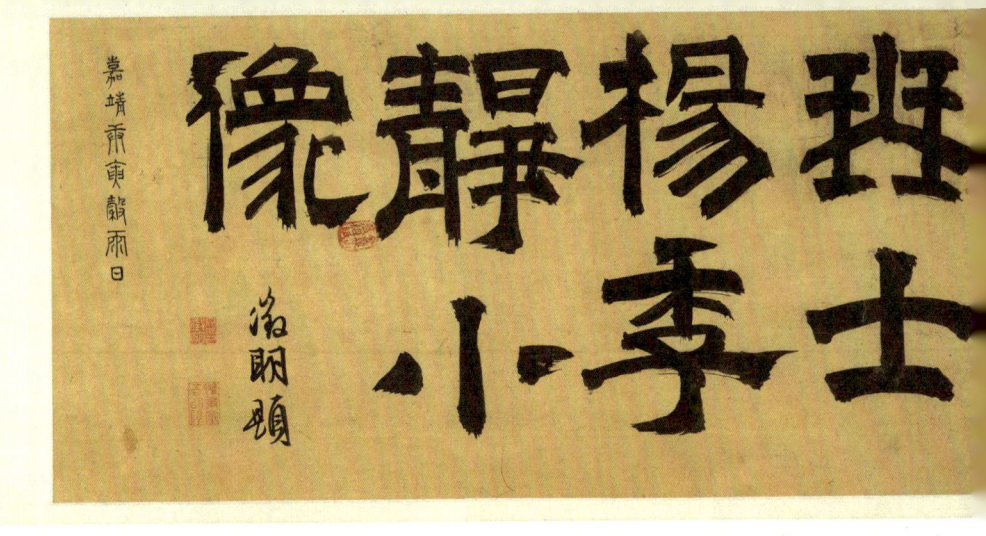

在《南游图》后，是唐伯虎的题诗：

> 江上春风吹嫩榆，挟琴送子曳长裾。
> 相逢若有知音者，随地芝茅好结庐。
> 嵇康旧日广陵散，寂寞千年音调亡。
> 今日送君游此地，可能按谱觅宫商。

唐伯虎诗中说的"知音者"，指的就是杨季静的客户，也就是"宫商"（指代收藏家），也是唐伯虎的潜在客户。

其后是文徵明的五言题诗，曰："吾苏有琴名，实自翁父子。廖廖六十年，一派属君季。"说自杨季静父亲以来，杨家两代人操琴已经有六十年矣，为苏州声乐界赢得了声名。

存世至今的《行书致归老札》中有唐伯虎叮嘱杨季静需办的具体事项，可证他们的交往十分密切：

> 归老先生张辨之、杨季静见字：仆前卖貂皮，失入行囊。今在黄四哥处，烦取而回之。附：多多上覆四哥、子任、芊伯列位后。又三哥，杨家毛儿鞋样讨了来。寅再拜。皮是韩湘之物，杨季静

◆ 明 唐寅《琴士图》，现藏台北故宫博物院

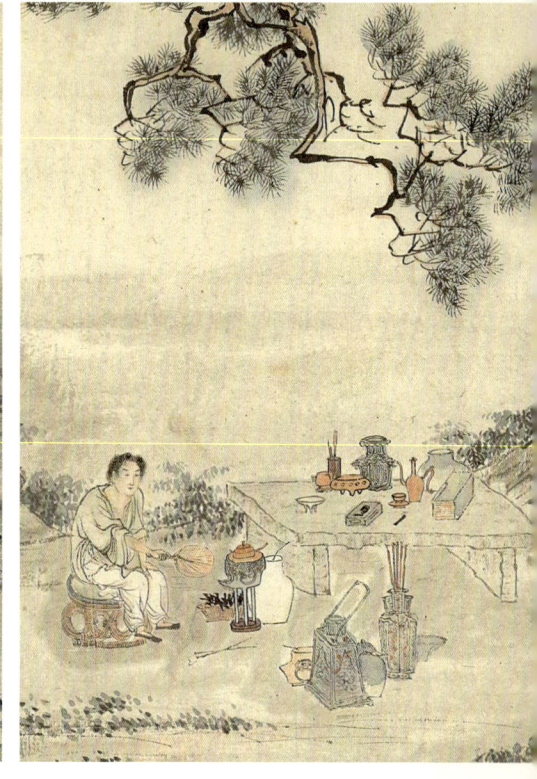

《琴士图》（局部）

要当心，要当心。[1]

讲到唐伯虎的《南游图》，还要特别介绍一下王涚。当时，王涚、陆南与文徵明齐名，他们都是苏州人，"读书能文"，是江南读书子弟的榜样。

---

[1].《唐寅书画全集·书法卷》。第87页。

明人李诩的父亲当时是江阴、常熟的税务官,经常带他去苏州玩耍。他在《戒庵老人漫笔》中回忆说:"余少时见苏城妇女祭所谓太妈(当地女神)者,献酒,拜伏,必祝曰:'今夜献过太妈娘娘三杯酒,愿得我家养子像陆南、王涣、文徵明。'遍城皆然,习以为例。今人所皆知者,亦惟文(徵明)耳。"[1]可见他们当时不仅声名响亮,而且受人崇拜。王涣于正德十四年(1519年)领乡荐考中举人,后来去遥远的云南边陲做了一个小官吏,即东川军民府的通判,于嘉靖十四年(1535年)默默无闻地去世了。文徵明为他撰写了墓志铭,称"余友君三十年,知君尤深"。

杨季静这次外出巡演,必定携带了唐伯虎等苏州文人的书画作品,去扬州、南京等地销售。这不仅是一次商业展卖活动,更是一种文化传播。

前文已经介绍,唐伯虎成为职业书画家之后,已经明白了艺术家与社会声誉、市场推广之间的关系。这一点非常重要,从历史和今世的艺术品市场来观察,成功的艺术家多善于包装自己。旧时说"酒好不怕巷子深",若深究,这句话的前提应该是有人来确定"酒好",然后才可以广而告之,才会有人寻踪而来。这本质上就是一种市场营销行为。所以说,职业艺术家不仅要勇于、善于自我宣传,同时还需要有人来抬轿子,这就是一个好汉三个帮的道理。这样做可以在更大程度上提高艺术家的知名度和美誉度,从而使其作品受到市场青睐。

从唐伯虎的艺术经历中,我们不难发现,他身边经常围绕着三种人。这些人将他"延誉公卿间",替他摇旗呐喊,修路搭桥,以便使唐伯虎的

---

[1]. [明]李诩:《戒庵老人漫笔》卷七《三夸三豪》。

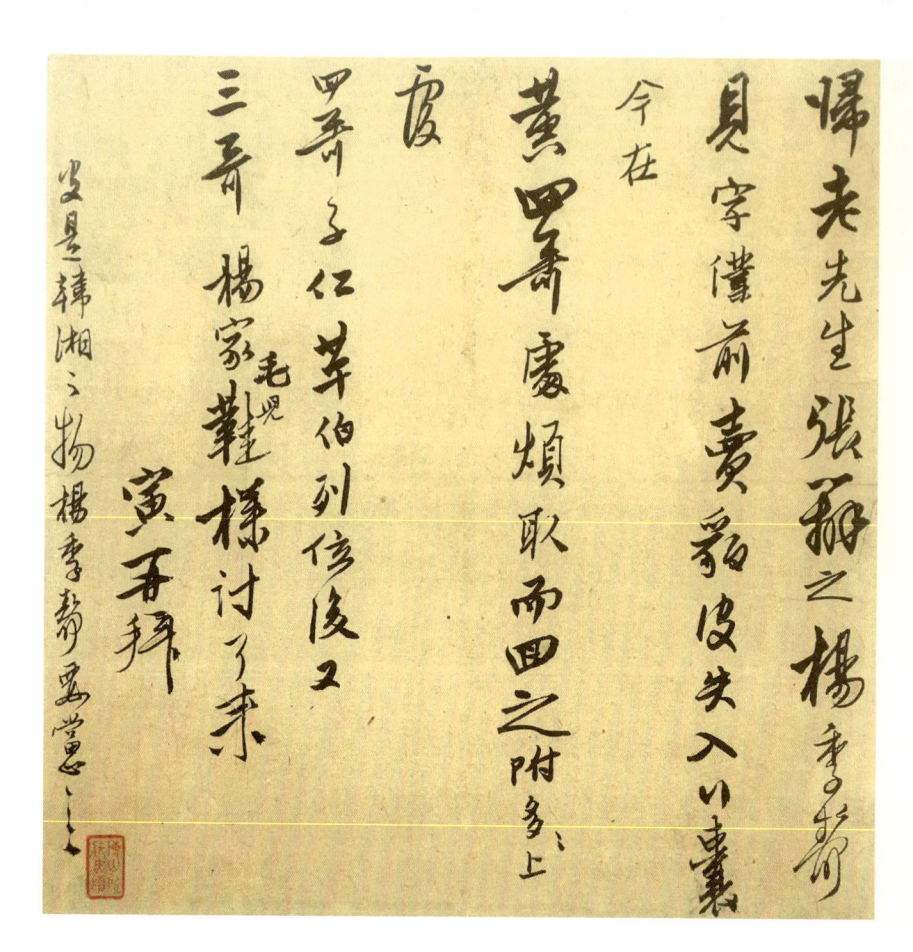

◆ 明 唐寅 《行书致归老札》，现藏北京故宫博物院

书画在不同层次上获得更广泛的市场认可，最终以此赢利。

　　第一种人，就是唐伯虎身边不曾缺乏的有影响力的艺术家、行家和好事者。他们大多热爱艺术，懂艺术，在社会上具有较高的知名度和影响力，相当于唐伯虎的宣传队、护法使者。他们又可以分成如下几类。

　　其一，唐伯虎身边的师友。他们个个都是艺术修养深厚的人，整天在一起相互抬举，相互捧场。最著名的艺术家无过于沈周、祝允明和文徵明。

　　据曾经在壮陶阁鉴藏过唐寅《高士图》的裴景福记载，正德丁卯仲春三日，即正德二年二月三日，唐寅持新绘《高士图》邀请好友祝允明书赞于画幅之上。祝允明欣然应命，题跋曰："伯虎兄持示卷头，命余书赞，不觉景企前贤，玩之不忍释手。遂援笔而识，时桃花盛开也。"[1]祝允明是苏州艺术界的中流砥柱，是书法界的巨擘，他的赞誉显然十分重要。人们通过心理认同来认识唐伯虎的艺术，由此放大了艺术品的影响力和感染力。此外，沈周、文徵明对唐伯虎更是鼎力相助，无论在什么场合，对唐伯虎的任何作品，他们都是热情讴歌，从不贬抑。

其二，是江南的书画行家。这些人都仰慕唐伯虎的书画，是他的艺术拥趸，整天与他交游一处。

人情交往不是单向流动，人们最喜爱得到的回报无疑是唐伯虎的书画作品。唐伯虎也不是小气之人，常常会大方地将作品赠送朋友。弘治十七年四月，唐伯虎画了《坐临溪阁图》赠送好友姚丞。姚丞是长洲人，国子监贡生，也是唐伯虎多年的好友，家有临溪阁，曾邀请唐伯虎去游玩。唐伯虎在画上题跋曰："空山春尽落花深，雨过林阴绿玉新。自汲山泉烹凤饼，坐临溪阁待幽人。辄作小绝并画以为赠存道老兄，其俦昔之欢，并居处之胜焉。时弘治甲子四月上旬，吴趋唐寅。"[2]

还要来说说颇有身份的江阴县西庄村人薛章宪。薛章宪是徐经的姐夫，也是有名的收藏家，与沈周交谊颇深。弘治十五年，沈周曾为他画过《杨梅村坞图》，并在《石田诗选》里选录了《薛尧卿场中卷短策长莫录被枉黜》《送薛尧卿漫游言欲登泰山谒孔林而迤逦求仙海上》。从沈周的诗中可以看出，薛章宪也是读书人，"丈夫汲汲在事业，白发须臾成老苍"，看来其科举道路不顺，转而热心艺术收藏。沈周曾写信告诉收藏家黄云：

---

[1].《壮陶阁书画录》卷十《明唐子畏高士图祝允明书赞长卷》。

[2].《石渠宝笈》卷三十四《明唐寅坐临溪阁图》。

唐伯虎传

薛章宪得到了黄庭坚的书法作品[1]。

"白发须臾成老苍"的薛章宪的确是一位见识过大世面的"大观之士",杖游过大江南北,与唐伯虎"能同醉醒",被唐伯虎视为"合死生而一之"的知己。

弘治十八年,薛章宪与唐伯虎一起痛饮高歌。两人都醉得一塌糊涂,唐伯虎歌道:"世人痴呆认做我,惹起尘劳如海阔……说有说无皆是错,梦境眼花寻下落。"老友薛章宪醒来后不忘索书,唐伯虎因此为他书写了《醉时歌》。唐伯虎还写道:"醉时所歌,醒忘之矣。生有所得,死失之矣。大观之士,能同醉醒,合死生而一之,此作歌之本旨也。弘治乙丑,唐寅呈浮休先生请教。"[2] 大意是:自己在醉酒时吟咏的诗歌醒来时全忘了,这是根据薛章宪的记忆重新书写的。

薛章宪也是唐伯虎作品的捐客之一,曾在正德二年带唐伯虎到自己的家乡江阴,登门拜访了著名收藏家朱承爵。正德四年冬,唐伯虎再来存馀(余)堂拜访朱承爵时,说自己是"三载重来论契阔"[3]。朱承爵立即请来薛章宪作陪,正因薛章宪是介绍他俩相识的人。

唐伯虎的拥趸中还有一个重要人物,就是吴奕。

雅称"茶香先生"的吴奕,是个纨绔子弟,整天与唐伯虎形影不离,扮演着绿叶的角色,在经济利益上也多少依附于唐氏。在唐伯虎书画作品

---

[1]. 沈周《致应龙先生亲谊》手札云"薛公所得山谷书"。该手札现藏台北故宫博物院。

[2]. 《唐伯虎集》卷一《醉时歌》。原书为"浮观先生",作者认为是误刊,应指唐伯虎的老友"浮休居士"薛章宪。

[3]. 郑振铎编:《域外所藏中国古画集》之《唐寅一枝春图轴》,湖南美术出版社,2020年。

的经营上,他则是处处抬轿子、吹喇叭,为其摇旗呐喊。

吴奕是吴宽的侄子,身份特殊。他的父亲吴元晖早逝,伯父吴宽一家长期定居京城,其寡母又十分溺爱他,因此他养成了自由散漫的个性,在科举一途上不求上进。

事实上,吴奕是一个极为聪明的年轻人,无论做什么事,都能搞出个名堂。他的书法学伯父吴宽,几可乱真,导致后人推测,市场上署名吴宽的书法赝品中,难辨真伪者,十有八九出自吴奕之手。他爱饮茶,整天研究沏茶方法,结果引得苏州寺庙里的和尚纷纷跟着他学茶艺,尊称他为"茶香先生"[1]。就是这么一个聪明人,既不肯寒窗读书,走科举的正道,也不愿放低身段,学做生意。他宁肯依附于人,也不想独立做事,混来混去,混成了一个麻将桌上的百搭。这种性格的形成,与他幼年丧父、母亲溺爱、无人管教有着直接关系。

不过,吴奕最大的优点就是为人厚道,侠义心肠,所以朋友们从不鄙视这位"落魄公子"。

正德元年五月四日,唐伯虎绘制《关山行旅图》,落款为"正德改元仲夏四日,吴郡唐寅写",并自题诗云:"十年行旅忆关山,纨绔何堪道路难。今日酒杯歌袖畔,竟忘门外到长安。"吴奕在这幅作品的上端,醒目题跋曰:"行旅关山苦路难,雁飞不到利名关。平原野色苍茫景,输与唐君笔底间。"

吴奕诗的最后一句"输与唐君笔底间",正是在为唐氏抬轿子。吴奕也非一无所长之人,古人云"文人相轻",而吴奕却心悦诚服地抬举唐伯虎,

---

[1].《吴都文粹续集》卷四十五《落魄公子传》:"吴文定公兄弟三人,其季元晖,生子名奕,字嗣业……尝嗜杯酒,而陶陶手不至荒也,故谓之落魄公子云……善文定书,尤精篇学……其烹泉瀹香之法,吴僧无不传习,谓之茶香先生。"

◆ 明 唐寅 《关山行旅图》（局部），现藏北京故宫博物院

第六章·生活不相信眼泪

除了感情因素之外，料想他也是唐伯虎作品的掮客，也会从中分得一杯羹。吴奕与唐伯虎过从甚密。唐伯虎当年落难，吴宽替他向浙江布政司的欧信求情，可能就是吴奕从中斡旋的结果。

正德二年三月，唐伯虎还绘制了《终南十景图》[1]，每一幅画上都有吴奕的对题。从中不难看出唐伯虎对吴奕的关照。

其三，好事者。

徽州是苏州书画家们的吸金之地，徽商也就成为他们重要的艺术襄助人。徽商之富，天下闻名，而他们为了培养子弟，常常将孩子送到苏州拜师学习。唐伯虎有位学生名叫戴昭，是唐伯虎与徽商的联系人，从中起到了穿针引线的作用。

戴昭本在徽州府学读书，是当地的好学生。朝廷为了鼓励优秀生员好好读书，分别挑选府学四十人，州学三十人，县学二十人，每月每人给廪米六斗，以资鼓励。这批生员被称为"廪膳生"，戴昭就是其中之一。他的父亲戴思端是个徽商，眼看儿子戴昭的学业一直没能取得较大的进步，害怕他荒废了学业，就把他送到苏州读书。经过一番挑选之后，戴思端把

---

[1].《石渠宝笈》卷二十三《明唐寅画终南十景吴奕书》云："此画俱十幅，每幅标目，书画同。第一幅金碧潭；第二幅草堂；第三幅倒景台；第四幅樾馆；第五幅桃烟庭；第六幅云锦淙；第七幅洞玄室；第八幅涤烦矶；第九幅幕翠庭；第十幅期仙磴。第十幅款识云：正德丁卯春三月苏台唐寅……书幅第一幅款云，延陵吴奕书。每幅有吴奕、茶香二印。"

唐伯虎传

儿子送到唐伯虎的门下,让儿子跟随唐伯虎学习[1]。

大概是在戴思端、戴昭父子的引荐下,唐伯虎结识了王友格、吴明道等徽商朋友,相互之间关系友善,唐伯虎还曾被邀请去徽州一游。

唐伯虎的同学孙育(字思和),更是直接扮演起唐伯虎书画经纪人的角色。孙思和家里有一本厚厚的账簿,里面记录的全是唐伯虎的书画作品[2],大概都是拿来镇江府地区销售的。

有时,热心的朋友想帮唐伯虎销售作品,会给他推介收藏家,当然不会每一次都成功。有位身居异乡的苏州人,名叫吴自学,他就曾帮唐伯虎卖过画,但是没有成功。

唐伯虎在致吴自学的信中说:

> 寅拜,自学吴兄。前者匆匆相别,遂不得尽言。向者之事,托在尊兄好意,故有此举,不想其间有许多掣肘,明年进礼,专望此帐;万望尊兄全其始终,勿使他人笑我可也。唐采在彼处事乖张,甚为可恼,烦为戒之。……料尊兄决不薄于乡里故人,而反厚于异乡牙侩也。相见有期,客居保重。寅再拜。[3]

---

[1]. [明]汪珂玉辑著:《珊瑚网》卷十四载戴冠《诸名贤垂虹别意诗并叙》:"休宁宗弟戴生昭,年富质美。予教授绍兴府学时,与其父思端有同谱之好,往来情意甚笃。然思端业贾,什九在外,不能内顾。恐昭废学,负所禀,因挈来游于吴,访可为师者师之。初从唐子畏治诗,又恐不知一言以蔽之之义,乃去……昭为人,言动谦密,亲贤好士。故沈石田、杨君谦、祝希哲辈,皆吴中名士,昭悉得与交,交辄忘年忘情。及昭学渐就绪,去家且久,不能无庭闱之思。将告归,众作诗送之。"

[2].《戒庵老人漫笔》卷一《文士润笔》。

[3].《唐寅集》,第509页。

第六章·生活不相信眼泪

可见，在当时的收藏市场，艺术品"牙侩"（经纪人、中间人）已经非常活跃，且竞争激烈。

唐伯虎的艺术拥趸，都十分喜爱他的书画，因此也乐于宣传、推广和替他销售书画作品。而唐伯虎也会用各种方法予以回报——这在艺术品收藏行业里是极为寻常的现象。最常见的感谢方式，除了给予佣金之外，还有馈赠作品，因此这些人也就渐渐成了唐伯虎作品的收藏家。

第二种人，是艺术家的金主，他们是社会上的大富。

职业书画家要想真正成就大名，常常须依附两种人——大富之人和大贵之人。大富，是指社会上腰缠万贯的超级富豪。这些人占据了社会上的优势资源，身边围绕的尽是大小富翁。大富之人捧红的艺术家，在心理上就高人一等。小富小贵则不能成事。为什么？因为小富小贵的本钱有限，投资到了一定程度，看到收藏品行情上涨，就按捺不住要抛售。但是，如果画家的艺术品被不停地抛售，艺术品市场就会出现过剩现象，这就是在砸艺术家的市场。

沈周、祝允明、唐伯虎和文徵明这样的成功艺术家，个个都熟稔这个道理，也都非常注重交往的对象。比如在弘治十七年十二月十五日，无锡富商华德顺来苏州，邀请文人雅士题跋，这些文人均乐而为之。

无锡华氏是常州府巨富。元末兵荒马乱时，这个家族的先人华贞固偕双亲避祸，逃到了苏松间，到了明初的洪武年间才返回故里无锡[1]。

---

[1]. [清]顾光旭辑：《梁溪诗钞》卷三载，华贞固"字公恺，世称贞固先生。元末奉其亲避兵苏松间，虽艰困必得亲欢，洪武初归锡"。

唐伯虎传

弘治八年，华氏后人华德顺高价购得其七世祖贞固先生手书《黄杨集》[1]（华贞固之父华幼武的诗集）。到了弘治十七年，他亲往苏州，盛情邀请这些声名鹊起的苏州著名书画家题跋，以示对自家祖先的尊敬。

祝允明为《黄杨集》撰写了楷书跋文，称赞"德顺之购藏，可胜道哉"。唐伯虎、文徵明、都穆、杨循吉以及华亭的大名人钱福都热情作跋。

唐伯虎非常重视这一活动，写了很长的跋语，极尽赞美之能事：

常州为江东望郡，人物文章奕世称羡，而国初兵燹丞加，故遗墨旧文往往流行人间。而姓族衰微者，漫不收拾。华氏顺德，自少年便知远纨绮，泛游荐绅先生，在行辈间，彬彬号嘉子弟。弘治乙卯以高资购得七世祖贞固所写栖霞先生《黄杨集》，箧以为家宝。间又丐诸士大夫题识其末，使先生旧物有所付托，而不与故楮同陨覆酱瓿。手泽词气宛然在目，百世而下，子孙有所瞻仰，是二先生可谓有后矣。吴郡唐寅识。

文徵明以娟秀的楷书作跋，对《黄杨集》手书的流传过程进行了认真考证。

在这些题跋者中，华亭人钱福是位响当当的人物。他是弘治三年的状元，才高气盛，雄视当世。钱福的《明日歌》颇为有名：

---

[1]. 历史上，《黄杨集》手书原稿有四次散失又被华氏购回的经历。这是第一次被华氏后人购回。后被无锡秦家收藏，因秦家与华家是姻亲，所以又归华氏后裔。此后又反复两次，最终由华氏后裔捐赠给无锡博物馆。

> 明日复明日，明日何其多。
>
> 我生待明日，万事成蹉跎。
>
> 世人苦被明日累，春去秋来老将至。
>
> 朝看水东流，暮看日西坠。
>
> 百年明日能几何？请君听我《明日歌》。

钱福的名气，当时与王鏊齐肩，时人称"钱王两大家"。可惜"钱福"这个名字没能给他带来多少好福气。他有个坏毛病，性坦率，喜饮酒，每饮必醉，往往言出伤人。考中状元之后，任翰林院修撰，却又因言惹祸，致招谤议，三年后辞归。弘治十七年去世时，他年仅四十四岁。而王鏊比他幸运得多，高中后飞黄腾达。

弘治十八年秋，唐伯虎有过一次长途跋涉的徽州之旅，这是他成为职业书画家之后的重要行程。唐伯虎名义上是去赏山玩水，实则是为销售自己的作品，因为此时的徽商是全国最为富有的一群商人。

邀请他来徽州的，就是徽商王友格，他请唐伯虎为其宗族祠堂撰写《王氏泽富祠堂记》，其实就是记录泽富王景旻家族的传承历史、祠堂营建和祭祀祖先的规矩。唐伯虎写道："徽歙多世家，泽富之王景旻氏，是其一也……王氏后世之子孙，苟知所务，不替斯举，使世德族系，百万斯年，与此祠俱隆，岂不得为徽歙之伟观也哉！弘治乙丑，余行旅过徽，友格以币交，故为记其事云。"[1]

唐伯虎在文章的最后讲了大白话：友格以币交，故为记其事云。"意

---

[1].《唐寅集》，第247页。

唐伯虎传

思是，王友格邀请我来撰写这篇文章，事前是谈好价钱的——这显然是话中有话，可能是为证明王友格清白，因为营建祠堂的费用，是他的家族集资的。

告别了王友格，唐伯虎又来到歙县的吴明道处。

吴明道也是他的朋友，自然要邀请他去家里做客。唐伯虎为吴明道撰写了《竹斋记》，称："歙之吴君明道，字存功，别号竹斋，君子人也，丐余记斋。"这句话说明，他此次去安徽，不仅是受王友格之邀，同时也应了吴明道的邀请，为他"记斋"。让死人不朽的办法是写墓志铭，而为活人涂脂抹粉的最好方法，大概就是撰写这类文章。文中有句"门内有君子，门外有君子"，不仅赞扬了吴明道本人是君子，而且赞扬了他的朋友们也都是君子。后来，为唐伯虎整理、出版文集的明人袁裦实在看不下去了，就给此句加了眉批："俗套"！说得也真是辛辣，一针见血。

唐伯虎随后又去了与歙县相邻的休宁县，登临向往已久的齐云山，并与之结下了不解之缘。

齐云山是道教名山，古称白岳，因遥观山顶与白云齐平而得名。唐朝乾元年间，道士龚栖霞云游至齐云山，隐居于天门岩修炼传法。南宋宝庆年间，道士余道元自黟山（黄山）北游至齐云山天门岩，得潜师天谷子印记"宜我室此"，遂拜请于居士金安礼、金士龙，建佑圣真武祠于齐云岩。此后云游道士纷至沓来，道教信众纷纷献地输财，筑祠建观，香火日盛，从而创立了齐云山的道教基业。在明代，齐云山的名气很大，与黄山齐名，并称为"黄山白岳"。

唐伯虎在齐云山住了下来，又结交了一批朋友。他在《齐云岩纵目》这首诗中写道：

> 摇落郊园九月余，秋山今日喜登初。
> 霜林着色皆成画，雁字排空半草书。
> 曲蘖才交情谊厚，孔方兄与往来疏。
> 塞翁得失浑无累，胸次悠然觉静虚。[1]

唐伯虎在诗中说，休宁之旅，虽然没有增加多少收入（与他的期望值有落差），却大开了眼界，收获了友谊，依然十分高兴。

唐伯虎在游览时见到山上有摩崖联句"齐云山与碧云齐，四顾青山座座低"，不知何时何人所写，竟无人续联，于是随口应道："隔断往来南北雁，只容日月过东西。"[2] 此联赢得众人称赞，佳话流传至今。

唐伯虎最著名的有关齐云山的画作，当数《山水图》[3]。此画既无年款，又无地址，凭什么确定画的就是齐云山呢？扣子应在唐伯虎的题诗上解开。元代诗人郑玉写过一首关于齐云山的诗《白岳》：

> 名冠江南第一山，乾坤故设石门关。
> 重重烟树微茫里，簇簇峰峦缥缈间。
> 五夜松声惊鹤梦，半龛灯影伴人闲。
> 忽闻环佩珊珊度，知是神仙月下还。

---

[1].《六如居士全集》卷二《齐云岩纵目》。

[2].《六如居士外集》卷二《娱野园漫笔》。

[3]. 此图现藏北京故宫博物院，又称《柴扉夜话》《松间草阁图》。

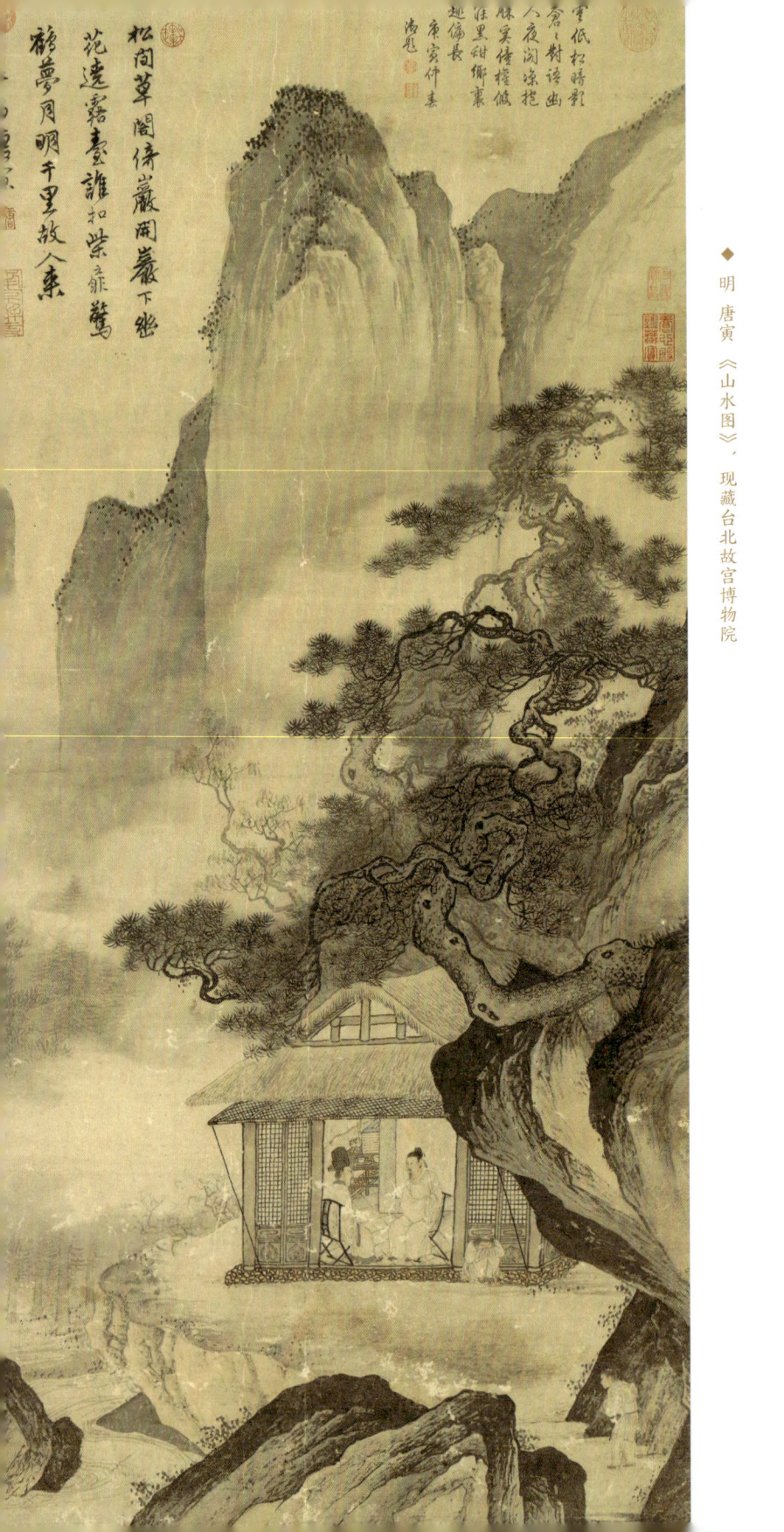

明 唐寅 《山水图》，现藏台北故宫博物院

唐伯虎在《山水图》上的题诗，依照的是郑玉诗的韵脚，并借用了郑诗中的"惊鹤梦"：

> 松间草阁倚岩开，岩下幽花绕露台。
> 谁叩柴扉惊鹤梦，月明千里故人来。

当然，《山水图》是唐伯虎离开齐云山之后的追忆之作。

第三种人就是大贵者，高官也。他们的权力越大，占有的公共资源也就越多。权贵们看上哪位艺术家，溜须拍马者也会蜂拥而上，这很快就能让艺术家蹿红。

艺术家与权贵们的合作，常常遵循着相互需要、互为利用的逻辑。大贵之人需要著名文人为其点缀门面，以显示他们的慷慨和尊崇文化的高雅情怀，以此抬高自身资望。当然，有时也是为了实际的经济利益。

唐伯虎与老师王鏊是一世的师生知己。表面上看，他俩之间荡漾着深厚的友情，但从互利的角度看，也属于这一类合作关系。

第二节　师从王鏊

王鏊是成化十一年礼部会试的"会元"，即第一名，他又在殿试中获

唐伯虎传

得一甲第三名探花，后被授翰林院编修，一时盛名天下。成化十四年（1478年）八月，因为母亲叶孺人病危，王鏊上疏乞假还乡。抵家三月后，母亲逝世，王鏊便居家守制丁忧。居家期间，王鏊除了在家读书之外，还像已故的老前辈吴宽一样，与吴中文人广泛交游，其中包括一代名臣邵宝、杨一清、靳贵，以及沈周、都穆、蔡羽和"娄东三凤"张泰、陆容、陆钶等。王鏊是继吴宽之后吴中诗派的代表人物，也是苏州文坛的领袖，对吴中文化的建设起到了推动作用。

弘治十年三月，孝宗敕令修《大明会典》，大学士徐溥任总裁，王鏊任副总裁。弘治十三年，王鏊进吏部右侍郎，仍兼日讲官。到了弘治十六年，王鏊之父王琬过世，王鏊再次回乡守孝。身为朝廷权贵的王鏊，自然扛起了苏州文坛的门楣匾额。这期间，苏州府知府林世远携吴宽生前收集的旧稿来拜访，恳请他出任《姑苏志》的主编。大家都认为，王鏊的官衔是嘉议大夫、吏部右侍郎、国史副总裁，最宜担任这一荣誉职务。

王鏊在《重修姑苏志序》中回忆说："一日，（林知府）抱文定（吴宽）遗稿属余曰：'敢以溷子矣。'余谢非其人，且郡多文士，有杨仪部循吉辈在焉，盍以属诸？而仪部固辞。予以侯之美意，文定之苦心，使缺焉泯没，则予诚若有罪焉者。侯乃延聘文学，得同志者七人，相与讨论。合范、卢二志，参以诸家，裨以近事，阅八月成，得六十卷，以复于侯。"[1] 王鏊在谦让一番之后，还是担任了《姑苏志》的主编。

同修者有福建按察司佥事杜启，杜启相当于副主编，协助王鏊主持工作。其余参加者为浦应祥、祝允明、蔡羽、文徵明、朱存理以及邢参。重

---

[1]. [明] 王鏊：《重修姑苏志序》，见正德本《姑苏志》。

修工作历时八个多月，新版《姑苏志》共六十卷。为什么唐伯虎没有参加《姑苏志》的编撰工作？因为此时他已经去徽州等地远游了。

弘治十八年十一月十日，唐伯虎陪同王鏊、李旻、朱文等人游览苏州虎丘，然后在剑池东面的石壁上写下四行楷书大字。[1]

我们可以看到，在此之前，唐伯虎与王鏊虽时有来往，但并不频繁，即使偶尔在一起聚会，或是在书画上题跋、和诗，相互之间也缺乏深入交流。但此时，他们的师生关系已经全然不同，唐伯虎自谓"门生"，跟王鏊出门叫"侍从"，已经开始如影相随了。

同行者李旻虽然年轻，但已是天下闻人。他的曾祖父为明初名将、第一代丰城侯李彬，爷爷是第二代丰城侯李贤，他是第三代丰城侯李勇的庶子。李勇死后，由嫡子李玺袭爵。弟弟李玺去世后，因无子，丰城侯爵位就由庶兄李旻继承，那是正德三年的事。而在此时，李旻的官位只是少卿。

另一位是朱文，曾寄籍苏州府昆山县，后徙吴县，官至云南按察司副使。他刚来苏州时，曾借住在王鏊家两年。王鏊写过一首诗《朱天昭始第进士主余家至明年移居西邻》：

> 两年不厌草堂低，颇爱晨昏出入齐。
> 长日经过无主客，只今相见有东西。
> 浊醪尚可墙头过，归院那愁柳下迷。
> 厩马似知人意思，临歧回首再三嘶。

[1]. 据李根源《虎阜金石经眼录》，题字"四行高约二尺五寸，广约一尺，摩剑池东石壁"。

唐伯虎传

朱家两代进士，其子朱希周可谓少年得志，弘治九年状元及第，后来成为南京吏部尚书。

从苏州虎丘剑池摩崖石刻的语气上看，应该是唐伯虎所书。在这一时期，他常用颇显傲气的"南京解元"印，可是在这里，他却表现得非常谦卑，只说自己是"诸生"，而且是"侍从"。因为此行人中除了唐伯虎，名气最小的是朱文，虽然朱文的儿子朱希周比唐伯虎还小了三岁，但朱希周在二十四岁时就高中状元，自然比唐伯虎更有资格狂傲。

二十多天后，唐伯虎和蔡羽等人又随侍王鏊去太湖的法华寺游览。法华寺位于南太湖主峰弁山的东麓，又名"白雀寺"，是太湖沿岸地区历史悠久、影响深远的佛教名刹之一，属浙江湖州管辖。

十二月六日，一行人从苏州赶到湖州，住了一宿，于七日上午到达法华寺。众人兴致盎然，一路爬到了山顶。唐伯虎作《登法华寺山顶》以记：

昔登铜井望法华，崒巃螺黛浮蒹葭。
今登法华望铜井，湖水迷茫烟色暝。
法华铜井咫尺间，今昔登临隔五年。
湖山依旧齿发落，五年一瞚浑如昨。
城中离山半日程，予辈好事多友生。
耳闻二山眼未识，欲谋一行不可得。
我与二山有宿缘，彼此登临尽偶然。
法华看梅借僧屐，洞庭游山随相国。
两山俯仰迹成陈，得来反羡未来人。

第六章·生活不相信眼泪

来游固难去不易，未拟重来酒深酵。[1]

诗中说"城中离山半日程"，"城"指的应是湖州城。应主人之邀，王鏊用行书在纪游石刻上写道："弘治乙丑十二月七日鏊为西洞庭之游，过法华寺，题诗乃去。同游者解元唐寅、文学蔡羽、洪照、郑准、徐鹄。吏部侍郎东山王鏊书。"[2]

王鏊此行的目的地，显然是吴县西太湖的西洞庭山，所以在法华寺没有久留。十二月八日，也就是腊八节当日，他们来到了西洞庭山，这里属于苏州府吴县管辖，蔡羽的家就在是处。在西洞庭山东北方向，有一处著名的景点叫林屋山。因是喀斯特地貌，所以山上岩洞很多。据道教经典《云笈七签》记载，天下有十大洞天、三十六小洞天、七十二福地，皆仙人所居，林屋洞为第九洞天，一称"左神幽虚之天"，别称"天后别宫"。林屋山的山顶叫"曲岩"。《虎阜金石经眼录》记载："弘治乙丑腊八，吏部右侍郎王鏊来游（曲岩），本郡秀才、门生蔡羽，南京解元、门生唐寅同侍……曲岩在洞山之巅，山腹中空，为南、旸、丙三洞，统名曰林屋洞也。"

可见，王鏊与唐伯虎的师生关系已经非常明确，而且他是唐伯虎的庇护者中官位最高、最有力者。当然，奉王鏊为师者不止唐伯虎一个，文徵明、蔡羽皆是他的学生，但相比之下，关系均不如王鏊与唐伯虎那么亲密。

出乎意料的是，弘治十八年五月初七，与唐伯虎、文徵明、蔡羽同龄的弘治皇帝朱祐樘驾崩，年仅三十六岁。十五岁的皇长子朱厚照即位，并

---

[1].《六如居士全集》卷一《登法华寺山顶》。

[2]. 李根源：《洞庭山金石》卷一《王鏊纪游石刻》。

于次年改元为正德，开始了他的帝王生涯。

王鏊曾是朱厚照的老师，在朱厚照即位之后，王鏊的丁忧期刚满，就立即被起官为吏部左侍郎，敕令还朝。王鏊接到圣旨，赶紧准备去北京赴任。时在正德元年四月[1]。

赴任前夕，《姑苏志》的编撰工作已近尾声，即将付梓。王鏊将余下的事务交给杜启完成。杜启回忆说："一日，林公（林世远）至曰：'志已成，诸君叙其后。'启惊起曰：'是何速也？'又二月，少宰赴召。且行，持稿授启曰：'烦君次第之。或尚有缺，当足成耳。'启曰：'诺。'遂与诸君编次成之入梓云。"[2]

王鏊出山，门生唐伯虎想去送行。可是送行的人太多，"人吏冗杂，恐有差失"，唐伯虎想起朋友纳斋也要开船去扬州，于是把自己的行李暂时寄放在了他的船上。唐伯虎在《致纳斋》中写道：

> 跋语甚草草，希恕。子容四月间自义兴（宜兴）往茅山，遂从金焦（指镇江的金山、焦山）渡江。仆欲随之往扬州，闻公亦饯之，仆有些少行箧可容附载否？缘其行时，与太傅公（王鏊）同船，人吏冗杂，恐有差失，故也。寅顿首，纳斋老兄执事。[3]

礼送王鏊赴京的途中，唐伯虎细心观察了沿途风景，绘制了两幅写实作品。

---

[1]. 见《明史》卷一百八十一，"正德元年四月（王鏊）起左侍郎"。

[2]. [明]杜启：《重修姑苏志后序》，见正德本《姑苏志》。

[3]. 见《明清画苑尺牍》，另见《唐寅集》，第509页。

◆ 明 唐寅等 《王济之出山图卷》（局部），现藏北京故宫博物院

其一是《王济之出山图》，又名《王公拜相图》。

这幅写实手卷记录了王鏊离开苏州之后，路经崇山峻岭时的景象。画幅自右端的中景展开：在山腰的险途之上，王鏊乘车而下，此时他端坐在车内，头戴官帽，目视前方，胡须飘然，双手拢袖，神态安详，似乎正在领略险峰佳景。从画面看，他们正行进在山间最险要的路段。王鏊身前有三位侍从：此时马车刚要从山上往下行，所以身在最前方的马夫利用短暂的休整时间，整理马首的缰绳，做下山前的准备；其后是王鏊的侍卫，肩扛兵器，正凝视着马夫；在王鏊车棚的另一侧，有人探出半个身子来，从此人肩上的扁担和扁担前端的包裹来看，这是挑夫。

手卷左侧，峰峦叠嶂。《过云楼书画记》评点说："四周林壑复抱，

唐伯虎传

洞庭山色，跃然纸上。"[1] 由此看出这是太湖周围的山峦。画幅收尾处，唐伯虎端端正正地用楷书写道："门生唐寅拜写。"说明这一手卷是唐伯虎奉送王鏊出山的礼物，由王鏊本人收藏。

这幅作品后面，有祝允明、徐祯卿、张灵、吴奕、卢襄、朱存理、薛应祥等七人的题咏。晚明时期的兵部尚书张凤翼十分喜爱这幅作品，在画幅后面题跋云：

王文恪公济之，为吴中名宰相，无论学术科第，德业声望，载在志传者，照映千古。即其门人交友周旋于公者，莫非名流韵士。此卷一图七诗，乃正德改元，公方大拜，诏起之洞庭，此《出山图》咏之所由作也。其树、石学李唐，人物仿（李）公麟，而车中传神，不减长康（顾恺之），乃子畏用意笔。佐以希哲、京兆（祝允明）精楷，昌榖（徐祯卿）廷评古调，足称三绝。而梦晋（张灵）以下诸作，亦皆翩翩。一展玩间，如入山阴道中，应接不暇也。辛亥春，公之四世孙伯贞命工装潢，出以相示，俯仰今昔，甲子再周，而纸墨如新，虽神鬼呵护，而亦可以占云仍之善保矣，故为识之。长洲后学张凤翼。[2]

可见，张凤翼看到这一手卷时，手卷已在王鏊家传承到了第四代。张凤翼说，唐伯虎画的"树、石学李唐，人物仿（李）公麟，而车中传神，

---

[1].《过云楼书画记》卷八《唐子畏王济之出山图卷》。

[2]. [明] 张丑：《清河书画舫》卷十二下《明唐寅王济之出山图》。

不减长康（顾恺之），乃子畏用意笔"，指出唐伯虎的绘画，继承了历代前辈的传统画风，而《王济之出山图》是其代表之作。

其二是唐伯虎绘制的《歌风台实景图》，又名《沛台实景》。

此图说明，唐伯虎礼送王鏊进京，至少送过了一半的路程，到了历史遗迹歌风台，也就是长江以北的徐州府沛县。

按照明朝人的进京路线，王鏊离开苏州往北京，必定是舟行水路，沿着京杭大运河一路往北，先经过常州府，再进入镇江府的金山、焦山，然后由西津渡口渡过江水连天的长江，抵达江北的繁华都市扬州，再往北进入淮阴、徐州。这里的运河沟通了微山湖、骆马湖、洪泽湖、高邮湖等水系，也是京杭大运河上运输最繁忙的河段。

徐州府的沛县邻近微山湖，距离沛县城中的歌风台只有几公里。王鏊似乎并不急着去京城，他率领一帮人游览了沛县的名胜古迹歌风台。

此处对歌风台的由来略作追溯。公元前196年，汉高祖刘邦平定了淮南王英布的叛乱，衣锦还乡，在沛宫置酒欢宴。刘邦的故乡在哪里？《史记》上记得很清楚，是在丰邑，紧挨着沛县。但由于当初地域划分不细致，两地又同属沛郡，而且刘邦曾经在沛县当过泗水亭长，所以他把沛县当作故乡也是很自然的事。

这位马上归来的开国皇帝很兴奋，在酒席上，刘邦挥舞衣袖，击筑高歌道：

　　大风起兮云飞扬，

　　威加海内兮归故乡，

　　安得猛士兮守四方！

◆ 明 唐寅 《歌风台实景图》，现藏北京故宫博物院

刘邦这一唱，声震古今。而刘邦当年大宴宾客的沛宫，据传就是沛县的歌风台，眼下歌风台迎来了王鏊等人。

王鏊登临歌风台，极目四望，不由得感叹起风云变幻，岁月沧桑。面对重重历史帷幔，他认为后人很难鉴别历史真相，于是写下七律一首：

鸾与翠盖始东巡，隆准依然泗上身。
父老已非丰沛旧，尘埃谁识帝王真。

第六章·生活不相信眼泪

> 八千子弟空歌楚，百二河山竟去秦。
> 莫道四方须猛士，商山闲杀采芝人。[1]

这首诗的最后一联"莫道四方须猛士，商山闲杀采芝人"，是诗的精华，反映了王鏊对时政的忧虑。正德元年，他的学生正德皇帝刚刚继位。大宦官刘瑾常常以进献飞禽走兽来博取少年皇帝的欢心，因此得到数次提拔，官拜司礼监，此时已掌握内廷大权，被时人称为"八虎"之首。王鏊为此忧心忡忡，感叹道：国家正是用人的时候，而那些真正有才干、有品德的"采芝人"，却不能被朝廷重用，如商山闲人一般。

唐伯虎这幅《歌风台实景图》，就是他在游览歌风台后为茂化学士所画，他在画上题跋曰："正德丙寅，奉陪大冢宰太原老先生登歌风台，谨和。感古佳韵，并图其实景，呈茂化学士请教。"

在此画上，唐伯虎又写下了一首诗，不仅步恩师诗的原韵，甚至每联的最后一个字都与老师的相同：

> 此地曾经玉辇巡，比邻争睹帝王身。
> 世随邑改井犹在，碑勒风歌字失真。
> 仗剑当时冀亡命，入关不意竟降秦。
> 千年泗上荒台在，落日牛羊感路人。[2]

---

[1].《震泽集》卷五《歌风台》。

[2]. [清]安岐：《墨缘汇观录》卷四《唐寅歌风台实景图》。

唐伯虎传

对照王鏊与唐伯虎的诗作，可以看到师生两人因际遇不同，胸怀不同，关注点亦不同。王鏊为时政而忧虑，惆怅满怀，而唐伯虎则一味感叹岁月匆匆，因此师生俩的诗，格调也不同。

虽然两人的社会地位悬殊，但王鏊与唐伯虎交往各自欢喜，相得益彰。唐伯虎为王鏊作画，使他名闻古今，而且使他留下了礼贤下士的好名声；王鏊把身边的好友引荐给唐伯虎，一定会让弟子从中受益，比如这位"茂化学士"。

茂化学士究竟是何人？今已无考。想当时，茂化必定是受人尊敬的人物。唐伯虎不仅为他创作了《歌风台实景图》，还将另一幅细笔描绘的扇面《百亩家田》也赠送他"教之"，说明他有恩于唐伯虎。

唐伯虎随侍王鏊左右，一路唱和，一路作画，想必也十分开心得意。在此之前，他的好友徐祯卿在苏州接到吏部的任命，也将要启程去北京任大理寺左寺副，时在弘治十八年十月。

徐祯卿前来停云馆看望文徵明，与之作别。往常，文徵明待他十分友善，徐祯卿感念于心，赞叹"子不我弃，知我者子"，考虑到自己比文徵明小九岁，却在科举之路上捷足先登，心有不安，因此前来宽慰，并写下了《与文子叙别》一文：

> 徐子昌国（徐祯卿）与雁门文君徵明友善。昌国将去国，再拜而别之。且告曰：於戏！知己道丧久矣！子不我弃，知我者子。我试论之：大雅特介，吾孰与子？议论英发，吾孰与子？诗藻工绝，吾孰与子？书画精丽，吾孰与子？闻见博洽，吾孰与子？五者皆弗如也。然又少于君九岁，君先吾学十年，乃与君同荣誉于乡曲，又先君捷于有司。事故翻复，岂不大谬也哉！於戏！四序之气，

◆ 明 唐寅 《百亩家田》扇面，现藏台北故宫博物院

迭为成功；一推一还，第有疾徐，于君亦何虑哉！然君居于此，里闬昵近，有晋昌唐君（唐伯虎）、延陵吴子（吴奕）、彭城钱二（钱同爱）、京兆杜三（杜璠）。杯酒唱酬，不异畴昔。而吾茕然无朋，独往千里，悠悠青山，我怀如何！[1]

徐祯卿从五个方面赞颂了文徵明的卓绝才华之后，又安慰说：你在故乡，还有唐伯虎、吴奕、钱同仁、钱同爱以及杜璠等好友相伴，杯酒唱酬，而我将"独往千里，悠悠青山"，倍感孤独。徐祯卿这番话，真是关心备至，温暖人心。

---

[1]. [明]徐祯卿：《徐昌榖全集》。

第三节　桃花坞里桃花开

以沈周为首的苏州艺术圈，摒弃了文人相轻的坏传统，转而营造出一种风清月朗的风气。他们没有因为唐伯虎下过诏狱而落井下石，依旧友情如故，而且时常为唐伯虎的诗画喝彩，"延誉公卿间"，由此显示出他们的高尚品格。反过来，唐伯虎作为一名职业书画家，从此全心全意地投入艺术品市场这片新天地，似绝处逢生，迎来了人生中崭新的世界。

唐伯虎一直有个梦想，就是能够依靠自己的力量营建一处新居，把祖传的老宅让给弟弟——名义上，在弘治十三年，唐伯虎就与唯一的弟弟唐申分了家，但事实上他们仍然生活在一个屋檐下。弟弟唐申早已娶妻生子，生活的确有诸多不便。而自己家的老宅虽然破旧，有些房间在多年前就不能住人了，可是老宅毕竟宽敞些。弟弟唐申是个窝囊的男人，一方面对哥哥多有抱怨，一方面又要依赖哥哥的接济生活。唐伯虎因此感叹"莫言四海皆兄弟，骨肉而今冷眼看"[1]，所以这几年，唐伯虎一直埋头创作，夜以继日地忙着作画攒钱。

弘治十八年，唐伯虎梦想成真。新居终于建成了，他笑逐颜开，欣

---

[1].《唐伯虎全集》卷三《题败荷鹡鸰图》。

然将此处命名为桃花庵别业[1]。自会试遭遇诬陷,已经六年。唐伯虎时年三十六岁。

桃花坞在何处?应该离皋桥的旧居不远。皋桥老宅位于阊门之内,新居也在阊门内。据《姑苏志》载:唐宋时期阊门附近有条桃花河,河西北遍植桃树,故名桃花坞[2]。北宋太师章粢曾在此地营造桃花坞别业,广植桃李,后来全都荒废了。《江南通志》里的记载更明确:"桃花坞在吴县城西北隅。《南畿志》云:'在阊门内北城下,宋时为枢密章粢别业,后为蔬圃。明唐寅于其地筑桃花庵,庵中有梦墨亭。'"[3]唐伯虎来此买地,构筑了新居桃花庵别业。

桃花庵别业内的一些建筑,显然不是一步到位的,有些厅堂是在以后的数年间逐步建设完成的。建成之后,确实有景可观。祝允明曾经去拜访过,时在正德四年的初夏。他和唐伯虎、张灵等去西山、天平山游览,返回途中,"登岸复过子畏楼中,挑灯饮酒至二鼓"[4],可见唐家之楼,要比寻常人家的更壮观。

"唐寅的'文辞诗画'已经是'四方慕之,无贵贱富贵,日诣门征索'

---

[1]. 林莉娜在《万里江山笔下生》中称,桃花庵别业建成的时间是正德二年。这一观点有待商榷。《唐寅集》载:《桃花庵歌》下注有"弘治乙丑三月",说明桃花庵别业初步建成的时间不应晚于弘治十八年。

[2]. 元代徐大焯《烬余录》云:"入(苏州)阊门河而东,循能仁寺、章家河而北,过石塘桥出齐门,古皆称桃花河。河西北,皆桃坞地,广袤所至,赅大云乡全境。"说明桃花坞的范围很大,不能确指某地。

[3]. 另见[明]闻人诠、[明]陈沂修:嘉靖本《南畿志》(二)。

[4]. 陈麦青《祝允明年谱》引拓本《滋蕙堂墨宝》卷一《题褚摹兰亭》。

唐 伯 虎 传

了。看来,这方面的收入还不错。"[1] 他"已经能在桃花坞建一座庄园了。这就是他的桃花庵,内有学圃堂、梦墨亭、蛱蝶斋。友朋雅集,吟诗作画,当然少不了美酒佳人"[2]。除此之外,还有寤歌斋等多间房屋建筑。梦墨亭是桃花庵主要建筑,用以纪念他去福建仙游九鲤湖祈梦的往事。

唐伯虎的书房叫学圃堂,里面的陈设很是讲究。即使是他自用的砚台,也要请名家题记,然后铭刻。留传至今的唐伯虎《行书衡山札页》(也称《唐寅致衡山札》),内容就是唐伯虎请求文徵明为自己的砚台题字:

砚后奉烦尊笔书:唐寅子畏学圃堂砚。容谢万一。屡承左临。感感。寅顿首。

衡山老兄先生。亦不必拘此八字,但凭尊意,一书足矣。[3]

弘治十八年三月的一天,春风和煦,唐伯虎推开房门,来到桃花坞小圃,满园的桃花盛开,灿烂耀眼。他坐在桃树之下,闻着桃花的芬芳,翘首回望新屋,想着自己的梦想终于实现,喜极之余,或许还独饮着美酒,创作了那首流芳千古的《桃花庵歌》:

桃花坞里桃花庵,桃花庵里桃花仙。
桃花仙人种桃树,又摘桃花换酒钱。

---

[1]. 王连起:《唐寅书画艺术问题浅说》(之一),载于《紫禁城》2017年3月号,第107页。

[2]. 同上。

[3].《唐寅书画全集·书法卷》,第88页。

第六章 · 生活不相信眼泪

> 酒醒只来花前坐，酒醉还来花下眠。
> 半醒半醉日复日，花落花开年复年。
> 但愿老死花酒间，不愿鞠躬车马前。
> 车尘马足贵者趣，酒盏花枝贫者缘。
> 若将富贵比贫者，一在平地一在天。
> 若将贫贱比车马，他得驱驰我得闲。
> 别人笑我忒风癫，我笑他人看不穿。
> 不见五陵豪杰墓，无花无酒锄做田。

这首脍炙人口的诗歌，广受人们的喜爱，历久不衰。它的语言近乎民歌，浅显朴实而又生动俏皮，富有强烈的艺术感染力。唐伯虎在诗中不仅展现出"别人笑我忒风癫，我笑他人看不穿"的浪漫风趣情怀，更表现出了"但愿老死花酒间，不愿鞠躬车马前"的自由精神和不屈傲骨，以及"他得驱驰我得闲""桃花庵里桃花仙"的乐观开朗的生活态度。经过三十五年的人生磨砺，唐伯虎已经看穿了功名富贵的虚幻本质，过上了职业书画家的闲适日子，尽情享受着以花为朋、以酒为友的潇洒生活。

桃花庵别业建成之后，唐伯虎经常呼朋唤友，招呼大家来他的新居做客，曾自作《桃花庵与祝希哲诸君同赋》五首，有名句"茅茨新卜筑，山木野花中"。另有《桃花庵与祝希哲黄云沈周同赋》五首，诗中说，"列伍分高下，杯盘集俊贤"，记录了他们交游时的盛况。袁袠说唐伯虎的桃花庵"客尝满座，风流文采，照映江左"[1]。

---

[1]. 见袁袠《唐伯虎集序》。

◆ 明 陈淳 《桃花坞图页》（局部），现藏北京故宫博物院

第六章・生活不相信眼泪

梦墨亭建成之际，唐伯虎邀请王鏊长子王延喆来家里吃饭，还特意邀请了一位叫海滨的朋友作陪：

> 梦墨亭成，未得兄一坐。明日请子贞一饭，特求陪之。幸辰刻降重，庶燕笑竟日耳。望切望切。唐寅顿首，海滨中翰大人。[1]

唐伯虎要求朋友上午就到，准备欢聚一整天。可见，唐伯虎待客不只是吃一顿饭，真是热情之至。

在春日的三月三日，唐伯虎还邀请了一群男女，齐来桃花坞欢聚。他因此写有《桃花坞祓禊》，记录了当时"白日不停檐下辙，黄金难铸镜中身"的情景。诗中"扠手摇头酒令新"的芳菲丽人，一定是青楼女。

> 谷雨芳菲集丽人，当筵恒钉一时新。
> 轹弦护索仙韶合，扠手摇头酒令新。
> 白日不停檐下辙，黄金难铸镜中身。
> 莫辞到手金螺满，一笑从来胜是嗔。[2]

桃花庵里除了桃树以外，在院墙内一隅，还有一株奇特的梅树。王鏊曾莅临桃花庵，为此作《过子畏别业》[3]。诗中，他把自己的门生唐伯虎比

---

[1].《明代名贤手札墨迹》。另见《唐寅集》，第510页。

[2].《唐寅集》，第50页。

[3].《震泽集》卷五《过子畏别业》。此诗写于正德七年初冬。

唐伯虎传

作东晋著名艺术家、隐士戴逵：

> 十月心斋戒未开，偷闲先访戴逵来。
> 清溪诘曲频回棹，矮屋虚明浅送杯。
> 生计城东三亩菜，吟怀墙角一株梅。
> 栋梁榱桷俱收尽，此地何缘有佚材。
> 正德壬申冬初过子畏解元城西之别业，时独有梅花一树将开，故诗中及之。王鏊。

从诗中可知，唐伯虎的新居桃花庵临近河流，也是商业繁华地段，但乘船进出很不方便，河道曲折，不时需要拐弯、回棹。站在唐家的小楼上，四面的栋梁屋檐尽收眼底。王鏊因此笑谈，在这样喧闹的地方，怎么也能出现安心书斋的才子呢？

王鏊的诗，不仅说到了"墙角一株梅"，还说唐伯虎在城东拥有三亩菜地，维持着唐家的生计。

无锡胶山的收藏大家安国也曾到访桃花庵，可能是为买画而来。他受到了唐伯虎的热情款待，除了香铭之外，更有"诗酒放歌"。安国为此写过一首《访六如先生》：

> 桃花庵里访高人，绕屋花开万树春。
> 诗酒放歌真是乐，图书充栋未为贫。
> 功名富贵区区物，日月江山荡荡身。

第六章·生活不相信眼泪

临别有言相赠我，野夫怀惠若怀珍。[1]

无锡胶山安氏家族是当时的巨富，与华氏齐名。在安国的眼里，唐伯虎的生活不仅"未为贫"，而且可以说是相当富裕了。

在开怀畅饮之外，桃花庵还有一个待客项目，就是品茗，因为饮茶也是唐伯虎的最爱之一。

唐伯虎的画作，有许多以饮茶为主题，反映出他对茶文化的喜爱。他在《品茶图》上题诗曰："买得青山只种茶，峰前峰后摘春芽。烹煎已得前人法，蟹眼松风娱自嘉。"由这首诗的后一联可见，在唐伯虎生活的年代，中国人正在改变承袭了近千年的饮茶习惯。"烹煎已得前人法"，是说唐宋以来，古人饮茶用"烹煎法"——先将茶饼放在火上烤，然后用茶碾将茶饼碾成粉末，再用筛子筛出细末，把细末放到开水中去煮。这种方法，大致像我们今日熬制米糊，煮好后主客再举盏饮用。而到了此时，明代人已经开始使用"撮泡法"，即用沸水直接冲泡散茶的饮茶法，类似我们今天的喝茶方式。

在唐伯虎的《烹茶图》上可看到，桌上摆放了一把茶壶，应是阳羡（今宜兴）产的紫砂壶，此壶正是用"撮泡法"饮茶的壶具。而紫砂壶作为中国人最常用的茶具，就是在

◆ 明 唐寅《品茶图》，现藏台北故宫博物院

---

[1]. 沙爽：《桃花庵主：唐寅传》，作家出版社，2016年，第204页。

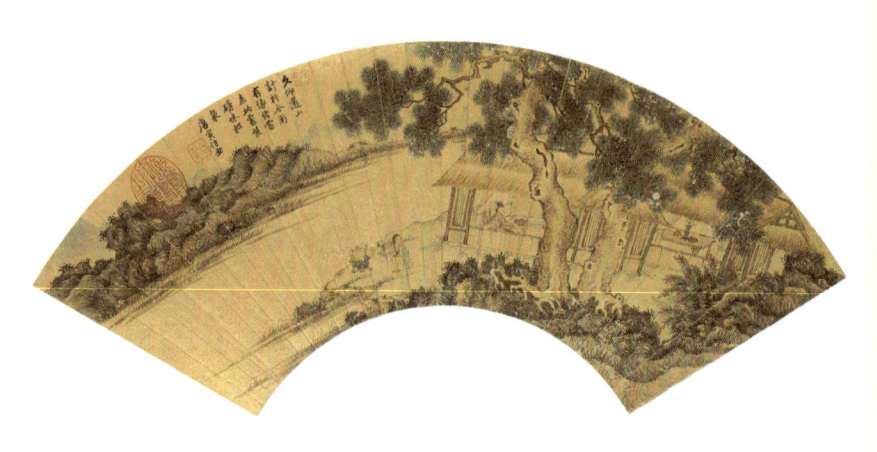

◆ 明 唐寅 《烹茶图》，现藏台北故宫博物院

唐伯虎的时代开始流行起来的。

若说唐伯虎的新居桃花庵是一座庄园，可能夸张了一点，但唐伯虎的居住条件的确比寻常人家要优渥许多。可想而知，这四五年来，唐伯虎用"文辞诗画"换回的资财是非常可观的。

第四节　艺术创作高峰期

正德元年后，唐伯虎的书画创作进入了高峰期。

这年的谷雨（大致在清明后第十五日），也就是在送王鏊赴京而离家北游之前，唐伯虎写下一首七言律诗，描述了自己的生活状况，诗句难掩

第六章·生活不相信眼泪

他内心的得意：

> 千金良夜万金花，占尽东风有几家？
> 门里主人能好事，手中杯酒不须赊。
> 碧纱笼罩层层翠，紫竹支持叠叠霞。
> 新乐调成胡蝶曲，低檐将散蜜蜂衙。
> 清明争插西河柳，谷雨初来阳羡茶。
> 二美四难俱备足，晨鸡欢笑到昏鸦。
> 正德元年谷雨日，吴门唐寅书。[1]

  从诗中我们可以看出唐伯虎欢快的心情。他从早上起床，就一直哼唱着小曲儿，喝着宜兴出产的名贵雨前茶；吃饭时，开怀畅饮，再也不用赊账买酒了；推开房门，屋外是满眼春花；而在此之前，他最害怕衙役上门——与第二任妻子离婚而惹上的官司，令他难以招架，困苦不堪。如今离了婚，算是彻底解放了，而且有钱了，令人讨厌的衙役再也不见了。特别是，清明节去给亲人扫墓，搞了很大的排场，供上高档的祭品。如果亲人泉下有知，一定也会万分欣慰吧！

  的确如此。从弘治十二年十月，唐伯虎自京城诏狱获释回家，到眼下的正德元年谷雨，前后约六年时间，他已经从思想上、生活上到艺术上完成了彻底的蜕变，抛弃了功名利禄思想，成了一名成功的职业书画家，重

---

[1].《石渠宝笈》卷三十七《明唐寅书七言律诗》。此为行书，书下有"南京解元"、"六如居士"二印，前有"吴趋"一印。

明 唐寅 《谷雨》，现藏台北故宫博物院

新过上了安稳的小康生活!

不难看出，当初因不能再参加科举而产生的消极思想，以及来自社会舆论的种种压力，是唐伯虎数年前情绪受挫、精神抑郁的根源。然而，在他彻底摒弃儒家出仕的人生理想之后，艺术品市场为他适时地敞开了大门，门外是一片片鲜花盛开的芳草地。

唐伯虎绘制过一幅《观梅图》，画面上一位高士从溪桥上款步走来，袖手立于桥上，含笑回首，望向身后山崖边含苞待放的梅花，露出了自信安适的表情。唐伯虎在画上自题七绝一首："插天空谷水之涯，中有官梅两树花。身自宿因才一见，不妨袖手立平沙。"其实，这正是唐伯虎的自我写照。此时他内心趋于平静，不再为科举事而纠结，更关注眼下的现实生活，并从大自然中找到了心灵的快乐，把全部精力投入书画创作之中。

唐伯虎这一时期可谓佳作迭出，他的艺术创作也进入了高峰期。以正德元年、二年为例，仅仅是有年款的作品就有不少。

正德元年正月作《华山》[1]。

---

[1].《虚斋名画录》卷八《明唐六如华山图》。该画题诗及落款为"白襕衫碧玉环，身于世事不相关。风情抵老如潘朗，颠倒骑驴过华山。唐寅画并诗，时正德改元正月"。

春天，他画了《兰亭图》[1]。四月，又创作了《王济之出山图》《歌风台实景图》。

五月四日作《关山行旅图》，当月还为濮坦所绘《芝石图》题诗[2]。

正德二年年初，唐伯虎画《高士图》，三月画《终南十景图》。到了这年谷雨日，他又画了《山静日长图轴》[3]。春，画《山茶梅

◆ 明 唐寅《观梅图》，现藏北京故宫博物院

---

[1].《石渠宝笈》卷二十《（乾隆）御临唐寅文徵明兰亭书画合璧》云："内府所藏有此唐伯虎及文待诏合璧兰亭卷，爱其书画各臻神妙，因并抚之，以娱几暇，莫作熟处难忘观也。乾隆甲子重九日长春书屋并识。"

[2]. 唐寅题诗云："谢庭摇曳满春风，想见贤孙想阿公。今日赠言吾自愧，立见己了孝之终。"《芝石图》现藏苏州博物馆。

[3]. [清]英和等编撰：《石渠宝笈三编》延春阁藏二一《明唐寅山静日长图轴》云："设色画山深林密，书斋中展卷静坐，桥外溪边渔竿牧笛，意致幽闲。自题：初夏山中日正长，竹梢脱粉午窗凉。幽情只许同麋鹿，自爱诗书静里忙。正德丁卯谷雨日，唐寅画。"

花图》[1]……

由此可以看出，唐伯虎艺术创作迎来的第一个高峰期，时在弘治十八年至正德四年间。这期间，除《王济之出山图》《歌风台实景图》等名作外，最典型的画作当推《事茗图》。尽管此画无年款，但艺术界公认此画是唐伯虎成熟时期的代表作。

《事茗图》的构图，显然受到了江南花窗式样的启发，前景是左右相对的山石，犹如虎踞龙盘，气势撼人。随着视线往前推移，傲然长松掩映着一座庄园，主人端坐书案前，双手拢袖，似在读书，又似凝神冥思。案上，有茶壶一把，茶盏一只。画面左侧是山庄厨房，有一童仆手持蒲扇，在炉前急急扇火煮茶。画面右侧有一座栈桥，一位老友带着童仆，策杖抱琴，正缓步过桥来赴约。

---

[1].《味水轩日记》卷四《唐伯虎水墨山茶梅花》云："正德二年写赠某先生者（姓号磨挖去）。题句云：红蜡山茶白雪梅，是谁移向一坛栽？先生耆德余纨绮，也得春风一月陪。"转录自杨继辉《唐寅年谱新编》，第62页。

◆ 明 唐寅（传）《华山》，现藏美国克利夫兰美术馆

◆ 明 唐寅 《事茗图》，现藏北京故宫博物院

《事茗图》（局部）

　　画面背景则是烟云幻灭的群峰，山上叠泉瀑布，奔流而下，俨然此处无声胜有声的佳景。《事茗图》构图秩序井然，透视合理，层次分明，是一幅意境深远的杰作，令观者拍案叫绝。[1] 文徵明题写于引首的"事茗"两个擘窠大字，为隶书体。

　　另一著名案例，则是唐伯虎的女几山山水画系列，创作时间也在此间。海外学者常以唐伯虎的女几山山水画系列，来证明他作品的超凡脱俗。

　　女几山，又名花果山，位于今河南境内，距离洛阳约九十公里。据说，吴承恩当年写作《西游记》时，就以此山为原型写了孙大圣的故乡。

　　目前可见的最早的唐伯虎女几山作品，是《春游女几山图》立轴。

---

[1]. 本幅作品上有乾隆御笔题诗《摹唐寅事茗图即用其韵》，写于乾隆十九年。

唐伯虎是否真的游历过女几山？这是一个问题。

除了赴北京参加会试之外，他北渡长江，深入北方游历名山大川，送王鏊赴京就职，但并无证据显示他去过女几山。由此猜测，他并没有亲自去女几山，而创作女几山系列作品的灵感，是源于唐代诗人羊士谔的诗篇。实际上，对中国的艺术家来说，是否实地游览并不重要。范仲淹一生都没有去过岳阳楼，照样写出了名垂青史的《岳阳楼记》。

宋代的郭熙曾在《林泉高致集》中提到羊士谔撰写的一首诗，郭熙之子郭思记载的诗名是《望女几山》。其他书里也记载过这首诗，诗名为《过三乡望女几山，早岁有卜筑之志》，内容略有不同。这里选郭思记录的版本：

> 女几山头春雪消，路傍仙杏发柔条。
> 心期欲去知何日，惆怅回车上野桥。

唐伯虎对此诗进行了一番修改，题在了画幅上：

> 女几山头春雪消，路傍仙杏发柔条。
> 心期此日同游赏，载酒携琴过野桥。

唐伯虎《春游女几山图》的构图，令山体、岩石呈现 V 形，远山、主峰和近景溪桥勾连成一体，使得整个画面蜿蜒曲折，透视分明，层次丰富，意蕴深远。从画幅下端的岩石和古松等近景出发，远景辽阔至无限。

在近景处，唐伯虎娴熟地使用了斧劈皴，岩石块面凌厉而明确；古松的画法来源于李唐，造型更像元代倪瓒与王蒙的画法。至于画幅顶端偏左的远山，则是沿袭了刘松年的画法。

按照现代人的观念，凡事都要创新才算高明，才可谓大师风范，但在古人眼里并非如此。明末大家董其昌评论得最透彻："近代高手，无一笔不肖古人者。夫无不肖，即无肖也，谓之无画可也。"[1] 意思是：画家须向古人学习，笔笔有来路。只有在继承传统的前提下表现自己的独特艺术元素，才能真正创造出自己的风格。毫无疑问，唐伯虎做到了。他把他崇敬的古代画家的笔墨继承过来，加以糅合，再表现出属于他的艺术风貌。

在创作《春游女几山图》之后，他又创作了几幅同一主题的女几山山水画作品，其中最突出的是绢本画《山路送客图》立轴[2]。此画构图已经发生了显著变化，不再是V形，而是上下对称式样。尤其是近景上的岩石，使用了斧劈皴和拉网皴，已入超凡脱俗之境。古松也画得稳健昂扬，活力十足。台湾鉴赏家傅申先生认定这是唐氏作品之中的杰作。[3]

唐伯虎在此画上题诗曰：

女几山前野路横，松声萧瑟合泉声。
一鞭小马斜阳里，两耳清风送客行。

关于这幅画有个故事：以前人们一直认为此画是南宋范宽的作品，题

---

[1].《董其昌传》，第207页。

[2]. 据方闻著·李维琨译《心印》介绍，《山路送客图》创作于1505年至1510年。现藏美国普林斯顿大学艺术博物馆。

[3]. 见《心印》，第191页。

◆ 明 唐寅 《骑驴归思图》，现藏上海博物馆

名为《溪山行旅图》，原因是画幅上有宋徽宗的花押和"宣和""绍兴"两方庙号印。后来经过重新鉴定，发现宋徽宗的花押和庙号印属于后添，因此将此画归还在唐伯虎的名下。这一鉴定结果，实质上是对唐伯虎继承范宽艺术衣钵的肯定。

唐伯虎的另一幅作品《骑驴归思图》，据信与他的女几山山水画系列创作有关。这幅画中的山体，简直像是用大石头累积起来的，将北方山水的浑然大气展现得淋漓尽致。画幅下端有一位樵夫，正佝偻着身子，艰难地走上溪桥。此画构图总体上呈现 S 形，加之画幅中心的突兀巨石凌空向左倾斜，使得整个画面呈现令人忧心的不稳定感。

这幅画是否显示唐伯虎创作时内心的纠结？这还需对照他在画幅上的题诗来判断：

乞求无得束书归，依旧骑驴向翠微。
满面风霜尘土气，山妻相对有牛衣。

可见，唐伯虎此时仍然难忘会试舞弊案，对此耿耿于怀。"感念畴昔，气结心冤"，肺腑之痛，时有来袭，无法排遣。他对樵夫的艰辛满怀同情，可是又很羡慕他，因为樵夫回家，有山妻相对，有牛衣可穿，而自己依旧是孤家寡人一个。由此看来，唐伯虎此时尚未再婚。

此外，唐伯虎还创作了《山路松声图》。该图山岩凌削，唐伯虎依然使用了坚挺方硬、顿挫有力的斧劈皴，使得山岩体块巨大，气势伟岸，其间奔流而下的瀑布贯穿了大半画面；山间古松茂密，苍翠葱郁，虬枝老干，生机勃发。山脚下，泉水汇于一湾，清凉透澈；一桥横跨山涧，有一高士

唐伯虎传

立于桥上，身后是随侍琴童。画幅下端的松林，很容易让人联想到元四家之一王蒙的画法，而远处山峰，则显露出南宋院体画的痕迹。

唐伯虎题诗：

> 女几山前野路横，松声偏解合泉声。
> 试从静里闲倾耳，便觉冲然道气生。
> 治下唐寅画呈李父母大人先生。

到了正德二年的夏天，他又摹黄鹤山樵（王蒙）的《松阴高士图》[1]。唐伯虎摹古，既是一种学习，也是一种营生。对他本人来说，温习古人的作品，算是功课，而在艺术品市场上，收藏家们对此类作品，也格外喜欢。

唐伯虎潜心创作女几山系列作品之时，文徵明接到了老师沈周的信：

> 奉上华氏唐摹晋帖九种，盖双钩之精者。阁下研心书翰，欲烦妙手一一更拓之存于家，以见曾阅前代之迹。切恳切恳。知京行在迩，必拨冗可也。华亦早晚来取，其亦自宝者。不宣。周再拜，徵明契家道谊阁下。[2]

这是怎么回事呢？原来无锡巨富华钦购得唐摹东晋王羲之帖九种，即王羲之《万岁通天帖》，送来给沈周鉴赏。沈周一看，爱不释手，却又不

---

[1]. [清]陈夔麟：《宝迂阁书画录》卷一《唐寅摹黄鹤山樵松阴高士轴》。

[2]. 《停云馆帖·唐摹晋帖卷第二》云，《唐摹万岁通天进帖》后，刻沈周书札。

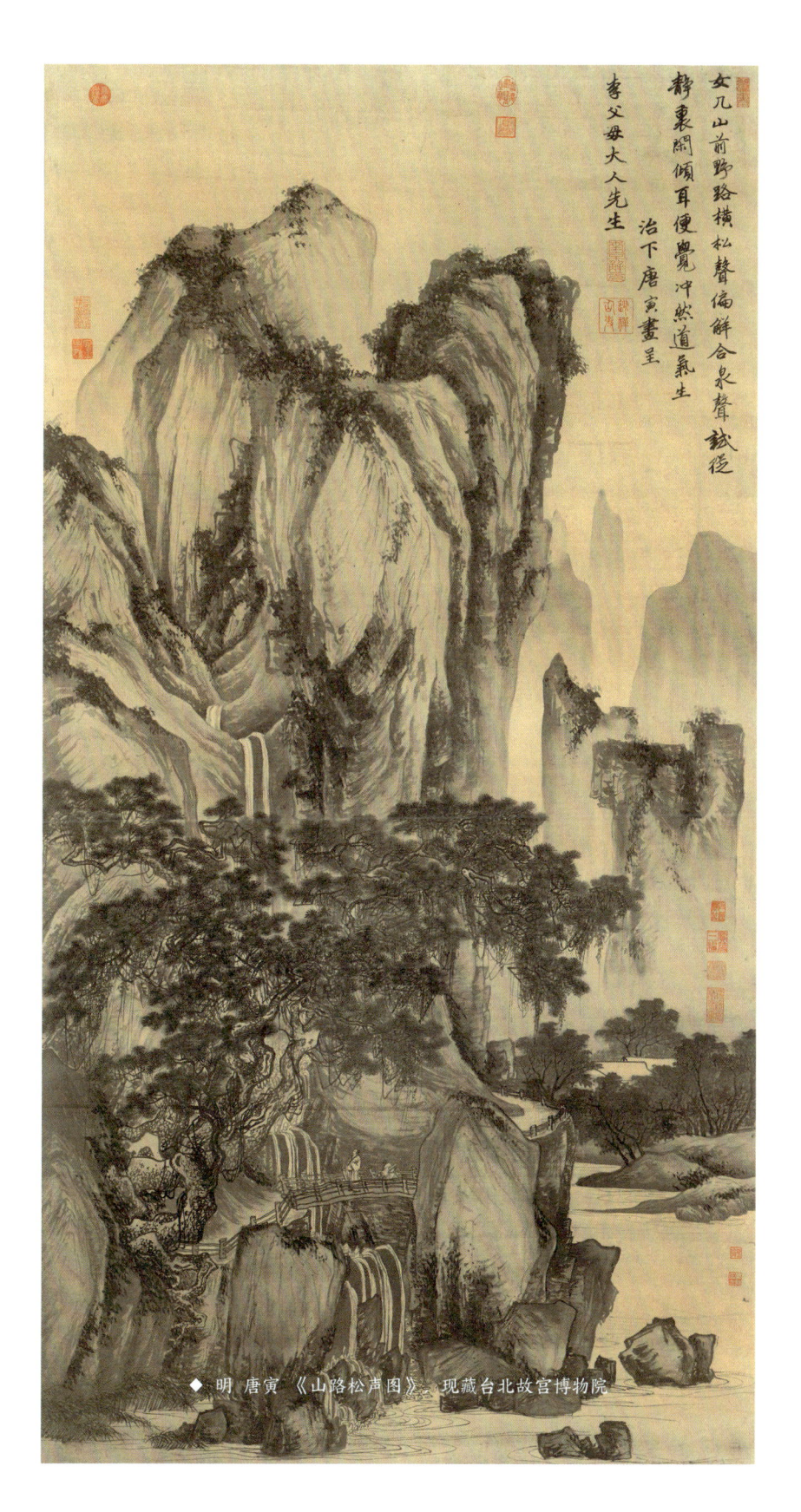

女几山前野路横 松声偏解合泉声 试从
静里闲倾耳 便觉冲然道气生

治下唐寅画呈
李父母大人先生

◆ 明 唐寅《山路松声图》 现藏台北故宫博物院

能夺人所爱，怎么办呢？他决定让学生文徵明复制一份。

沈周当然知道文徵明的双钩廓填复制手艺精湛，于是唤人把此帖送到了文徵明家里。

沈周在信上说"知京行在迩"，意思是说，虽然知道正德二年八月前你要赶往南京参加乡试，但还是希望你克服困难，务"必拨冗可也"，以完成老夫所请。

沈周此年已经八十一岁，垂垂老矣。文徵明不愿让老师失望，于是赶紧动手复制，并于正德二年五月十一日送往相城，了却了老人的心事。

由此看来，文徵明不仅书画功力精湛，文博知识也十分全面，对当时最高级的书法复制技术"双钩廓填法"，也已经驾轻就熟了。

第五节　徐经之死

唐伯虎与徐经同是患难人，但对科举和仕途的态度，却截然不同。

无法挣脱儒家思想束缚的徐经，坚持把生命的所有意义押在科举入仕一途。孝宗驾崩后，武宗朱厚照继位，大宦官刘瑾开始得势，社会风气为之一变。当然，像徐经家这样极为富有的家庭，始终与朝廷官员保持着千丝万缕的联系。而且，按照惯例，新皇帝继位之初，要采取一些矫正诬枉的措施，颁布新法，大赦天下。这让徐经看到了新希望，所以他夜夜期盼着新皇帝能够明镜高悬，再理旧账，为自己平反昭雪。

他固然可以这样认为：一旦平反，自己便可顺理成章地再返科举之途，重新参加会试，有希望实现自己的人生理想。这种可能或许微乎其微，可是，哪怕只是一线希望，徐经也愿意为此付出百分之百的努力。因为这是他实现人生目标的最后希望，必须放手一搏。

徐经在家发愤读书。他深信，机会总是留予有准备之人。此时他已经有了三个儿子：徐沾、徐洽、徐治。作为父亲，徐经要为子孙立榜样，展现不屈不挠的精神。他很自信，而且他确有实力，否则不可能在南京乡试中获得第四十一名的好成绩。

转眼又过了一年，可是等来等去，朝廷依然没有动静。徐经终于按捺不住，于正德元年以仰慕司马迁行万里路为名，前往齐、鲁、燕、赵等故地进行一次壮游。

在唐伯虎了解到徐经对科举的心思后，两人在这一问题上产生了严重分歧。这使得他与徐经在会试冤狱之后，便分道扬镳，断了联系。大路朝天，各走半边，这对好友从此再没相见。

正德元年，徐经出门壮游，一路北上。其实，壮游不过是个借口，他心里最惦念的地方，仍然是会试考场所在地北京。

最终他辗转来到北京，遍访朝廷上下友人，使银子，赔笑脸，探问消息，可得到的回答与他的一厢情愿南辕北辙，原来新官都不愿意再理旧账！

此时的新皇帝朱厚照，只是个十几岁的孩子，且好玩成性。早在朱厚照住东宫当太子时，身边就围着一圈太监，个个是马屁精，整天提笼架鸟哄着他玩，不督促他好好学习。这些太监中有八人最出名，即刘瑾、马永成、高凤、罗祥、魏彬、丘聚、谷大用、张永，人称"八党"，或"八虎"，

唐伯虎传

领头的就是刘瑾。

刘瑾的年纪比新皇帝大了整整四十岁，曾在弘治年间犯过罪，被赦免后来到太子身边效力。朱厚照即位后，命刘瑾执掌钟鼓司。刘瑾为了邀宠，一天到晚忙于进献鹰犬、歌舞、角抵等游戏玩意，变着花样儿哄小皇帝开心，还时常引诱皇帝"微服"出宫玩耍。

有少年皇帝撑腰，刘瑾一年之中数次升迁，执掌司礼监，成了太监中职位最高的人，自此掌握内官大权，开始为非作歹，祸害朝政。

不过，弘治皇帝还算是一位开明的皇帝，不仅开创了"弘治中兴"，去世时，还留下了一个善于管理国家的顾命大臣班子，包括内阁首辅刘健、阁臣谢迁和李东阳等。这些秉国重臣眼见新皇帝整天贪玩享乐，不理政事，不成器，认为是宦官教唆的，便有意制裁"八虎"，于是不断上疏，予以规劝。而大太监刘瑾以少年皇帝为后台，也在想方设法反制，企图诬陷这些大臣，置对方于死地。这样一来，管理国家的最高层出现了明争暗斗的局面。历史上又一场血腥的宫廷斗争，便在正德元年拉开了帷幕……

就在此间，徐经来到了北京。他本以为当年遭受诬陷的会试案，算是惊天大案，人们理应不会忘记，可事实上官员们连当下的宫廷恶斗都无力招架，早已把数年前的会试冤案忘得一干二净了，且谁都不愿再碰那个烫手山芋。

徐经见此情景，彻底绝望。他体质本来就弱，又不胜旅途劳顿，于是急火攻心病倒了。他只得在北京永福寺（今北京西城区白塔寺西）租房养病，怎奈病情一天天恶化，最后死在了永福寺，年仅三十五岁。

徐经的遗体随后被运回了家乡江阴梧塍。徐经病逝北京，唐伯虎完全不知情。甚至徐经去北京活动、探听消息，试图为自己翻案的事，他也不在意——早在弘治十二年会试冤案发生后，唐伯虎与徐经差不多就已成为陌路。不过，唐伯虎与徐经的亲戚和朋友仍然有交往，例如与徐经的姐夫薛章宪仍然保持着深厚的友情。

徐经虽然年轻，却是个死脑筋，在科举之路上一条道走到黑，最终倒在了求取功名的路上；而唐伯虎早已摒弃功名思想，一头扎进了书画领域，并借助艺术品市场来成就自己——书画买卖，看似为正经读书人所不屑的低贱经商活动，却有个最大的好处：不仅可以赢得心灵的解放，尽情享受生活的自由，还可以过上体面的生活。唐伯虎热衷于这样的世俗生活和享受。正如他在《桃花庵歌》里所歌，"别人笑我忒风癫，我笑他人看不穿"，这恰是对这些迂腐老脑筋的回应。

徐经病逝前一年，唐伯虎还在苏州。这一天，他跟往常一样去了青楼，遇上了一件令他不快的事。

青楼里有位相熟的狎客遇到了唐伯虎，向他索画。两人以往有些交情，唐伯虎或也曾答应过要为他作画。

唐伯虎心情不错，于是乘兴为他画了一幅水墨桃杏的扇面，煞是可爱。因为扇面纸张吸水慢，需要待水分被吸干后才可题诗落款，再加章盖印，于是他将扇面置于通风处，让其自然晾干。

那位狎客是个急性子，看到唐伯虎为自己画的扇面如获至宝，便趁着扇面晾干的时间，拿去给朋友们炫耀。此间有位醉醺醺的狂生，看到唐伯虎未完成的作品也很激动，一时兴起，拿起桌上的毛笔，写上了自己的跋语。

唐伯虎一转身，看到扇面，竟然被人落了款，非常愤怒，于是拿起毛笔，饱蘸墨汁，"淋漓一抹，诗画尽墨"，等于把这个扇面给废了。

那场面，十分尴尬。

唐 伯 虎 传

　　唐伯虎比徐经大三岁，此年已经三十七岁。姑且不说他的画的市场价值，他的确是当时江南地区最有名的画家之一。能够得到唐伯虎的作品，确实是很有面子的一件事。

　　那位狎客左顾右盼，不知如何是好。

　　这时有位少年默默地来到桌前，拿起扇面，安安静静坐下，用新毛笔稍蘸清水开始清洗。这是犹如女红般的细致活：首先他要把唐伯虎最后涂抹的墨迹去掉，这还容易一点儿，因为此时墨水未干；然后再把狂生的墨迹洗掉，这就很困难了，因为墨汁已被纸张吸收了。所幸少年是个行家里手，最终把这件事顺利地完成了。但是，确实有些地方难以还原。

　　盛怒的唐伯虎大约已被人劝去与青楼女交杯换盏，狎客也悻悻地走了，唯独剩下这位不甘心的少年，他又将清洗之后的扇面放到屋外"曝干"。折腾半天之后，他才在扇面上写上了一首《长相思》，以此遮盖那些不能被洗去的墨迹。

　　这位少年是谁呢？他就是苏州常熟人杨仪，是年十九岁。

　　杨仪自小喜爱读书，热衷收藏，是历史上有名的收藏家。他在家里建造了名曰"七桧山房"的藏书楼，还是放不下自己的珍藏，又别建"万卷楼"。他的收藏"多聚宋元旧本、名人墨迹、鼎彝古器之属"[1]。杨仪擅长写小说，人们熟知的名句"一失足成千古恨，再回头已百年身"，就出自杨仪的《明良记》。他的女婿就是曾出任浙江布政使的莫如忠，也是董其昌的老师。杨仪故去后，他的收藏一半被外孙、莫如忠之子莫是龙继承。莫是龙十四岁时已是诸生，是松江府有名的神童和书画家。另一半收藏被大儒钱谦益

---

[1]. 康熙本《常熟县志》卷二十《文苑》。

收藏。

毁扇事件后,杨仪拿着修复后的扇面又去找了唐伯虎。

唐伯虎见杨仪新写的《长相思》不仅遮盖住了污墨,且使扇面焕然一新,甚是高兴。杨仪填补的《长相思》如下:

> 桃花红,杏花红,两样春光便不同,各自逞娇容。
> 倚东风,笑东风,绿叶青枝共一丛,静爱碧烟笼。

唐伯虎一看自己的画与补写的《长相思》相得益彰,大为高兴,便对后生杨仪"甚加叹赏"[1]。杨仪死后,这柄水墨桃杏扇究竟到了谁家,未见记载,亦不知所终。

这一年,唐伯虎过得充实,与徐经近几年的经历形成鲜明对比。断了气的徐经,躺在棺柩之中,由亲人护送回乡,最后安葬在家乡江阴的砂山下。

此后,徐家后人将徐经的遗文汇编成集,拿去苏州请文徵明写序。这就是存世至今的《贲感集》。

---

[1]. 《戒庵老人漫笔》卷六《杨五川题六如折枝》:"时杨五川仪年方十九,在侧,就案以水笔洗涤新墨,狂生之迹几灭。计不能尽去,乃因字删改良久,画亦曝干,遂填补成《长相思》……六如甚加叹赏。"

第七章
不惑之年

第一节　崇明海盗

正德改元之年，苏州出了件大事，闹得人心惶惶，社会治安大乱。

长江口外的崇明岛是泥沙冲击形成的沙岛，南宋时置天赐盐场，元代设为崇明州。明初，太祖朱元璋御赐"东海瀛洲"之名。实际上，此地经济落后，十分荒凉，属于苏州府管辖的边远地区。

此间，岛上出了个"豪民"施天泰，他是个敢于挑战陈规的"土财主"，为了争夺"鱼苇之利"，聚众闹事。皇帝下诏，命施天泰迁徙到远州。不承想，施天泰的党羽钮东山逃窜到海上，占岛为王，成了海盗。祝允明说，自从苏州知府林世远到任，四年以来，"狗鼠余魂，弄兵东岛"[1]，一直不太平。岛上的"愚民"，生性"素犷健梗"，也跟着钮东山要"均贫富"，开始四处劫掠。崇明岛附近是苏州府、松江府的近海地区，历来属于富裕之乡，自此遭了殃，被这些流寇闹得民不聊生。

朝廷随即命令都御史艾璞、巡按御史曾大有、苏州知府林世远协力剿匪。

到了年底，官府肃清了这股匪患，当地百姓终于过上了安稳日子。一时间，苏州文人欢呼雀跃，争先恐后拿起笔，纷纷为官员们大唱赞歌。祝

---

[1].《怀星堂集》卷二十二《邦侯晏海颂》。

允明率先写了《邦侯晏海颂》，并把大家的文章汇集起来，"其为士者，各文其词，汇题之曰'晏海之什'"[1]。他们还为这几位官员建立了"怀德生祠"，加以颂扬。

文徵明在《靖海颂言叙》中云："正德改元之祀，侍御曾公（曾大有）以简命按苏……（寇）出没卤掠，民不胜扰，于是濒海诸邑复大震。有司以闻，诏发诸路兵讨之，而公与今中丞艾公（艾璞）实领其事。夏四月首事，徂秋八月，竟扼贼而歼之，降其胁从，俘其老弱，而四民用宁……乃相率为诗，咏歌其事，而属序于余。"[2] 从叙文中看，这些"老弱"海寇，不过是来自崇明岛地区的普通百姓。官兵一到，纷纷跪地求饶。

唐伯虎也不甘落后，为此写了一首诗《兵胜雨晴》，颂扬朝廷功绩：

电扫干戈复太平，天开晴霁拟丰登。
一朝顿减糟糠价，半夜收回鼓角声。
天子圣明成大庆，野人欢喜保残生。
遭逢盛事须歌颂，惭愧无才达下情。[3]

对国家来说，崇明荒岛上为数不多的草民流寇本是乌合之众，而朝廷派遣国家军队前来剿灭，这算不上什么"圣明"壮举，也不值得大庆。但是，苏州文人与普通百姓一样，需要一个安定的生活环境，所以从这个意义上

---

[1].《怀星堂集》卷二十二《邦侯晏海颂》。

[2].《甫田集》卷十六《靖海颂言叙》。

[3].《壬寅消夏录》之《唐六如行书诗卷·兵胜雨晴》。

来讲，朝廷和人民的立场是一致的。事实上，唐伯虎从来没有断绝与官场的来往，并且乐于为官员歌功颂德。

到了这年秋天，也就是在崇明"荡寇"获胜之际，年届八旬的沈周大病初愈，他的堂弟沈璞专程来看望，于是沈周邀请他同游西墅有竹居。

沈璞，又作沈朴，字德韫，是沈周伯父沈贞吉之子，一生淡泊，不事功名。沈璞壮年时曾在田头筑室，躬耕养亲，读书课子，可是乡人却因此讥讽他胸无大志。其实他的志趣与堂兄沈周非常相近，沈周自然很欣赏他。早在成化十一年，时年四十九岁的沈周就曾为沈璞画《湾东草堂图》，并赋长诗《湾东草堂为弟朴赋》，曰"我与题诗解嘲骂，门外雨来蛙满河"，表示对二弟的赞扬，并回击嘲讽者。

◆ 明 沈周 《湾东草堂图》
私人收藏

如今已是耄耋老人的沈周，不敢贪杯，又怕招待不周败坏了二弟的兴致，于是画《幽谷秋芳图》赠予沈璞，还叫来了门生文徵明、唐伯虎等人作陪。

沈璞这次来见长兄，可能还谈到了家族中一些鸡零狗碎的纠葛。

几杯热酒下肚，他们一齐怀念起已过世的吴宽。回想往日结伴同游的情景，众人颇为感伤。文徵明在《幽谷秋芳图》上题诗曰：

当年文酒会西庄，点染寒花醉墨香。
片纸依然人发白，秋风篱落几重阳。

唐伯虎也在此画上题诗云：

乾坤之间皆旅寄，人耶物耶有何异？
但令托身得知己，东家西家何必计。
石丈笔迹满天下，得托与否难自记。
譬如造化赋与人，富贵穷达皆其戏。
我展此幅向壁间，壁下秋风花满地。
黄花墨叶相对好，齐物论之同是伪。
摘花卷画见石丈，请证无言第一义。
得托与否寿与夭，劳劳两途且姑实。
对花共饮十分盏，主人自是张骠骑。

唐伯虎的诗与文徵明的感伤情绪完全不同，比如"乾坤之间皆旅寄""譬如造化赋与人，富贵穷达皆其戏""得托与否寿与夭，劳劳两途且姑实"，这些乐观豁达的思想，不仅是对沈璞的劝解，也反映了唐伯虎的人生三观。

在唐伯虎看来：生命本是虚幻，就像一段到人间一游的旅行。无论贵贱还是穷富，无论长寿还是短命，都像游戏一般，幻化无常，无法控制，所以人活着的意义，就是过好当下的每一天，"今朝有酒今朝醉，明日愁来明日愁"，不必因追究东家长、西家短而自寻烦恼！

联系唐伯虎的生活，他的这种思想，颇有点实用主义况味，所以在其

唐伯虎传

日常生活里，这种思想表现为用心作画，拼命赚钱，以此改善生活状况，满足享乐所需。

到了正德三年，唐伯虎已经三十九岁了。对照十年之前，二十九岁的他还只是一个激情满怀的理想主义者。那时他刚刚参加了南京乡试，荣膺解元，满脑子还是修齐治平的儒家观念，对科举仕途充满自信与憧憬。可是十年之后，唐伯虎已经彻底转变了思想观念，成为一个现实主义者。

就在前一年正月，唐伯虎等人的好友阎起山一命呜呼了，年仅二十四岁。阎起山之死，不仅再次说明黄泉路上无老少，而且还说明"贫寒之家难出贵子"并非欺世之言。在明代，穷苦人家是很难读得起书的。而阎起山家贫，时有不能炊，可他嗜书如命，哪怕典当衣服为食，也不忍典卖图书，结果贫穷拖垮了他的身体，使其积忧成疾，早早地葬送了性命。

正德三年正月初一，临近阎起山的忌日，唐伯虎在家埋头创作《岁朝图》。画的内容是：堂中一老翁端坐在火炉前，望着正欢天喜地放烟花的三个幼儿。背景辅以设色松竹梅。唐伯虎自题云：

> 拥炉团聚庆年华，稚子欢呼兴不赊。
> 雪里梅开香独冷，一番春信到人家。
> 正德戊辰元日，仿马远笔并题。苏台唐寅。[1]

这幅画，显然是由客人定制的，与唐伯虎当时的心情形成了鲜明的反差。作为职业画家，唐伯虎须按时按量完成创作，这是画家和客人之间商

---

[1].《石渠宝笈三编》毓庆宫藏三《明唐寅岁朝图轴》。

业交易的契约要求。从正德三年正月初一开始，他以每个月不低于两幅作品的速度进行创作。

正德三年正月初一，唐伯虎画了前文所说的《岁朝图》。

正月十五日访友邹蠡溪，唐伯虎画了《阳山积雪图》。

正月某日，唐伯虎画了《摘阮图》。

二月十六日，唐伯虎又画了《杏花草阁图》。

三月十日，唐伯虎与文徵明、朱凯、吴奕等相约，同游了原名正觉禅院或正觉寺的竹堂寺，还在一起做了投壶游戏。他与文徵明各有画作纪念。文徵明画的是《雨景》，唐伯虎画了《正觉禅院牡丹图》。

这次春游竹堂寺，发生了一件蛮有意思的事：人称古石和尚的老僧，见到唐伯虎，像邂逅老友一样，一直与他盘道说法。文徵明站在一旁，倾听了半天，竟然听不懂唐伯虎在说什么。旁人见此，十分惊诧：唐伯虎本是一个拈花惹草的爱花居士，岂能给老僧说法？这简直本末倒置。于是人们纷纷拿唐伯虎开玩笑。

唐伯虎回家之后，兴致不减，画了一幅鲜艳盛开的牡丹花，名为《正觉禅院牡丹图》，题云："接箭投梭了却春，牡丹且喜未成尘。共怜色相凭师证，转世年康第几人？三月十日，偕嗣业（吴奕）、徵明、尧民（朱凯）、仁渠同饮正觉禅院。仆与古石说法，而诸公谑浪。庭前牡丹盛开，因为图之。唐寅书。"

画成之后，文徵明在此画上和诗一首："居士高情点笔中，依然水墨见春风。前身应是无尘染，一笑能令色相空。文壁。"[1] 文徵明的诗反弹琵

---

[1].《吴越所见书画录》卷一《唐解元正觉禅院牡丹图立轴》。

唐伯虎传

琶，不失友善地调侃唐伯虎好色。

而文徵明在那幅《雨景》上的题跋，依旧保持着自己一贯的谦虚与平易："戊辰三月十日，偶与尧民、伯虎、嗣业同集竹堂。伯虎与古石师参问不已，余愧无所知，漫记此以识余愧。文壁"[1]。

文徵明的书画声望，确实不在唐伯虎之下，这是时人的共识。然而他在自己画上的题跋，却显得十分谦虚，称自己"愧无所知"。或许这是实话，因为知识的海洋无边无际，每个人都有自己的局限，本是极为寻常的现象，何须愧对！这也再次显示了文徵明的虚怀若谷，尤其对好友唐伯虎，他总是含笑礼让。

对文徵明的赞美，唐伯虎并非无动于衷，反过来也极力赞美文徵明。他在文徵明的《关山积雪图》上题跋曰："徵明先生关山积雪图全法二李，兼有王维、赵千里蹊径。……（文徵明）令人畏敬，信胜国诸贤，不能居其右矣。"[2]唐伯虎把第一的桂冠，戴到了文徵明的头上。

与聪明人为伍，俱是成人之美，相互提携，互为成全，乐在其中。

唐伯虎心情很好，一直在埋头创作。是年春，唐伯虎画《挂瓢图》。四月，唐伯虎画《江山骤雨图》……

到了这一年的六月，沉浸于书画创作之中的唐伯虎，不幸又遭遇噩运，再一次陷入悲痛之中。

唐伯虎之弟唐申的长子，名叫唐长民，是个乖巧可爱的孩子，这年已

---

[1]. 《中国名画》（有正书局本）第二十集《明文衡山雨景》。

[2]. 《大观录》卷二十。唐寅卒于嘉靖二年（1523年），而现藏台北故宫博物院的文徵明《关山积雪图》作于嘉靖十一年（1532年）冬，未见唐寅的题跋。推测《大观录》卷二十所记文徵明《关山积雪图》，或非今存台北故宫博物院之物。

◆ 明 文徵明 《关山积雪图》（局部），现藏台北故宫博物院

《关山积雪图》（局部）

经十二岁，于数年前开蒙读书。这个孩子读书很认真，每天都要读到很晚才肯睡觉。一旦遇到问题，总是蹦蹦跳跳地来找伯父请教。唐伯虎没有儿女，视之为己出，"兄弟骈肩倚之"，就是兄弟俩把唐长民当作继承唐家烟火的唯一子嗣来培养。可在此时，唐长民却因病去世了。

唐伯虎悲痛难抑，字字滴血地写下了《唐长民圹志》：

唐伯虎传

　　长民，余弟申之子也，母姚氏。余宗不繁，自曾大父迄先府君，无有支庶。余又不育，暨有此子也，兄弟骈肩倚之。年十二，颖慧而淳笃，在父母侧，未尝仰视跂步，读书夜必逾甲乙，其兴亦未尝至漏尽也。有间，必诣余，是外更无他适。余每心计曰："唐氏累世植德，耳目可指摘而言者五代矣。闾门巷涂，称为善士，无有间言；天必祐之，振起其宗。"及余领解都下，顷以口过废摈，而犹冀有此子也。今不幸以死，又将何所赖也？岂余凶穷恶极，败坏世德，而天将翦其宗耶？而余束发行义，壶浆豆羹，兄弟欢怡，口无莠言，行不诡随，仰见白日，下见先人。无忝于衷，昊天不聪，丧吾犹子，诚为善之无征矣。

　　於乎冤哉！呜呼痛哉！卜以卒之年正德戊辰九月丙午，去死之日凡三月，葬城西五里晋昌旧阡殇之穴。陵谷迁移，志铭圹首，吮笔命词，涕之无从！铭曰："昊天不聪，翦我唐宗，冤哉死也斯童！兄弟二人将何从？维命之穷！"[1]

　　在圹志的最后，唐伯虎歇斯底里地哭诉道：老天爷啊，你怎么能够这样不长眼啊，让这个孩子死去，等于剪断了我们唐家的血脉，让我们兄弟俩还怎么活下去啊！

　　唐伯虎曾在沈周《幽谷秋芳图》上题诗："乾坤之间皆旅寄，人耶物耶有何异？"就是说，人类的生命本是虚幻，其实就像一段到人间一游的旅行。这说明，他早已经看透了生命的本质。可是，唐伯虎毕竟是个感情

---

[1].《唐寅集》，第 256 页

脆弱的人，灾难一旦再次降临到自己头上，他仍然难以承受失亲之痛。

人皆如此，说服别人时，尚能保持理智，而轮到自己承担时，感情随即崩溃。

正德三年五月至八月初的约三个月里，唐伯虎一张书画都没有创作，很可能是为拯救侄子唐长民的生命在奔波。按此推测，唐长民可能于四五月间发病，六月去世。之后唐伯虎为料理这个孩子的后事而奔波忙碌，因此更无心作画。

第二节　垂虹桥头的送别

直到正德三年八月十五日，唐伯虎暂歇一口气，来到吴江的垂虹桥，送别自己的学生戴昭。

垂虹桥在吴江县治以东三里许，旧名"长桥"，成化十七年重修后改名为"垂虹桥"。此处是水上交通枢纽，后来建有垂虹亭。据陈寅恪先生考证，晚明杭州名士汪汝谦将一代名妓柳如是推荐给钱谦益之前，河东君约见汪汝谦的地点就是这里。

前文已经说过，戴昭是徽商之子，曾经跟随唐伯虎学习，后来又跟随沈周、祝允明、文徵明等人学习。如今戴昭"学渐就绪"，离家且久，要回徽州休宁的老家去了，所以沈周、祝允明、文徵明、邢参、吴龙、陈键、

唐伯虎传

朱存理、练仝璧、鲁泰、祝续、俞金、德璇、顾桐、顾福、陆南等苏州文坛好友三十余人,齐聚垂虹桥,与之话别。这说明,戴昭这位年轻人情商很高,"为人言动谦密,亲贤好士"[1],与苏州文人打成一片,深得大家喜爱。杨循吉因故未能赶到垂虹桥送别,但事前已赠送别诗。

众人为何要到垂虹桥送别戴昭?这沿袭了灞桥折柳的习俗。唐朝时,灞桥曾有驿站,亲朋故友若要往东去,长安友人均要送到灞桥,然后纷纷折下桥头柳枝相赠,这才与亲友执手相别。

唐伯虎绘制了一幅《垂虹别意图》,作为礼物送给了戴昭。"画幅甚短,近坡疏木七株,远坡也七株;舟在河心,棚下坐者三人,舟尾摇橹者一童。两岸间之垂虹桥约有十洞,青山在望。水墨清淡,秋意盎然。"[2]这段描述是翁万戈所写,可是在近坡处,疏木不是七株,稍远处还隐藏着一株,应该是八株疏木。

唐伯虎在画后连楮上自题诗一首,云:

> 柳脆霜前绿,桥垂水上虹。
> 深杯惜离别,明日路西东。
> 欢笑幸圆月,平安附便风。
> 归家说经历,挑尽短檠红。[3]

---

[1].《珊瑚网》卷十四《诸名贤垂虹别意诗并叙》。

[2].《美国顾洛阜藏中国历代书画名迹精选》,第214页。

[3].《珊瑚网》卷十四《诸名贤垂虹别意诗并叙》。

◆ 明 唐寅 《垂虹别意图》，现藏纽约大都会艺术博物馆

为送别戴昭，唐伯虎一共写了两首诗。戴昭当初将这两首诗和《垂虹别意图》装裱在一起，没有分开。后来射利者将它们拆开，单独卖高价。现将第二首诗补录如下：

> 垂虹不是灞陵桥，送客能来路亦遥。
> 西望太湖山阁日，东连沧海地通潮。
> 酒波汩汩翻荷叶，别思茫茫在柳条。
> 更欲传杯迟判袂，月明倚柱唤吹箫。[1]

唐伯虎说"垂虹不是灞陵桥"，实为反话。两桥名字虽然不同，送别亲友的意义是一样的，表达了大家对于戴昭的依依惜别之情。

---

[1].《珊瑚网》卷十六《唐子畏垂虹别意》。

唐 伯 虎 传

由唐伯虎的诗篇可知，当日在垂虹桥畔，还举行了饯别宴会，参加者中有人吹箫助兴。大家纷纷举杯饮酒，吟诗作赋，执手共叙友情，酒一直喝到了月明时分。戴昭后来将先生唐伯虎的《垂虹别意图》和三十三位诗人的共三十六首和诗，装裱成了一个手卷，即后世著名的《诸名贤垂虹别意诗并叙》[1]，其引首为祝允明题写的四个行书大字"垂虹别意"。

朱存理在送别诗中写道："新安十日程，足为千里游。江湖志汗漫，仗剑气横秋。"[2]据此我们可知，从苏州到戴昭的故乡休宁，也就是齐云山所在地，路途坎坷，行程遥远，当年需要行十天。

唐伯虎与学生戴昭保持了一生的情谊。戴昭知道唐伯虎缺钱，直到嘉靖二年唐伯虎去世前夕，他还在为先生介绍笔墨生意，请唐伯虎为休宁的齐云山道观紫霄宫撰写碑铭。这是后话，暂且不表。

唐伯虎的学生不止戴昭这一位。留下姓名者，还有李子元。唐伯虎曾给他写过《寄答门生李子元》[3]，诗云：

> 青山白屋旧论文，寒雨疏灯坐夜分。
> 岂谓频年违汉署，虚传诸子在河汾。
> 歌残丛桂应相忆，赋就长杨未遣闻。
> 独有侯巴谙寂寞，几回书札待杨云。

---

[1]. 此画卷在晚明时为项元汴所收藏，被视为"神品"。入清后收藏于清宫，由乾隆、嘉庆至宣统递藏，御印俱全。传至近代，为美国收藏家顾洛阜所收藏时仅存十九首诗。顾洛阜将此画卷捐赠给纽约大都会艺术博物馆。

[2].《美国顾洛阜藏中国历代书画名迹精选》，第215页。

[3]. 原为美国收藏家顾洛阜收藏，现藏纽约大都会艺术博物馆。

◆ 明 唐寅 《寄答门生李子元》，现藏纽约大都会艺术博物馆

李子元生平不详，唐伯虎给他写的诗歌，多是讲述他们之间的师生之谊。

李子元离开师门之后，很久没有消息，唐伯虎时常思念他。《寄答门生李子元》没有年款，鉴定专家从其书体特征判断，此诗大约写于正德五年（1510年）前后[1]，由此可知唐伯虎当年的师门授业情况。

送走戴昭之后，唐伯虎回到家里，完成了另一幅作品《秋山红树图》，

---

[1]. 翁万戈先生认为："此篇虽无年月，看来似为（唐寅）中晚年作（1510年顷），颇有欧阳询风格，可与《行书仲尼梦奠帖》卷参照。"见《美国顾洛阜藏中国历代书画名迹精选》，第219页。

唐伯虎传

"设色画红叶青山,孤篷轻漾"。

唐伯虎此时愁眉不展,又为家里的经济忧愁起来。虽然新居桃花庵别业已经落成,看起来的确不错,但是似乎没有彻底完工,还有许多地方需要花钱。再想到弟弟唐申并无营生能力,一家人长期依附于唐伯虎生活,而且为侄儿唐长民延医看病、料理后事等花费不薄,唐伯虎极可能囊中羞涩,已经负债。

左思右想之下,唐伯虎给远在北京做官的徐祯卿去了信,目的是借钱。以他俩的交情而言,这肯定不成问题。

十月二十日,徐祯卿写了回信[1]。唐伯虎收到徐祯卿的回信后,上下翻看了半天,仍不见汇票。怎么看,都只是信纸一页。

信纸上,徐祯卿写了一首长诗,名曰《唐生将卜筑桃花之坞,谋家无资,贻书见让,寄此解嘲》:

予昔攀白日,虹霓干紫庭。
浮沉帝座侧,无人知岁星。
侧侍公车无所欢,聊骑天马出长安。
南下苍江浮七泽,还携谢客弄波澜。
青倪中开秀庐岳,瀑布洒入千峰寒。
冥冥仙气贯南斗,直欲凌身烧大丹。
回裾西拂巫山浦,浩荡欢心闲云雨。

---

[1]. 见《吴越所见书画录》卷五《明诸贤题唐六如像册》,徐祯卿回信的时间是"十月廿日"。

> 归来欲奏楚王书，汉主上林方好武。
>
> 黄金不遇心自吁，白璧无媒翻见侮。
>
> 昨日结交燕少年，酣歌击筑市中眠。
>
> 正逢天子失颜色，夺俸经时无酒钱。
>
> 入门百结鹔鹴尽，笑立文君明镜前。
>
> 却思旧日高阳侣，黄公酒垆何处边。
>
> 天下绨袍谁不怜，郗卿未具山中橐，何人为买剡溪田。
>
> 唐伯虎，真侠客。
>
> 十年与尔青云交，倾心置腹无所惜。
>
> 击我剑，拂君缨。
>
> 请歌《鹦鹉篇》，为奏朱丝绳。
>
> 胡为扰扰苍蝇之恶声？
>
> 我今蹭蹬尚如此，嗟尔悠悠世上名。[1]

其实，此时的徐祯卿也遭遇到了麻烦事：他因"授大理寺左寺副，坐失囚，贬国子博士"[2]。他的职责是看管监狱里的犯人，而此间发生了因犯越狱事件，徐祯卿负有监管不善的责任，于是被追责，不仅被贬官去了国子监当博士，而且还被罚俸。他自己都"正逢天子失颜色，夺俸经时无酒钱"，哪还有余钱借给唐伯虎呢！他想起了与唐伯虎"十年与尔青云交，倾心置腹无所惜"的友谊，感到无地自容，可又实在无能为力，于是只得给这位

---

[1]. [明]徐祯卿：《迪功集》卷三《唐生将卜筑桃花之坞，谋家无资，贻书见让，寄此解嘲》。

[2]. 《明史》卷二百八十六《文苑二》。

唐 伯 虎 传

老哥哥寄回一纸诗歌。

尤其有意思的是，徐祯卿所写的最后一句："我今蹭蹬尚如此，嗟尔悠悠世上名。"大意是：老哥哥啊，你今日已经有能力营建新居，而兄弟我眼下已陷入失意困顿的地步，远不如你混得有滋有味啊！

其实，身为进士的徐祯卿此时十分羡慕唐伯虎是有充足的理由的，原因是官员的日子太难过！

明代官员的薪酬本来就很低，还经常会被朝廷拖欠，稍有犯错，就要罚俸，弄得不光是低级官员的日子不好过，连高级官员的日子也常常难熬，所以明朝官员贪污受贿的现象极为普遍。但是，贪污受贿的罪名不是闹着玩的，一旦事发，会有杀头掉脑袋的风险。然而像唐伯虎这样当个职业书画家，只要功成名就，就会有市场，相较而言日子过得的确逍遥惬意。

因此，从唐伯虎的挚友们的生存状况来观察，唐伯虎科举受挫，转而投身于艺术创作，成为职业书画家，并不是他的失败，而是他生活与事业的重生。从现实意义来讲，作为一个普通人，经济独立远比所谓的官宦仕途更为重要。

是年，唐伯虎创作了另一幅作品《秋声赋图》，此图应是客人定制的，"画欧阳修《秋声赋》中童子出视句景。款正德戊辰，画于学圃堂。晋昌唐寅"[1]。画幅后是唐伯虎自书的欧阳修《秋声赋》，完整地表现了他的书与画的艺术。这位客人不仅倾服于唐伯虎的书画，想必也极为钦佩欧阳修的名篇《秋声赋》，因此请唐伯虎据《秋声赋》之意而创作。在艺术品市场上，这是很常见的命题创作形式。

唐伯虎虽然已是画坛名家，但待友人如旧，只要是朋友有请，他总是

---

[1]《石渠宝笈续编》重华宫藏七《明唐寅秋声赋图》。

满怀侠客义气，乐而为之。

张灵早年曾为一位名叫钱友琴的朋友画过一幅《鹤听琴图》。钱友琴生平不详。从题跋获知，此君爱古琴，学习弹琴已有十年光景。《鹤听琴图》画成之时，吴宽尚在世，还为之作了题跋。朱存理也在吴宽之后作了再跋。正德三年，钱友琴又来请唐伯虎题跋。

唐伯虎在《鹤听琴图》上题诗曰："飘飘王孙金马客，十年学琴成琴癖。虚窗飒飒雪打竹，静坐焚香弦在膝……西湖散人唐寅为钱君题鹤听琴图。"

二十年后，这幅画有了一个新名称，叫作《明张梦晋文待诏鹤听琴图合璧卷》，这源自另一个故事。在唐伯虎题诗之后，文徵明又于二十年后再次题诗，曰："友琴钱君以此卷索诗，未及有作而失之。常欲追为之图，因循未果，垂二十年，而友琴复购得之。持来示余，余愧其意，既为赋诗，复补一图，以终前诺。呜呼！友琴今年七十有六，而余亦垂六十矣。顾卷中诸人，俱已物故，而余与君独存，岂不有数耶？嘉靖七年戊子十月九日，文徵明识。"[1] 钱友琴比文徵明年长十六岁，文徵明与唐伯虎同庚，因此推出唐伯虎比钱友琴小十六岁。

文徵明再跋此卷时，唐伯虎已经谢世多年。由此可见苏州文人当时的风气，确实重感情，讲信义，无论死生，总不肯负朋友。

钱友琴与文徵明、唐伯虎共同的朋友钱贵，是否有亲戚关系？今已不知，而就在唐伯虎应邀为《鹤听琴图》题跋之时，唐伯虎还在为《钱贵小像》题诗。这幅小像也是苏州文人友情的见证："钱太常小象（像）：张枢画，

---

[1].《虚斋名画录》卷三《明张梦晋文待诏鹤听琴图合璧》。

唐伯虎传

唐寅诗，徐祯卿歌，陈沂诗，祝允明赞，都穆诗，文壁诗，朱应登诗。"[1] 这两幅画作，是否同时被送来请唐伯虎题跋？今亦不知。

虽然，唐伯虎为《钱贵小像》所题的诗今已不见，但仍可见到文徵明的题诗：

> 奕奕才名二十年，画中人物眼中贤。
> 文优关键争为式，义满交游不见怨。
> 再岁称兄惭我长，一经发解合君先。
> 犹嫌绘笔难能尽，为赋空梁落月篇。[2]

钱贵于嘉靖九年（1530年）去世后，文徵明为他写了《明鸿胪寺寺丞致仕钱君墓志铭》，我们可以从中了解他的身世。

钱贵，字元仰，比唐伯虎、文徵明小两岁，是同邑同学。他祖上是大名鼎鼎的吴越武肃王钱镠[3]。早在弘治十一年，钱贵与唐伯虎同在南京乡试中举，可是前者在会试中屡试不中，直到二十多年后的正德十六年（1521年）"以太学生试吏部"，授太常寺典簿，嘉靖三年（1524年）从六品的鸿胪寺寺丞任上致仕，五十九岁卒。其人品学识均称上流，为人也很谦和，与王鏊等均是好友。

---

[1].［明］朱之赤：《朱卧庵藏书画目》。

[2].《甫田集》卷四《题钱元抑小像》。

[3].《甫田集》卷三十《明鸿胪寺寺丞致仕钱君墓志铭》："君讳贵，字元仰，姓钱氏，吴越武肃王之后。"

第三节　四十自寿

正德四年，唐伯虎和文徵明都已虚岁四十，将入不惑之年。

正月初一这天，本是个开心的日子，然而一贯豁达开朗的文徵明忽然满怀愁绪。此前，胞兄文徵静毫无征兆地患上了一种"奇疾"，而且已病入膏肓[1]；可书画市场偏又遇上了"井里萧条"，他几乎断了收入。他回忆起自己走过的这几十年风雨路，无论是科举事业还是家庭建设，都自觉没有什么成就。文徵明心情沉郁，于是作了一首冷冰冰的《元日试笔》：

> 晨光蔼蔼散祥烟，宝历初开第四年。
> 井里萧条占岁俭，人情薄劣与时迁。
> 雪残梅圃难藏瘦，日转冰池欲破坚。
> 老大未忘惟笔砚，小窗和醉写新篇。[2]

---

[1].《甫田集》（四卷本）卷三《家兄比岁罹无妄之灾，尝作诗慰之，今岁复得奇疾，垂殆而生，因再次韵》。

[2].《甫田集》（四卷本）卷三《元日试笔》。

唐伯虎传

从诗中看出，文徵明眼下的日子过得的确不如意。因为收入锐减，"人情薄劣与时迁"，这个年他过得如同待在冰池一样。他不善且不喜饮酒，却主动醉了一回。他想借酒浇愁，岂料举杯消愁愁更愁。

这一年，文徵明还曾给挚友陈钥[1]写过一首《寄陈以可乞米》，向陈钥乞米果腹：

> 秋风百里梦姚城，无限闲愁集短檠。
> 零落交游怀鲍叔，逡巡书帖愧真卿。
> 谋身肯信贫难忍，食指其如累不轻。
> 见说湖南风物好，何时去买薄田耕。[2]

现在把这两首诗放在一起解读，就可以大致了解文徵明当时的际遇。他觉得自己老大年纪了，每天还在发愤苦读，仍然功不成，名未就，既没能考中举人，也没能积攒起财富，过着"贫难忍"的苦日子，真是愧对先人。还不如去当个农民，踏踏实实耕田，混口饱饭吃！文徵明为自己这般碌碌无为，感到失望和羞愧。

他的朋友陈钥，一生未曾仕宦，精于农业，已是苏州长洲大户人家的当家人。陈钥的父亲陈璚，官至南京都察院左副都御史，就是前文讲到的《五同会图卷》中的主角之一。陈璚不仅是名臣，还善于持家，在苏州有

---

[1]. 陈钥，字以可，苏州长洲人，陈璚次子。与文徵明为通家之好，相交二十余年，情谊笃厚。陈钥之子即文徵明的弟子陈淳。

[2]. 《甫田集》（四卷本）卷三《寄陈以可乞米》。

大量良田，家里还有颇多的书画收藏。陈璿与文林是好友，因此陈家与文家属于通家之好。陈钥因对举子业不感兴趣，就回到苏州务农，兼做生意。因为聪明能干，他的生意做得很大，以致"田园邸店，纵横郡中"[1]，为当地的大地主。

按理说，尽管正德初年刘瑾等乱政致使政治混乱，经济衰退，市场萧条，而且正德四年苏州地区发生了旱涝灾害，粮食紧张，但是，文徵明书画的市场行情还是不错的，以他的资望应该不至于饿得讨饭吃，所以文徵明写《寄陈以可乞米》的动机值得探讨。他或许是在向老友陈钥发牢骚，以抒发自己对现状的失望和不满。

唐伯虎见到文徵明的《元旦试笔》，似乎读懂了文徵明的心里话，连忙和诗一首，予以安慰：

> 一曲阳春早为传，东风冉冉物华迁。
> 梅花近水疑寒雪，柳色当门弄晓烟。
> 论道昔着重戴席，题诗今日乐尧年。
> 餐霞应接安期寿，自适逍遥世外篇。
> 奉答徵仲先生削正，友弟唐寅草。[2]

唐伯虎把文徵明比喻为"一曲阳春"，说明他早已名闻天下。他安慰文徵明说：既然我们已经走上了这条丹青之路，就不必再自艾自怨，而应

---

[1].《甫田集》卷二十九《陈以可墓志铭》。

[2]. [明]张丑：《真迹日录》卷五。

唐伯虎传

当顺应命运的发展，过好当下的逍遥生活。尤其"自适逍遥世外篇"，是在劝文徵明逍遥出世，不必为"今日"的"梅花近水疑寒雪"太过纠结。

对于自己的四十岁生日，唐伯虎比文徵明平静许多。他在家精心绘制了一幅绢本画，描绘出他心中的世外桃源景象，画中一派盎然诗意。

唐伯虎画山水画，大多取平视或远景，三十六七岁之后，他的艺术创作进入了高峰期，开始出现仰视或俯视的角度。此幅山水图采用的是俯视，非常少见。他在近景处画了一棵参天古树，直上云霄。山石后面是一间明亮的草堂。草堂敞着大门，前厅内坐着一位纶巾长袍的中年人，这无疑是唐伯虎本人。他膝前摊开了书，正在独坐静思。几案上摆放着书籍和文玩。童仆在旁侍立。草堂后面，古树森森，景致深幽……整个画面传递出安静而祥和的气氛。

唐伯虎为此画题写了一首诗：

> 鱼羹稻衲好终身，弹指流年到四旬。
> 善亦懒为何况恶，富非所望不忧贫。
> 僧房一局金縢着，野店三杯石冻春。
> 自恨不才还自庆，半生无事太平人。
> 吴趋唐寅自述不惑之齿于桃花庵画并书。[1]

从诗中看，唐伯虎对现状有些麻木。他把自己比作山间田野里的一个稻

---

[1].《壬寅消夏录》之《唐子畏桃花庵自寿图卷》。另见《唐寅书画全集·绘画卷1》，第189页。此画又名《吴趋唐寅自述不惑之齿于桃花庵》

第七章·不惑之年

草人,安于现状,无惧风雨。他说自己的生活"富非所望不忧贫",就是不好不坏的意思。而自己连善事都懒得去做了,更不会去做恶事。只要日子过得去,不再贫穷,他也不再想拼命敛财。他在总结自己的四十年人生时说"自恨不才还自庆",对自己曾经的无知与轻狂,深感羞愧。这是反省后的觉悟,是一个人走向成熟的标志。对于四十岁以后的人生,他希冀不困于心,不念过往,不乱于情,做个"半生无事太平人",平平安安地度过此生。

唐伯虎对这个世界的看法已趋冷静,不再怀有奢望,反而使自己过得舒心而轻松。他把这种心情画进了三月间创作的另一幅作品《秋林野兴图》里,并在这幅画上题诗道:

> 石壁晓然立,白云护重重。
> 下有餐霞客,独坐对青峰。[1]

当一个人能够冷静地面对大千世界,再多的困难也就无所畏惧,因为他已有能力淡然处之。

唐伯虎还创作过一幅《桐阴清梦图》,直接表明自己"此生已谢功名念"。画面上,有一位文士独处桐树之下,半躺在交椅上,仰面闭目,一副安然自得的神情。这就是他的自我写照。画上还有一首自题诗:

---

[1]. [清] 蒋光煦:《别下斋书画录》卷三《唐六如秋林野兴图立轴》。

明 唐寅 《吴趋唐寅自述不惑之齿于桃花庵》· 私人收藏

唐伯虎传

> 十里桐阴覆紫苔，先生闲试醉眠来。
> 此生已谢功名念，清梦应无到古槐。[1]

无论是诗还是画，《桐阴清梦图》都是唐伯虎在这一时期的内心表白。

是年三月，桃渚先生要过五十七岁生日，邀请沈周、周臣、文徵明、唐伯虎、仇英合作创作了《桃渚图卷》。这一画卷共有四幅画，第一幅是沈周所画。第二幅是唐伯虎与仇英合作完成[2]。唐伯虎题跋曰："千株晓露坠，一坞湿云蒸。指顾仙源在，何须问武陵。吴趋唐寅写桃渚先生玩鹤图并题。"第三幅是周臣所画。第四幅是文徵明所画。

这位桃渚先生的面子很大，能够一下子邀请来五位大画家一起来为自己祝寿。他到底是何人？今已不详。而此画上并无年款，如何确定它创作于正德四年的呢？在此卷第二幅画上，仇英题跋道："桃渚先生五十七岁背影玩鹤像，实父仇英写。"这也只是说明，这一画卷创作于桃渚先生五十七岁时，尚不能确定具体时间。

在邵松年辑撰的《古缘萃录》卷三里，存有沈周、文徵明师徒俩为桃渚先生画的另一幅《沈文合作寿桃渚先生卷》，画上有一段题跋，曰："弘治壬戌三月十有一日，桃渚先生五十寿辰，余往访，适徵仲亦至，合成是图以赠，沈周。"弘治壬戌年就是弘治十五年，如此推算，桃渚先生五十七岁时正是正德四年。

---

[1].《唐寅书画全集·绘画卷1》，第189页。

[2]. 此图仅见著录，未见原图。仇英生卒年不确，大约生于弘治十一年，比唐伯虎大概小二十八岁，此年约十一岁。按理说，此图必是后配，或是伪作。

第七章·不惑之年

春天总是令人心旷神怡，正是出游的大好时机。

也就是在这一年的春天，应友人吴天西的邀请，唐伯虎去荆溪踏青游览。荆溪旧指常州府宜兴县，而荆溪山区岩洞甚多，尤其以善卷洞、张公洞（庚桑洞）和灵谷洞组成的"宜兴三洞"最出名，此景位于今宜兴城西南28公里的王家坞灵谷山（石牛

◆ 明 唐寅 《桐荫清梦图》，现藏北京故宫博物院

山）南麓，名闻遐迩。这些岩洞，千奇百怪，洞内套洞，曲径通幽，而且山洞里还有各具异趣的大小钟乳、石笋等，自古便是人间地下奇观。三洞之首的善卷洞内还有水深莫测的河流，四季长流不断，可以行舟。

唐伯虎一生徘徊在道教和佛教的思想里，自然对张公洞情有独钟。因为相传道教里的著名人物，如汉代张道陵、唐代张果老都曾在张公洞里隐居修行，而唐伯虎认为自己与仙道人物有"前缘"，于是前往游玩，"曲尽其概"。乘兴归来，他在扇面上书写了一首诗，今天这个扇面被称作《行书自书游张公洞诗扇面》。诗曰：

> 仙都许借壶中景，雷部分开洞里天。
> 石径螺旋防失脚，藤崖虹卷倒摩肩。
> 乳泉冷浸骑驴迹，瑶草丛生种玉田。
> 人未曾来难与说，得来亦是有前缘。[1]

唐伯虎自荆溪回到苏州后，用心创作了一幅《荆溪山水图》，记录游兴，

---

[1].《唐寅书画全集·书法卷》，第69页。

◆ 明 文徵明 《存菊图》，现藏北京故宫博物院

直到当年八月十六日方才绘成，其题跋曰："荆溪诸山延亘百余里，其间洞迳蜿蜒……复汪洋宛委其间。三吴名胜，莫过于此。今春吴天西招余入山，遍访其胜，归而图此。展览之余，庶几山川目云，然始事于春，告成于秋。虽曲尽其概，而历时既久，用心更自惜也。正德己巳八月既望，吴趋唐寅画并识。"[1]这幅历时半年之久创作的画作，穷尽画家一时心血，一定精彩无比，可惜今已不存，难觅其神采矣。

这年春，文徵明给他的亲戚王闻画了一幅《存菊图》，祝允明写《存菊解》，杜启写《存菊堂记》，唐伯虎题诗。

长洲名医王闻，号存菊，是王观的侄儿，也是苏州名画家王谷祥的堂兄。不过王谷祥此时还是个乳臭未干的孩子。王闻的年纪已不小，气度很大，崇尚自然，性格豁达，爱护孤儿，是个很有慈爱仁心的人物。文徵明说王闻"以医名吴中，善谈名理，洒落不羁，有晋人风"[2]，又称他是"老圃"，赞誉

---

[1].《十百斋书画录》午集《唐寅荆溪山水卷》。

[2]. [清]张照等编：《秘殿珠林》卷二《明文徵明书金刚经一套二册》。

四月江南农事忙,沤麻浸谷有常程。菜言蚕细全无事,一夜缫车到晓明。唐寅画

◆ 明 唐寅《江南农事图》(局部),现藏台北故宫博物院

第七章·不惑之年

他"珍重孤儿偏护惜,百年手泽自难忘"[1]。唐伯虎也称赞他有一颗金子般的善心。王闻的善举赢得了乡人的尊敬,所以大家都很欣赏他,且与之关系友善。

唐伯虎为《存菊图》题诗曰:

> 昔人种菊住秋林,人去秋来菊剩金。
> 拂拭青毡坐相对,百年多少永思心。
> 闻君三径未全荒,寒菊犹存万本黄。
> 最是留心栽莳者,不留欣赏已云亡。
> 友生唐寅为达卿先生作存菊诗。[2]

唐伯虎对农事也很关心。四月,正是春耕时分,唐伯虎闲不住,去乡下采风,认真观察农民劳作,回到桃花坞创作了《江南农事图》,题诗曰:

> 四月江南农事兴,沤麻浸谷有常程。
> 莫言娇细全无事,一夜缫车响到明。

此后,为了纪念匏庵先生吴宽,唐伯虎又画了一幅《慧山竹炉图》。"小桥疏石,桐树三株,下设一榻。一叟端坐持盏,左壶右书,盖匏翁也。

---

[1].《大观录》卷二十《文太史存菊图卷》。

[2].《大观录》卷二十《文太史存菊图卷》。

一老衲对坐竹椅,把瓯相陪……(款)正德己巳初夏,吴郡唐寅。"[1] 画面上,有一持盏者,端坐在无锡惠(慧)山脚下,应是已经驾鹤西游的匏庵吴宽。

第四节　王鏊归来与沈周去世

正德四年,苏州文坛发生了两件大事。

第一件是王鏊致仕归来。

三年前,是王鏊的学生、正德皇帝朱厚照继位之后的改元之年。正德皇帝才刚刚颁诏将王鏊召回京城去做大官,还未见王鏊施展什么大本事,怎么扭头就致仕了呢?

其实,王鏊复出为官的这三年多里,过得苦闷不堪。

正德元年四月,王鏊先是被起为吏部左侍郎,奉命参与编修《明孝宗实录》,任副总裁。这时候的正德皇帝才十六岁,整天与刘瑾等太监厮混,不理国事。时任首辅刘健和内阁大臣李东阳、谢迁等顾命大臣,看到新皇帝如此不争气,毅然上书相劝,并密谋诛杀祸国误主的刘瑾等人,吏部尚书韩文和王鏊均积极赞同。可是,新皇帝已经把刘瑾视为心腹,还想把他

---

[1]. [清]方濬颐:《梦园书画录》卷十《明唐子畏慧山竹炉图咏卷》。惠山原名"慧山",今人记述时多将唐伯虎的这幅画记作《惠山竹炉图》。

提升为司礼监太监，参与处理国家大事。刘健和谢迁看形势至此，纷纷撂挑子辞职。皇帝也不迁就，批准了他们的致仕请求，内阁只剩下了李东阳。刘健和谢迁无奈，只得告老还乡。至此，刘瑾等人更加猖狂，不仅结党营私，而且增设特务机构，排斥忠良，镇压异己，大肆掠夺农民土地，导致弘治以来的大好局面迅速恶化。

刘瑾决定把自己的走卒焦芳弄进内阁。为掩人耳目，他连同王鏊一起提拔，擢升王鏊与焦芳一同入阁。就这样，王鏊于一个月后升任户部尚书、文渊阁大学士、国史总裁、同知经筵事，成为人臣中官阶最高的正一品官员。

王鏊虽由刘瑾提拔入阁，但他不糊涂，是一位清醒的官员，岂肯与这等阉人为伍，于是主动与"八虎"划清界限，还竭力保护受刘瑾迫害之人，屡次劝谏刘瑾不要乱来。刘瑾痛恨吏部尚书韩文，暗中指使人罗织罪名，想以"伪银输内库"的罪名诛杀韩文。在王鏊与李东阳的极力挽救下，刘瑾的阴谋未能得逞。刘瑾还想杀兵部老尚书刘大夏，王鏊极力反对，最后刘瑾未得逞。王鏊保全朝廷忠良，因此赢得了好名声。

正德三年礼部会试，王鏊出任主考官。考场大门落锁后，刘瑾竟用小纸条写了五十个名字塞进门内，命王鏊录取。王鏊虽极不情愿，却又没办法拒绝，只得先答应下来。待到录取时，王鏊深思熟虑，决定多录五十名，这就保护了因加塞被挤掉的那五十名学子。正德五年刘瑾倒台，以凌迟之刑被公开处死，这批靠"后门"进来的人才被清除出朝廷。[1] 所以，王鏊在内阁高官任上可谓时时如履薄冰，处处小心谨慎，实际上日子过得很不顺心。

王鏊是个明白人，深知伴君如伴虎，也把官场看得透彻。正德四年，

---

[1]. 品墨编著：《图说微历史：细节中的中国史》，民主与建设出版社，2018年，第194页。

唐伯虎传

位于家乡九峰山的新居一落成,王鏊就毫不迟疑,一连三次向皇帝提出致仕,最后以看病为由获得了批准。幸好皇帝念旧情,看在师生情谊和他为官劳苦的分儿上,允许他体面地回家养病。

正德四年四月,王鏊致仕还家的消息在邸报上被公布,唐伯虎得知欢喜不已。回想起恩师王鏊数十年的宦海沉浮,唐伯虎进行了一番梳理,写下《闻太原阁老疏疾还山,喜而成咏,辄用寄上》:

> 元宰陈疴乞北山,君王赐告许南还。
> 始终勋业三朝眷,前后承疑四相班。
> 聊落宦囊余玉带,沧茫烟水迥柴关。
> 若非特拜云天宠,药饵扶衰未许闲。[1]

唐伯虎写下此诗时,王鏊还没回到苏州。五月,王鏊东归。他回到苏州之际,夏意已浓。早在春季,为迎接恩师归来,唐伯虎便提前精心绘制了《文会图》,题跋曰:"正德己巳春日写上守翁师相。门生唐寅。"[2]

八月十七日,王鏊在九峰山的新居彩灯高悬、喜气洋洋,这里正在举行盛大寿宴,庆祝主人王鏊的六十大寿。

---

[1]. 中国古代书画鉴定组编:《中国古代书画图目》九《闻太原阁老疏疾还山,喜而成咏,辄用寄上》,文物出版社,1992年。

[2]. 中国古代书画鉴定组编:《中国古代书画图目》一《唐六如文会图》,文物出版社,1986年。吴湖帆为此画题跋曰:"作于正德己巳,为王文恪六十寿者。六如为文恪及门得意士,时年四十岁。笔致秀美,正方华焕采时也。湖帆所得唐画甲观。"但王鏊的生日是八月十七日,而此画作于春日,可见并非祝寿之礼。

第七章·不惑之年

明朝人沿袭着古人的习俗：在双亲过世之后，自己年届六十岁，才可以办寿宴。这个习俗或许和庄子的说法"人上寿百岁，中寿八十，下寿六十"有关，因此民间有"六十为寿，七十为叟，八十为耄，九十为耋，百岁为期"之说。自吴宽下世以来，担任过帝师国相的王鏊，已经成为在世苏州人中曾任职位最高者，声震四方，所以他的寿宴极受关注，热闹非凡。

人们纷纷高擎酒杯，敬祝王相国长寿。王鏊本不善饮酒，结果一高兴，就把自己给灌醉了。酒醉之后，王鏊激情满怀，令侍者展纸研墨，然后挥毫自书曰：

> 正德己巳春，余乞告东归。是年八月十七日为六旬初度，亲知多持酒为寿，宴于九峰之新居。余素不能饮，是日不觉大醉。坐中口占四词，漫书满纸，不知其字之癫狂也。碧山学士鏊济之。[1]

众人推杯换盏，纷纷献诗，场面好不热闹。

醉醺醺的唐伯虎，有感于恩师所历经的坎坷路，五味杂陈，挥笔作《寿王少傅守溪》七律一首：

> 绿蓑烟雨江南客，白发文章阁下臣。
> 同在太平天子世，一双空手掌丝纶。

大意是说，王鏊作为太平盛世里的江南名士，身居高位，却未能建立

---

[1].《壮陶阁书画录》卷九《明王济之寿词卷》。

唐伯虎传

一番功勋，空负了大好时光。

人们看到唐伯虎的这首诗后，难免大感意外。按照常理，祝寿诗是要为主人歌功颂德和表达美好的祝愿，而唐伯虎所写之诗，简直是在发牢骚，似在批评自己的恩师。于是后人记述道，有人"闻其《寿王少傅守溪》"惊讶于"其肆慢不恭如此"。人们对唐伯虎这种口无遮拦的无礼之举，露出不屑的神情。

王鏊熟悉唐伯虎的个性，珍惜他的才华，对此一笑了之，未有任何怨言。何良俊称赞王鏊："文恪之重贤而存旧，今亦不复有此风矣。"[1] 文恪为王鏊的谥号。

但是，《六如居士全集》中保存了唐伯虎另一首祝寿诗《寿王少傅》，情绪全然不同：

> 舒卷丝纶奉禁闱，梦思桑梓赋遄归。
> 古闻南极称天老，今见东方有衮衣。
> 莲社酒杯陶靖节，獭囊诗句谢元晖。
> 无疆献上诸生祝，万丈冈陵不算巍。[2]

这两首祝寿诗，内容迥然不同，出现在同一寿宴上的可能性不大。特别是前一首《寿王少傅守溪》，或是唐伯虎私下另写的一首，被李诩误记为寿宴之作，今已难辨。但是，如果深入推敲《寿王少傅守溪》，等于在说：

---

[1].《四友斋丛说》卷十五《史十一》。

[2].《六如居士全集·补遗》，见《唐寅集》，第62页。

第七章·不惑之年

王鏊在那种恶劣的环境下，虽然未能做出惊天动地的伟业，却能够独善其身，还竭尽所能保护了不少大臣的性命，这也是了不起的功绩啊！

不管怎么说，王鏊致仕回家，过上了心满意足的生活。在庙堂之上，仍然时有官员呼吁，要让王鏊重新出山，特别是在刘瑾倒台之后，可他本人却再无此念，坚决不仕。

就在王鏊筹办寿宴之际，发生了一件令人伤心的事：苏州文坛的泰斗沈周谢世。

王鏊于五月回到家乡后，闻得比自己年长二十三岁的老友沈周身体欠安，立即派人前去问候，表示待自己忙过眼下，将亲往相城请安。沈周还答礼还诗，不想此札遂为石田老人的绝笔。

正德四年八月初一的晚上，已经八十三岁的沈周安静入睡，直到第二天早起，家人才发现他已悄悄驾鹤西去。他的辞世，没有疾病折磨，似乎也无其他任何痛苦，此为寿终正寝。沈周一生受人敬仰，功德圆满，所以葬礼自然也会办得风风光光，故而停灵近半年，择黄道吉日安葬。

沈周去世，不仅忙坏了家人，也累坏了他最为出名的大弟子文徵明。文徵明作《哭石田先生》诗二首，还详加考证，撰写了沈周的生平事迹文章《沈先生行状》。

王鏊撰写了《石田先生墓志铭》，曰："有吴隐君子，沈姓，讳周，启南字，而世称之唯曰'石田先生'……先生以正德四年八月二日卒，寿八十有三。复相履治丧，以壬申十二月二十一日葬相城西牒字圩之原。所著有《石田稿》《石田文抄》《石田咏史补忘》《客座新闻》。"[1]

---

[1].《震泽集》卷二九《石田先生墓志铭》。

唐伯虎传

从王鏊撰写的沈周墓志铭来看,沈周之墓在"相城西牒字圩之原",下葬的具体时间为十二月二十一日。

在沈周下葬之前,九月十六日,王鏊不忘自己对其许下的诺言,亲往相城"拜访",实际上他是带着唐伯虎等三四人坐船前往吊唁,并且在宗让家住了一个晚上。王鏊为此写了《行次相城有感》,云:

> 几年约兹游,为访石田叟。石田今已亡,不使此言负。
> 相知三四人,挐舟过湖口。行行抵相城,自卯将及酉。
> 四顾何茫然,天水合为薮。茅屋几人家,荒蒲与衰柳。
> 本来鱼鳖宫,自合鸥鹭有。始田者为谁,馁也非自取。
> 有司事诛求,亡者十八九。念此为彷徨,独立延伫久。
> 作诗当风谣,以告民父母。[1]

陪同王鏊一起前往的唐伯虎,也写了一首诗。此诗以现实主义笔法,描述了他在苏州相城的所见所闻,大有老杜的诗风:

> 正德己巳九月望后,寅忝侍柱国少傅太原王公出吊石田乡丈于相城,夜宿宗让三舅校书宅。酒半书此,聊伸慰答之私耳。吴趋唐寅。
>
> 吴以水为国,相城当其污。旱潢与众异,淖洄不可锄。

---

[1].《清河书画舫》卷十二下《明唐寅野望悯言图》。

> 淹潦先见及，宛在水中居。己巳春不雨，逮秋欲焚巫。
> 七夕月离毕，骤雨风挟诸。始谓油然云，助我润槁枯。
> 泠泠乃不息，山崩溢江湖。拯溺急儿女，骑牛杂羊猪。
> 始旱终以潦，岁一灾二俱。县官不了了，按籍征税租。
> 连境尽鱼鳖，比屋皆逃逋。我随宰公来，舴艋如乘桴。
> 村有太丘生，典卖具牛晡。公既恤以诗，赓之我能无。
> 劝子卖积荒，携口就上腴。早晚得饱餐，鼓腹歌皇虞。

苏州府拥有全国最肥沃的农田，也是全国最有名的粮仓，因此农业税收居全国最高，而从唐伯虎的诗中可见，正德四年苏州府发生过一场严重的旱灾，随后是一场大雨，转为涝灾，所以唐伯虎诗云"始旱终以潦，岁一灾二俱"，连村里负责祭祀的人都要卖掉农具去讨口饭吃，可见灾情的严重性。可是官府仍无视民间疾苦，依旧"按籍征税租"。这个全国最富饶地区的农民不堪重税，无以为生，只得拖家带口去逃荒，剩下成片的空屋，似同鬼村。

唐伯虎的诗，从一个侧面揭示明武宗朱厚照继位四年以来宦官乱政，导致了恶劣后果，将"弘治中兴"的盛世局面推向了灾难边缘。这不仅为正直不阿的王鏊逃离官场作了清晰的注脚，也为文徵明写的《寄陈以可乞米》作了背景说明。

从相城归来，唐伯虎先去看望了老友张灵，而后又去了趟江阴，看望了存馀堂主人朱承爵。

探望张灵，时在十月十日。

张灵家在苏州城内的皋桥，是唐伯虎的邻居。成年后，他已经搬至城

唐 伯 虎 传

外的山里，过着隐士一般的生活。此时已是深秋，唐伯虎出了城门，深一脚浅一脚地往前走，一路欣赏沿途风景。那时路边杂草已经枯黄，远山如卧虎，枫树已飞红，正是一派秋日景象。

这是唐伯虎第一次前往山中探望张灵。他原本以为张灵身居荒山中，日子一定过得艰辛而无趣，可是到了才发现，此地苍松与劲竹环绕，竟然是"逍遥处"，像图画一样美丽。

探访张灵归来，唐伯虎根据一路所见，绘制了《秋山寻隐图》，赠给这位发小，题跋曰："正德四年十月十日，出郭访张梦晋秀才，因书道中所见，作小诗二首于图上。唐寅。"[1] 诗曰：

其一
历乱山岚草树深，隐居踪迹杳难寻。
我来但听樵歌声，小答松篁太古音。

其二
红树中间飞白云，黄茆檐底界斜薰。
此中大有逍遥处，难说与君画与君。[2]

近两个月后，即正德四年十二月六日，已是寒冬时节。唐伯虎离开苏州，跑到常州府江阴的存馀堂，拜见了朱承爵。

---

[1]. [清]李佐贤纂辑：《书画鉴影》卷二十一《唐解元秋山寻隐图轴》。

[2]. 此诗其二又见《六如居士全集》卷三。

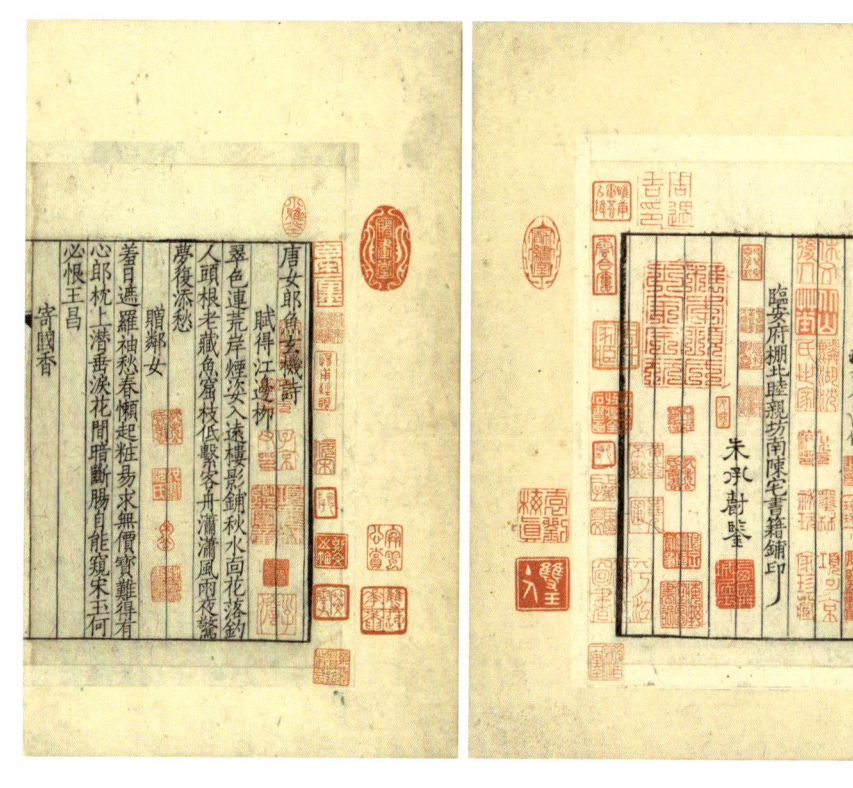

◆ 南宋刻本《唐女郎鱼玄机诗》（首页）
朱承爵旧藏，现藏国家图书馆

◆ 南宋刻本《唐女郎鱼玄机诗》（尾页）
朱承爵旧藏，现藏国家图书馆

江阴人朱承爵，号西舜城居士，本是读书人，"盛年锐志进取，累试不利，遂弃去"[1]，此后开始发愤收藏艺术品，"家蓄鼎彝名画甚富"[2]，名闻四方。他最著名的藏品是苏轼父子帖，即《大观录》里记载的《眉山六帖合册》，文徵明称之为《东坡五帖》。文徵明题跋曰："右苏文忠五帖。首帖与郭君廷评者，无岁月可考。次二帖皆与忠玉提刑……又次《歙砚帖》……最后《食蚝帖》。"[3] 朱承爵对此帖极为珍视，又因为苏东坡字子瞻，所以他改字为"子儋"。

---

[1]. 光绪本《江阴县志》卷十七《人物·文苑》。

[2]. 同上。

[3]. 《甫田集》卷二十一《跋东坡五帖叔党一贴》。

唐 伯 虎 传

朱承爵的主要藏品，除了《东坡五帖》之外，还包括五代南唐画家周文矩的《重屏会棋图》，元代高克恭的横轴《高尚书秋山暮霭图卷》，元代钱选的《孤山图》，它们皆是书画史上的大名品。他还是个名头不响的小画家。文徵明说他"为文古雅有思致，诗夺亦清丽，尤工笔翰"[1]。

就是这个朱承爵，有一事震惊文坛，那就是用自己的美妾，换回了一卷南宋刻本。黄丕烈在《士礼居藏书题跋记》中说，朱承爵为了得到南宋刻本《唐女郎鱼玄机诗》一卷[2]，把爱妾奉赠他人。陈寅恪为此感叹说："唐女郎何幸，而为其所珍重若斯！"[3] 可见此人的收藏嗜好奇绝。

朱承爵当时还很年轻，年方三十，待唐伯虎甚为恭敬。为了热情款待唐伯虎，他立即招来同乡前辈薛章宪作陪。

薛章宪是江阴名士，以前经常去苏州与唐伯虎喝大酒。他本是秀才出身，"弃经生业，遍游吴越山水"[4]，与文徵明、都穆等也有深交。

这里有个问题：唐伯虎专程去江阴看望朱承爵，两人显然有要事要谈，那朱承爵为什么立即去请薛章宪呢？前文已讲到，唐伯虎三年前来存馀堂结识朱承爵，介绍人正是薛章宪。按照收藏界的行规，此举叫作"结识新朋友，不忘老朋友"。这样的收藏家做事磊落。

唐伯虎此行受到了朱承爵的热情招待，为了表示感谢，他在存馀堂里画了一幅《春风第一枝图》，题跋曰："残冬风雪宿君家，烛影横杯隔绛纱。

---

[1]. [明] 姜绍书：《无声诗史》卷三。

[2]. 《唐女郎鱼玄机诗》为孤本，原藏朱承爵家，后归项元汴，现藏国家图书馆。

[3]. 陈寅恪：《柳如是别传》，上海古籍出版社，1980年，第404页。

[4]. 《列朝诗集小传》丙集《薛秀才章宪》。

三载重来论契阔，窗前几夜梦梅花。正德己巳季冬朔后五日，再宿子儋存馀堂中，时风雪寒甚，写此寄兴，且索浮休和之，唐寅书。"[1]

唐伯虎此行的真正目的是什么？从他的题跋里可略窥端倪。他说"三载重来论契阔"，"契阔"的本意是聚散离合，在此处可当交情讲。此次他来叙旧话交情，极有可能是再次登门推销自己的书画！

薛章宪是年已经五十四岁，才华有限，"诗文皆乏神韵，盖摹古而仅得其貌也"[2]，但此人仪表堂堂，浓眉大眼，又善解人意，颇有人望，朋友们都很尊敬他。薛章宪的儿子薛甲是个很有出息的后生，嘉靖八年（1529年）考中了进士，为人仗义敢言。

此时距徐经去世已有两年，他们又都是徐经的老朋友，一定会为徐经的英年早逝而扼腕叹息。唐伯虎刚从京城诏狱出来时，可能对徐经在诏狱里的表现有不满。比如，徐经屈打成招，被迫承认了一些无中生有的事，导致后来他俩都被礼部除名，所以这两位共患难的好友再也不曾相见。但是，现在的情况已完全不同，按照逝者为尊的礼仪，唐伯虎再也不会因此心存芥蒂，还在题跋里主动"索浮休和之"。而一贯举止高傲的唐伯虎，四十岁以后开始变得和蔼可亲，与众人的关系也和谐了起来。

薛章宪卒于正德年间。他的同乡好友徐尚德是徐经的叔父，曾写信告知唐伯虎薛章宪新逝的消息。唐伯虎回信《致若容札》（徐经叔父字"若容"），表达了痛惜之情。薛章宪生前，对唐伯虎的书画艺术十分敬佩，唐伯虎也曾视他为知己。

---

[1].《域外所藏中国古画集·明画》之《唐寅一枝春图轴》。

[2].《四库全书总目提要》卷一百七十六集部二十九。

◆ 明 唐寅 《致若容札》，现藏纽约大都会艺术博物馆

同是在正德四年，十二月十二日，张灵进城来找唐伯虎，应该是作为唐伯虎此前去山中拜访的回访。

此时漫天飞雪，两人不觉相视而笑，又不约而同地回忆起少年时光。想当年，两人在虎丘上装神弄鬼，上演过不少荒唐闹剧，被人斥为狂生；如今，两人都已是两鬓斑白，反而觉得那些往事有趣又可爱。唐伯虎于是带上洞箫，与张灵乘兴出门，又一次去虎丘踏雪寻踪，重温年少时光。

这真是一次愉悦的故地重游。天上雪花漫飞，地上雪白一片。唐伯虎吹洞箫，曲调悠扬，张灵挥长袖，舞姿翩翩。时光仿佛在倒流……天色渐暗，两人仍不尽兴，呼来书童点上油灯，继续陶醉在歌舞中。

他俩深夜来到虎丘山房，雪还在继续飘落。唐伯虎意犹未尽，尚沉浸在醉意与兴奋之中，于是点亮油灯，铺纸研墨，开始创作《虎丘山图》（也作《虎邱山图》），并题诗曰：

浪迹林泉百不忧，江南才子足风流。
吹箫漫作张灵伴，听雪呼灯画虎邱。[1]

---

[1]. [清]李葆恂：《无益有益斋论画诗》卷下《唐寅虎邱山图卷》。

第五节　唐伯虎与书画收藏家

时在正德四年八月，唐伯虎点燃一支香，独坐家中，面对从收藏家那里借来的元代王蒙的《天香书屋图》，研墨、舐笔，开始临摹。摹毕，他题跋曰："唐寅临王叔明天香书屋图并诗，己巳八月。"[1] 丢下笔，唐伯虎踱步窗前，望着夕阳映照下的桃花坞，思绪翩跹。

自古以来，中国书画家都是从临摹前贤的作品入门学画，经反复琢磨、练习，再登高阁，所以摹古是书画家必须严肃对待的必修课，一生时而常习之。唐伯虎亦如此。他自幼喜爱笔墨，研习书画，经名师沈周、周臣点拨，笔端才逐渐呈现出自家风神。就其一生创作历程而言，无论是他的笔墨技巧还是构图风格，多是从古人书画中汲取营养，吃众家饭，而后运用到自己的浪漫艺术创作之中。

历史上的许多书画名家，不仅因懂得笔墨而成为鉴赏家，而且也是收藏家。比如沈周、沈云鸿父子。沈家庋集了祖上数代人的收藏，到沈云鸿这一代，又扩大了收藏规模。沈云鸿临终时明言，他收藏的目的就是"藏为所用"——在古代，受诸多条件限制，加上印刷技术极其简陋，学习书

---

[1]. [清] 张大镛：《自怡悦斋书画录》卷二《唐六如天香书屋图》。

画的最好方法，无疑是直接面对原作进行临摹，这样可以从细节中领悟历代先贤的艺术精髓。

唐伯虎把这种对古人书画的喜爱，归结为"性"，也就是天性。他自述"余性嗜古人名画，而不能多藏"[1]。唐伯虎说的是真心话。他个人收藏的书画数量极为有限，戴不住收藏家这顶帽子。年轻的时候，他曾经与古董商周旋，无非是为了借来书画临摹，拓展自己的视野，提高绘画技能。到四十岁前后，为了使创作更上一层楼，寻找新的突破口，唐伯虎又集中精力在临摹古人的作品上下功夫。可原作从哪里来？还是老办法，到收藏家家中去看、去借。

唐伯虎跟收藏家的关系向来友善。首先需要说明一点，收藏界历来会自发形成若干个收藏圈子，藏品起初就在这些圈子里自由流转，然后再向社会扩散。在唐伯虎所处的年代，江南地区影响力最大的收藏圈子就在苏州，核心人物就是沈周、沈云鸿父子。而唐伯虎始终处在这个圈子里面，因此能与收藏家们形成密切的交游关系。一方面，收藏家们希望得到唐伯虎的作品，这就需要跟他保持亲善的关系；另一方面，唐伯虎也通过观赏收藏家的珍藏，开阔了眼界，提高了自己的见识和画技。两者形成了互为促进的关系。

这里介绍几位与唐伯虎有过交往的苏州收藏名家，看看唐伯虎在与他们的交往中是怎样研习前贤作品，提高自己的绘画水平的。

正德五年，唐伯虎四十一岁。这年春天，他听说苏州吴江史氏人家"储蓄甚富"，收藏了很多古代法书名画，而且，史家人非常善于保管藏品，已经编好了收藏目录。唐伯虎心生向往，于是在好友沈德弘的介绍和陪伴下，专程去吴江，登门拜访这个史姓人家。

---

[1].《石渠宝笈》卷四十一《明唐寅摹古一册》。

第七章·不惑之年

吴江史氏也仰慕唐伯虎的声名，慷慨地拿出家中珍藏，"尽发其帐中之秘"[1]，就是拿出目录中最好的藏品，供唐伯虎逐一鉴赏，令其大饱眼福。

史家珍藏的这批书画，不仅质量高，而且数量颇丰。唐伯虎按捺住自己的激动心情，坐了下来，安安静静地细心赏鉴。作为书画家，他欣赏法书名画的方法，与寻常人大有不同。寻常人等看画，无非看其大概，外加一阵惊叹而已；唐伯虎看画，不仅要看气韵，看构图，看色块，更重要的是看前人的笔墨用法，因此看得十分仔细。不仅眼观，而且要在心里反复琢磨，所以看画的速度很慢，最终连续看了数天。

古人看画，有个程式："先观其气象，后定其去就，次根其意，终求其理。"[2]就是说首先要鉴赏书画的整体水平，然后分析笔墨关系与来历，再研究技法上的道理，最后才总结出一般性的艺术规律。唐伯虎亦然。

吴江史家收藏的这些法书名画，像烙铁一样印在了唐伯虎的脑子里，给他留下了深刻印象。他后来利用闲暇时间，开始"背临"——根据当时看画的记忆，摹画出之前看过的画作。

唐伯虎一共背临了十余幅画，且背临得十分顺手。这些是他记忆最深刻的作品，他把这十余幅画装裱成一个册页，名曰《摹古册》[3]。望着自己的背临之作，唐伯虎扬扬得意，然后喃喃自语：我的画与古人相比，谁画得更好呢？他这般发问并非不自信，而是为了自夸。最后，他在册页上挥笔题跋："闻吴江史氏储蓄甚富。因与德弘走阅数日，因尽发其帐中之秘。"

---

[1].《石渠宝笈》卷四十一《明唐寅摹古一册》。

[2]. [宋]刘道醇：《圣朝名画评》。

[3].《石渠宝笈》卷四十一《明唐寅摹古一册》。

归而不忘。暇日辄忆所记,图为一册,共得一十余帧。不知古人胜我,我胜前人?因以贻德弘,使其评一胜负。德弘反谓:青于蓝者大半。殆爱我而誉我也。正德庚午四月二十五日,唐寅。"[1]沈德弘看过后,大喜过望,不吝赞美,说:您这是青出于蓝而胜于蓝啊,大部分画得比古人原作还好!

收藏家吴江史氏究竟是谁?唐伯虎故意不说明,看来其中藏有玄机。其实我们不难推测,唐伯虎去拜见的必定是史鉴之子。

吴江史鉴,字明古,号西村,别署西村逸史,一生淡泊名利,是苏州府著名的收藏家。他是一个很有趣的人,总喜欢穿戴古人的衣冠,手持拂尘,趿拉着鞋,宛若仙人下凡。友人曾要引荐他入朝,他赶紧婉辞谢绝,道自己平生所好只两件事:读书和收藏。他又是个古道热肠之人,但凡有客来访,必定热情相迎,然后"陈列三代秦汉器物及唐宋以来古籍、书画名品,相与鉴赏",即主动向客人介绍藏品,评定甲乙。可惜,在成化末年秋,史鉴家起了一场大火,许多重要藏品被烧毁。[2]弘治九年,史鉴辞世。十四年之后,唐伯虎才有机会去观赏史鉴家劫后所存的收藏。

史鉴是沈周的亲家。沈周的小女儿嫁给了史鉴的次子史永龄(字德徵)。史鉴尺牍《与吴原博修撰》说:"弟与启南(沈周)联姻矣。次子永龄僭求其季女,亦藉贞伯与陈玉汝赞襄成约耳。"[3]可见这门婚事的介绍人是李应祯和陈璚。

唐伯虎是在正德五年四月之前去的史鉴家。史鉴的次子史永龄是正德

---

[1].《石渠宝笈》卷四十一《明唐寅摹古一册》。

[2]. 见《明四大家特展——沈周》。

[3]. 同上。

二年的拔贡生，授翰林院待诏，此时应该在京城，所以唐伯虎极可能去的是史鉴的长子家。尽管史鉴家发生过火灾，但留存下来的书画收藏品依然很壮观。至今仍然存世的颜真卿《刘中使帖》和欧阳询《梦奠帖》就是史鉴家的旧藏。

介绍他去史鉴家看画的沈德弘，很可能是沈周的亲戚。他有可能也是位业余书画商，或者在艺术品市场里充当"牙侩"。唐伯虎在多首诗中写到他们整天在一起吃吃喝喝。作为回报，唐伯虎将那本《摹古册》赠予了沈德弘。对于自己拥趸的赞美之词，唐伯虎心里跟明镜一样，他在题跋中写下"殆爱我而誉我也"，大意是：你是想得到我的作品而故意抬举我。他最终放低了身段，显示出对先贤画作的尊重。

再一例，就是唐伯虎与许国用的交往。

许国用是苏州当地的收藏名家，斋号为"遗斋"。他为人宽厚，做事规矩，眼力一流，经常参加苏州文社的活动，深受艺术收藏圈的敬重。文徵明和唐伯虎差不多是同时认识他的。

早在弘治年间，"时吴中有得（倪）瓒手稿者，因共属和成帙"[1]。这位收藏家，就是许国用。当年，许国用收藏了倪瓒手迹《江南春》，他极为珍视此作品，邀请了沈周、祝允明、唐伯虎、文徵明等五十多人轮流观摩，然后请他们"追和元倪瓒作"，将观赏者的和诗汇集成册。从此事可窥当时苏州收藏圈之大，人数之众。唐伯虎绘《江南春图》并题诗曰：

天涯腌（晻）溢碧云横，社日园林紫燕轻。

---

[1].《四库全书总目》卷一九一《江南春词》卷一。

唐伯虎传

> 桃叶参差谁问渡？杏花零落忆题名。
> 月明犬吠村中夜，雨过莺蹄叶满城。
> 人不归来春又去，（与谁）连臂唱盈盈。
> 红粉啼妆对镜台，春心一片转悠哉。
> 若为坐看花飞尽，便是伤多酒莫推。
> 无药可医莺舌老，有香难返蝶魂来。
> 江南多少闲庭馆，依旧朱门锁绿苔。[1]

据文徵明扇面《雨中访友图》记载，弘治十八年三月十日，苏州已经下了"十日雨"，道路泥泞不堪，人们很少出门。就在这个时候，许国用专程拜访了文徵明的停云馆。两人促膝深谈，文徵明将谈话内容写入五言长诗《题画赠许国用》，跋在《雨中访友图》扇面之上，又收录在他的《甫田集》中。这幅扇面的主题为雨中访友。前景奇石兀立，林木葱茏，一座茅屋藏于巨石左侧，仅见高士晏坐；右侧所绘太湖一隅，风平浪静；右下斜径之上，有一高士正冒雨撑伞而来，显然，来客正是许国用。

我们从文徵明的诗中可知，弘治十八年间的苏州艺术品市场已经很红火。一些收藏者中的"俗子"不讲规矩，常常来骚扰画家，甚至强迫他们按照自己的要求作画。文徵明对此十分厌恶。文徵明说，"吾生雅事此，亦颇自珍惜。愿为知者尽，不受俗子迫"，希望自己的作品"偶落好事手，谬谓能入格"。他称赞许国用是"惟君鉴赏家，心嗜口不索"，意思是许

---

[1] 中国古代书画鉴定组编：《中国古代书画图目》十四《江南春图》，文物出版社，1996年。

国用不仅是懂画的人,而且有风度,能够尊重书画家。

唐伯虎与许国用的友情维系了二十年,一直保持着友好的关系,唐伯虎随时可观看许国用的藏品,或借去临摹。当然,唐伯虎对他也时有回报。正德十二年的清明节,唐伯虎为许国用收藏的《江南春》手卷题写了一首唱和之作,依旧押了倪瓒的原韵:

> 梅子堕花茭孕笋,江南山郭朝晖静。
> 残春鞋袜试东郊,绿池横浸红槁影。
> 古人行处青苔冷,馆娃宫锁西施井。
> 低头照井脱纱巾,惊看白发已如尘。
> 人命促,光阴急,泪痕渍酒青衫湿。
> 少年已去追不及,仰看乌没天凝碧。
> 铸鼎铭钟封爵邑。功名让与英雄立。
> 浮生聚散是浮萍,何须日夜苦蝇营。
> 正德丁丑清明日,后学唐寅奉同。[1]

许国用的书画藏品中有一件沈周的精品,称《汗漫游卷》。这一长卷由沈周作画,并题写长句,李应祯题篆,祝允明作赋,"西涯少师(李东阳)、守溪少傅(王鏊)、青溪太宰(倪岳)、匏庵(吴宽)、篁墩二宗伯(程敏政)、九柏太常(吕常)辈皆有诗。诸公成化、弘治间贤公卿士人,以词翰著名"[2],

---

[1]. 原载《六如居士全集》卷一。

[2]. 《弇州山人四部稿》卷一百二十九《跋汗漫游卷》。

唐伯虎传

许国用还在正德六年（1511年）请文徵明题跋。此卷可谓囊括了一代名士的墨迹，受到大家的赞誉。

收藏界里还有个现象，就是无论谁多厉害，也不可能网尽天下艺术珍品。有时候，极为宝贵的书画也可能被一些名不见经传的小人物收藏，唐伯虎也常会碰到这样的鉴赏机会，每每激情满怀，"不觉技痒"。

正德五年冬，唐伯虎出游无锡，专程踏访了锡山脚下的成趣园。不巧这天大雪飘舞，雪厚盈尺，不便出门，他只能留宿在成趣园。有个好朋友听说唐伯虎到访，连忙拿来李唐的《山阴图》请其鉴赏。唐伯虎一见，大呼精妙上品，且确为真迹，自觉手痒，于是他喝了点儿酒暖了暖身子，待面红手热时，兴致勃勃地临摹了此画。

画成之后，唐伯虎颇为满意，自觉已经画出了李唐的神韵，但还装出一副谦虚的模样，恳请大家一起来批评指正。后人称此画为《明唐解元仿李晞古山阴图卷》。唐伯虎在画上题跋曰："庚午冬，客寓锡山成趣园，是日，大雪盈尺，不能出户，适友人持李晞古山阴图见示，玩其笔墨精妙，不觉技痒，因以酒解手卷，呵冻临此，兴致勃勃，遂得仿佛其神韵，观者能相许否？六如居士漫识。"[1] 这一幕展现了唐伯虎性格的转变：少年时，唐伯虎仰仗自身才华而不知收敛，处处桀骜不驯，显得狂傲浅薄；进入中年后，他饱尝人间坎坷，也撞过不少南墙，性格内敛了许多，然而其骨子里的傲气，仍然会不自觉地显露出来。

在元代画家中，个性鲜明的倪瓒是极为特殊的一位，唐伯虎对他总是

---

[1]. [清]杜瑞联：《古芬阁书画记》卷十四《明唐解元仿李晞古山阴图卷》。

第七章·不惑之年

恭敬有加，称之为"真逸格中第一人也"[1]。倪瓒的避世思想为唐伯虎所称颂，唐伯虎说他"功名让与英雄立""半纸千金不敢轻"，所以每次见到倪瓒的作品，唐伯虎都会特别激动。

正德七年（1512年）八月十五日，友人韩君东拿来了倪瓒的册页《倪懒小册》，恭请唐伯虎鉴赏。

唐伯虎看了这本册页，认为是倪瓒晚年的真迹，值得"孙子传留得"，于是在册页后题诗一首：

> 白发萧萧迁懒生，每将残墨记经行。
> 名家孙子传留得，半纸千金不敢轻。
> 韩君东斋头得世传倪懒（倪瓒）小册，因为赋之。时正德壬申年中秋，晋昌唐寅书。[2]

从题诗可见，在收藏市场的推动下，倪瓒的作品受到了追捧，价格飞涨。唐伯虎说"半纸千金不敢轻"，可见倪瓒作品的价格，不仅寻常人家收藏不起，大富之家也须掂量自家的购买能力。

与元代的倪瓒相比，唐代王维的作品更是名贵。按照董其昌的南北宗理论，中国山水画的发展自唐代起分为南北两宗。诗人、画家王维，就是南宗画派的开山鼻祖，因此在中国山水画的发展史上享有崇高的声誉，可是王维的画，留存到明代的已属于凤毛麟角，且真假莫辨。据唐伯虎自述，

---

[1]. [清]邵松年辑撰：《古缘萃录》卷四《唐六如仿古山水册》。

[2]. 《珊瑚网》卷二十《云林画六册》。

唐伯虎传

他曾亲眼见过两幅王维绘画真迹：一幅是早年所见的王维《雪溪图》，另一幅就是《春溪捕鱼图卷》，又名《王摩诘春溪捕鱼图卷》。

这幅《王摩诘春溪捕鱼图卷》，早在元代时倪瓒就已为它作了题跋。到了明代，吴宽又在画上作了题跋，曰："弘治丁巳七月延陵吴宽书。"我们有理由相信，这幅画是后来才成为吴宽家的藏品的。

唐伯虎题跋曰：

> 澄江何悠哉，混漾春未晚。
> 恬风水镜净，一望匹练坦。
> 远山积浓翠，历历烟树短。
> 草平露洲淑，夹岸桃花暖。
> 羡彼垂纶翁，扁舟寄疏散。
> 赪鲂与赤鲤，来往亦缱绻。
> 危坐下中流，目送飞鸦远。

此诗还有一段小引，唐伯虎曰："客岁见王右丞《雪溪图》，以为希世之珍。不意今日再见此卷，岂神物有灵，散而复聚耶？余深异之，并赋短句。"[1]"散而复聚"，说明唐伯虎第一次看见这幅画时，此画还不是吴宽家的藏品。吴宽去世之后，唐伯虎和文徵明又应邀去了吴家，为之题跋。

唐伯虎题诗之后，文徵明又题了《渔父词》十二首，并于四年后再跋，曰："余题此卷，忆自癸酉岁及今丁丑，恰四年矣。"从文徵明的题跋中

---

[1].《虚斋名画续录》卷一《唐王摩诘春溪捕鱼图卷》。

可以推算出，唐伯虎鉴赏并题跋《王摩诘春溪捕鱼图卷》的时间为正德八年（1513年）。

这些年以来，与唐伯虎交往的书画收藏家中，既有大小官员如吴宽、王鏊、李应祯、王献臣等人，也有专业人士如沈周、沈云鸿父子和史鉴、华尚古、朱承爵、许国用等人，还有他曾经的好友都穆（也是收藏世家），以及像王守、王宠之父王清夫（王贞）那样的收藏爱好者。此外，一些古董商人，他们手里也藏有不少历代名作。这些人，大多生活在苏州以及相邻地区。若是把他们的收藏品加起来，藏品数量和质量应该远超今日某些艺术博物馆的藏品。这些私人藏品，不仅开拓了唐伯虎的视野，也为他的书画创作提供了丰富的养料。

可惜的是，唐伯虎刚认识的两位年轻人，即无锡的安国和华夏，当时还未正式登上收藏圈的舞台。唐伯虎去世之后，安国和华夏才真正领一时之风骚，成为全国顶尖级的收藏大家，而此时最为活跃的徽州古董商人方才登场。所以说，中国明代收藏高峰期在唐伯虎所处时代也才刚刚拉开序幕。

真正的收藏高峰期，是在不久之后的嘉万年间。

第六节　鉴赏与摹古

我们今天看唐伯虎的《柴门掩雪图》，会觉得它极似宋人夏圭（传）

的《山水图》[1]。若是仔细对比分析，可以看出唐画的水平稍逊《山水图》一筹，原因不仅在于唐画山峦的层次欠佳，而且笔墨涩滞，略带笨拙。其实原因非常简单，《柴门掩雪图》本是唐伯虎的临习之作。

在收藏家看来，鉴赏是一门技术活，属于他们的工作范畴，而摹古则是画家开拓视野、提高绘画能力的实践。对唐伯虎来说，两者是一回事。因为摹古的根本目的，就是训练画家的审美和绘画能力。对于艺术构思，画家不仅要有想法，拥有丰富的想象力，而且还要有办法，把自己的构思在画纸上完美地表现出来。摹古就是提高这种能力的有效方法。唐伯虎因此极为重视，常年进行摹古训练。

有一天，唐伯虎拜访太史公晋卿。此公是一位大收藏家，曾经跑遍全国各地去收购法书名画，收集到众多宋元名家的真迹。在晋卿家书房的案头，唐伯虎看到了一本名叫《溪亭山色》的画册，该画册汇聚了宋元名家真迹，精绝无比。他恍若看见了空花水月的美妙景象，顿时腿都软了，迟迟不肯离去。于是，唐伯虎干脆住了下来，专心临摹，一临就是五十多天。

他后来挑选了自己摹古的八幅画，合成册页，装裱起来，该册页被后人命名为《唐六如仿古山水册》[2]。

唐伯虎的这组摹古作品未能留存。幸运的是，他在作品上所作的题跋留存了下来，为我们窥探他在鉴赏、摹古以及美术史论方面的博学，提供了一个窗口。

简录唐伯虎题跋如下：

---

[1]. 此画诗堂由王铎题写。旧时认为此画是夏圭的作品。

[2].《古缘萃录》卷四《唐六如仿古山水册》。

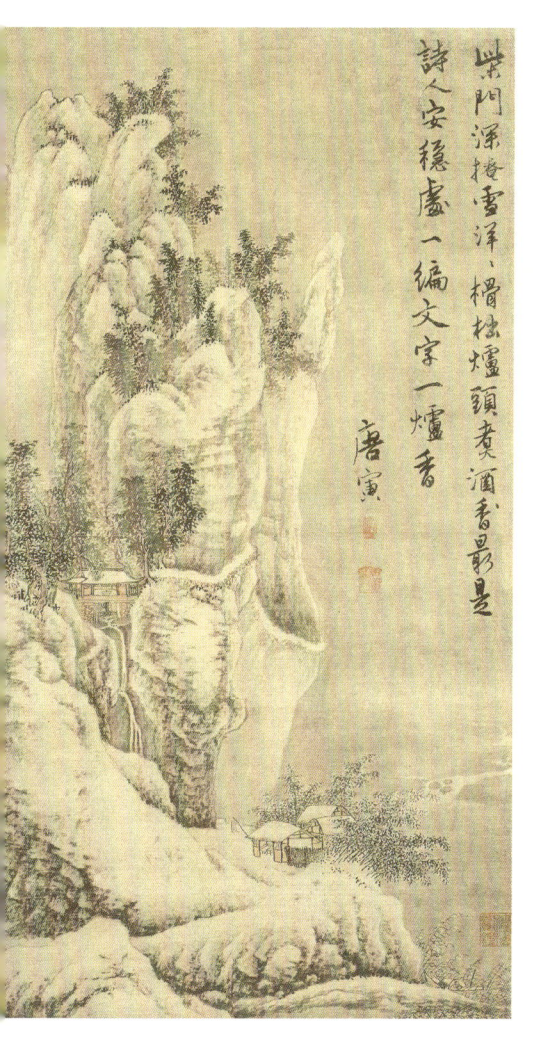

◆ 明 唐寅 《柴门掩雪图》
　现藏中国国家博物馆

◆ 明 唐寅 《暮春林壑图》
　现藏台北故宫博物院

　　王摩诘（王维）为卢鸿画嵩山草堂，其后为米南宫（米芾）得之，宝爱数年，竟遭回禄（火灾），惜哉！

　　仿洪谷子（荆浩）。

　　李咸熙（李成）派至南渡马（远）夏（圭）辈出，风斯下矣。若能以神仙点化手仿之，亦可指石为金。

　　此仿郭河阳（郭熙）晚年之笔也。

　　毕宏、张璪，并师关穜（仝）。大痴道人（黄公望）极得神髓。

唐伯虎传

江贯道师董（源）巨（然），而自然成家者。善平远旷阔之景。

王洽能以醉笔作泼墨，遂为古今逸品之祖。

赵幹山水师荆（浩）关（仝），屋宇师（郭）忠恕。不用界自恕先（郭忠恕）始，用界折算无遗自（赵）伯驹始。其后李嵩辈则是木工界法，终成下品。

王晋卿（王诜）仿摩诘（王维）而自成一家，同时有冯觐者又师之。晋卿真迹，绝于世久矣；今曹知白、陆天游辈，是其宗派。

大米（米芾）难于浑厚，若用泼墨、破墨、积墨、焦墨，便得之矣。

许道宁、陈用志、翟院深三人，俱为李咸熙高足。

仿吾家复古，其兄道，其犹子子房，俱北宋人，师李营丘、郭河阳，并列逸品。

陆瑾、王士元善作江南景，初师李公麟，后学赵令穰。当时便有冰清之誉。

（赵）大年脱去畦町，自成一种妩媚可人。同时王士元师之，常作湖山旷荡之景，真可为大年功臣。

李晞古（李唐）虽南宋画院中人，体格不甚高雅，而丘壑布置最佳。

小米（米友仁）之精细者，清致可掬。更有一种作拖泥带水皴者，亦自苍润奇雅。

黄子久（黄公望）一丘一壑，亦自过人。

吴仲圭（吴镇）如仙姝村妆混田姑中，骨气自是不凡。

倪元镇（倪瓒）以焦墨仿荆（浩）关（仝）笔，真逸格中第一人也。

此仿赵雪松（赵孟頫）笔。

晋卿太史购求四方法书名画，宋元人真迹最多。其间《溪亭山色》一册，尤精绝无比。顷从太史斋头获睹之，恍然有空花水月之妙。不觉技痒，遂假榻于太史家，刻意摹临，凡五十余日，始克告成。不能仿佛万一，自甘效颦之诮，观者幸勿哂之。吴趋唐寅。[1]

唐伯虎在这一册页上的题跋，虽只有六百余字，但内容极为丰富，勾勒出了中国绘画发展史的基本脉络，涉及由五代至元朝近四十位绘画名家。他们犹如长夜星汉，照耀着中国美术发展史上最为辉煌的道路。这些青史留名的艺术家，包括了五代画家董源、巨然、关仝、荆浩、赵幹；唐代画家卢鸿、王维、毕宏、张璪、王洽；北宋画家郭忠恕、米芾、米友仁、李成、许道宁、陈用志、翟院深、王诜、李公麟、郭熙、李唐、赵令穰、陆瑾、王士元、冯觐；南宋画家江参、马远、夏圭、李嵩、赵伯驹；元代画家黄公望、吴镇、倪瓒、赵孟頫、曹知白、陆天游……

唐伯虎的这段题跋，不仅梳理出自五代以来，著名画派的源流以及画家之间的师承关系，更进一步指出了他们各自的艺术特点与风格，甚至还对画家的优缺点进行了评点。此外，他还对画坛的珍闻掌故进行了钩沉。

数百年来，唐伯虎始终被界定为南宋院体画派的传人，而这种界定显然是依据他的画风做的判断。但是，我们从上述题跋中看到，他对中国美术发展史的研究，已经非常广阔、深入。也正是在这个基础之上，唐伯虎

---

[1]. [清]陈焯：《湘管斋寓赏编》卷六《唐子畏溪亭山色册》。

唐 伯 虎 传

根据自己的特点和喜好,开辟了一条最适合自己行走的道路,从而确立了自我画风和艺坛地位。"知彼知己,百战不殆",这是兵家常识,又何尝不是画家的修习指南。

所谓"闻道有先后,术业有专攻",唐伯虎对画学的研究,持之以恒,精益求精。我们以他仰慕的李唐为例,唐伯虎十六岁初识文徵明,两人都把李唐视为楷模。二十多年以后,文徵明的画风已经变了,而唐伯虎依旧初心不改,始终坚持不渝,最终他俩都成为一代艺术大师。这说明,攀登艺术高峰的路径可以不同,但目的是一致的。

从正德四年到正德六年,年届不惑的唐伯虎仍然在潜心研究李唐,并进行了反复的临摹。在正德五年的半年之内,他仿过两幅李唐的作品,而且画得非常慢,越画越精工,越画越精彩。因为摹李唐的笔墨,需要进行深入研究,反复琢磨,然后才敢动笔,因此一幅摹古画他大致需要一两个月的时间才能完成,由此可见他对李唐画风研究的深入与细致。

正德五年七月,一位姓黄的老先生做寿,邀请唐伯虎作画。唐伯虎创作了一幅《为古溪黄翁作寿图》。此画"全仿李晞古(李唐),后自题云:堂上白发人,阶前红花草。花红草逢春,发白人年老。吴趋唐寅"[1]。这幅画,就是唐伯虎反复研究李唐画风之后的成果之一。

唐伯虎是具有独立思想的书画家,即使奉李唐为榜样,他也能做到辩证对待,择其善而从之。他在《唐六如仿古山水册》上的题跋中也提到,"李晞古虽南宋画院中人,体格不甚高雅,而丘壑布置最佳",这说明,唐伯虎心中很清楚,自己到底应该从李唐的笔墨中学习什么。

[1].《真迹日录》卷五《唐子畏为古溪黄翁作寿图》。

第七章·不惑之年

不仅对李唐，对元四家之一的王蒙，唐伯虎也十分关注。他曾经集中精力研究王蒙的绘画技法，也就是研究王蒙如何运用笔墨来表现"水色""山光""松阴""竹影"等景色。正德四年，唐伯虎临摹了前文提及的《天香书屋图》。作品完成之后，他题跋云："水色山光明几上，松阴竹影度窗前。焚香对坐浑无事，自与诗书结静缘。唐寅临王叔明天香书屋图并诗，己巳八月。"[1] 我们从题诗中看到，唐伯虎临摹古画时的状态"焚香对坐浑无事，自与诗书结静缘"，是一个非常安静、享受的过程。

继续观察，我们会发现唐伯虎的绘画实践经历，有一个清晰的发展方向，那就是追求高标准，不停地拓展绘画技能。他早年倾心山水画创作，画中人物不过是山水间的点缀；而至此时，人物在其画幅中的比重开始急剧上升，山水的重要性反而退居其次。

这是唐伯虎作品在这一时期的显著变化。推究起来，可能是受到了收藏市场的影响——收藏家们开始格外重视画中人物。

在此际，他的人物画题材丰富了许多。比如他笔下的童子人物，并非简单的人物肖像重复，而是受到宋画的影响与熏染，造型开始生动起来，同时他将自己的生活态度寄寓画间。例如正德四年的《醉丐图卷》：唐伯虎把一群乞丐作为主要人物，生动描绘了当时的市井风俗，其中的童子形象尤其活泼可爱。这一画卷人物众多，男女老幼凡二十六人。"群丐席地而饮，相扑为戏"[2]，显示了这些生活在社会最底层的人的人生百态，自有

---

[1]. 《自怡悦斋书画录》卷二《唐六如天香书屋图》。

[2]. 《古芬阁书画记》卷十四《明唐解元醉丐图卷》："群丐席地而饮，相扑为戏，男女老幼凡二十六人。卷尾'正德己巳晋昌唐寅写于白华草堂'行书一行，押尾'唐寅之印'阴文方印一。"

唐伯虎传

天真烂漫乐趣。

正德六年四月二十二日，唐伯虎画过一幅《仿宋人斗茶图》[1]。这幅画也被视为他倾心宋元人物画的摹古与研究成果。

正德六年十二月，唐伯虎还画了《赏梅图》，"溪山深处梅花盛开，高屋两楹，门临略彴，暖帽重裘。赏梅者凡五人，童子五人侍。幅首'天教桃李闹春台，特遣寒梅第一开。凭仗幽人奴艾纳，国香和雪入青苔'"[2]。他有意将童子的人数与赏梅者等同，以突出童子在画面上的比重。

唐伯虎在人物画上所取得的成就，使其作品成为备受收藏家追捧的对象，也为他赢得了市场，尤其是他在仕女画方面的突破，更成为这一时期最典型的市场个案。以唐伯虎于正德六年临摹的《莺莺像图》为例，此时他笔端的仕女，已经走向成熟阶段，而作为著名山水画家的唐伯虎，自此也成了明代人物画中成就最高的画家之一。

崔莺莺是古典文学里的人物，也是一个随时代发展而发展的人物形象。唐元稹在《莺莺传》（又名《会真记》）中讲述了书生张生与崔莺莺的爱情悲剧。在此基础上，唐代又陆续出现了《李娃传》《霍小玉传》等传奇小品，使这类题材的文学创作达到了顶峰。《莺莺传》是唐人传奇中影响最大、流传最广的作品之一；宋代以来有赵令畤《商调蝶恋花》鼓子词、《莺莺传》话本、《莺莺六幺》杂剧；金代有董解元《西厢记诸宫调》；元代王实甫的杂剧《西厢记》最为出名，把崔莺莺这个角色推广开来；到了明代，

---

[1]《古缘萃录》卷四《唐六如仿宋人斗茶图轴》。唐伯虎自题："正德辛未四月廿又二日，苏台唐寅。"

[2]《古芬阁书画记》卷十四《明唐解元赏梅图立幅》。

第七章 · 不惑之年

崔莺莺这个人物形象已经家喻户晓。

唐伯虎临摹了《莺莺像图》，题跋曰："宋陈居中摹唐人画莺莺小像。太原王绛重摹，吴郡唐寅再摹并续新词一阕。"[1] 新词曰：

> 潇洒才情，风流约束，默默满身春倦。
> 羞荐斋场，禁烟帘箔，坐见梨花如霰。
> 乘斜月，赴佳期，烛烬墙阴，钗敲门扇。
> 想伉俪鸾凤，万千颠倒，可禁羞颤。
> 尘世上，昨日红妆，今日青冢，顷刻时移事变。
> 佳人薄命，才子缘轻，天不与人方便。
> 休负良宵，此生春色无多，光如似箭。
> 试看如今普救，剩得数间荒殿。[2]

可见唐伯虎所画的崔莺莺，并非其独创，而是依据宋代以来的传统形象进行再创造，这虽然属于摹古，但也包含了他个人的创造。

它一定是一幅非常精彩的仕女画，可惜今天已经看不到了。

这一时期，艺术品收藏市场相对稳定，唐伯虎过上了十分安逸的生活。他平时居家创作，时不时应邀出门，大致是为了照料自己的书画生意。

唐伯虎本非凡夫俗子，与他交往者，常常可见一些品行特立而不入时

---

[1].《书画鉴影》卷二十一《唐解元摹莺莺小像轴》。

[2]. 现存《崔莺莺像》立轴，系唐耀卿于乾隆癸丑年（1793年）临摹，故其上题跋与《书画鉴影》所录出入较大。

唐伯虎传

流的清高之士，比如嘉定安亭的沈龄、无锡的吕叔通等人。这些人有个共同的特点，一方面他们饱读诗书，很有才学，尤其对旁门如乐律等颇为精通；另一方面，他们的思想与社会主流观念格格不入，加之不事生产，几乎连自己的温饱问题都解决不了，因此被士大夫们讥讽为"酸腐之流"。比如沈龄，字寿卿，一字元寿，号练塘渔者，"不事生产，于古学靡不究心，尤精乐律"[1]，属于"落拓"之辈，可是他能书善画，画宗文洋州（文同），书法出入苏东坡和赵孟𫖯之间，诗歌清绮。

唐伯虎与他们的相遇，堪称喜相逢。正德五年十一月二十四日，沈龄、吕叔通曾与唐伯虎邂逅于文林舟次。此处文林是一个地名，位于今江阴的东南部。唐伯虎的好友朱承爵就是文林人。

他们移船相近，举杯畅饮，一起做联句游戏。唐伯虎将当日联句内容书写了下来：

> 寒林春色满深杯（吕），
> 便觉烘烘暖意回。紫蟹红虾堪入馔（沈），
> 难酬险语更书灰。百年邂逅风尘阔（唐），
> 一叙从容颜色开。莫讶萍踪无定所（吕），
> 别来还许寄江梅（沈）。
> 正德庚午仲冬廿有四日，嘉定沈寿卿、无锡吕叔通、苏州唐寅邂逅文林。舟次酒阑，率兴联句，皆无一字更定，见者应不吝口齿，

---

[1]. [清]程庭鹭：《练水画征录》。

第七章·不惑之年

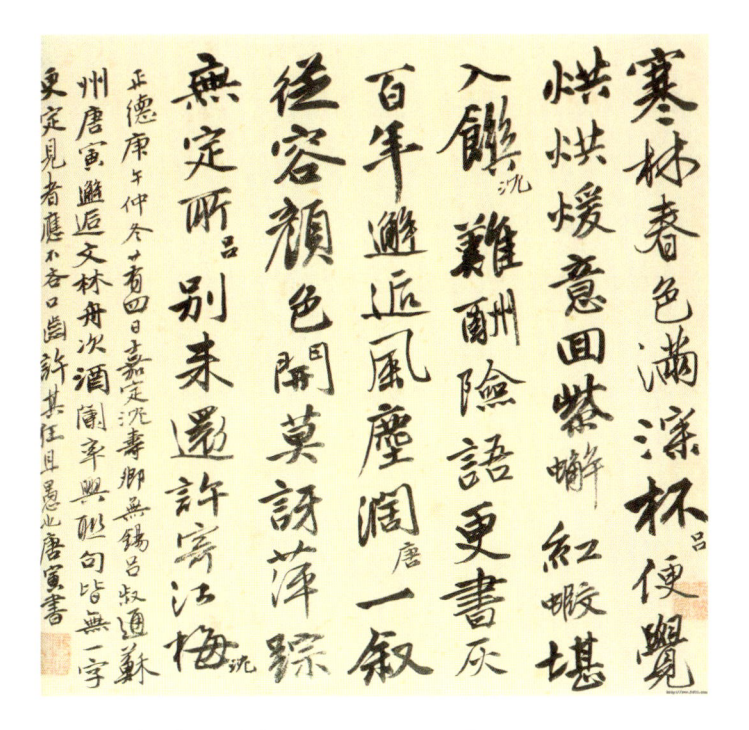

◆ 明 唐寅《录与沈寿卿、吕叔通联句册页》，现藏北京故宫博物院

许其狂且愚也。唐寅书。[1]

　　唐伯虎与沈龄、吕叔通不是一路人，人生、三观也大不相同。吕叔通、沈龄仍然过着"寒林春色满深杯""莫讶萍踪无定所""紫蟹红虾堪入馔"的潦倒生活，只得把理想寄托于不懂人事的"江梅"。在凡夫俗子看来，这无异于痴人说梦，不过是自我安慰罢了。而这一点，正表现出了沈龄、吕叔通这些人的清高之态。

---

[1]. 见《中国美术全集·明代绘画》之唐寅行书《录与沈寿卿、吕叔通联句》。

唐伯虎虽然早已脱离科举仕途的正统大道，但仍然与王鏊等众多官员保持着密切的联系，而且时不时炫耀一下自己"南京解元"的身份，这说明他并不是一个真正的叛逆者。他从来没有否定过科举制度，只是对自己在会试中的遭遇，表示极度失望罢了。

唐伯虎在重新选择的人生道路上已经获得成功，开始知天乐命。他的书画作品受到了收藏市场的欢迎，也帮他脱离了穷困潦倒的日子，过上了安居乐业的新生活。这是他向生活妥协之后争取到的现实安定。

第八章
人生如戏不是戏

第一节　日本友人

正德四年间，苏州吴县进士王献臣，要在家乡建造一座规模宏大的私家园林，以此安置他理想的生活。在废弃的元代大弘寺原址上，他开始实施这一计划。这块土地在元末张士诚据苏州时期，曾是其女婿潘元绍的"驸马府"。王献臣钟情于此，邀请唐伯虎、文徵明、仇英等为他绘画，还曾写信请教都穆：这个园林应该起什么名字好？

王献臣锦衣卫出身，弘治六年三甲第一百名进士，曾是个胆大敢闯的年轻人。此人曾在巡抚大同时平息骚乱，同时能体察民情，做过一些实事，后成为皇帝身边的红人。后来因为被其他锦衣卫告发，他入诏狱，受廷杖三十，被贬为驿丞，后为知县。经过这一番起落折腾，他失去了做官的兴趣，回家着手修建园林，并开始大规模收藏历代书画。正德三年三月二十日，文徵明曾经鉴赏过他收藏的赵孟頫《烟江叠嶂图诗》、蔡襄《茶录》等宋元名迹。

王献臣兴建的这座园林，占地约二百亩，水面占三分之一，视野极为辽阔，因此"望若湖泊"。其间建有一楼一堂，还有亭轩八处，看上去疏朗有致，在朝阳或是晚霞的映衬下观赏，各有佳景，风情万种。另有一处"来禽囿"，圈养了成群鸡鸭；园子南北隅又种植了数百棵果树，称为"林檎"；

院墙东头还种植了玫瑰花，这是从海外引进的新品种，属于时髦的花卉。

王献臣与文徵明、唐伯虎皆熟稔。相比之下，他与文徵明的友情更加深厚。王献臣父亲叫王瑾，其墓碑碑文就是文徵明写的，时在正德五年，而且王献臣的两个儿子锡麟、公振的名字也是请文徵明取的，他还请文徵明写了《王锡麟字辞》。王献臣还曾从园林中移植数竿翠竹新品赠予文徵明。一年后，文徵明家的翠竹展现出了勃勃生机，他非常高兴，挥笔写诗表达了对王献臣的感谢之情。

王献臣初建园林是在正德四年，那时沈周刚刚去世，文徵明和唐伯虎已经成为苏州书画界的双子星，影响力无人比肩。到了第二年，王献臣邀请唐伯虎为自己的园林画了一幅画，取名《西畴园图》。"西畴园"应该是该园林最初的名字。

在《西畴园图》上，唐伯虎题诗《西畴园为王侍御作》：

> 铁冠仙史隐城隅，西近平畴宅一区。
> 准例公田多种秫，不教诗兴败催租。
> 秋成烂煮长腰米，春作先驱丫髻奴。
> 鼓腹年年歌帝力，不须祈谷幸操壶。[1]

从诗中可知，王献臣在营造西畴园之初，就考虑好怎样解决园林维护的成本问题。他在园中用心种植了农作物，冀望用它们换取收入，冲抵税赋和园林维护费用。因此，唐伯虎在诗里写到西畴园里种植的稻子。

---

[1].《唐寅集》，第97页。

唐伯虎传

到了正德八年，王献臣又邀请文徵明创作了《拙政园图》。这说明最晚在正德八年，王献臣已将西畴园更名为"拙政园"，取西晋潘岳《闲居赋》"灌园鬻蔬，供朝夕之膳……此亦拙者之为政也"之意。拙政园这个名字就一直沿袭至今。此时院内又盖了一座高楼，名叫"梦隐楼"，王献臣以此纪念自己去九鲤湖祈梦并觅得佳婿的往事。

至嘉靖十二年（1533年），拙政园的建筑已经极为壮观。五月，文徵明为王献臣写了《王氏拙政园记》，记录了其中的建筑"凡为堂一、楼一，为亭六，轩、槛、池、台、坞、涧之属二十有三，总三十有一"处景点。文徵明后来又绘制了拙政园图十二幅，装裱成册页，每一页配上题记，称《拙政园诗画册》（又名《王氏拙政园书画册》）。

王献臣为营造拙政园绞尽了脑汁，竭尽了全力，甚至为后代都考虑得十分周全，以期用自己的辛苦换来子孙安逸雅致的生活。他于嘉靖十八年（1539年）去世时，绝对不会料到，此园仅传一代就易了主：他的儿子有一晚在赌博中把这座园林输给了徐氏家族。[1]

正德五年八月以前，唐伯虎还创作了一幅写实风格的人物画《射阳图》，受赠者正是文徵明的三叔父文彬。这是一幅十分有趣的作品。

文徵明的祖父文洪先后有三位夫人，生育了三个儿子，文彬是最小的儿子。大哥文林、二哥文森是一母同胞，文彬是继室所生，与两位哥哥属于同父异母的兄弟，只比文徵明大两岁。

文彬的两位哥哥都是进士，可是文彬似乎不太喜欢走科举这条路。他尚武，喜欢骑射，而且射箭本领出众。

---

[1]. 见《文徵明传》，第125页。

第八章 · 人生如戏不是戏

正德五年，文彬去南京参加乡试，唐伯虎创作了这幅《射阳图》，而且画上还有祝允明等人的题跋，由此可知大家都表达了盼他乡试中举的愿望。

唐伯虎《射阳图》中的人就是文彬。只见他头戴幞头，腰束皮带，脚穿长靴，左手持弓，一副武人形象。他顺着高举的右手向上看去，将箭射向了画面左侧的古杨树，此景应是取"百步穿杨"之意，预祝他乡试成功。画中文彬的惊喜神情，真是活灵活现，跃然纸上。[1] 遗憾的是，他此次乡试未能如愿。

正德六年，苏州城里发生了一件稀奇事。

虎丘剑池乃苏州风景名胜，也是当地文人的雅集之处。正德六年十二月二十日，剑池里的水一夜之间忽然干涸，露出了池底。往日，人们看不清剑池水深水浅，这次剑池水干见底，人们才发现剑池其实并不深，层岩交错的池壁处，可见一幽深石洞，探头仔细观望，其中可供数人站立。这就是传说中的水葬之地——神秘的春秋吴国君主阖闾之墓。不过里面竟然空空荡荡，什么也没有。

吴王阖闾，姬姓，名光，又称公子光，吴王诸樊之子，在位十八年。此君能征善战，威震东南，后因在与越国的槜李之战中，被越大夫灵姑浮挥戈斩掉脚趾，伤重而死。史书明文记载，吴王阖闾的墓在苏州虎丘山，但是具体位置未可知。

明代人确信，吴王阖闾入葬的位置，就在虎丘剑池的石洞里面，故以为惊奇，纷纷前往观望。有人为此询问八九十岁的长者，长者答曰：从未

---

[1]. 唐伯虎《射阳图》后从文彬家中流失。约50年之后，文彬的曾孙文国鸣又从市场上购回。见《唐寅书画全集·绘画卷1》，第96页。

见过剑池干涸的情形。[1] 民间无法以现代科学知识来解释这一自然现象，因此众说纷纭，灵异之说也就冒了出来。

赋闲在家的王鏊，当然熟悉关于剑池的种种传闻，也觉得新奇，于是邀约了唐伯虎、王山椿、侯权、任云藩、祖与之等人，还带上他的儿子王延喆、王延龄，于正德七年正月一起前往虎丘剑池探奇。

他们认为这是一次见证历史的重要出游活动，于是在剑池石壁上刻下了摩崖题壁："正德七年正月，郡士王山椿、侯权、任云藩、祖与之登虎丘，于时□□水涸，传□□阖闾之幽宫，千年神□，一朝显露，可悼也已。□□□庭，字利瞻。同游，少傅王鏊、解元唐寅、孝廉陈□□、少傅之子延喆延龄。"[2]

明代是个讲究道德伦理秩序的社会，尊老爱幼，尊官礼贤，十分重视排位秩序。从虎丘摩崖题壁文字可见，唐伯虎之名紧随少傅王鏊，位居众人之前，由此可见唐伯虎在四十岁以后受社会尊敬的程度。

这一年的五月望日，即正德七年五月十五日。唐伯虎应邀参加了欢送日本人彦九郎回国的饯别宴会。以他的资历、书画才华与社会声望，足以代表苏州士绅。

席间，唐伯虎即兴挥毫，写了一首七律《饯彦九郎还日本》：

彦九郎还日本，作诗饯之，席间走笔，甚不工也：

---

[1]. 《庚巳编》卷三《剑池》："虎丘剑池水清冽，虽经旱不少减。辛未十二月二十日，无故忽涸见底。八九十老人云：'所未尝闻也。'池不甚深，傍崖处露一洞，可容数人立，其中亦无所有，但累石数层，若横板而已。"

[2]. 题壁内容现存多个版本，此为依据《虎阜金石经眼录》《虎丘石刻仅存录》整理而成。

> 萍踪两度到中华，归国凭将涉历夸。
> 剑珮丁年朝帝扆，星辰午夜拂仙槎。
> 骊歌送别三年客，鲸海遄征万里家。
> 此行倘有重来便，烦折琅玕一朵花。
> 正德七年壬申仲夏望日姑苏唐寅书。[1]

这位名叫彦九郎的日本商人，字重直，这是他第二次来华，并且在华已经待了三年。他曾去过北京，见过巍峨的中国皇宫，眼下正准备乘坐午夜起航的日本商船，返回故乡。

彦九郎乘船回国的码头，应该就是苏州府下辖的太仓刘家港。刘家港脚踩太湖，面向东海，于永乐元年（1403年）开港，是一座重要的对外贸易口岸，此地诸国商船云集，俗称"六国码头"。郑和下西洋的起锚地就是这里。据史料记载，明成祖在位二十二年，与郑和下西洋有关的使节来华多达三百一十八次，平均每年十五次；明永乐二十一年（1423年），出现了十七国使节一千二百人同时来华朝贡的盛况。

唐伯虎诗中最后一联"此行倘有重来便，烦折琅玕一朵花"，就是期望彦九郎有机会再来中国时，带些日本的文化特产来。"琅玕"本指中国神话传说中的珠树或美石。联系唐伯虎的书画家身份，这里也可代指日本的书画艺术品。唐伯虎大概没有看过日本书画家的作品，也想见识一下。

与友人的离别总令人分外伤感，而天人永隔更是令唐伯虎悲痛。不惑

---

[1]. 见史树青先生在1982年第一期《旅游》杂志上发表的《唐寅和他的日本友人彦九郎》。另据《文史知识》1988年第十一期，张希广《唐寅和他的日本友人》云，彦九郎，字重直，可能是日本商人。

之年以后，唐伯虎有数位好友离世。

正德四年五月二十一日，他的第一知己、曾任苏州知府的曹凤作古，享年五十三岁。

正德六年三月二十四日，好友徐祯卿卒，年仅三十三岁。

正德六年六月三十日，吕常卒于家，享年六十三岁。

第二节　迎娶青楼沈九娘

正德六年之后，亲如兄弟一般的文徵明与唐伯虎之间发生了一次颇为激烈的冲突。这件事令人觉得不可思议。

唐伯虎为此给文徵明写了一封言辞激烈的信——人们称之为绝交信，其实谈不上绝交，不过是发了一通牢骚怨气。唐伯虎《答文徵明书》如下：

寅顿首：徵明足下，无恙幸甚。

昔仆穿土击革，缠鸡握雉，身杂舆隶屠贩之中，便投契足下，是犹酌涊泚以饎饎，采葛覃而为绵绤也。取之侧陋，施之廊庙冠剑之次，人以为不类；仆窃谓足下知人。比来痴叔未死，狂奴故若；遂致足下投杼，甚愧甚愧！且操奇邪之行，驾孟浪之说，当诛当放，载在礼典，寅固知之。然山鹊莫喧，林鹪夜眠；胡鹰鴐翩于西风，

第八章 · 人生如戏不是戏

越鸟附巢于南枝;性灵既异,趋从乃殊。是以天地不能通神功,圣人不能齐物致;农种粟,女造布,各致其长焉。故陈张以侠正,而从断金之好;温荆以偏淳,而畅伐木之义。盖古人忘己齐物,等众辩于鷇音;出门同人,戒伏戎之在莽也。

寅束发从事,二十年矣,不能翦饰,用触尊怒。然牛顺羊逆,愿勿相异也。谨覆。[1]

信中,唐伯虎只是强调自己的"孟浪"之举是出于本性,并不想以礼典来"翦饰"自己,以屈从社会的所谓公序良俗。可是,他并没有讲明这"孟浪"之举为何。文徵明在原信中,应该点明了这件事,但这封原信已被他毁弃——像文徵明这样厚道的人,在挚友去世以后、出版自己的书籍之时,不会揭短,而且这件事也已经成为既定事实,他不愿再次提及。这就给后世留下了悬疑。

按理说,唐伯虎如今画名已盛,收入可观,不愁吃穿,可谓生活无忧矣。而且,他喜欢登青楼的"痼疾",也不算什么新鲜事。多年前,他去寻花问柳,文徵明还曾写诗调侃他"何处拥婵娟"。如今,两人不至于因此等事闹到绝交的地步。

唐伯虎在信中说,"然牛顺羊逆,愿勿相异也",大意是:牛的本性是顺从,但羊却喜欢逆反,既然你我性格不合,互相看不顺眼,从此一别两宽,就不必再相扰了吧!唐伯虎遣词刺耳,太过尖刻。

此处有两个问题需要梳理一下。第一个问题是,这件事为什么会发生在正德六年之后?

---

[1]. 《六如居士全集》卷七《附补遗》。见《唐寅集》,第224页。

我们看到，唐伯虎在开头称呼文徵明"徵明足下"——正是在正德六年，也就是文徵明四十二岁这一年，他开始"以字行，更字徵仲"。此前他的名字一直文壁或文璧，此后才开始署名为"文徵明"。存世的书画墨迹中题名"文徵明"者，创作时间均不早于这一年。[1]

当然，我们此前见过的许多古籍，在文徵明四十二岁以前也有款"徵明"者，应该是后世在印书时所改动。

我们还注意到，唐伯虎去世时，他的女婿王阳才十岁。按照常理推测，唐伯虎之女唐桃笙的出生时间，也应该在"正德六年之后"。由此说明，这件事可能牵扯到这个孩子出生的相关背景问题。在缺乏证据加以确证的情况下，只能姑且置之。

第二个问题是，他俩究竟为何事起纷争？

文徵明听到了风言风语，说唐伯虎又做了一件伤风败俗之事。出于好意，他便写信相劝，说到动情处，言辞可能激烈了一些。但是，唐伯虎似乎油盐不进，甚至因此与文徵明起了纷争，导致两人几乎失和。

话不投机，彼此埋怨。他俩的谈话是不是还牵扯到唐家另外一件事？弟弟唐申闹着要与哥哥分家。事实上，早在弘治十三年，弟弟唐申就表达过对哥哥唐伯虎的不满，闹着要分家，但显然没有成功，原因是唐申没有生活能力，处处依附着哥哥过日子。

但是，兄弟分家并不是什么丢脸的事呀。文徵明本人此时已分家。文家兄弟析产是由其长辈、继母提出来的：文林共遗留下来二十多间房，三个儿子大致平均分配，文徵明得到了其中的七间房，以及其他一些财产。

---

[1].《文徵明年谱》。第251页。

当然，如果兄弟能不分家，更会彰显家族的团结、长幼有序、相亲相爱，是件令人称羡之事。也许唐申这次分家的理由，是哥哥做了糊涂事，惹得旁人嗤笑，使得自己也遭人议论。

但事实上，桃花庵别业已建成，唐伯虎已经从皋桥老宅中搬出去住了，再来谈兄弟分家已无意义。所以说，唐伯虎与文徵明的这次争吵，肯定与唐家兄弟闹分家之事无关。

排除唐家兄弟失和之事以后，再来看看唐伯虎孤家寡人的现实情况，他与文徵明纷争的真相也就逐渐露了出来：这件事极有可能与唐伯虎新婚的第三任妻子沈九娘有关。

虽然说，明朝中期狎妓现象并不少见，但是，良家妇女与青楼妓女的界限必须泾渭分明，妓女自始至终都会受到鄙视，很难得到读书人明媒正娶的待遇。

唐伯虎要娶青楼女沈九娘，文徵明就此表示反对，这是最为恰当的推理。而且从唐伯虎以后的经历中也可以得到印证：唐伯虎五十四岁去世前，王宠前来为儿子王阳提亲，要与唐伯虎攀亲家，说明王阳与唐桃笙的年龄适宜婚配。而唐伯虎与沈九娘的独生女唐桃笙的出生时间，恰巧就在这个适宜婚配的时间段之内。

唐伯虎在《和沈石田落花诗》中写道："六如偈送钱塘妾，八斗才逢洛水神。多少好花空落尽，不曾遇着赏花人。"由诗句内容可以看出，唐伯虎送走了钱塘妾之后，很长时间没有"遇着赏花人"了。而这次他迎来的"洛水神"，显然就是第三任妻子沈九娘！

所谓"洛水神"，就是被誉为中国爱神的洛神，此形象因曹植名篇《洛神赋》而家喻户晓。曹植在《洛神赋》中"创造了"神采焕发的女性形象洛神，还将美丽、忠贞、性感等特质加诸其身，又赋予她出神入化的精神力量，因此她被视为爱神。

从唐伯虎的三次婚姻来看，他的第一任妻子是门当户对的小家碧玉徐氏，经父母之命、媒妁之言而结合，完全符合社会的道德规范，但是好景不长，徐氏不幸早丧；他的第二任妻子"钱塘妾"，个性鲜明，估计家境也不错，可人家押注的是唐伯虎的仕途前景，并不在乎丈夫的切身感受，所以一旦他科举折戟，"夫妻反目"便在所难免；唯有这位青楼女沈九娘，与唐伯虎生出了真挚的感情火花——他俩同是被社会正统观念抛弃的天涯沦落人，因而能在思想和感情上惺惺相惜，二人抱团取暖，互相慰藉。所以，在唐伯虎的眼里，沈九娘此刻就像洛神一般。

但文徵明是个思想保守的人。以他世俗的眼光来看，唐伯虎将青楼女沈九娘作为正室夫人迎娶回家，确实丢人现眼，有伤风化，所以试图劝唐伯虎浪子回头。

文徵明对沈九娘的轻视，触碰到了唐伯虎的痛处，使得热恋之中的唐伯虎不惜与挚友绝交，以此来捍卫沈九娘与自己的尊严。

唐伯虎冲破世俗观念，迎娶了沈九娘，过上了相对安宁的生活。他的人生观也因此发生了很大的变化。他在一首诗中写道：

无火借石敲，有井当庭凿。
有盐斋富贵，无灯书寂寞。
夫妻八尺床，风雨一双屐。
于人无忮求，于世无乞索。

第八章·人生如戏不是戏

> 天下方太平,乡里免漂泊。[1]

显然,婚后的唐伯虎将这种一对夫妻、一张八尺床、一双草鞋的寻常生活视为乐趣。

唐伯虎与沈九娘的独生女唐桃笙,大约就出生在正德六年至正德七年间。她应该与王宠之子王阳同龄,或者略小一点。

当然,唐伯虎的《答文徵明书》是一时的负气之作。恋爱中人,感情搅乱理智也是常有的事。他很快就会反思自己的鲁莽之举,而宽以待人的文徵明眼见唐伯虎迎娶了沈九娘,生米做成了熟饭,也只能接受现实,不再固执己见。所以,文徵明与唐伯虎在这次争吵之后并未真正绝交。从此后文徵明与唐伯虎的交往可知,两人依旧像从前那样往来如常,并没有流露出任何的明显裂痕。

唐伯虎一生创作过许多仕女画像。这些女性形象,或是临仿古画所得,或是选择以青楼女作为人物原型。在与沈九娘相亲相爱的过程中,沈九娘的形象一定会出现在唐伯虎的笔端。可是,究竟哪一个女性形象是以沈九娘为原型创作的,早已经无法寻找到答案了。

---

[1].《六如居士全集》卷一《失题》。

第三节　唐伯虎点秋香之真伪

正德七年中秋，像往常一样，唐伯虎应友人之邀出游无锡赏月，住在华氏剑光阁，一住就是十天。

剑光阁的书案上，摆放着宋代人罗大经的著作，唐伯虎看到其中名篇《山静日长》，颇受感动。剑光阁主人鼓励他以此为主题，"约略其景"，创作一组画，这些画后来辑为《山静日长图册》，共计十二幅。对职业画家来说，这本是寻常事，却不料唐伯虎因此惹出了"绯闻"——关于唐伯虎点秋香的传说。

剑光阁主人就是邀请唐伯虎前往无锡赏月的友人，他是个年轻的读书人，名字叫华云，家在无锡华氏世居的荡口古镇（在今鹅湖镇）。按照无锡方言，"荡口"意指湖水的出口处，因为这里有太湖流域的重要码头，是典型的江南水乡城镇。

华云出生在常州府无锡县的望族。华氏家族是一个很大的家族，在华云五十四岁考中进士之前，明代的华氏至少已经出过二十位进士，其中就包括在唐伯虎、徐经参加会试时揭露其所谓舞弊行为的华昶。无锡华氏华麟祥与锡山安国、新安邹望俱是举国闻名的巨富，名列全国富豪榜。

华麟祥，字时祯，号海月居士，是华云的父亲。华麟祥屡试不中，遂放弃科举，潜心经营农田与商贸，没几年便富甲全乡。此时正是弘治中兴时期，他把握时机，继续扩大经营，一跃跻身全国巨富之列。

华麟祥二十六岁时得子华云，而后全力培养儿子走科举之路。华云成年之后，父亲还为他聘请了两位当朝名师：一是出身本乡的礼部尚书邵宝，二是明朝最杰出的思想家王阳明。华云是位有教养的年轻人，所交游者都

第八章·人生如戏不是戏

是一时的大名士，与苏州唐伯虎、文徵明等交往频繁。华云的祖父华栋的墓道碑文，父亲华麟祥的墓碑文，均出自文徵明之手。

常州府无锡县多富裕大户，收藏之风盛行。若以鉴赏眼力论，当首推华尚古。华尚古，即华珵，他出生在无锡的大商人家，也是个读书人，结果七试不第，最后贡授光禄寺大官署丞，当了几天小官，因受不了官场约束，就称病回家继续做生意。文徵明说他"家有尚古楼，凡冠屦盘盂几榻，悉拟制古人。尤好古法书名画鼎彝之属，每并金悬购，不厌而益勤"，而且在"成化、弘治间，东南好古博雅之士，称沈（周）先生，而尚古其次焉"[1]，所以人们都不再叫他的本名，直接叫他"华尚古"。他善于结识同道中人，时常"领客燕游"，就像一只领头雁那样带领大家四处游览鉴古。他收藏过王羲之的《此事帖》、黄庭坚的《李太白忆旧游寄谯郡元参军》以及南宋夏圭等名家的多件名作。

沈周在世时，华尚古"时时载小舟，从沈周先生游。互出所藏，相与评骘，或累旬不返"[2]。而他与苏州收藏圈密切交往的最直接证据，是至今犹存的《缂丝仙桃图》，上有沈周的诗作以及祝允明、都穆的和诗二首，这是正德元年友人祝贺华尚古得子的礼物。此画的由来是：华尚古一直没有儿子，直到正德元年，他已六十九岁了，才得了一个儿子，喜莫大焉！文徵明的《华尚古小传》也说："尚古今年七十有几，先未有子，以稽勋之子钲为子，晚得一子名铸。"[3] 从文徵明的文章中可知，华尚古的长子叫华钲，是过继

---

[1].《甫田集》卷二十七《华尚古小传》。

[2]. 同上。

[3]. 同上。

唐伯虎传

来的,而次子华铸才是他亲生的。

唐伯虎待前辈华尚古极为尊敬,对他的鉴赏眼力更是佩服。有一次,华尚古拿自己收藏的王羲之《此事帖》请唐伯虎鉴赏题跋。唐伯虎赶紧说:"余何能为言!"意思是,您的眼力如此之好,我哪里敢插嘴啊!可在华尚古的坚持下,唐伯虎只得题跋曰:"黄伯思辨帖文,精别毛发,理析毫厘。华光禄尚古尝刊其所著行于时。今收王(羲之)帖片掌,必有见于中耳。昔人相马,妙尽神凝。骊黄为别者,未必良工也。余何能为言!唐寅。"[1]唐伯虎称呼华珵为华光禄,只是一种抬举他的叫法。光禄大夫本是西汉时期的大官,而华珵只当过几天光禄寺大官署丞,实在是天壤之别。

但是,以收藏规模和藏品等级论,无锡荡口的华云,以及后来居上的华云族侄华夏,在历史上都比华尚古的名气要大许多,原因就是他们比华尚古更加财大气粗,而在当时的现实生活里,华尚古是前辈,资望比他俩都高。

华云自幼喜欢收藏名人字画,对于唐伯虎的画,他十分仰慕。早在正德四年,唐伯虎就为华云画过《溪山秀远图卷》,说明他俩开始交往最晚在是年。我们再来看看华云在唐伯虎《山静日长图册》上的题跋:

中秋凉霁,偶邀唐子畏先生过剑光阁玩月,诗酒盘桓,将浃旬。案上适有玉露山静日长一则,因请子畏约略其景,为十二幅。寄兴点染,三阅月始毕。[2]

---

[1].《珊瑚网》卷一《王右军此事帖》。

[2].《墨缘汇观录》卷三《唐寅山静日长图册》。

第八章·人生如戏不是戏

华云对唐伯虎执弟子礼,称先生,交往频繁。为了收藏唐伯虎的作品,他以中秋赏月的名义,邀请唐伯虎来家里住了十天。每天都"诗酒盘桓",好酒好肉招待。唐伯虎允诺为他作《山静日长图册》,但三个月以后才完成。

华云刚收到唐伯虎的《山静日长图册》十二幅,他的老师王阳明就恰好来到剑光阁,于是华云赶紧拿出这些画,恭请阳明先生观赏:

> 王伯安(王阳明)先生来访山庄,一见叹赏,乃复怂恿伯安为书其文。竟蒙慨许,即归舟中书寄作竟日喜。急装潢成帙,时出把玩。[1]

王阳明与唐伯虎是同年举人,又是会试同年,虽然不知两人当时是否有交情,但他们必定听说过对方。而且王阳明是名门之后,其父是南京吏部尚书王华,本人又学养深厚,才华横溢,见识极高。

华云见王阳明捧起唐伯虎的画,"一见叹赏",更是开心,便恳请老师为此画题跋。想不到王阳明在归舟中就写好题跋,随即寄送来。华云当天就收到了。

王阳明叹服唐伯虎的艺术才华,对《山静日长图册》评价极高,题跋曰:"东坡所谓'无事此静坐,一日如两日。若活七十年,便是百四十',所得不已多乎!"[2] 这是对唐伯虎绘画水平的极高赞誉。

---

[1]. 《墨缘汇观录》卷三《唐寅山静日长图册》。

[2]. 此为原作上的题跋。唐伯虎、王阳明合作的《山静日长图册》于1989年6月1日佳士得纽约拍卖会拍出,成交价为66万美元。

唐伯虎传

华云激动之余，立即将唐伯虎的画与王阳明的题跋一起装裱成册，不时拿出来观赏，爱不释手，并感叹道：

> 夫子畏得辋川（唐代王维）之奥妙，而伯安行书磊砢有奇气，且二公人品才地皆天下士也。一旦得成合璧，岂非子孙世世什袭之宝耶？是岁嘉平月十日补庵居士识。[1]

可见，在华云眼里，唐伯虎与王阳明的品格与才气可比肩，"皆天下士也"。他把这两大名人合作的《山静日长图册》当作传家之宝，期望"子孙世世什袭之"。

同是在正德七年，华云还向唐伯虎定制了十六帧《白居易诗意册》。这套图册显然是在《山静日长图册》之后的创作，画幅的数量也超越了前者。一年之内，画家为同一位收藏家创作如此之多的重要作品，并不常见。这说明，华云在这一时期对唐伯虎作品的收藏达到了顶峰。

华云成为举国闻名的大收藏家，是后来的事。在唐伯虎去世十七年之后的嘉靖二十年（1541年），华云以五十四岁的高龄考中进士，授户部主事。时人沈德符写道：

> 嘉靖末年，海内晏安。士大夫富厚者以治园亭，教歌舞之隙，间及古玩。如吴中吴文恪之孙，溧阳史尚宝之子，皆世藏珍秘，不假外索。延陵则嵇太史应科，云间则朱太史大韶，吾郡项太学（项

---

[1].《墨缘汇观录》卷三《唐寅山静日长图册》。

元汴）、锡山安太学（安国）、华户部（华云）辈，不吝重资收购，名播江南。[1]

其中，"华户部"指的就是无锡华云。

唐伯虎因为与华云交往甚密，时常去剑光阁小住，与华云的家人及奴仆也便慢慢相熟了。据说他与华府一位名叫桂华的美婢关系挺好，这可能是事实。但在唐伯虎身后，民间开始演绎，将唐伯虎附会成一位花花公子，成为"三笑"故事的主角，而华云、华夏叔侄在戏剧里居然被演绎成华府的两位傻公子：华文、华武。

华府的美婢桂华，谐音桂花，而桂树开花正是秋天，于是引申为"秋香"。

最早记载唐伯虎点秋香故事的人，就是明朝最有名望的艺术收藏家项元汴。

项元汴出生于嘉兴巨富之家，兄弟三人。其中长兄项笃寿是位进士，季弟项元汴却不思科举业，一生热衷字画收藏。兄弟分家之后，项元汴开了一家当铺，专门用来收购艺术品。因为他出价最高，所以门庭若市。当时风雅之士来嘉兴，必定先去拜访项元汴。

项元汴与文徵明父子的交往，始于嘉靖二十一年。当时文徵明的夫人吴三小姐刚刚去世，文徵明的朋友武原李子成"不远数百里过慰吴门"，送上了祭礼，还可能帮助支付了一部分丧葬费用。文徵明很感激，为李子成画了一幅《仿李营丘寒林图》。李子成是项笃寿的朋友，对文徵明"每谈（项笃寿）高雅"，并送上项笃寿的文章请求赐教，而且文徵明"再领

---

[1].《万历野获编》卷二六《好事家》。

◆ 明 唐寅《山静日长图轴》（局部），现藏台北故宫博物院

第八章·人生如戏不是戏

佳币"，算是接受了这位弟子。

项笃寿后来从文家收购了宋版书《容斋三笔》《六臣注文选》等。

项元汴就是通过哥哥的这层关系，结交了文家父子，去了苏州文徵明家。他早期求购的文家藏品包括文徵明的书法作品《北山移文》及两幅画，并与文徵明之子文彭、文嘉等交往甚密。

文家的珍藏如李邕《葛粉帖》、文天祥《过小青口诗真迹卷》、宋版书《唐宋名贤历代确论》和《楚辞》等，后来都转让给了项元汴。文彭在北京国子监花二两银子购买的《出师颂》，数年后也以七十两银子的价格转卖给了项元汴。而且，江南收藏诸家的历代珍藏名品，也陆续归入了项元汴的天籁阁，充当中间人的就是文彭、文嘉兄弟。

万历年间，神宗皇帝朱翊钧听闻项元汴的才名，特赐玺书征召他出来做官，但被婉拒。他在长子项穆的引荐下认识了董其昌，二人成了忘年交，他在董其昌学习书画鉴定的过程中给予了极大帮助。

项元汴老来无事，戏说八卦。他在《蕉窗杂录》中写了唐伯虎与秋香的故事，随后周玄暐在《泾林杂记》一书中又演绎了这个故事。但是，项元汴比唐伯虎小五十多岁，属孙子辈，他在唐伯虎去世两年之后才出生。所以他在《蕉窗杂录》里记载的这个故事，无非他是道听途说。

明代读书人王同轨在其《耳谈》中叙述了另外一个故事，其情节与传说中的"唐伯虎点秋香"大致吻合：

苏州才子陈元超，性格放浪不羁。某日，他和朋友一起游览虎丘时偶遇貌美女仆秋香。秋香见陈公子英俊潇洒，蛾眉微启，不由粲然一笑。这一笑，让陈公子中了邪，自此魂牵梦萦。而后他暗中派人调查了秋香的背景，自己则乔装打扮，主动投到秋香的主人家华府坐馆伴读，教授两位公子读书。

唐伯虎传

过了一阵子,陈公子谎称要回家娶亲。俩公子呆头呆脑,连忙说,府上有这么多婢女,先生随便挑。陈公子道:既是如此,恭敬不如从命,我就点秋香吧。陈公子遂心如愿,与秋香结成姻缘。

《耳谈》里的秋香只是一笑,就让陈公子拜倒在她的石榴裙下。到明朝末年,冯梦龙根据这个传说,编写了一则短篇小说《唐解元一笑姻缘》,王同轨故事里的主人翁被附会到唐伯虎的头上,于是就形成了"三笑"的雏形,即秋香的微笑具有无限魅力:一笑倾城,二笑倾国,三笑倾我心。他又将这篇小说编入《警世通言》,遂使之在社会上广泛流传。

明末时,还有孟舜卿写的《花前一笑》、卓人月据前者改编的《花舫缘》等杂剧,皆以舞台演出的形式,使这个故事走进了千家万户,以致妇孺皆知。

另据考证,秋香的原型可能是明朝成化年间的南京妓女,姓林,名奴儿,年龄要比唐伯虎大十几岁;而华太师是无锡人,又比唐伯虎小二十多岁。所以说,所谓的唐伯虎"三笑"姻缘,系彻头彻尾的戏说。它犹如一个大杂烩,历代文人不停地往锅里添油加醋,牵强附会,遂成为后世耳熟能详的才子佳人故事。

其实,唐伯虎不过是一位职业书画家,"反视室中,瓿瓯破缺;衣履之外,靡有长物"[1]。依靠卖画谋生,维持生活尚且不易,哪有什么闲钱来养活八九个妻妾?而最早记录这个故事的项元汴,确是有钱人,金屋藏娇,拥有妻妾六人。[2]

相传,唐伯虎曾写过一首藏头诗,名曰《我爱秋香》:

---

[1]. [明]唐寅:《与文徵明书》。

[2].《董其昌传》,第50页。

第八章·人生如戏不是戏

> 我画蓝江水悠悠，
> 爱晚亭上枫叶愁。
> 秋月溶溶照佛寺，
> 香烟袅袅绕经楼。

除了藏头的这四个字，现实与传说中的丫鬟秋香，完全是风马牛不相及。

这个故事里真实可信的历史人物，唯有一位，那就是常州府无锡县人"华太师"华察。

华察，字子潜，号鸿山，娶钱氏为妻，是无锡荡口华氏中最有声望的人，人称"华太师"。他生于明朝弘治十年，少时聪颖，十二岁能作诗文。嘉靖元年（1522年）中举，嘉靖五年（1526年）中进士，选为庶吉士。后任户部主事，调为兵部主事、员外郎中。嘉靖十二年任翰林院修撰，校录历朝宝训、实录。后升为东宫侍读，因此被尊称为"华太师"。嘉靖十八年出使朝鲜，回国后执掌图籍。因遭同僚谗毁而被弹劾，调任司经局洗马。嘉靖二十二年（1543年）重获重视，后任翰林院掌院学士，又拜侍读学士，奉旨主持应天府南京乡试。翌年，逢大比之年，主持会试和殿试。他因录取考生事再遭中伤，于嘉靖二十四年（1545年）弃官，"抗疏乞休，拂衣归田"。

归乡后，华察斥巨资在隆亭大兴土木，"五步一楼，十步一阁"，"侯门王府，叹壮丽不如也"，故有"华太师造龙庭""龙庭一夜改东亭"的说法。这个人还热心公益善事，曾为当地修造桥梁，建成了江陂桥、学士桥、砖桥、鸭城新桥、冷新桥等。华察于明万历二年（1574年）五月二十七日逝世，终年七十八岁，葬于梁溪甘露萧塘。

华察比唐伯虎年少。唐伯虎考中南京解元时，华察才两三岁，还在穿开裆裤，唐伯虎怎么可能去他家教授他的儿子呢！唐伯虎去世约五十年后，华察也去世了。

唐伯虎三笑点秋香的故事，纯属杜撰，于史无据。

第四节　新面孔的闪现

后世的人们叽叽喳喳笑说唐伯虎点秋香的风流韵事，而真实的唐伯虎正忙着挣钱养家，进行书画创作和社交应酬。

正德七年的年尾，恩师王鏊冒着严寒到访唐伯虎家，来"探望"桃花庵墙角那一树即将绽放的梅花。寒梅知时节，这是一个好兆头。

冬天快要过去了，又一个春天即将来临。

声名鹊起的唐伯虎并未故步自封，而是像他的家乡前辈一样，非常乐意与年轻的艺术家打成一片，融入年轻人充满青春活力的生活之中。

大约在正德五年，唐伯虎的生活里出现了一张新面孔，这个人就是文徵明的学生王宠，那一年他才十七岁。王宠本是苏州吴江人，《吴县志》载："其先（人）是吴江人，本姓章，父为后於王，遂为吴县人。"

某次雅集上，唐伯虎见到了这位"才彦"王宠。两人相见甚欢。

早已闻知唐伯虎大名的王宠，是个情商非常高的少年郎，一见面就夸

第八章·人生如戏不是戏

赞唐伯虎是"天下无相似"的"奇士",而且喝酒也很爽快,与唐伯虎举杯豪饮,喝得十分尽兴。

唐伯虎欣欣然也,在酒席上醉醺醺地写下了《席上答王履吉》:

> 我观古昔之英雄,慷慨然诺杯酒中。
> 义重生轻死知己,所以与人成大功。
> 我观今日之才彦,交不以心惟以面。
> 面前斟酒酒未寒,面未变时心已变。
> 区区已作老村庄,英雄才彦不敢当。
> 但恨今人不如古,高歌伐木天沧浪。
> 感君称我为奇士,又言天下无相似。
> 庸庸碌碌我何奇,有酒与君斟酌之。[1]

王宠的身世,与唐伯虎十分相似。其一,他的父亲王贞是小酒肆的老板,整天忙忙碌碌做生意。他家酒肆在苏州阊门外南濠一带。人手不够时,王宠也像唐伯虎小时候一样,需要帮厨。王宠说自己"家本枯徒,生长廛市,入则楣枯塞目,出则蹄足摄履,呼筹握算之声彻昼夜,每一焦烦,心肠沸热"。王宠还有个哥哥,叫王守,比王宠大两岁。父亲王贞也像唐广德一样,一心想让王守、王宠兄弟俩走科举之路,期待他们光宗耀祖。其二,王宠少年得意,十六岁就通过了科试,十七岁参加乡试,早年其科举之路比唐伯虎还要顺利。不同的是,父亲王贞喜爱收藏古董珍玩,"而能收蓄古器

---

[1].《唐寅集》,第36页。

唐伯虎传

物书画以自适",因此"喜亲贤人士夫,与相过从为乐"[1]。王贞与文徵明都喜收藏,遂成为好友。

王宠十五岁那年,即正德三年。父亲王贞去找文徵明"请字",就是请求他为儿子王守、王宠赐字。三十九岁的文徵明很谦虚,没有答应,却从此与王守、王宠兄弟折辈交。就是说,按照年龄他们本不是一个辈分,文徵明却愿意以兄弟相称。到了第二年,王宠的老师沈明之找到文徵明,为王守、王宠兄弟俩"请字"。文徵明这才"乃即其名义训之",给哥哥王守赐字"履约",给弟弟王宠赐字"履仁"。王宠后更字履吉。

王宠有两位老师,分别是沈明之和蔡羽。相对来说,蔡羽给予王宠的帮助更大一些。正德六年,王守、王宠兄弟去了蔡羽家,在蔡羽包山精舍门下学习经、诗,共住了三年时间。青灯相伴,寒窗苦读。王宠的两位老师都是文徵明和唐伯虎的好友,因为这一层关系,王宠进入文坛之际,受到了苏州文士们的热情呵护。

王宠的乡试之路起步甚早,进程却极不顺利。早在正德五年,十七岁的王宠就参加了南京乡试,结果落榜。他一共参加了八次乡试[2],均铩羽而归。在他第二次去南京参加乡试之前,唐伯虎与他有过一次书画合作。

正德八年三月,唐伯虎创作了十幅着色山水画,名曰《山居图》。王宠为每一幅画作书法对题,并在最后一幅上落款"雅宜山人书于石湖

---

[1]. 《甫田集》卷三十一《王履吉墓志铭》。

[2]. 王宠第一次参加南京乡试时是十七岁,二试二十岁,三试二十三岁,四试二十六岁,五试二十九岁,六试三十二岁,七试三十五岁,八试三十八岁。最终仅以邑诸生被贡入南京国子监,成为一名太学生。

第八章·人生如戏不是戏

精舍"。[1]

到了四月，苏州长洲人张冲分别请唐伯虎和仇英创作了同名的山水画《云槎图》。这一年唐伯虎已经四十四岁，而仇英才约十三岁，两人相差约三十岁。唐伯虎在画上题跋云："正德癸酉四月廿又六日为云槎兄作。唐寅。"跋文中没有提及仇英。仇英此时应该还没有来到苏州，他的画显然是后配的。

张冲，字应和，号云槎，祖先是安徽凤阳人，后迁居苏州长洲。张冲本人治学刻苦，又为人厚道，深得苏州文士尊敬，与祝允明、唐伯虎、文徵明等都是好友。尤其是他的三个儿子凤翼、燕翼、献翼都有才名，时人称这三兄弟为"三张"。据王世贞为张冲写的《明故处士云槎张君墓志铭》可知，张冲去世于嘉靖壬戌年，即嘉靖四十一年（1562年），这说明张冲的年龄比唐伯虎、文徵明都要小一些。唐伯虎尊称他为兄，显示了他们亲昵的关系。文徵明在唐伯虎的《云槎图》上题诗云："夕阳野波绿阴稠，芳草桥边杜若洲。千朵芙蓉出秋水，云槎远共白云浮。徵明为云槎题。"

张冲故去后，他的长子张凤翼拿着《云槎图》请文徵明长子文彭鉴赏。文彭题跋云："伯起先人云槎君，吴下名士，与诸先辈共相往还，最称契厚。此卷《云槎图》乃唐子畏、仇实父所作。子畏仿李唐，实父仿赵千里，俱极精妙。云槎弃世已久，伯起装潢成卷，出以见示，为题数语而归之。三桥文彭。"[2] 这说明，至少在明代时，唐伯虎和仇英创作的同名山水画《云

---

[1].《石渠宝笈》卷六《明唐寅王宠书画合璧》载："唐寅著色画。末幅款识云：正德癸酉暮春写，唐寅。王宠书《山居篇》，末幅款云：雅宜山人书于石湖精舍。书画相间各十幅。"画后有吴奕绂、卢襄、吴奕、文彭诸跋。

[2].《中国名画》（有正书局本）第二集《明唐六如山水云槎图卷》。

唐伯虎传

槎图》,本是合璧为一卷的手卷,到了民国,已经被拆分开来。这在收藏史上是常见的现象。

这一时期,还有一位年轻人初露芳华,他就是陈淳[1]。

陈淳出生于官宦之家,祖父陈璚,官至都察院左副都御史。他的父亲陈钥是文徵明的挚友。前文讲到文徵明乞米的故事,就是文徵明向他的父亲陈钥索求大米。

在父亲陈钥的安排之下,陈淳自小师从文徵明,学习诗文、书法、绘画。也是因为师从文徵明,陈淳还很小的时候,就认识了唐伯虎。陈淳在青年时期便崭露头角,选补邑庠生,"时流推高,令誉日起",成为文徵明门下最为出色的画家之一,后成为整个明代的花鸟画大家。

陈淳乐观开朗,惹人喜爱,因此许多耆老名士都引其为忘年交。

正德九年四月初。三十出头的陈淳画了一幅《花石扇》,落款云:"甲戌首夏陈淳道复。"祝允明、唐伯虎、文徵明都和诗其上。

唐伯虎的和诗写得极有才气:

阶下花枝扇上同,花枝吹落扇中风。
惜花抛扇临阶坐,扇上阶前一样红。[2]

沈周谢世后,唐伯虎、文徵明已经成长为苏州文坛的中流砥柱,更是

---

[1]. 在绘画史上,陈淳与徐渭并称"白阳青藤"。陈淳的绘画风格当属文人隽雅一路,即"白阳"画派,是继沈周、唐伯虎之后,对水墨写意花鸟画的发展做出重要贡献的大画家。

[2]. 《故宫周刊》第二百八十六期《次韵题陈道复花石扇》。

画坛双璧，深受人们敬仰，官员们无论到任还是路过苏州，总要去拜访他俩。在这一时期，唐伯虎与官员们的交往也很频繁。

吴县新到任的知县何炌，进士出身，是湖北武汉人。他考中进士时的年纪已经不小，所以唐伯虎称他为"何老大人先生"，自谓"苏门后生"。何炌到苏州之后，礼敬文人，与唐伯虎等人关系融洽，可是他上任还不到一年，就因为丁忧的缘故，不得不于正德八年辞官还家[1]。唐伯虎以画相送，还题诗曰："青云台殿泉声隔，黄叶关河雁影来。别有诗人好怀抱，西风双鬓一登台。"

南京诗人刘麟是弘治九年进士，时有才名，与顾璘、徐祯卿并称"江东三才子"，也与文徵明、唐伯虎等有老交情。他于正德九年外派为官时，特意绕道苏州，与文徵明、祝允明、顾璘和唐伯虎等好友相聚。

三月二十七日，文徵明画了一幅《两溪草堂图》赠给刘麟。此画"散笔小景，极粗辣"[2]，文徵明跋曰："南垣先生将赴陕西，过吴门言别，为写《两溪草堂图》，并赋此致意，正德甲戌三月二十七日。"[3]

刘麟本是世袭的南京广洋卫副千户，如今又身在官场，感受颇多，心中似有苦诉不尽，只得题诗曰："太古不可见，悠然泉石存。离离芳树绿，烟雨过吴门。"

在场的祝允明、顾璘等也纷纷题跋，叙说友情。轮到唐伯虎时，他只关注文徵明的画，提笔写道："衡山妙小笔，落落出古意。柏木带松痕，

---

[1]. 民国本《吴县志》卷二："何炌，江夏人，进士（正德）八年（出）仕，本年以忧去。"

[2].《味水轩日记》卷七。

[3]. 周道振：《文徵明集·补辑》卷十二《两溪草堂图》。

灵石含元气。唐寅。"[1]

正德九年九月，在欢迎本乡官员顾潜告老还乡时，"一时知公者，咸为咏歌其事"。唐伯虎为他画了一幅《悟阳子养性图》。画面上，一阵狂风袭来，枝弯叶落，溪水翻腾，一派萧飒景象。而顾潜独坐在茅屋内的蒲团之上，抬头仰望树梢，神情安然。文徵明则写了《悟阳子诗叙》，与唐画合璧，后被称为《唐寅文徵明书画合璧卷》。

这位顾潜，乃刑部郎中，职位仅次于刑部尚书、侍郎，属于中高级官员。文徵明在《悟阳子诗叙》中说他的家乡原在今上海崇明岛，"越在大海中，不与辅邑比"，后来到"吾苏"。考虑到他已经在刑部"官法比二十年解归"，而唐伯虎遭遇会试冤狱时，可能得到了他的照顾，唐伯虎精心绘制这幅《悟阳子养性图》，似有知恩图报之意。

顾潜的仕途不太顺利，历经官场坎坷，受到倾轧与排挤，五十岁后就致仕回乡了。人们都认为朝廷屈才，英雄未有用武之地，而他本人却以"末

---

[1].《味水轩日记》卷七。

◆ 明 唐寅 《悟阳子养性图》，现藏辽宁省博物馆

杀世事，息气养心""解悟超脱，若游于真静圆融之境"[1]来自我开解。文徵明很坦率地说："余独衍其意为叙。而所谓悟阳云者，公自得之，余不能详也。"[2]也就是说，文徵明只是佩服他超然物外的态度，至于顾郎中是怎样做到的，自己则全然不知。

不过，此间还发生了一件有趣的事。事情发生在正德九年九月，在顾郎中告老还乡的前后数天内。

唐伯虎的苏州朋友丁文祥，来请唐伯虎、祝允明著文，于是唐伯虎、祝允明分别写了《也罢说》《也罢丁君小传》。

丁文祥，字瑞之，其祖先为常州府江阴县人，后徙苏州，世代以经商为业。丁文祥有个口头禅"也罢"，类似口语"就这样吧"。

这时的人们，喜欢给他人起绰号。此举并非故意捉弄他人，只为了突出某人的特点。前面说到的无锡人华珵绰号"华尚古"，祝允明自谓"祝枝山"，

---

[1].《石渠宝笈续编》宁寿宫藏一四《唐寅文徵明书画合璧卷》。

[2]. 同上。

唐伯虎传

皆如此,因此大家都叫丁文祥"也罢君",或者"丁也罢"。

祝允明撰写的《也罢丁君小传》说:"丁氏在江阴为巨族,故南因翁自新赘长洲温氏,始为苏城人。祖胥宇即富业起声,君其孙也。"[1] 所谓江阴巨族,已非当年的巨富之家,先祖或许光芒四射,到后来也只剩人口众多而已。也就是说,丁文祥的高祖南因先生,虽然出生在巨族之家,无奈家境中落,被迫来苏州做了上门女婿,至丁也罢的祖父丁胥宇时期,才发达起来。

丁文祥本是读书人,但是苦读数年书,连个秀才也没能考取。家人认为他不是读书做官的材料,他自己也这么认为,于是弃文从商。丁文祥"天性孝顺",听从长辈的话,"去营殖生产",也就是做生意。祝允明在《也罢丁君小传》中说,丁文祥继承了丁家的产业,把生意做到了北都,即顺天府北京。可是他为人很厚道,若是生意赔了,并不责怪下人,总是说句"也罢"。

唐伯虎的《也罢说》,则从训诂学的角度,将"也罢"二字进行拆解考证,曰:"也罢,话助之词,一曰词之终。也,其翻羊者切,与'野''冶'同音。罢乃休也,止也,己也。……瑞之丁君,以'也罢'自谓。君乃吴人,合从南音。也以羊者翻,罢以部买翻为当,则所谓也罢者,就住也,即休也,就自止也。"[2] 唐伯虎从这个侧面证实了丁文祥言行合一的特点。最关键的一句话,写在了文末:"予嘉其合老氏之旨意义,而或我心之同然,故为

---

[1]. 中国古代书画鉴定组编:《中国古代书画图目》十六《也罢丁君小传》,文物出版社,1997年。

[2]. 《中国古代书画图目》十六《唐寅也罢说》。

◆ 明 文徵明 《悟阳子诗叙》（局部），现藏辽宁省博物馆

说其字之音辨，而系以志趣之所尚焉。时正德甲戌重阳，书于桃花精舍之梦墨亭。"

唐伯虎用曲折之笔，赞扬了丁文祥为人处世所秉持的老庄思想，也就是中国道教"无为而治"的治世理念。唐伯虎在此，只是借用了丁文祥的事迹，表达了自己的三观，那就是无论对他人、社会还是这个国家，他皆主张追求自由。

第五节　真赏斋的艺术收藏

早在正德四年九月，唐伯虎为无锡华云画过一幅《溪山秀远图卷》。此画上钤有三方印章，除了作画者的"南京解元""唐子畏"二印外，另有一方收藏印"剑光阁锡山华氏补庵家藏"，这也是判断画作藏主的依据。这一手卷后来被转让给了另一位华氏收藏家，这个人就是华云的族侄和师弟华夏。"真赏斋"是华夏的堂号，也是明代中期江南最重要的艺术品收

唐伯虎传

藏宝库之一。[1]

王阳明不仅是华云的老师，也是华夏的老师，而且在王阳明落难时，华夏挺身而出，不离不弃。史料说华夏"少师事王守仁。守仁谪龙场驿，（华）夏周旋患难"，可见王阳明与华夏的师徒关系确实非常亲密。华夏祖母七十寿辰时，王阳明亲撰贺文《寿华母钱孺人七十叙》。华云与华夏本是族亲，按照无锡华氏家谱，他俩属于叔侄辈，又因为同是王阳明的学生，所以眼下又成了师兄弟。

华夏的祖父华坦十分能干，十六岁就替父亲理家，"内应宾客，外持门户，掇拾完护，不令父知有不足"。加之与当地钱姓望族女子联姻，夫人贤良淑德，持家有道，华家又现中兴之势。华坦终身所交游之士，皆是响当当的人物，如王阳明、邵宝、文徵明叔父文森等。华坦去世时，华夏之父华钦已七十多岁。华钦与其父截然不同，几乎终身不问家中之事，其父在时，全由老父做主；其父不在时，他更是做了甩手掌柜，家中一切全由长子华夏做主，自己则优哉游哉地度过了一生。

华夏生于弘治七年，自幼"颖敏，识伟志昂"。据《鹅湖华氏通四兴二支宗谱》记载：

（华）夏，字中甫，号东沙，国学生，师事阳明先生，有声南雍，遘疾辍业，建真赏斋以藏三代鼎彝、魏晋法书……寿七十四，葬

---

[1]. [清]韩泰华《无事为福斋随笔》卷上《唐子畏溪山秀远图卷》曰，此画"是真赏斋旧物"。

第八章·人生如戏不是戏

胶山。子二,长子龙光,幼耿光。[1]

祖父华坦把光耀门庭的希望寄托于孙子华夏一身,驱使他走科举之路。华夏曾被选入南京国子监学习,为太学生,声震南雍,然而他命运不济,身患"衄疾"——一种鼻孔出血的疾病,因此"弃举子业,乃寄情于古图史金石之文。其所珍三代鼎彝、魏晋书法,皆品极上之上者"[2],以太学生终其一生。

华夏游于苏州文人间,最早的记录是在正德九年,这一年他二十一岁。

"正德九年甲戌四月十二日,无锡华夏过吴,访祝允明。"他拜访祝允明的目的,就是"请补书《出师》两表于赵孟頫画《武侯图》后"。《出师》两表,是指诸葛亮撰写的前、后《出师表》。此时华夏已收藏赵孟頫画的《武侯图》,因为原先装裱在一起的诸葛亮前、后《出师表》已散失,所以想劳驾大书法家祝允明再抄写一遍,好与此画合璧。在这样贵重的藏品上补书前、后《出师表》,这让祝允明甚觉为难。他谦虚地说:"真似炼石补天,恐不免识者之诮也。"[3] 但是,迫于华夏"强余书此",祝允明碍于面子,只好遵命从之。我们今天看到的祝允明小楷前、后《出师表》,笔笔工秀,美不胜收。

一般而言,要成为热衷收藏古代法书名画的收藏家,至少须具备两个条件。其一,资金充足,这方面华夏不存在问题,他本是巨富,随时可以

---

[1]. 吕伟涛:《坐上琴心》,中国国际广播出版社,2022年,第226页。

[2]. 见《锡山华氏本书》。

[3]. 日本三省堂本《书苑·祝枝山集·小楷出师表》。现藏日本东京国立博物馆。

唐 伯 虎 传

任性使钱。其二，眼力佳，这方面于他而言就有点儿麻烦。因为鉴赏家眼力的培养，需要长时间的锻炼与磨砺，但华夏眼下才二十出头，此前又一直在南京国子监攻读举子业，属于刚入行的新手，又未见其他鉴赏家予以其教示和挽扶，所以眼力成为他收藏的短板。据此推测，华夏来苏州与祝允明、文徵明等人周旋，除了请前辈补写书法之外，极可能还想借助前辈的眼力鉴定书画。文徵明大致就在此际与华夏订交。因为文徵明本是画家，深谙笔墨，又是书画及鉴赏大家沈周最得意的弟子，其掌握的双钩廓填复制技术在明代属于一流，而双钩廓填技法，正是当时书画复制的最高技术（也是鉴赏家所必须掌握的知识），所以他与文徵明结识以后，文徵明理所当然成为他最信赖的掌眼人。

华夏的收藏了不起，在于他没有走弯路，一开始就高举高打，收藏"品极上之上者"，行话称为"掐尖"，就是指收藏最高品级的藏品。采用这种策略，必定是经过行家高手的指点。

不过，华夏这一艺术品收藏策略，受到了强有力的挑战。对手不是别人，正是当朝皇帝——在他动手收藏之前，皇帝已经派人前往江南，四处搜刮过多次。

自宋代以来，江南就是中国文化的隆兴发达之地，艺术遗珍极为丰富。皇帝于是命令太监们出动，四处搜刮，其中最著名的例子是在成化年间，太监王敬带领副千户王臣，以替皇家购书采药为名，"乘传南行"。"王臣者，初为奸盗，被擒伤胫，号王瘸子。多妖术，所至纵暴横，索诈货财，搜取奇玩，官民并受其害。凡江南书画古玩之奇绝者，检括殆尽。"[1] 王臣

---

[1]. [清] 傅维鳞：《明书》卷一百五十八《宦官传》。

是个坏透了的奸人，本是连偷带抢的盗贼，被捕后受到了挑断脚筋的惩罚，成了一个瘸子。

沈周有位邻居，名叫沈汝融。他的祖先在明朝初年收藏了"小米《大姚村图》，澄心堂纸所作。诗句藻逸，书画遒润，得乃父风，不易得之物"[1]，已经作为传家宝，在沈汝融家传承了上百年时间。"小米"即米友仁，"得乃父风"，是指米友仁的画风很像其父米芾的。这件宝贝最终被王敬和王瘸子以进贡皇帝的名义搜刮了去。沈汝融岂敢抗旨，万般无奈下只能忍气割爱。

沈周当年见沈汝融伤心如此，心生悲悯，一边好言劝慰，一边根据自己的记忆又背临了一幅小米《大姚村图》，送给沈汝融留念。沈周去世后，沈汝融家后人拿此画请文徵明题跋，文徵明说："从来艺事关人品，敢谓今人非古人！"以赞扬自己的恩师沈周有一副古道热肠。

在这样的形势下，华夏的收藏最终成了什么样的气候呢？

据不完全统计，华夏当年的藏品留存至今者，法书有王羲之《袁生帖》、颜真卿《刘中使帖》、王方庆辑《万岁通天帖》、张旭《古诗四帖》、黄庭坚《刘宾客经伏波神祠诗》《诸上座帖》《太白忆旧游寄谯郡元参军》、虞集《虞雍公诛蚊赋》、宋高宗赵构《黄庭经》、赵孟𫖯《黄庭经》《洛神赋》等。

绘画则仅存刘松年《香山九老图》、赵孟𫖯《秋郊饮马图》《二羊图》、王蒙《青卞隐居图》等。

华夏还藏有三十余种珍贵的刻本，如南唐初刻本《史通》《玉台新咏》，绝无仅有；孤本《王临川集》一百六十卷，已经绝迹；宋刻《东观余论》，

---

[1]. [明] 李日华：《六研斋笔记》卷三。

◆ 唐 颜真卿 《刘中使帖》，现藏台北故宫博物院

◆ 元 赵孟頫 《秋郊饮马图》，现藏北京故宫博物院

世所罕见；还有北宋《淳化阁帖》，此帖乃法帖之冠冕。

从华夏收藏的以上书画名本来看，他的藏品主要来自江南的收藏名家，如王羲之《袁生帖》、颜真卿《刘中使帖》本是苏州吴江史鉴家物；黄庭坚《太白忆旧游寄谯郡元参军》是华尚古的旧藏。在史鉴、华尚古、王献臣等前辈过世之后，这些藏品纷纷转入了华夏的真赏斋。我们从中可以看出，收藏品的流转速度开始加快了。举例来说：沈周和他的邻居沈汝融家的收藏，都是数代人的庋藏，藏在家中的时间动辄上百年，可是到了此时，家中老

第八章·人生如戏不是戏

人一旦故去，这些收藏品很快就转手。其中的原因，就在于收藏品已经凸显出其金融价值，而不再像沈云鸿去世前所说的"必不易散"。这也正说明，此时的江南收藏市场正在提速发展。

文徵明与华夏友善终生，而华夏的收藏，品级之高，不仅在当时，即使在收藏史上也属于"品极上之上者"，是收藏界的天花板，这说明他已经登上了民间收藏的顶峰。毋庸置疑，文徵明对华夏的帮助可谓厥功至伟。文徵明是他那个时代的鉴赏巨眼，江南收藏界的名品几乎都经过了他的手和眼，他也将这些藏品存记于心。通常来说，收藏质量并不仅仅取决于收藏者是否财大气粗，信息的不对称亦非常关键。若知识、经验、渠道不及他人，常常有钱也白搭，而文徵明的脑子已经具备了资料库的功能。

当然，文家父子在帮助华云、华夏及后来的项元汴成就收藏壮举的过程中，也获得了巨大的好处：其一，文家建立了自己在收藏界的声望，尤其是文彭、文嘉哥儿俩，在文徵明故去后，他们成为新一代鉴赏巨眼；其二，通过撮合交易获得了丰厚的佣金，文徵明为此曾在八十岁、八十八岁两次为华夏创作《真赏斋图卷》，表达对华夏的感激之情。

史志中说华夏"中岁与吴下文徵明、祝允明辈为性命交。金石缣素，品鉴推江东巨眼"[1]——推华夏为"江东巨眼"，恐怕需要一个过程，至少在文徵明活着的时候，华夏还必须肃立在侧。

大约在嘉靖三十一年（1552年）至三十二年（1553年）间，真赏斋遭遇火灾，损失惨重。有人认为这是倭寇所为，也有人认为，当年倭寇并未

---

[1]. 光绪本《无锡金匮县志》。

◆ 明 祝允明书，文徵明补图 《兰亭序》，现藏辽宁省博物馆

◆ 明 文徵明 《真赏斋图卷》，现藏上海博物馆。作于文徵明八十岁时

◆ 明 文徵明 《真赏斋图卷》，现藏中国国家博物馆。作于文徵明八十八岁时

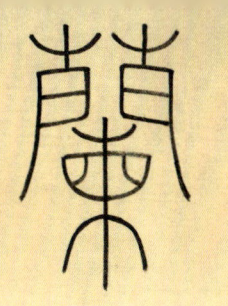

劫杀到华夏的家乡荡口，应系无锡当地"水浒帮"所为[1]。"水浒帮"是由当地部分蛮悍渔民组成的土匪团伙。

华夏晚年时，家道中落，真赏斋的大部分藏品逐渐释出，最大的买家便是来自嘉兴的项元汴。

项元汴比华夏小三十一岁。在华夏面前，他虽然是一位晚辈收藏家，却锐气十足。华夏手中的大名品，如颜真卿《刘中使帖》、张旭《古诗四帖》、杨凝式《神仙起居法帖》、赵孟頫《二羊图》及《秋郊饮马图》、王蒙《青卞隐居图》等，均为项氏或直接或间接地获得，由真赏斋进入项氏的天籁阁。

华夏卒于隆庆元年（1567年）。

去世后，他的墓志铭由当地闻人、嘉靖四十一年进士华启直撰写。华启直曾任国子监丞、刑部浙江司主事。

这里有个问题：

正德九年四月，华夏初来苏州，拜见了祝允明，并且认识了文徵明，此时怎么未见到唐伯虎的踪影？按理说，祝允明、唐伯虎、文徵明等是志同道合的朋友，应该整天在一起雅集酬唱呀。

原因很简单，唐伯虎这时已被宁王朱宸濠相中，被邀去了南昌城，正准备干一番惊天动地的大事。

---

[1].《坐上琴心》, 第228页。

第九章 宁王之乱

唐伯虎传

第一节 宁王府的召唤

宁王朱宸濠是明朝开国皇帝朱元璋的后裔，跟小时候抓鸡杀鹅的平民百姓唐伯虎八竿子打不着。俩人往日不搭界，近日无恩遇，为什么他要召唐伯虎去南昌宁王府呢？

这里面就牵扯到了朱姓皇室的两段恩怨情仇，须把历史背景交代清楚。

第一段是明成祖朱棣与其十七弟朱权的恩怨。

朱元璋的第四子、燕王朱棣，被迫发动了靖难之役，与其侄子、建文帝朱允炆展开四年的残酷战争。

这场战争的祸根，其实是朱元璋亲手种下的。大明立国初期，生性多疑的朱元璋怕皇权在自己死后受到威胁，便疯狂扑向那些战功卓著的开国元勋，大肆屠杀昔日的铁杆战友。同时，他将儿子们派往全国各地，封为藩王，让他们掌握军权。他坚信，这些被封王的儿子以及他们的子孙，一定会精诚团结，保卫中央。殊不知，骨肉间因利益相残时，绝不比凶猛动物温柔一丝一毫。

朱元璋死后，由于长子朱标已故，所以由长孙朱允炆继位。建文帝朱允炆发觉叔父燕王朱棣的权势已威胁到中央，于是采取了强硬的削藩措施。而朱棣长期带兵打仗，屡建战功，一贯骄横，岂肯束手就缚，自此爆发了"靖

第九章·宁王之乱

难之役"。

战争初期,朱棣处处被动挨打,那是其最艰难的时期。恰在此时,朱棣获得了十七弟、宁王朱权的鼎力相助。朱权早先被分封在北方边疆的大宁,"带甲八万,革车六千,所属朵颜三卫骑兵,皆骁勇善战"[1]。建文元年(1399年)十月,宁王朱权将自己的八万士兵全部赠予朱棣,包括所有的朵颜三卫骑兵,这使得朱棣战斗力大增。朱权本人也加入了燕军,时常为朱棣出谋划策,起草檄文,竭尽全力地帮着四哥打侄儿建文帝。

朱棣深受感动。某一天信誓旦旦地对十七弟朱权许诺:"事成之后,四哥与你平分天下。"[2]

朱棣最终打败了建文帝,篡位成为明朝第三位皇帝,年号"永乐"。

新皇帝大权在握后,翻脸不认账,不仅没有兑现当年对十七弟朱权的承诺,甚至对朱权提出的改封苏州、钱塘的请求也悉数拒绝。宁王府与新皇帝之间就此埋下了恩怨。

幸好,聪明又博学的朱权尚能审时度势,懂得胳膊拧不过大腿的道理,从此不再过问政事,只与文学名士常相往来,寄情于戏曲、游娱、著述、释道之中。他尤其尊崇道教,结交了正一道第四十三代天师张宇初,拜为师傅,研习道典,弘扬道教义理,是一位对道教发展颇有贡献的人物。正统十三年(1448年),朱权去世,享年七十一岁,谥号"献",世称"宁献王"。

宁献王朱权的后裔中出现了许多知名书画家,比如朱多炡、朱谋䚇、

---

[1].《明史》卷一百十七《诸王二》。

[2].《明史》卷一百十七《诸王二》:"燕王谓权,事成,当中分天下。"

朱统𨨗、朱道明等人。其中最出名的是朱权的第九世孙朱统𨨗，他后来改名朱耷，也就是尽人皆知的画僧八大山人。朱道明是朱耷的弟弟，后来做了云游道士，署名牛石慧，也是一位奇特的书画家。这已是朱权去世百年之后的事了。

第二段是朝廷与宁王府的情仇。

朱权死后，其孙朱奠培嗣位，因故与时任南昌左布政使崔恭发生冲突，而后他便借机劾奏崔恭。而崔恭与按察使原杰等也反诉宁王，揭发他"私献、惠二王宫人，逼内官熊璧自尽"等罪行，结果朱奠培被削去了宁王府的护卫，改为南昌左卫，使得自朱权以来宁王府与朝廷间的矛盾进一步加剧。这种矛盾一直若隐若现，至宁献王朱权的玄孙朱宸濠嗣位，情况发生了变化。

成化十二年六月十一日，朱宸濠出生于上高王府，初封为上高郡王。他本是明太祖朱元璋的五世孙，宁献王朱权之玄孙，宁康王朱觐钧的庶子。自号"畏天"的朱宸濠，其实胆子很大。他想起当年永乐皇帝对其先祖的失诺，以及三代宁王的怨恨，遂起了反叛的心思。

苍蝇不叮无缝的鸡蛋。朱宸濠并非鲁莽之辈，他之所以如此胆大妄为，就是因为他发现当朝正德皇帝朱厚照，其实是个昏君。

弘治十年朱宸濠袭封宁王，正德二年，他即着手为恢复王府的武装力量而奔走活动，他用巨额贿赂来巴结近臣刘瑾等人。这一招果真见效，正德皇帝同意恢复宁王府的武装护卫。宁王谋反的第一步顺利完成。可是在正德五年九月，因为太监张忠、御史萧淮等人的告发，在刘瑾伏诛的前一日，正德皇帝突然宣布取消宁王府的武装护卫。

宁王岂肯就此罢休，而且他还不是个守财奴，更以"辇白金巨万，遍赂朝贵"，终于在兵部尚书陆完、伶人臧贤及幸臣钱宁等人的帮助下，于

第九章 · 宁王之乱

正德九年四月重新获准恢复护卫。此时，他下定了决心，在谋反的道路上又迈出了坚实的一步。

怎么谋反呢？朱宸濠除了建立私人武装，还需要笼络各类人才作为僚属门客，因此在正德九年，他专程派人来到苏州招纳人才。文徵明、唐伯虎、谢时臣、章文等能才，均成为他招募的对象。

宁王府使者来到文徵明家，带来了朱宸濠的聘书和金币。

文徵明听到这个消息，立即警觉起来，翻身上床，开始装病。见到使者，他立即在床上大声呻吟，装出病情危重的样子，既不起床施礼，也不接受朱宸濠的聘书、金币，更未给予回书。

朋友们大感不解，私下问文徵明：宁王朱宸濠可是世代相袭的铁帽贵族。人家如此抬举你，你为什么不肯学学枚叔、长卿，借此机会施展自己的才干呢？[1]

那时，朱宸濠谋反的事还没有泄露，所以文徵明笑而不答。西汉的枚乘（上文的"枚叔"）初为吴王刘濞郎中。吴王有叛心，枚乘上书谏劝，吴王不听，枚乘转头就投奔梁孝王刘武了。景帝时，吴王参与谋反，枚乘又上书劝阻。吴王仍然拒绝了他的劝告，结果兵败身死，枚乘也因此而知名。长卿是指西汉文学家司马相如，这个人大家都熟悉，他为追求心上人卓文君，作赋《凤求凰》，流芳百世，这是题外话。

待朱宸濠谋反之事败露，众人这才恍然大悟，皆服膺，称赞文徵明觉悟高，具有深邃的洞察力和远见，能够看透宁王朱宸濠的险恶用心！

---

[1]. [明]焦竑：《玉堂丛语》卷之五《识鉴》："宁庶人者浮慕文先生徵明，贻书及金币聘焉。使者及门，而先生辞病亟，卧不起，于金币无所受，亦无所报。人或谓：'王今天下长者，朱邸虚其左而待，若不能效枚叔、长卿曳裾乐耶？'先生笑而不答。亡何，宁竟以反败。"

唐 伯 虎 传

其实不然，文徵明之所以这样做，与他为人处世的原则有关。文徵明曾给自己立下规矩，名为"三戒"，就是不与三种人来往：第一是阉官，第二是诸侯王，第三是外夷，即外族或外国人[1]。他也从不为这些人创作书画。王世贞证实文徵明"有戒，不为人作诗文书画者三：一诸王国，一中贵人，一外夷"[2]，是同一个意思，只是次序不同罢了。

针对此事，文徵明后来写了《病中遣怀二首，壬申岁》，诗中曰："千金逸骥空求骨，万里冥鸿肯受罗？心事悠悠那复识，白头辛苦服儒科。"[3]表示自己一心专攻科举，无意攀附任何政治势力。

朱宸濠已经听说过唐伯虎的种种逸闻，内心也确实仰慕，于是派使者面见唐伯虎，并呈上了"百金"为聘礼。

一开始，唐伯虎也像文徵明一般，"坚辞，不可"。但到了最后，因唐伯虎脸皮薄，架不住别人一直说好话，推辞不过，最终接受了聘礼，欣欣然与谢时臣、二十余岁的篆刻名手章文一起结伴去了南昌，投至朱宸濠麾下。说到底，唐伯虎还是不甘寂寞，总想成就一番事业，好在人前显贵。

这三位苏州名士全然不知的是，就在正德八年四月的一天，宁王朱宸濠为建造南昌阳春书院，请术士李自然、李日芳等人前来看风水。面对朱宸濠，术士李自然突然扑通跪地，妄称天命——声称朱宸濠理应做天子。术士李日芳也跑到院子里，东张西望，手里或还托着罗盘，然后装模作样地声称：南昌城的东南隅有天子气，让朱宸濠"建书院当之"。

---

[1]. [明]谢肇淛：《五杂组》卷十五。

[2]. 《艺苑卮言》卷六。

[3]. 《文徵明年谱》，第273页。

宁王府有着深信道教的传统，朱宸濠因此笃信术士之言。在这俩术士装神弄鬼的蛊惑下，他还以为风水轮流转，轮到自己当天子了。幸好他身边还有其他谋士，提醒他不可轻举妄动，否则屁股还没有坐上龙椅，有可能脑袋就已经搬家了。

唐伯虎等人自然还被蒙在鼓里。对朱宸濠的盛情邀请，唐伯虎确曾壮怀激烈。他原本希望自己在朱宸濠手下干点实事，赢得口碑，最后混个一官半职，洗刷自己当年因会试舞弊案遭受的侮辱。他可不曾有过丝毫的叛乱念头，借他一百个胆，他也不敢！

唐伯虎只是一个职业书画家，绝不曾有过这等念想。

第二节　初心

唐伯虎初到南昌，受到了朱宸濠"幕僚"的热情款待，让他住"别馆，待之甚厚"，开开心心"住半年余"。当时朱宸濠不在南昌，两人还未有过任何面对面的交往。唐伯虎对这位血统高贵的贵族尚不了解，只心存敬意，也未发现宁王府有任何异常的举动。

唐伯虎知道，自朱权以来，宁王府一直有着尊崇道教的传统，而自己对道教也有深研，算是志同道合，甚觉快意，于是他精心构思，写了一篇《许旌阳铁柱记》，赞扬仙人许旌阳。

唐伯虎传

他在《许旌阳铁柱记》中说："天地开辟，而有阴阳。负阴抱阳，人民与龙蛇魅魑，并生其中，糅杂不分，妖厉为害。……旌阳君生于斯时，修精一之道，以达天地之神灵。遂诛龙蛇以安江流，諴魅魑以定民生，铸铁柱以锁地脉。……正德甲戌，余过豫章，躬睹君迹。窃叹真君道合黄轩，功配神禹。世无正论，爰就荒唐。欲明斯理，辄撰为证序，刊之负础，以示将来云。"[1] 这说明，唐伯虎内心崇尚正义，而看到"世无正论，爰就荒唐"的社会现实，非常不满，想要像仙人旌阳君那样，到南昌"修精一之道"，以实现自己治邦安民的政治理想。

南昌这地方，阳光明媚，气候宜人，山清水秀，适宜居住。唐伯虎倍感舒适，准备在此长期生活下去。

正德九年十一月冬至前某日，唐伯虎致信好友陈春山，有多事托请：

> 寅顿首：
>
> 春山陈先生足下。前屡奉书，不审达否？
>
> 兹有小肯，浙江张都间大人许惠仆台州山罗汉树叶一筒，不知曾寄来否？如不曾寄来，望寄兄速之，千万千万，至祝至祝。
>
> 光懋处压衣板并紫牡丹，海沤处白木香，今冬要移来种。尚古处黄蔷薇，俱托在吾兄转转取之。平日蒙爱，所托者止此耳，万望留心，为恳之至。
>
> 十一月冬至前□日，寓洪州友生唐寅再拜顿首。
>
> 前寄奉麻姑酒一坛，未审收否？可于舍弟处取之。九锡图稿，

---

[1].《六如居士全集》卷五《许旌阳铁柱记》。

乞寄来。[1]

可见，唐伯虎初到南昌的日子过得快乐而繁忙。他要在寓所的花园里，移种紫牡丹、白木香、黄蔷薇，还想喝"山罗汉树叶"这种茶。他索要压衣板，应该是想穿戴得整洁，给他人留下好印象。他对未来充满了期许。

日子住久了，自然对南昌城熟悉起来，唐伯虎不仅写了《许旌阳铁柱记》，还去了离南昌城不远的进贤县，写下了《荷莲桥记》。

在《荷莲桥记》中，唐伯虎感慨道："邑多贤士大夫，则多贤令尹。令尹之职也，为最亲民。民事甚伙，一有不便，而尹或莫之知者，则相聚以尤焉。非其邑有贤士大夫辅翼之，以补缀缺少；则尹虽贤，固难免于民之尤之也。进贤，南昌属之大者……邑之以贤称者不绝。"[2] 他在为当地的民风与官员高唱赞歌。

每年的七八月，北邻鄱阳湖的进贤县多雨，道路泥泞，湖水泛滥，百姓出行极不方便，于是感受到百姓疾苦的乡绅，立即向当地官员反映："是为不便于民之大者，不治，民将尤吾尹。"[3] 当地官员闻过即改，花了"若干金"，修建了"荷莲桥"，自此方便了民众的劳动和生活。

此文的核心观点是：贤士大夫是一群具有社会责任感的人，他们可以起到辅翼与补缀当地政府的作用；这样的人越多，地方上出现好官能臣的概率也就越大。唐伯虎据此总结说："天子于民，上下辽绝，日月不照覆缶，

---

[1].《穰梨馆过眼续录》卷五《元明名人尺牍册》。

[2].《六如居士全集》卷五《荷莲桥记》。

[3]. 同上。

唐 伯 虎 传

蚁蚁不能叫阍；民之所忧者多矣，朝有贤士大夫为之辅翼补缀，则天下之民，安得不圣其天子乎？则知朝多贤士大夫，则多圣君矣；是岂独一邑之政为然哉？"[1] 大意是，只要官民同心，敬天爱民，我们整个国家就大有希望。

写于正德九年的《许旌阳铁柱记》《荷莲桥记》，显然是唐伯虎初到南昌时期的作品。他依旧持正统观念，对朝廷与官员抱有美好的期望。

唐伯虎在南昌的交游面其实并不宽广，总是在道教的圈子里兜来兜去。到了第二年，即正德十年（1515年）二月中旬，春风乍来，他去拜访了神秘的锦峰上人，画了一幅《梅枝图》相赠，并题诗曰：

> 东风吹动看梅期，箫鼓联船发恐迟。
> 斜日僧房怕归去，还携红袖绕南枝。
> 乙亥岁二月中旬，游锦峰上人山房，戏写梅枝并绝句为赠。
> 唐寅记。[2]

"上人"在道教里是指得道之人。锦峰上人是谁？不详。

锦峰上人的山房挨着水面，而"箫鼓联船发恐迟"句，更像是训练水军的画面。联想到宁王朱宸濠的私人武装中有不少水军，这些"联船"极可能就是即将成为叛军的宁王私人武装部队。唐伯虎似乎已经觉察到一些端倪，所以赶紧"还携红袖绕南枝"，溜了。这个"红袖"，应该就是随行出游的南昌妓女。

---

[1].《六如居士全集》卷五《荷莲桥记》。

[2]. [清]高士奇：《江村消夏录》卷一《唐子畏梅枝》。

第九章·宁王之乱

在南昌铁柱道观里,唐伯虎新结识了一位"老且贫"的读书人。他的名字是否真的叫陶太痴,尚不确定,不过两人感情真挚,互称知己。时常把酒对坐,畅叙衷情,一边讲述各自的人生,一边感叹生活。

陶太痴是个秀才,一辈子在府学里当司训小吏,收入极为微薄,稀里糊涂就混到了老年。陶太痴的人品很好,与人交往动真情,所以当故旧升官发达之后,都可怜他,纷纷举荐。终于到了正德十年,陶太痴获得了抚州府辖下的临川县教谕的差使。县学教谕是个不入流的职位,连从九品都够不到。在明代各府的府学里,掌管教育的教授只设一人,这个教授才是最末等的从九品小官。

唐伯虎不是那种趋炎附势的势利之人,对穷困潦倒的陶太痴,给予了深切的同情。十二月九日,他于南昌铁柱观送别陶太痴,为他写下《客中送别陶太痴赴任》一诗:

> 年纪清尊上,江湖白发前。
> 一官何自系,千里又南迁。
> 久客亲乡曲,穷冬具别筵。
> 浮云没归雁,执手意茫然。[1]

读来真是令人悲伤。孤苦伶仃的陶太痴,长期在外谋职,完全是为了养家,不觉间头发已经雪白。而此次隆冬季节里的长途南迁,也是为了增

---

[1]. 台北历史博物馆编《明代沈周、文徵明、唐寅、仇英四大家书画集》之《唐寅桃花庵诗册页》中有《客中送别陶太痴赴任》。

唐伯虎传

加一点微薄的收入。唐伯虎与他执手话别，心中一片茫然。

唐伯虎还撰写了《送陶太痴教谕临川序》（又名《送太痴陶老先生教谕临川序》），里面透露出更多的信息：

> 陶太痴先生老且贫，仕又不达，故人知己多显贵者存念之，为之推举，得转官一阶，自南昌司训往教谕临川。……唐生与之号知己，饯之章江之上。酌酒相顾，喟然为之叹息。……故序其言以归之，时正德癸酉腊月上九，前乡贡进士苏台唐寅书于洪州之铁柱观。"[1]

上文中的"前乡贡进士"头衔，并不是进士，而是指经选拔，被举荐参加礼部贡院考试，却未能考取进士者。所以唐伯虎自称"前乡贡进士"，没有毛病，不存在吹牛的嫌疑。

唐伯虎原在家乡苏州生活，日子过得本已不错。他之所以应邀前往南昌，绝不是单纯被金钱诱惑，而是为了追求内心的治世理想。自从认识了陶太痴，他对南昌的社会逐渐有了深切的了解，现实实在与他的理想相差太远，因此难免要"喟然为之叹息"。

---

[1].《明代沈周、文徵明、唐寅、仇英四大家书画集》之《唐寅桃花庵诗册页》中有《送陶太痴教谕临川序卷》。癸酉年，应该是正德八年，那时唐伯虎还没有去南昌，疑为印刷、抄写错误，故作者将此文移至正德十年，似更为合理。

第三节　装疯卖傻南昌城

纸终究包不住火。

既然宁王朱宸濠胸怀壮志,要干一番惊天动地的大事业,招纳四海贤士以汲取聪明人的智慧,就必须摆出一副礼贤下士的架势。当年刘备邀请诸葛亮出山,尚且三顾茅庐,如今三位苏州名士已经来到南昌城,朱宸濠自然要出面款待。尤其是"知名于时"的南京解元唐伯虎,诗、书、画样样出类拔萃,怎不叫人欢欣鼓舞。所以,朱宸濠回到南昌后,每日邀请唐伯虎去饮酒作乐,"赛诗论画"。席间,朱宸濠酒醉,无意间透露出反叛的想法。虽是酒话,可这种玩笑话说不得。唐伯虎吓出了一身冷汗。

朱宸濠到底跟唐伯虎说了什么事,会让唐伯虎不寒而栗?判断朱宸濠谋逆的罪证主要有三个:一是他要建立自己的私人武装部队;二是他要求自己有权管辖"抚按等官";三是去浙江遴选宫嫔。[1] 按照明朝的规定,这些都是不允许的,属于谋逆大罪。

不光唐伯虎本人察觉出朱宸濠的诡计,其他官员也发现了他的阴谋。按察南昌的御史王秩就是个明白人。

朱宸濠为笼络王秩,曾邀请王秩携幼子到宁王府做客。宁王朱宸濠将王秩的幼子抱在腿上,要定娃娃亲,许诺将自己的女儿许配给这个男孩。

---

[1]. 康熙本《昆山县志稿》卷十四《名臣上》:"时宁王宸濠蓄不轨,以三事请:一曰益护卫兵;二曰抚按等官,不得行出使礼;三曰乞于浙江遴选宫嫔。"

唐伯虎传

亲王的女儿叫郡主,郡主的丈夫就是仪宾。郡主与仪宾所生的孩子还能世袭特权,接受朝廷的俸禄,世世代代享受荣华富贵。岂料王秩心明眼亮,反应迅速,立即谢恩,口称"不敢当",硬是拒绝了这门亲事。面对如此好姻缘,王秩为什么要拒绝呢?他后来悄悄对其家人说:宁王不是个安分守己的人,不出十年,此人必惹大祸![1]

在与唐伯虎的交往中,王秩发觉唐伯虎心底纯净,这样的人怎么会来当宁王的座上宾?于是趁唐伯虎来自家做客的机会,王秩出于好意,婉转地提醒了他:要与宁王保持恰当的距离,以策安全!

唐伯虎本是聪明人,一旦把自己的眼见与耳闻综合起来分析,便判断出大事不好,自己已经身陷危险之境,快要大祸临头了。

唐伯虎大约就是在这个时候写了一首诗,名曰《上宁王》:

> 信口吟成四韵诗,自家腔调说和谁?
> 且将白发簪花蕊,难得青天满酒卮。
> 得一日闲无量福,做千年调算来痴。
> 是非颠倒人间事,问我如何总不知。[2]

表面上他在奉承宁王,说自己是个"总不知"人间事的"人痴",实际上他对自己进行了深刻反思,责备自己太愚钝。

怎么办?亲自告发宁王朱宸濠谋逆,以自证清白,显然不是明智之举。

---

[1]. 见康熙本《昆山县志稿》卷十四《名臣上》。

[2]. 《与西洲诗画卷墨迹》。另见《唐寅集》,第374页。

第九章 · 宁王之乱

朱宸濠本身是开国皇帝朱元璋的血脉，世袭宁王这一顶铁帽子，连刘瑾这样的权贵都曾对他俯首听命，而且他身边还有众多爪牙，只要被发现，必会小命难保。

思来想去，唐伯虎觉得三十六计，走为上策，于是决意逃离这个是非窝。他采取的第一个步骤就是装傻。

此后再与朱宸濠饮酒，唐伯虎每宴必装醉，"佯狂不答，或作丧心状"[1]，然后与他人饮酒时，假装无意间把朱宸濠要谋反之事泄露出去，故意让朱宸濠觉得他嘴上不把门，是个隐患。

另外，他还有意做荒唐事，让对方觉得自己本是个糊涂虫，不堪大任。他曾在酒肆（或者是妓寮）的墙壁上题诗，公开自己的丑陋行径：

> 碧桃花树下，大脚黑婆娘。
> 未说铜钱起，先铺芦席床。
> 三杯浑白酒，几句话衷肠。
> 何时归故里，和它笑一场。[2]

酒肆是个公开场所，天天客来人往，热闹非凡。众人见了唐伯虎这首诗，无不捧腹大笑，以为这个人确实是个痴呆老儿。

可装傻这一招未见成效。朱宸濠对唐伯虎依然很重视，经常"差人来

---

[1]. [明] 徐咸：《徐襄阳西园杂记》："（朱宸濠）酒间语涉悖逆，寅即佯狂不答，或作丧心状，遇人若泄其谋者。"

[2]. 《六如居士外集》卷二引《风流逸响》。

唐 伯 虎 传

馈物"。于是唐伯虎一不做二不休，索性装疯！

袁袠写道："（唐伯虎）至则阴知（朱宸濠）将有淮南之谋，遂佯狂以酒自污。"[1]淮南之谋，系出典故。汉高祖刘邦之孙刘安被封为淮南王，招宾客方士数千人，后因谋反案发，被迫自杀。淮南之谋指的就是谋反。朱宸濠这回终于生气了，低头泄气地说："唐生妄庸人耳。"

明代何良俊在《四友斋丛说》中记录得更加详细。朱宸濠派人来送礼品时，唐伯虎赤裸着身子，盘腿而坐，竟然当着使者的面，毫无羞耻地手淫。使者惊骇，回去如实报告宁王。朱宸濠震怒，骂道："孰谓唐生贤，直一狂生耳！"[2]

经过这番装疯卖傻，唐伯虎终于摆脱了朱宸濠的纠缠，赶紧逃离南昌城。

唐伯虎逃出南昌城之际，朱宸濠谋逆之事还在秘密进行之中，外人概不知晓。事发，已是正德十四年，距唐伯虎逃离之时有四年时间。而与唐伯虎同时受聘又结伴一同前往南昌城的谢时臣和章文两人，或许因为警惕性没有唐伯虎这般高，或许因为办法少，或许还在贪恋酬金，结果没能及时逃出南昌城，仍依附于朱宸濠。

正德九年三月，一路颠簸的唐伯虎，终于逃回了故乡苏州，总算是心神安定。

唐伯虎的同乡好友姜龙时在京城，正在礼部仪制司任主事。唐伯虎悄悄致信姜龙：

---

[1]. 见袁袠《唐伯虎集序》。

[2]. 《四友斋丛说》卷十五《史十一》。

第九章·宁王之乱

寅顿首顿首，梦宾姜仪部大人座下：

别来简阔殊甚。仆自去岁游庐山，欲溯江西上，悉览诸名胜，不意留顿在豫章（南昌），三月中旬得回吴中矣。所谓兴败而返也。

丈夫潦倒于江山花竹之间，亦自有风韵。此但可与先生道，难与俗人言也。游庐山开先寺诗一首，奉上请教。即日，唐寅顿首拜稿，梦宾姜大人先生座下。[1]

此信中，唐伯虎说自己去游览庐山时，"不意留顿在豫章"，乃是一种借口，实际上他是受了宁王朱宸濠之聘，前往南昌投门。"难与俗人言也"，是指自己为逃离南昌而装疯卖傻的原因，不能对外人明说，生怕引起误会。

姜龙既是唐伯虎的好友，也是他书画的重要收藏家。唐伯虎为其书写的"游庐山开先寺诗一首"，与他赠送姜龙的《匡庐山图》一样有名：

匡庐山高高几重？山雨山烟浓复浓。
移家未住屏风叠，骑驴来看香炉峰。
江上乌帽谁渡水，岩际白衣人采松。
古句摩崖留岁月，读之漫灭为修容。
唐寅为梦宾姜仪部写。[2]

另有唐伯虎《致姜龙札》，是姜龙归乡之后与之相约的私信。唐伯虎

---

[1]. 原载《明贤墨迹》。见《唐寅集》，2013年，第507页。

[2]. 《书画鉴影》卷二十一《唐解元匡庐山图轴》。

唐伯虎传

要请他吃饭,可能是有求于他,私下推销自己的作品。可见两人交往与信任程度。"时川"是姜龙的号。

唐伯虎在《致姜龙札》中写道:

> 昨约非敢怠缓,谅是照察。明日辰刻一叙,座中止有清之一人,再无杂宾。倘承垂念书生贫乏,措置不易,得下一箸,以尽此念。则其庆幸,何复可言。万望少羁半日之程,以副平生之望。谨此再用恳祈,仰希曲赐恩光,不胜悃幅。不觉言之切而词之复也。美果拜领,青绢决不敢受。侍生唐寅拜。时川大人先生阁下。[1]

◆ 明 唐寅《致姜龙札》(局部),现藏上海博物馆

经过南昌城这一番心惊肉跳,唐伯虎回到了家里。他谁都可以不去看望,唯独有二人不得不去拜访。一是恩师王鏊。唐伯虎在恩师面前,将自己在南昌的经历仔细道来。以王鏊的个性,必有问责之句,要令唐伯虎深刻反省。由于王鏊是位名望卓著的退休官员,他的话不能外泄,否则有干预朝政的嫌疑,引来口舌麻烦,所以唐伯虎不便写出来。二是知己文徵明。文徵明

---

[1].《唐寅书画全集·书法卷》,第180页。

待人厚道，遇事随和，在此等情形之下，也只能好言相劝，以慰藉懊丧的唐伯虎。这两种态度，都是唐伯虎最需要的。

唐伯虎居家反思，夜不能寐。回想起十六岁与文徵明相识以来，自己反复无常，却领受了对方的种种恩惠，真是羞愧难当。于是唐伯虎披衣起床，点亮油灯，给文徵明写了一封信——《又与文徵仲书》，表达了自己"捧面而走"的羞愧心情，并表示愿拜文徵明为师，认真学习他的为人处世，好好生活。

> 寅与文先生徵仲交三十年，其始也，卯而儒衣；先太仆（文徵明之父文林）爱寅之俊雅，谓必有成。每每良燕，必呼共之。尔后太仆奄谢（去世）。徵仲与寅同在场屋，遭乡御史之谤，徵仲周旋其间，寅得领解。
>
> 北至京师，朋友有相忌名盛者，排而陷之；人不敢出一气，指目其非，徵仲笑而斥之。家弟与寅，异炊者久矣！寅视徵仲之自处家也，今为良兄弟，人不可得而间。寅每以口过忤贵介，每以好饮遭鸩罚，每以声色花鸟触罪戾：徵仲遇贵介也，饮酒也，声色也，花鸟也，泊乎其无心，而有断在其中，虽万变于前，而有不可动者。
>
> 昔项橐七岁而为孔子师，颜路长孔子十岁，寅长徵仲十阅月，愿例孔子以徵仲为师。非词伏也，盖心伏也。诗与画，寅得与徵仲争衡；至其学行，寅将捧面而走矣。寅师徵仲，惟求一隅共坐，以消镕其渣滓之心耳，非矫矫以为异也。虽然，亦使后生小子钦

仰前辈之规矩丰度。徵仲不可辞也。[1]

唐伯虎知错认错，心似透明，却无法保证其知错后不再犯错。这一点是唐伯虎的性格使然，所谓江山易改，本性难移。而文徵明已与唐伯虎订交这么多年，他自然心如明镜。

文徵明读罢此信，面对唐伯虎提出愿依照尊孔之例，拜自己为师的说法，只是一笑而已，从未当真。

第四节　与官员友善

唐伯虎在南昌城生活的时间，总计不到一年，然而开支却不小，回到苏州后，他发觉手头拮据起来。

职业书画家本质上与工匠、农民一样，必须干活，否则就没有饭吃。过去，他离婚后光棍一条，吃饭也不算是太大的问题。比如，唐伯虎时常去文徵明等友人家蹭饭，一人吃饱，全家不饿；如今境况大不同，他已经有了家眷，总不能带着妻子和女儿去朋友家"讨饭"吧。

唐伯虎唯有埋头作画，才能安生。这一时期，他为了满足市场的要求，

---

[1]. 《六如居士全集》卷五《又与文徵仲书》。

第九章·宁王之乱

完成了一批书画作品，都是以往人们喜闻乐见的题材，而且这些作品大多是穷款，很少有长跋，应该不是客人定制的，而是比较典型的市场书画作品。

如正德十年八月十六日，唐伯虎仿唐周昉画《杨妃出浴图》，落款为："正德乙亥秋八月既望写，吴趋唐寅。"[1] 再如，正德十一年（1516年）春，他画《独钓经纶图》，画面是"一叟踞野岸，饮酒观书，旁列壶觞，前倚钓竿，意极闲适"[2]。正德十一年三月，画《画马图》。此为"设色画，三人牵马，一人臂鹰。款正德丙子春三月，吴郡唐寅"[3]。

正德十一年四月十六日，唐伯虎还画了一组重要作品，共计十二幅，名曰《山居四时乐图册》，可知画面是春、夏、秋、冬四季景色。题款曰："正德丙子四月既望，晋昌唐寅书并画。"[4] 正德十二年三月，他绘制了《溪桥策杖图》，题诗云："萧萧竹树度云阴，阴里幽人惬野心。涧底惊泉千尺雪，想君从此涤尘襟。正德丁丑三月梦墨轩主唐寅。"[5] 正德十二年八月，唐伯虎作《秋树豆藤图》，题跋云："灯火适床淹夜雨，野人篱落有秋风。丁丑仲秋画于学圃草堂，吴趋唐寅。"[6] 正德十三年（1518年）三月，唐伯虎写《兰亭诗序》，落款"戊寅三月上浣，晋昌唐寅书"[7]。

---

[1].《壬寅消夏录》之《唐子畏仿周昉杨妃出浴图轴》。

[2].《红豆树馆书画记》卷六《明唐子畏独钓经纶图》。

[3].《石渠宝笈续编》养心殿藏四《唐寅画马》。

[4].《古芬阁书画记》卷十四《明唐解元山居四时乐图册》。

[5].《域外所藏中国古画集》之《唐寅溪桥策杖图轴》。

[6].《中国名画》（有正书局本）第十二集《秋树豆藤》。

[7].《石渠宝笈续编》养心殿藏三《唐寅书兰亭诗序》。

◆ 明 唐寅《秋树豆藤图》，现藏印第安纳波利斯艺术博物馆

……

以上这些作品，都因有明确的年款而能归拢在此处。没有年款的作品显然更多，目前还没有公认的鉴定办法，用来界定唐伯虎创作的具体时间，所以时间归位是一件困难重重而又吃力不讨好的工作。

正德十一年，唐伯虎还撰写了《吴君德润夫妇墓表》，其中有名句，曰："出处不苟且，与时存没，不违其常，古君子之人也，是为表之。"

也是在正德十一年，重阳这日，唐伯虎在家中请客，邀请祝允明、文徵明等好友来桃花庵赏菊雅聚。

他们欢聚的地点是桃花庵的梦墨亭。祝允明说"比自（唐伯虎）四方而归，结亭阊门桃花坞中，目之曰梦墨，章神符也。"[1]，又说"治圃舍北桃花坞，日般饮其中"[2]。

是日，天降小雨。朋友们来到桃花庵，文徵明写道："野蔓藤梢竹束篱，城闉曲处有茅茨。……踏雨不嫌莎径滑，抚时终恨菊花迟。"[3]

---

[1].《祝枝山诗文集·补遗·梦墨亭记》。

[2].《怀星堂集》卷十七《唐子畏墓志并铭》。

[3].《文嘉钞本》卷六《九日子畏北园小集》。

此时的唐伯虎待人温和，又不失爽朗，为人处世，分寸拿捏得恰到好处。他年轻时可不是这样知趣，若是遇到困难，总是求助于像文徵明那样的好友；如今自己有了女儿，终于像成年人那样扛起了生活的重担。他在创作和销售作品时，已经很少麻烦老友们帮忙了。

文徵明看在眼里，记在心间。在唐伯虎去世后，收藏家拿着唐伯虎创作的《山居四时乐图册》来请文徵明题跋。文徵明见物思人，想起了诸多往事，颇为感慨，于是挥笔题曰："子畏人品在晋唐上，而画法亦不在晋唐下，宜乎倜傥其襟怀。而此作又子畏得意者也。珍重而玩之。奚（为什么）古今不相及？而有间耶。嘉靖戊子夏五月徵明识。"[1] 嘉靖戊子年，即嘉靖七，那时唐伯虎已经与世长辞五年了。

从南昌归来之后，历经坎坷的唐伯虎的确很想安心作画，换得钱来，安顿好自家的生活。这就需要一个和谐而又人缘广阔的现实环境，而求人办事，替人解忧，也就成为他跟社会各方面的人士保持友善关系的重要手段。

留存至今的唐伯虎《致余山大人信札》，就是他帮助友人办事的一个实例。

> 侍生唐寅顿首再拜。余山大人行台：舍弟来参，备知起居清胜。但未知公务毕期，决在何日？只恐春来雨雪交至，亦可念也。兹有友生卢铁，因当塘长解夫在彼，派为甲长。素是富家子弟，不堪劳苦。早晚之间，万望清目一二。足见执事平日见厚区区意。

---

[1].《古芬阁书画记》卷十四《明唐解元山居四时乐图册》。

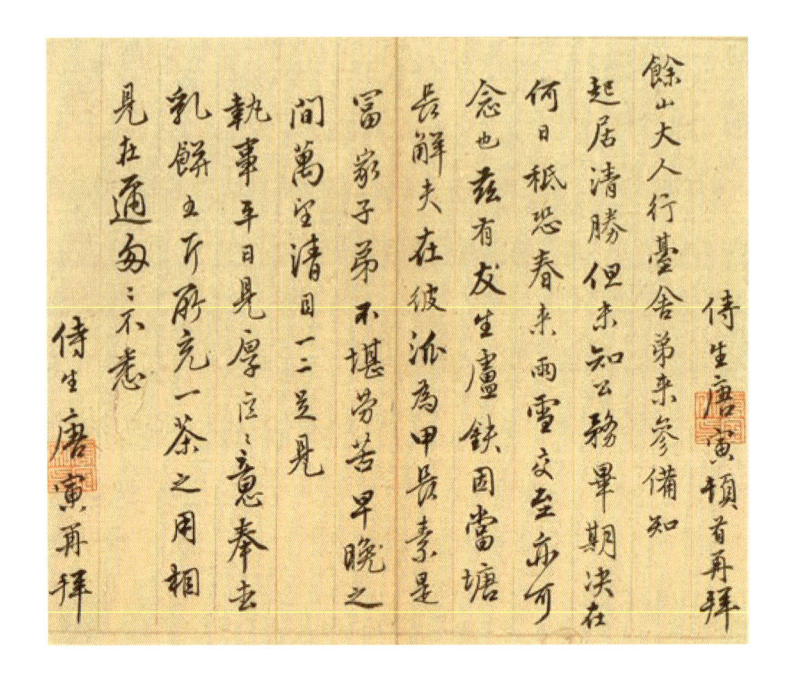

◆ 明 唐寅 行书《致余山大人信札》，现藏台北故宫博物院

奉去乳饼五斤，所充一茶之用。相见在迩。匆匆不悉。侍生唐寅再拜。[1]

这位富家子弟"友生卢铁"是个年轻人，可能是他的门生，或是弟弟唐申的朋友。"余山大人"应是府县的官员，与唐伯虎很熟，两人经常见面。唐伯虎《致余山大人信札》的内容，就是劳烦"余山大人"对"友生卢铁"予以关照，还送去了"乳饼五斤"作为礼物。

从《致余山大人信札》中可以看出，唐伯虎与政府官员的关系是非常融洽的。他要想把书画生意做好，就必须处理好与官员的关系。封建体制

---

[1]. 台北故宫博物院将此札归入《唐寅尺牍册之一》。

下的官场，官员们是其中的经纬线，而且从本质上讲，他们都是读书人，所以官员的权力和威望是一种重要的资源。

而官员去衙门赴任，要想取得好声望，首先须善于跟当地的两种人打交道。其一是富绅大户。他们是确保当地经济发展和社会稳定的主要力量，官员想确保国家税赋按期足额上缴，这些人是不能得罪的。其二是所谓社会贤达人士，也就是当地的知识分子。这些人能说会道，爱挑理，爱闹事，又好面子，所以新任官员下车伊始，多要与文化圈的上层人物交好。

进士出身的苏州知府王廷特别会演戏。他去拜见文徵明，轿子刚到巷口，自己赶紧下轿易服，斥退随从，这才恭恭敬敬登门。此时唐伯虎已经去世了。

文徵明留下一封信，就是给王廷的：

> 明早敬诣使舫附行，不敢后也。天全集先上，伯虎集检出别奉。治民徵明顿首，上覆知郡相公父母大人执事。[1]

王廷最先向文徵明所借之书，就是徐有贞的《武功集》、《天全集》和唐伯虎的《六如居士全集》，可见，到了嘉靖年间，唐伯虎的知名度已经与内阁首辅比肩了。

再从艺术品收藏市场的角度看，历代最活跃的收藏家队伍，主要由三部分人组成：一是商人，二是官员，三是古董界的行家。喜好收藏的官员是收藏界不可或缺的力量。

---

[1]. 见《雅债》。

唐伯虎传

当地官员都以能够与唐伯虎相识、能够收藏到唐伯虎的作品为乐心事、荣耀事。而唐伯虎对此并无烦恼，相反，他已经认识到，官员是十分重要的收藏力量。所以他认为官员能够喜爱自己的作品，是一件好事。

繁华的苏州城，不仅是苏州府的治所所在地，吴县和长洲县的衙门，也都设置在其中。

吴县的知县李经为官正派，克己奉公，颇有声誉。李经还是个诗人，对唐伯虎的诗文和绘画十分佩服，是唐伯虎书画的忠实拥趸，所以经常到桃花庵问候，与唐伯虎颇有交情。正德十一年，唐伯虎为他绘制了杰作《山路松声图》，并在画上题诗曰："女几山前野路横，松声偏解合泉声。试从静里闲倾耳，便觉冲然道气生。治下唐寅画呈李父母大人先生。"此外，他还为李经书写了许多诗篇。据清代陆时化《吴越所见书画录》记载，唐伯虎赠送李经的自书诗作，包括《游庐山》《过严滩》《元夕》《春来》《登天王阁》《人日》《早起》《谷雨》等，数量很多。

到了正德十二年，李经升任户部主事，将要告别吴县，唐伯虎又为他自书赠别诗《送李尹》：

> 征途驱策信良坚，祖席骊歌散晓烟。
> 花满邑中无犬吠，尘凝梁上有鱼悬。
> 每游缘地留诗榜，只把清风折俸钱。
> 遗爱在民齐仰望，青云一鹗正乔迁。[1]

---

[1].《六如居士全集》卷二《送李尹》。

第九章·宁王之乱

诗中，唐伯虎对李经的为官给予了高度赞扬。其中"只把清风折俸钱"句，颇值玩味。"清风"也解读为李经对书画收藏的雅好，因此，李经收藏唐伯虎的书画可能是花自己的"俸钱"购买的。

长洲县的知县高第是进士出身，其弟高节、高简也是读书人，此三人以文章驰名，人称绵州"三高"。高第于正德十一年到任长洲。他当时还是个二十多岁的年轻人，属于晚辈，早已听说唐伯虎的大名，所以到任不久，他便急不可待地亲自到桃花庵拜访。唐伯虎毫无准备，失于迎迓，甚觉抱歉。因为按照明代规矩，官员到访，百姓应该跪拜迎接。虽然唐伯虎是读书人，无须向官员跪拜，但出门迎接应算是起码的礼节。唐伯虎因此有点儿过意不去，便写了一首诗《长洲高明府过访山庄，失于迎迓，作此奉谢》相赠：

> 重茅小构向城陬，杕杜何烦顾道周？
> 题凤在门惊迅笔，驱鸡上树避鸣驺。
> 望尘有失迎车拜，扫径还期下榻留。
> 莫道腐儒贫彻骨，浊醪犹可过墙头。[1]

两位才子相见，相互敬仰，显然十分开心。高第不仅在桃花坞吃了饭，还挥笔给唐伯虎写了诗篇。这些都属于文人间的礼尚往来。文徵明后来也为高第唱过赞歌，写下《赠长洲尹高侯叙》。

此时的苏州府新任知府徐赞颇有来头。表面上看，徐赞是位性情温和

---

[1].《六如居士全集》卷二《长洲高明府过访山庄，失于迎迓，作此奉谢》。

唐伯虎传

的读书人，"终身未尝有怒容"，实际上他是个狠角色，做事很有魄力。

徐赞新官上任三把火，"抑奢丽，剔弊蠹，课财惠民"，使得苏州社会风气为之一变。所谓"抑奢丽"，就是去掉了前任官员搞的面子工程；"剔弊蠹"，就是改革不合理的规章制度；"课财惠民"，就是减轻了百姓的负担。许多人担心改革力度太大，触动权贵大户的利益，恐怕贯彻不下去。而徐赞来到苏州才三个月，改革便颇见成效，他因此受到了苏州百姓的欢迎。

徐赞是浙江永康人，但是古书上都称他是金华人。其实也没错，明朝金华府下辖金华、兰溪、东阳、义乌、永康、武义、浦江、汤溪八县，故有"八婺"之称。

正德十一年，也就是徐赞搞改革三个月后，徐赞的弟弟徐朝咨来苏州省亲，看望跟随兄长一起生活的母亲。探亲后，徐朝咨准备返回金华，苏州文人组织了一场诗文送别活动，请唐伯虎打头阵，写一篇序文。唐伯虎因此撰写了《送徐朝咨归金华序》一文：

……数日，（徐朝咨）饰装将还。侄子重裒，吴之善诗者，为咏言以赠行橐。而俾予志其首。……

正德丙子，郡公（徐赞）自台端来莅是邦，三月而政成。凡势家豪族渔猎其民者，皆屏息敛手；贪墨之吏悉改，而仁义礼乐之教，涣然大备。……

朝咨君少精壁经，著声场屋间，天性诚笃峭整，他日继郡公轨范，上弼唐虞，下阜民物，沛仁义礼乐之教于天下，则知金华

第九章·宁王之乱

士大夫之学业，远有自云。[1]

这篇文章耐人寻味，须咀嚼再三，方可寻觅出其中用意。表面上看，此文是为了送别来自金华府的读书人徐朝咨——此人尚处功未成、名未就之时，何必劳烦唐伯虎这样的大名士来抬轿子？再三思忖，我们注意到，这一活动的幕后策划者正是当政的知府大人徐赞本人。徐赞主导的改革持续了三个月，已经得罪了"势家豪族"和"贪墨之吏"，遭到了这些人的反击。于是徐赞在背后指使"侄子重衰"等，借助弟弟徐朝咨归金华之事，组织了这场"咏言"活动，其真正目的正是赢得社会舆论的支持。

唐伯虎所言"凡势家豪族渔猎其民者，皆屏息敛手；贪墨之吏悉改行，而仁义礼乐之教，焕然大备"正是徐赞所需要的最佳评语。

对于知府大人的心思，唐伯虎心知肚明。知府整治为富不仁的土豪劣绅，对社会当然是件好事，唐伯虎便送他一个大人情。

到了四十多岁，唐伯虎对书画鉴赏事仍然兴趣盎然。不过，相比于文徵明，他的鉴赏眼力还是差了一段距离。唐伯虎曾收藏了一部《石经》拓片残本，有一百多页，共计一万五千多字，已是非常壮观。由于此帖"前后断缺"，又"无书人名氏"，有人糊里糊涂地卖给了他，而唐伯虎自己也未能考证出究竟是何人所书，于是一直藏在书柜里，直到被文徵明撞见，借走数月后，这些问题终于被考证清楚了。

正德十二年五月五日，文徵明在《石经》残本上题跋曰："右小字《石经》残本百叶……余考之，盖宋思陵书也。按绍兴二年，帝宣示御书《孝经》，

---

[1].《六如居士全集》卷五《送徐朝咨归金华序》。

继书《易》《书》《诗》《春秋》《左传》，又皆不全，视全本百分之一耳。唐君伯虎宝藏此帖，余借留斋中累月，因疏其本末，定为思陵书无疑。正德十二年岁在丁丑夏端阳日跋。"[1] 宋思陵，就是宋高宗永思陵的简称，代指宋高宗赵构。文徵明的鉴定，替唐伯虎揭开了谜底，也了却了他的一桩心事。

转眼到了正德十二年夏天，唐伯虎去石湖避暑，偶然注意到朋友带来了一卷宋代古画，打开一看，原来是李公麟的名作《饮中八仙图》。他自然十分喜欢，可那是人家的贵重藏品，不可夺取，于是只得央求收藏家朋友借给自己临摹。朋友倒也大方，一借就是数月。

唐伯虎从此天天伏案，精心临摹。画成之后，又在手卷的拖尾处重新抄写了杜甫的《饮中八仙歌》，此画因此被后人命名为《唐寅临李伯时饮中八仙图》。他在文末题跋曰："正德丁丑长夏，避暑石湖，偶客出示龙眠（李公麟）饮仙一卷，甚可爱玩，留余数月临此，遂书《饮中八仙歌》于尾，鼠心二李不能效颦耳。观者勿哂，唐寅识。"[2]

完成后，唐伯虎十分满意，就拿着临摹作品去面见祝允明，请其观赏——大概是求表扬之意。祝允明展开画卷，用眼睛一瞄，断然说道："这是宋人画无疑！"

唐伯虎得意地笑了。

唐伯虎这一笑，泄露了天机——祝允明本是书画名家，过眼的历代名

---

[1].《甫田集》卷二十二《跋宋高宗石经残本》。

[2].《石渠宝笈》卷十六《明唐寅临李伯时饮仙图并书歌》。另见《唐寅书画全集·绘画卷2》，第26页。

◆ 明 唐寅 《唐寅临李伯时饮中八仙图》（局部），现藏台北故宫博物院

唐寅《临李伯时饮中八仙图》（局部）

◆ 明 唐寅 《唐寅临李伯时饮中八仙图》（局部），现藏台北故宫博物院

画法书难以计数，自然不是凡夫俗眼，所以只要他认真对待，很难在他那里瞒天过海。当然，在书画欣赏和鉴定时，最害怕的就是大意，而祝允明最初所犯的错误，也正是源自于此。

唐 伯 虎 传

于是祝允明又细看，也笑了起来，并表示不得不佩服唐伯虎的临摹功力。他提起笔来，在《唐寅临李伯时饮中八仙图》上题识："初阅此卷，以为宋人笔无疑。谛观之，则唐居士临笔也。宋人李龙眠白描人物丰隆，取其意思，周昉、松年诸大家，直写故态，工致纤妍之妙。今唐居士能画其神情，意态毕具，其用笔如晋人草书之法，无一点尘俗气。白描更难于设色，彼用心于古拙。此长卷亦非人之所及也。祝允明识。"[1]

从以上两则故事可知，唐伯虎虽然喜好古代前贤的作品，但他不是收藏家，也并不擅长书画鉴定。他的眼力确实没法与文徵明比，这一点他自己也清楚。但是，唐伯虎临摹古画的水平堪称一流，祝允明稍不注意，就会打了眼，这也是事实。

可是，唐伯虎名气很大，人们都很仰慕他，于是人们相信善画者必定是擅长鉴赏者。这其实是个伪命题，但是人们依旧纷纷来请他赏鉴、题识，这确实有点为难他。

前面说过的苏州府知府徐赞，于正德十三年十月又来找唐伯虎，请他为《明宋濂自书戴曾伯序文卷》题识。

唐伯虎也不客气，痛痛快快地写道："金华先生（徐赞）以文雄视世，精深莫及。右作乃戴曾伯先生序文，其词意臻妙，书法遒劲，自脱常格。阅之数四，若玉雪在前，珠露蔽野，洒然清思之逼人也。获是卷者，能不以犀贝并珍，而什袭谨藏，以贻其子孙哉！唐识其尾以记岁月云，正德戊

---

[1].《唐寅临李伯时饮中八仙图》，传世有三本，各本的名称略有出入。正本藏于台北故宫博物院。另有两件摹本分别藏于辽宁省博物馆与广东省博物馆。祝允明跋语本现藏台北故宫博物院。

寅孟冬后九日，吴郡唐寅书。"[1] 可见，他是反复看了四遍，才搞清楚了眉目。如果他真是一位鉴赏家的话，似乎就有点儿狼狈了。

从以上唐伯虎的题识可见：既然知府大人看得起自己，那当然要尽量说好话。至于《明宋濂自书戴曾伯序文卷》到底怎么样，他是否真心喜欢，就很难说了，但他仍旧坚定地赞美，"玉雪在前，珠露蔽野，洒然清思之逼人也"，显出自己爱不释手的样子。这才是他想要在知府大人面前表现出的态度。

第五节　少年已去追不及

对待老朋友，唐伯虎一向为人豪气，肯讲真话。比如与他有着二十多年交情的象圆社长。

象圆先生是位受人尊敬的老诗人，年纪应比唐伯虎大许多，担任诗社的社长。往日里，象圆曾予唐伯虎颇多照拂，所以唐伯虎敬称他为长老。正德十年十一月十八日，象圆社长亲往桃花庵。作为答礼，唐伯虎奉上自己的书法作品若干件，美其名曰"呈上请教"。唐伯虎敬赠的这批作品，皆为自作诗，其中包括《游庐山》《过严滩》《游焦山》《春晓》《客中

---

[1].《石渠宝笈三编》延春阁藏一八《明宋濂自书戴曾伯序文卷》。

唐伯虎传

送别陶太痴赴任》和《白发》，这些作品合装后名曰《唐寅桃花庵诗册页》[1]。唐伯虎在书写新作前写道："象圆社长冬日过我桃花庵中，剧论诗律。因书新作数首，呈上请教，并烦鉴定是何等乘禅也。"书毕新作，又写道："正德乙亥十一月望后三日，友生唐寅再拜。"

唐伯虎在二十四五岁时，因连丧亲人，早生华发，而现在连白发也稀少了。他在五言诗《白发》中，述说了自己的蹉跎岁月：

> 白发日较短，吾生行衰暮。
> 囊无神仙药，此世安得度？
> 灭没光景促，人生草头露。
> 年少轻前途，老大戒末路。
> 踵下扫陈迹，结履学新步。
> 奔波敢自恕，五十舜犹慕。
> 大孝终立身，匪犹官资故。
> 黾勉达巷旨，庶不忝吾父。[2]

面对纷繁复杂的世界，唐伯虎在忧虑彷徨中徘徊。

前面我们已经说到，唐伯虎为同乡许国用收藏的倪瓒《江南春》手卷题"少年已去追不及""功名让与英雄立"，彻底地放弃了儒家求取功名

---

[1]. 见《明代沈周、文徵明、唐寅、仇英四大家书画集》之《唐寅桃花庵诗册页》。2005年12月18日西泠印社拍卖会上，该册页以人民币198万元成交。

[2]. 见《明代沈周、文徵明、唐寅、仇英四大家书画集》之《唐寅桃花庵诗册页》。

的思想，完全接受了现实。而他从南昌逃回苏州后，又开始反思自己的人生，感叹"老大戒末路""结履学新步"，这直白地表明他已经向生活妥协，不再抗拒命运的安排。他甚至表示要向好友文徵明拜师，以努力学新步，适应新生活的要求。

三年之后，即正德十三年十月十五日，唐伯虎前去看望象圆社长，再宿他家的清溪堂。他们一起谈论相交二十年的友谊，感叹岁月无情，人生匆匆。唐伯虎还在朋友圈发起了为象圆社长作诗求和的活动：

> 重宿清溪堂呈象圆长老，乞转致社中诸公求和。友生唐寅顿首。
> 远公夜榻借重眠，屈指光阴隔廿年。
> 再去廿年知健否，却从今夜说当先。
> 壁间花影灯呈戏，林下心情酒劝缘。
> 小叙也妆成故事，急待同社和新篇。
> 正德戊寅十月望。[1]

这一年，唐伯虎已经四十九岁了。年近半百之际，他的思想感情似乎变得越来越脆弱，总爱回忆往事，惦念老友的身体状态。诗中"再去廿年知健否，却从今夜说当先"句，就表达了此时的心声。

另外一位老朋友是南京的太学生杨进卿，他也是一位诗人，后来成为一名儒商，每年都会来祖籍地苏州，因为这里有他的产业。正德十二年

---

[1]. 中国古代书画鉴定组编：《中国古代书画图目》十三《唐寅行书写手札诗翰》，文物出版社，1996年。

唐伯虎传

十二月下旬，杨进卿再来苏州，在返回南京前，文徵明在自己家里组织了一场雅会。文徵明画了一幅《飞鸿雪迹图》作为送别之礼。参加雅集的朋友有唐伯虎、陆南、王涣、钱贵、宗训、都穆、邹璧等，都有和诗相赠。

唐伯虎与杨进卿是老朋友，他在二十多岁时就认识了对方。唐伯虎当年曾为杨进卿画过一幅《松冈图》，前文已讲到。由于杨进卿每年都会回苏州，而且每次都要欢聚一场，所以他与苏州文人彼此都很熟悉，但这一次参加雅聚的人特别多，气氛也更热闹。

这次雅聚的地点在文徵明家的藏书楼玉兰堂，这个地方在历史上颇为有名。庭院内遍植牡丹、海棠、菊花等植物。在当时，苏州府有三处藏书楼最为著名：一是叶盛的箓竹堂，二是吴宽家的丛书堂，三就是文徵明的玉兰堂。据记载，文徵明所藏图书蔚为壮观：经部有宋刻本《周易》十卷；史部有元刻本《资治通鉴》二百九十四卷；子部有宋刻本《洪氏集验方》五卷；集部有宋刻本《杜工部草堂诗笺》二十六卷等，均为收藏界的大名品。而且文徵明注重收藏抄本，某种书一旦经过玉兰堂的抄录，顿时身价倍增。

这次雅集上，还有一位唐伯虎的老友，也是他多年未曾见面的故人，这个人就是都穆。

都穆于弘治十二年进士及第，授工部主事，直到正德七年上书请求致仕得获批准，加太仆寺少卿回乡，他已在官场待了十三年。

这次聚会，是在会试舞弊案之后的第十八年举行的，十几年间，唐伯虎曾与都穆有过数次见面，但大都是为了工作和应酬，平时基本上断绝了来往。是年，都穆六十岁，以南濠老人自居。如今彼此都经历了太多的岁月风雨，不再年轻气盛，见面反而平静了许多。在这样的场合，谁都不会再去翻看陈年旧账。

第九章·宁王之乱

在文徵明为杨进卿所画的《飞鸿雪迹图》上，众人纷纷题诗留念。

都穆题诗云：

> 翘首云天见断鸿，短袭能御壮来风。
>
> 马蹄此去诗怀好，一路家山在眼中。
>
> 南濠老人都穆。

文徵明题诗云：

> 踪迹怜君似雪鸿，南来岁岁逐秋风。
>
> 宁知白发重逢处，又是黄花细雨中。
>
> 十载声名惭海内，一时冠盖梦江东。
>
> 玉兰堂上瞻行色，欲咏江云苦不工。
>
> 进卿自金陵来吴，顾访玉兰堂，题赠短句。徵明。

唐伯虎题诗云：

> 书缄屡辱寄鳞鸿，好在安流与便风。
>
> 深盏旧醅谈笑里，绕梁明月梦魂中。
>
> 当时惜别鸡声上，今日重逢马首东。
>
> 欲赠暮云春树色，尽将心绪比良工。
>
> 奉和文停云赠进卿杨先生诗韵。吴郡唐寅。

其中"当时惜别鸡声上,今日重逢马首东"句,再次证明他们开始交游的时间距离现在已经很久远了。

最后是钱贵的跋文及题诗:"松冈杨先生,乃余之故人也。以庄业在齐女门之北,岁每一至,至必有饯别诸作,传于吴下。归必有留行诸作,传于秣陵。其于交诗践盟,汲汲犹饥渴。耕获乎道义,而葘畲于文学,固其性之常乎?治生盖其余事也。此归,衡山先生首以诗画赠之,诸君子从而和之。予诗最后,兼记数语,亦聊以副所委耳。正德丁丑腊月下浣,长洲漕湖钱贵书。"[1]

每一场欢聚之后,迎来的都是落寞时光。这些老友大多在五十岁左右,他们来到了人生又一个转折期,最显著的变化应该是体能的退化。虽然腿脚已不再像年轻时那么灵便,可是心境还没衰老,因此年龄并没有影响到他们对未来生活的期望。

---

[1]. 以上诗文均录于清代孔广陶《岳雪楼书画录》卷四。

第十章
不觉五十知天命

第一节　谁信腰间没酒钱？

到了正德十三年，江南的经济形势不好，收藏市场也跟着出现滑坡。收藏市场有个普遍规律，那就是买涨不买跌。一旦市场滑入谷底，就会哀鸿一片，书画的行情就会越来越差。作为职业书画家，唐伯虎的收入肯定会受到影响。屋漏偏逢连夜雨，就在此时，唐伯虎的身体出现了问题。

早在前一年，唐伯虎已经感觉到身体不适。得病的原因，应与他的好色有关。正德十二年十一月十五日，唐伯虎夜宿广福寺，与旧时的相好同床而眠，唐伯虎似乎"一宵折尽平生福"！有诗记之：

> 曲巷疏篱野寺边，蓝桥重叙旧因缘。
> 一宵折尽平生福，醉抱仙花月下眠。[1]

联想到唐伯虎常年体弱多病，又是年近半百之躯，如此不知节制，岂不是在作死吗！

尽管身体欠佳，但为了解决家庭的经济压力，唐伯虎还是要出门去找

---

[1].《珊瑚网》卷十六《唐六如诗迹》。

一找自己的新老客户。

正德十三年，唐伯虎与昆山郑若庸等好友一起来到丹阳，与孙育同修禊。"四月中旬，（唐伯虎）于丹阳孙氏七峰精舍画《丹阳景图》，并题七绝八首。"[1]

孙育是王鏊的学生，也是唐伯虎的同门师弟，比唐伯虎小十七岁，当时三十二岁，在唐伯虎眼里，他是个非常重要的人。光绪本《丹阳县志》里说他有文才。传说他早年与唐伯虎、祝允明齐名[2]，此说显然有些夸张。

孙育家的丹阳七峰精舍在镇江府，与常州府的武进县孟河镇相邻，距离南京不远。

孙育的父亲孙统是当地的大富，隐居不仕，在距离丹阳城约八公里的七峰山下建造了许多亭台楼阁，那是当地最大的庄园，占地千亩以上，人称"孙园"。孙育的哥哥孙方，字思行，是弘治十四年的举人，正德六年的进士，官至监察御史。孙育，字思和，号七峰山人，由孙统的继室所生，曾游学在杨一清和靳贵门下，可惜科举一直未能成功。据丹阳严庄敦伦堂《孙氏宗谱》记载，孙育后来因"会诏以笔札取士"，获得了文华殿中书舍人的官职，最终病死于北京。孙育无子，孙方就把自己的第二子孙柏、第三子孙桢过继给他。孙桢后来娶内阁首辅杨一清的女儿为妻。

唐伯虎离开丹阳前，在七峰精舍为孙育画了一幅《丹阳景图》。回到苏州后，他又将自己在七峰精舍写的七绝八首抄写一遍，然后"奉寄

---

[1]. 杨静盦编：《唐寅年谱》。

[2]. 见光绪本《丹阳县志》卷二十《文苑》。

唐伯虎传

孙思和"[1]。

　　唐伯虎写给孙育的这八首诗,被后人称为《贫士吟》,是唐伯虎的著名诗篇。

　　阴雨浃旬,厨烟不继,涤砚吮笔,萧条若僧,因题绝句八首,奉寄孙思和:

十朝风雨苦昏迷,八口妻孥并告饥。
信是老天真戏我,无人来买扇头诗。

青山白发老痴顽,笔砚生涯苦食艰。
湖上水田人不要,谁来买我画中山。

荒村风雨杂鸡鸣,辘釜朝厨愧老妻。
谋写一枝新竹卖,市中笋价贱如泥。

书画诗文总不工,偶然生计寓其中。
肯嫌斗粟囊钱少,也济先生一日穷。

儒生作计太痴呆,业在毛锥与砚台。
问字昔人皆载酒,写诗亦望买鱼来。

---

[1]. 这组诗虽然作于七峰精舍,却是唐伯虎回到苏州后寄给孙育的,原因是在七峰精舍时没有定稿。这可能是对"奉寄孙思和"句较恰当的解释。

> 抱膝腾腾一卷书，衣无重褚食无鱼。
> 旁人笑我谋生拙，拙在谋生乐有余。

> 白板门扉红槿篱，比邻鹅鸭对妻儿。
> 天然兴趣难摹写，三日无烟不觉饥。

> 领解皇都第一名，猖披归卧旧茅衡。
> 立锥莫笑无余地，万里江山笔下生。
> 正德戊寅四月中旬吴郡唐寅作于七峰精舍。[1]

唐伯虎为何如此看重孙育？我们可以大胆地推测，孙育可能不仅是一位艺术品收藏家，而且是一位兼职书画商，也就是唐伯虎的书画经纪人之一，证据就在明人李诩《戒庵老人漫笔》里。李诩记述，孙育家里有个厚厚的账本，里面记录了许多唐伯虎的书画作品，而且账本的封面上写着"利市"，也就是说账本里记录的作品是可以拿去市场销售的商品。

这里面有个值得深究的问题。按照唐伯虎的创作节奏，多时每月能画出二三幅，少时则每月一幅，不过几个月才画一幅也是常有的事。而且，他的书画一向销售得很不错，大有供不应求的态势，不可能积压这么多的"存货"供孙育销售。

读唐伯虎写给孙育的《贫士吟》，我们可以看到，唐伯虎回忆了自己考中南京解元以来所经历的风雨，重点介绍了他在当下所遭遇的生活艰辛。

---

[1].《珊瑚网》卷十六。

唐伯虎传

他说"八口妻孥并告饥",应该是指他需要抚养的自家与弟弟家两家的人口总数,说明直到正德十三年,他还要帮扶弟弟家。他也写到,在正德后期,社会经济凋敝到了"市中笋价贱如泥"的地步。当然,书画市场的情况更糟糕,"无人来买扇头诗"。连唐伯虎这样著名的大画家都"肯嫌斗粟囊钱少,也济先生一日穷"了,那么可想而知,那些依靠书画为生的小书画家,日子就更加艰难了。

唐伯虎作为一名职业书画家,畅快淋漓地倾诉自己的艰难——难到了"厨烟不继",快要断炊的程度了。"哭穷"也是需要一定的勇气的,因为在俗人眼里,这样做很掉价,会让人瞧不起。这说明,唐伯虎此来丹阳,肩负着一个重要的任务,就是来向孙育催账。

我们不妨继续大胆推测:作为唐伯虎作品的经纪人,孙育可能在大师兄唐伯虎的允许下,组织了代笔作品的生产和销售——这种现象在艺术品市场里并不罕见,尤其是,从留传至今的唐伯虎作品中能够发现,其中的一些绘画,落款确实是唐伯虎的手迹,而画显然不是他的笔墨。这一发现,为我们认识唐伯虎作品的代笔现象作了一个合理的注脚。换句话说,就是孙育参与、组织了一班人马为唐伯虎代笔作画,然后请唐伯虎本人题写落款,最后由孙育将这些代笔作品冒充唐伯虎的真迹拿到市场上销售,而唐伯虎可以从中分红。事实上,孙育本人的字写得非常好,后来还"会诏以笔札取士,得直文华殿中书"[1],因为他字写得好而被选为中书舍人,说明孙育本人也具备为唐伯虎代笔的能力——在那个时代,书法好的人,绘画水平大致也不会特别差。

---

[1]. 光绪本《丹阳县志》卷二十《文苑》。

第十章 · 不觉五十知天命

为验证推测,我们不妨先从当时的市场角度考量。当时,人们几乎没有知识产权保护意识。举例来说,沈周晚年的时候,他的绘画作品已经到了一画难求的地步。王鏊说,"数年来,近自京师,远至闽、浙、川、广,无不购求其(沈周)迹,以为珍玩"[1],而且王鏊还指出:"贩夫牧竖持纸来索,不见难色。或为赝作求题以售,亦乐然应之。"[2] 就是说,各色人等拿着号称出自沈周本人的画作来求题跋,沈周明知是假,依然"乐然应之",这就说明,明中期的书画家本人参与、纵容了"书画造假"活动,即使像沈周这样的画坛领袖,也不能免俗。

从文徵明的事迹可知,由于"此时艺术市场兴起,(文徵明)弟子如朱朗(活动于十六世纪上半叶)、陆师道、居节等人,皆曾代笔或作伪,这些作品常真假难辨"[3]。而且,文徵明之子文彭、文嘉兄弟,更是在嘉靖年间直接参与了书画造假活动。

所以在正德年间收藏市场行情下滑之际,唐伯虎深陷经济困境,又不见孙育的踪影,于是就借着"同修禊"的名义赶到他家催账。

这只是按照常理做出的一种推测。虽然孙育家的"一巨本"账本仅仅是个孤证,还不能成为确证,但是这种可能性是完全成立的。

孙育是镇江府的名人,非常敬重唐伯虎,每隔几年就会邀请唐伯虎去七峰精舍欢聚。

孙育本人也是著名收藏家,其收藏之丰"极一时之盛",尤其是他收

---

[1].《震泽集》卷二九《石田先生墓志铭》。

[2]. 同上。

[3].《明四大家特展——文徵明》。

唐伯虎传

藏的古代印玺，独享盛名。但是，到了明嘉靖三十五年（1556年），一股倭寇从孟河镇的入江口而来，大肆劫掠，并将七峰山房付之一炬，自此，孙育家道中落。到了他的儿孙辈，府中收藏也逐渐散去。清代汤健业《毗陵见闻录》这样记载："河庄孙氏，前明时人文辈出，家业丰裕，台榭园亭，图书彝鼎，极一时之盛。孙君石云，好古博雅，藏秦时玉印三十余方，铜印七十余方，其钮各异，有龟钮、驼钮、鼻钮，又有阴阳子母等印。石云于秦汉魏六朝篆文，类能辨识，后为上海顾氏购得，复次第购古印三千有奇，盖自孙氏始也。"

除了丹阳好友孙育外，相识长达三十年的老友西洲先生，也是唐伯虎可以倾诉衷肠的对象。正德十四年三月，唐伯虎创作了《西洲话旧图》，并向老友诉说：别人看我的日子过得像神仙一样，他们哪里知道，我现在穷得腰间连个买酒的铜钱都没有！

唐伯虎题诗曰：

醉舞狂歌五十年，花中行乐月中眠。
漫劳海内传名字，谁信腰间没酒钱？
书本自惭称学者，众人疑道是神仙。
些须做得工夫处，不损胸前一片天。
与西洲别几三十年，偶尔见过，因书鄙作并图请教。病中殊无佳兴，草草见意而已。友生唐寅。

艺术品收藏市场一旦出现滑坡，最先受伤害的一定是古董行家。他们必然叫苦不迭，不得不纷纷抛货求生。

第十章·不觉五十知天命

明 唐寅《西洲话旧图》，现藏台北故宫博物院

醉舞狂歌五十年，花中行乐
月中眠。漫劳海内传名字，谁
信腰间没酒钱。书本自惭
称学者，众人疑道是神仙。
些须做得工夫处，不损胸前
一点天。兴西洲别几三十年，
偶尔见过因书鄙作等。

另有一事，也可以佐证当时市场萎缩，收藏品价格在猛跌：

正德十四年三月三日，王鏊邀请文徵明和唐伯虎过府小聚。在水榭湖光阁中，王鏊取出他新近收藏的阎立本《秋岭归云图》，告诉他俩：今春孙文贵持来求售，自己花了五百两银子买下。

阎立本是唐代宰相，也是一位杰出的画家。如此名人名作，在正德十四年的价格是五百两银子，不仅不贵，而且很便宜，所以文徵明认为"可谓得所"！文徵明题跋曰："少傅王公向慕久矣，无从快睹，今春孙文贵持来求售，少傅公不惜五百购之，可谓得所。一日出示索题，余何敢辞，敬书其后。正德十四年三月三日，文徵明跋于湖光阁中。"[1]
唐伯虎随后题曰："敬阅少傅王

---

[1].《岳雪楼书画录》卷一《阎立本秋岭归云图》。

唐伯虎传

老师所藏阎立本画《秋岭归云图》并赋一律：丹碧涂霞岭，青红上郁林。秋阴云气肃，水落岸痕深。幽客来何处？仙家历古今。望中无限思，未敢动长吟。苏台唐寅。"[1]

在唐伯虎准备迎接自己五十岁生日的前夕，他接到了一个噩耗，徐氏的母亲吴孺人去世了。

前面已经介绍过，唐伯虎一生娶过三位妻子。原配徐二小姐（徐氏），结婚几年后撒手人寰，未有生育；第二任妻子"钱塘妾"婚后不久离婚，连姓氏都未能流传下来；第三位妻子就是沈九娘[2]，为他生了女儿唐桃笙。而这位吴孺人，是他的原配徐二小姐的母亲。

唐伯虎与徐家的关系一直很友善，眼下徐氏的母亲仙逝，他应该有所表示，于是便恭恭敬敬写了《徐廷瑞妻吴孺人墓志铭》。根据这篇墓志铭，可知吴孺人生育了三女一子，次女就是唐伯虎的原配妻子。吴孺人享年七十岁，正德十三年十月初九去世，当年十二月八日葬武丘乡[3]。

---

[1].《岳雪楼书画录》卷一《阎立本秋岭归云图》。

[2]. [明]唐兆民《遗命记》："配伯母徐氏，继沈氏。"

[3].《六如居士全集》卷六《徐廷瑞妻吴孺人墓志铭》

第二节 五十自寿

正德十四年二月初四，是唐伯虎的五十岁生日。

依照当时的规矩，只有六十岁的人才有资格开始接受友人及晚辈的祝寿，五十岁还太"嫩"，一般不会举行生日欢庆活动。可是，像唐伯虎这样喜欢热闹的人，不在乎什么规矩不规矩，照样呼朋唤友来欢聚，以酒当茶，醉他一场。

客散人去之后，唐伯虎大概还呆呆地坐在窗前遥想往事，不觉如梦如幻。尽管他心理上感觉自己尚不算老，但身体怎么一下子就变成半拉老头了呢？想想"从前悲喜皆成梦"，再思量"向后荣枯未可知"……于是他走向书房，磨墨涤砚，写下了两首自寿诗。

其一

自家只道是童儿，谁料光阴蓦地移。

总算一万八千日，凑成四十九年非。

从前悲喜皆成梦，向后荣枯未可知。

去日已多来日少，急忙欢笑也嫌迟。[1]

其二

五十年来鬓未华，两朝全盛乐无涯。

子孙满眼衣裁彩，宾客盈门酒当茶。

---

[1].《明吴门四君子法书》之《唐寅五十自寿》。

唐伯虎传

> 炼成金鼎长生药，来看江南破腊花。
> 诞日何须祝千岁，由来千算比洹沙！[1]

从自寿诗中看，唐伯虎举办如此欢庆的宴会，盈门的宾客以"酒当茶"，一定喝得十分尽兴，可是唐伯虎似乎忍住了酒瘾，没有喝酒，原因是他正在吃药——"炼成金鼎长生药"句，说明他正在治疗中。

是年春天，唐伯虎居家静养，心情尤佳，创作了一批赏心悦目的作品，令人耳目一新。

他在扇面上画了满池的荷花，碧翠连天涯，其中一朵，艳压群芳，红粉似佳人。他给这份作品取名为《荷净纳凉》，显示出其人生得意时的灿烂。他在扇面上题跋曰："正德己卯春，写唐人诗意。苏台唐寅。"还端端正正地在自己的名下钤了"南京解元"印。[2]

在随后的春日里，他又画了《古屋长松》。明月朗照，茅屋一楹，长松参天，郁郁葱葱，题跋曰："高情元不厌茅茨，古屋长松也自宜。明月上阶人独坐，凉风到树鹤先知。影临书幌哦诗熟，声落清琴入梦迟。一种门墙桃李宅，岁寒摇落异当时。正德己卯春日，苏台唐寅画。"[3] 可见他自己也入了画，画中的唐伯虎坐在台阶上，跷起二郎腿读书，一副悠然自得的样子。

---

[1].《六如居士全集》卷二《五十诗》。

[2].《石渠宝笈》卷二十二《明人画扇集册》。

[3]. [明]张宁:《方洲集》卷二十。

第十章·不觉五十知天命

他还创作了另外两幅山水画，其一是立轴，其二为手卷[1]。在山水手卷上，他题诗曰："玲珑金灯五花骢，斜把丝鞭弄晚风。独自醉归湖岸上，桃花万树映人红。正德己卯春日，苏台唐寅。"提灯看马，晚风弄月；驾舟独行，花映人面。此时他的心情真是好极了。

六月的一天，唐伯虎忽然做了一个噩梦，把自己吓出了一身冷汗。仿佛时光倒流，他在梦里又背起行囊赶往北京，进入了熙熙攘攘的考场——唐伯虎是在弘治十二年二月参加的礼部会试，因为涉嫌舞弊，锒铛入狱。据此推算，距离此时正好是二十年零四个月。

梦醒之后，惊魂甫定，唐伯虎以《梦》为题，写了一首诗：

> 二十年余别帝乡，夜来忽梦下科场。
> 鸡虫得失心尤悸，笔砚飘零业已荒。
> 自分已无三品料，若为空惹一番忙。
> 钟声敲破邯郸景，依旧残灯照半床。[2]

唐伯虎向来喜欢玄学，十分在意对梦境的解析和梦的启迪。年轻时，他曾跋山涉水两次去福建九鲤湖祈梦；三十岁后，又据《金刚经》"一切有为法，如梦幻泡影，如露亦如电，应作如是观"，自号"六如居士"。如今这个"梦"，除敲碎了他科举之路上的黄粱梦，是否还给予唐伯虎其

---

[1]. 清代梁廷枏《藤花亭书画跋》卷二记载，是年春，唐伯虎画山水二幅，其一《唐伯虎画山水轴》，其二《唐伯虎山水卷》。

[2]. 《六如居士全集》卷二《梦》。

唐伯虎传

他的启迪，我们就不得而知了。"钟声敲破邯郸景，依旧残灯照半床"句，说明他对当年的科举遭遇念念在心，残恨难消。

事实是，也就是在正德十四年六月，一直令唐伯虎提心吊胆的宁王朱宸濠果然公开举旗造反了！

朱宸濠的造反，被许多人嗤笑是癞蛤蟆想吃天鹅肉、不自量力的狂妄之举，但考虑到参加朱宸濠叛乱的宗室人员不少，包括宜春王朱拱樤、"镇国将军"朱觐瀛，以及朱宸讽等十余人，可以说这是皇家统治集团内部的斗争，而不应仅仅视之为有勇无谋的朱宸濠为满足个人野心而采取的疯狂行为。而且在正德五年，也曾发生过相似的事情——封地在陕西的安化王发动叛乱。安化王朱寘鐇是朱元璋与余妃之子庆靖王朱㭎之后，结果叛乱失败，被爵除、赐死。所以说，宁王之乱是封建体制的痼疾所致，祸乱的种子是朱元璋亲自埋下的。

这事件的触发点，是御史萧淮于正德十四年控告朱宸濠的诸多罪行，并提醒皇帝，如果不趁早解决宁王府问题，恐怕要酿成后患。"帝命驸马都尉崔元、都御史颜颐寿、太监赖义持谕往，收其护卫，令还所夺官民田。"[1]

朱宸濠自知无路可走，于是决定放手一搏，先下手为强。

六月十三日，是朱宸濠的生日。宁王府借机大宴宾客，延请南昌城各级官员入席。待到第二天，这些官员按规矩再来答谢之际，朱宸濠带领持刀侍卫数百人突然变脸，将他们团团包围，谎称"奉太后密旨，令起兵入朝"。

朱宸濠随即自称监国，年号"顺德"，以已经七十七岁的致仕老御史李士实、举人刘养正为左右丞相，参政王纶为兵部尚书，命涂钦、闵念四

---

[1].《明史》卷一百十七《诸王二》。

等进攻九江、南康。攻破两地后，朱宸濠发布檄文，声讨朝廷。

七月初一，朱宸濠命令宜春王朱拱樤、内官万锐等守卫南昌城，自率战船千艘，出鄱阳湖，蔽江东下，攻打安庆，剑指南京，欲攻取南京后即帝位。宁王朱宸濠在檄文中自称拥兵十万，其实不可能有这么多，且士兵大多是游兵散勇，没有什么战斗力。

时任佥都御史的王阳明，巡抚南（安）、赣（州）、汀（州）、漳（州）等地，刚刚剿灭当地的盗贼，便闻知宁王朱宸濠造反。于是他主动开始谋划平叛事宜。其实，王阳明当时已经将兵符上交兵部了，手中并无兵马。

王阳明一方面散布假消息，诱骗朱宸濠率兵攻打南京，自己则赶往吉安，与吉安知府伍文定联合起来，募集义兵，发出檄文，决定出兵抄袭宁王的老巢南昌城。江西各州府官民风闻宁王叛乱，吓得四处逃遁，吉安知府伍文定亲斩数人，以稳定军心民心。就这样，王阳明和伍文定亲率仓促间筹措的八万人马，直攻南昌城。

宁王朱宸濠被王阳明的假消息迷惑，以为朝廷派来了大军，准备迎战。结果等了十多天，探知朝廷根本没有派出多少兵，这才沿江东下，逼近安庆。正在此时，王阳明率兵攻打宁王老巢南昌，朱宸濠得知后赶紧回援。可是，朱宸濠回来得太晚了，南昌城已经被拿下。

最终双方在黄家渡决战了三天，宁王朱宸濠在南昌城外的樵舍镇战败。"诸妃嫔皆赴水死，将士焚溺死者三万余人。宸濠及其世子、郡王、仪宾并李士实、刘养正、涂钦、王纶等俱就擒。"[1] 历时四十三天的宁王叛乱宣告结束。王阳明凯歌高奏，鸣金收兵。

---

[1].《明史》卷一百十七《诸王二》。

唐伯虎传

王阳明之父，就是成化十七年的状元郎王华，曾任南京吏部尚书，此时已经致仕。欣闻儿子立下如此丰功伟业，王华激情满怀，立即在书房里写了一副对联："任老子婆娑风月，看儿曹整顿乾坤。"

然而，老眼昏花的王华高兴得有点儿早了，因为奇怪的事情转瞬之间便发生了：王阳明平定宁王叛乱的大功，居然没有得到皇帝的认可！

正德皇帝朱厚照身边的佞幸之臣，平时就与宁王勾勾搭搭，关系极为复杂，一些佞臣甚至要求王阳明释放叛臣贼子朱宸濠，然后让正德皇帝亲自披甲上阵，去"擒获"他，以突显皇帝本人的盖世武功。这种荒诞透顶的想法不仅令时人瞠目结舌，更让后人笑掉大牙！

面对复杂的政治生态，大智大勇的王阳明果断做出急流勇退的决定。他将朱宸濠等交给大太监张永拘押，自己则称病回避，以避免卷入政治旋涡。王阳明直到嘉靖皇帝即位后，才因平叛有功得到封赏。

宁王朱宸濠被押送至南京。正德十五年十二月初五日，他在今通州论罪伏诛，时年四十五岁，封国废除。朱宸濠既是明朝第四代宁王，也是最后一代宁王。早在正德皇帝听闻其起兵时，朱宸濠就被废为庶人了。

还记得当年与唐伯虎一起被宁王聘去南昌的画家谢时臣和篆刻家章文吗？初到南昌时，两人方二十余岁。

他们俩在宁王府中生活了四年。正德十四年六月，宁王朱宸濠发动叛乱时，谢时臣和章文被挟持从行。两人这时如梦方醒，才知道大祸临头，却已经无法脱身。在被官兵追剿的路上，他俩交出宁王所赐的所有金帛，贿赂看守，并趁着看守放松警惕时，半夜从山顶上跳下，夹行在乱军中，数次差点死去，最后几乎是衣不蔽体地走了两千里路，才踉跄逃回家中。王世贞撰写的《章篑谷（章文）墓志铭》记载，衣衫褴褛的章文逃回家，

第十章·不觉五十知天命

一见到老父亲章浩，父子俩就抱头痛哭。

在这场闹剧中，扮演了最不堪的角色的人，恐怕要算老进士杨循吉了。

正德十四年六月，皇帝借口讨伐宁王，沿着京杭大运河来到南京驻跸，结果在江南一住就是九个多月，整天吃喝玩乐，听戏赏曲。更可恶的是，据说他在南巡期间"时巡游所至，捕得鱼鸟，悉分赐左右，凡受一脔一毛者，各献金帛为谢"[1]。就是说，正德皇帝叫人把鱼肉切成小块，再把鸟羽一根根拔下来，赏给身边的侍从，然后要求他们献出金帛表达感恩。

此前，在伶人臧贤的推荐下，戏曲作家徐霖常在皇帝身边填词作曲，以供皇帝消遣。徐霖本是苏州长洲人，小时候随兄移居上元（今江苏南京），与祝允明、文徵明、唐伯虎、杨循吉等人都是好友。早在正德七年的春天，文徵明、唐伯虎、薛章宪、陆深、王宠等人就与徐霖一起观赏过王冕的《墨梅图轴》，并赋诗唱和[2]。文徵明曾写诗调侃徐霖写的艳曲，说："乐府新传桃叶渡，彩毫遍写薛涛笺。""桃叶渡"指南京夫子庙附近的青楼，"薛涛笺"代指那些青楼女。

徐霖寻机把杨循吉介绍给皇帝。杨循吉三十多年前就做过礼部主事，是个正经官员，可是他不能适应官场倾轧，三十一岁就致仕还乡了。到了正德十五年，杨循吉已是六十二岁的花甲老人，终于等来了巴结皇帝的机会。为了迎合这位年轻皇帝的口味，他创作了《打虎曲》等戏剧小令，还将自己打扮成武人模样，跟戏子们站在一起，随侍左右。他的这些轻浮举止，必然会为正统读书人所不齿，而杨循吉反以为荣。

---

[1]. [清]毛奇龄：《武宗外纪》。

[2]. 见《文徵明年谱》，第267页。《王冕墨梅图轴》现藏上海博物馆。

正德皇帝对他记忆深刻，回到北京就召其进京。遗憾的是，等到杨循吉上气不接下气地赶到北京，皇帝本人已经先咽了气。《明史》上说，杨循吉"既复召至京，会帝崩，乃还"[1]。这说明他运气太差，厚着脸皮给皇帝当了几个月的小丑，结果没有捞到任何赏赐，反而留下一地笑话。

更不走运的还有一位，就是"才思雄鸷"的诗人李梦阳，他是复古派前七子的领袖人物，只因曾为宁王朱宸濠写了《阳春书院记》，就被当成逆党分子逮捕，险些人头落地，幸亏大学士杨廷和和刑部尚书林俊为他求情开脱，才逃脱了厄运，但仍被革职。

第三节　花笑人生也是呆

正德十四年八月十七日，王鏊迎来了七十大寿，其子王延喆负责操办祝寿活动。

唐伯虎精心绘制了一幅巨构《长松泉石图》，为老师祝寿，而文徵明等因去参加南京乡试，时未归来。

在唐伯虎所绘《长松泉石图》的画面中心，恩师王鏊携两位童子徜徉在古松溪水畔。他头戴乌纱，手抚腰带，一副知天乐命的安详神态。唐伯

---

[1].《明史》卷二百八十六《文苑二》。

第十章 · 不觉五十知天命

虎题诗曰:"……莲社酒杯陶靖节,獭囊诗句谢元晖。无疆献上诸生祝,万丈冈陵不算巍。门下诸生唐寅顿首画并赋。"他将王鏊比作陶渊明和谢朓,赞扬了王鏊的旷世名士风度。

除此之外,唐伯虎还撰写了《柱国少傅守溪先生七十寿序》:"柱国少傅太原郡公寿七十诞辰,寅备门下诸生之列,敬献祝颂。"[1]

人生过半,唐伯虎心静如水。人无病痛时,总觉得世界这么大,自己应该出去多走走多看看,而一旦疾病缠身,便无暇他顾了,所以眼下看不出他对人生还有什么奢望,只是整天和朋友们周旋,一起玩乐,笑谈人生。

当然,他还在不停地绘画、写诗,那是他的工作。工作和爱好能够结合在一起,这样的日子令他感到相当满意。

中秋后,唐伯虎与祝允明、文徵明、汤珍等同游苏州上方山的治平寺,当夜就一起住在王宠家的采芝堂。汤珍,字子重,长洲人,是王守、王宠兄弟的同学兼好友,且也是蔡羽的学生,曾经在苏州上方山麓石湖畔的治平寺闭门苦读诗书长达十五年,为蔡羽、文徵明所推重[2]。汤珍后来依附于文徵明,做了文家西席,是文彭、文嘉兄弟的老师,得到了文徵明大量的赠诗和画作。

第二天早上,祝允明第一个起床,草书杜甫《饮中八仙歌》,不甚满意,感叹说,自己年纪大了,"睡起漫书,奈老眼昏花,书不足观"[3]。真是岁

---

[1].《六如居士全集·补遗》之《柱国少傅守溪先生七十寿序》。

[2].《列朝诗集小传》丙集《汤迪功珍》。

[3].《古芬阁书画记》卷六《明祝京兆饮中八仙歌》:"草书杜工部《饮中八仙歌》,尾书'正德己卯中秋后游治平,投宿履吉采芝堂,睡起漫书,奈老眼昏花,书不足观。同游者唐子畏、文徵仲、汤子重也。枝山祝允明'。"

唐伯虎传

月无情。

宁王之乱平息后,唐伯虎的病体养得好了许多,酒量似乎也恢复到了病前的状态。当年十一月,酒足饭饱之后,醉醺醺的唐伯虎在桃花坞梦墨亭,一边吟唱,一边写下了行书《花下酌酒歌》:

> 九十春光一掷梭,花前酌酒唱高歌。
> 枝上花开能几日,世上人生能几何?
> 昨朝花胜今朝好,今朝花落成秋草。
> 花前人是去年身,去年人比今年老。
> 今日花开又一枝,明日来看知是谁?
> 明年今日花开否,今日明年谁得知?
> 天时不测多风雨,人事难量多龃龉。
> 天时人事两不齐,莫把春光付流水。
> 好花难种不长开,少年易老不重来。
> 人生不向花前醉,花笑人生也是呆。
> 正德己卯仲冬书于桃花坞之梦墨亭,唐寅。[1]

在这首诗歌中,他说"花前人是去年身,去年人比今年老",说明他的病体已经大见好转,今年的身体状况比去年棒,自然非常开心,思想包袱放下来,精神也愉悦起来。他坦率地说:谁说人不可以及时行乐?相反,人就应该按照生命的规律及时行乐!这正是他透悟了人生之后,才能总结

---

[1].《十百斋书画录》丁卷《唐寅行书花下酌酒歌条幅》。

出来的生命意义之所在。于是他在诗的最后唱道,"人生不向花前醉,花笑人生也是呆"!

透悟了人生,生活也就变得简单起来。只要能挤出时间,他就会一门心思集中精力创作一批作品。比如正德十四年秋天创作的《会琴图》,是他拿手的老题材,他把秋高气爽、松高山远、琴声缭绕的秋景,画得仪态万千,然后题诗曰:

> 黄叶山家晓会琴,斜桥流水路阴阴。
> 东西南北鸡豚社,气象粗疏有古心。[1]

安于当下快乐的唐伯虎,乐于追求思想自由。他从不像别的老顽固那样,倚老卖老,强迫他人接受自己的三观。所以,只要对方真诚待人,保持言行一致,哪怕对方是深受儒家思想浸润的人,他仍然会心存敬意。在他创作《花下酌酒歌》一个月之后,正德十四年十二月朔日,他结识了一位新朋友,即新安歙县的汪时萃。

唐伯虎觉得,汪时萃就是这样一位知行合一的正人君子。于是,唐伯虎为他创作了《双鉴行窝图》册页[2],并撰写了《双鉴行窝记》长文,倡导这种自由的思想。

新安歙县富溪的汪时萃,号实轩,别号双鉴,应是一位致仕的官员。

---

[1]. 《湘管斋寓赏编》卷六《唐子畏会琴图》。

[2]. 《双鉴行窝图》册页有画一开,题二十八开,内容包括画、序、记、诗等内容。现藏北京故宫博物院,称《唐寅双监(鉴)行窝图并书记册》。

唐 伯 虎 传

所谓"行窝",即人们所说的安乐窝,指主人家。

汪时萃已是花甲老人,致仕回家后,在故乡新安富溪"筑室数楹",静心读书养老,大有活到老学到老的气概。而人一旦勤勉学习,无论岁数多大,思想都不易僵腐,便不会遭人厌弃。唐伯虎说"余与汪君虽未伸寤言,即其室之所扁而占之",说明他俩是通过中间人的介绍而相知。唐伯虎曾为他家写过一块"双鉴行窝"的四字匾额。唐伯虎的新安朋友(应该就是介绍人)告诉了他一些汪时萃的事迹,其中最让人惊奇的是,汪时萃特意在家中"夹室凿池二区,储水平阶"。这两个水池是做什么用的呢?其实是当镜子使。原来汪时萃每天来此照"镜子","歌沧浪之濯缨,玩泌水之乐饥,不知老之将至"。换句话说,他每天来此以池为镜,正衣冠,要求自己一如既往地保持高洁的操守,以超脱世俗。

唐伯虎对此大为感慨,在《双鉴行窝记》长文中开门见山地赞扬道:"冶金于范以为鉴,可以正衣冠,修容貌;引水于沼以为鉴,可以涵天光,泳云影;会理于心以为鉴,可以知事理,察古今。"唐伯虎赞扬汪时萃,说他是徽之缙绅大夫的代表,并写道:"徽之缙绅大夫,高其志趣,咸为歌咏其情性,俾余识其端。"就是说,唐伯虎从汪时萃的身上看到了一个志趣高雅者的精神风貌。

这一年的冬天,王宠的哥哥王守因在南京乡试中考中了举人,马上要赶去北京参加来年二月礼部举行的会试。为了鼓励年轻人,唐伯虎为王守写了一首《送王履约会试》,预祝他金榜题名。诗曰:

雨雪关河晚,风沙鸿雁来。送君携宝剑,携手上金台。

第十章·不觉五十知天命

> 锦绣三千牍，天人第一才。扬雄新赋就，声价重蓬莱。[1]

唐伯虎对王守赴京会试寄予很高的期望，但事与愿违，王守在这届会试中未能考中，因而不能晋级参加殿试。

唐伯虎在家养病多日，身体好转，心情尤佳，于是他好了伤疤忘了疼，又与一帮喜欢拈花惹草的朋友登青楼，喝花酒，陶醉在声色之中。

是年，老友沈徵德和顾翰学等人邀请唐伯虎去佛寺内的酒肆痛饮。当然，这家"禅寺"也非清净之地。沈徵德与正德五年带唐伯虎去史鉴家鉴赏书画的沈德弘，时常出现在唐伯虎身边，这两人可能都是沈周的亲戚。唐伯虎就此赋诗一首：

> 陶公一饭期冥报，杜老三杯欲托身。
> 今日给孤园共醉，古来文学士皆贫。
> 就题律句纪行迹，更乞侯鲭赐美人。
> 公道吾痴吾道乐，要知朋友要情真。[2]

唐伯虎显然已经酩酊大醉，而他一旦醉酒，多数时候也就放荡不羁了。人家请他吃精美的菜肴，他尚嫌不满足，还向主人索要美女侍候，而且美其名曰："公道吾痴吾道乐，要知朋友要情真。"大意是：你不要说我是在发

---

[1].《六如居士全集》卷三《送王履约会试》。

[2].《六如居士全集》卷二《正德己卯，承沈徵德、顾翰学置酌禅寺，见招猥鄙、杯酒狼藉，作此奉谢》。

唐伯虎传

酒疯，须按照我说的话去做，快快找来美女，咱们这才叫哥儿们"情真"。

唐伯虎早就是声名卓著的诗画名流，讲了这番话，对方也不好意思不按照他的话去做。唐伯虎事后写就这首诗，"作此奉谢"，似乎也有点儿不好意思了。可见唐伯虎甘愿做美酒与美人一辈子的俘虏。

当然，天下没有无缘无故的宴请。唐伯虎吃人家嘴短，日后是需要还账的，只是形式不同罢了。

唐伯虎还曾写过一首直白露骨的曲词，名曰《叹世词》：

有酒无花，端的为省酒；

有妓不佳，也难当做有。

选妓要班头，方才是对手；

不论酸甜酒，须倾一百斗。

烂醉酕醄，通宵不肯走。

老头儿非是要出丑，世事多参透。

一朝那话儿来，要要不能勾。

想人生有几个到九十九。

荏苒春光，不觉归去早；

老朽容颜，怎能又还小。

明月尚可邀，昨宵难再找；

绿蚁红裙，一刻不可少。

万事由天，何劳空自吵！

甜的苦的一般样老，甜的多欢乐。

赴了些有名席，睡了些风流觉。

第十章 · 不觉五十知天命

把一个张揭老儿千罢了。[1]

这再次说明他是一个酒腻子，而且喝酒不挑优劣，须得管够，但陪侍的青楼女一定要挑选妙龄女郎，而且完全不顾及自己的"老朽容颜"，非要喝到"烂醉酕醄，通宵不肯走"的程度。他还振振有词，说自己是透悟人生的人，确信这个世上没有几人可以活到九十九！颇有点破罐破摔的意思。

唐伯虎的好色，损精伤身，消耗了他的寿命。他的这种放浪之举，仿佛是在刻意陪衬同龄挚友文徵明守身如玉的形象。

前文已经说过，在情色方面，文徵明一辈子洁身自好，守身如玉。我们不妨畅想一下，即使文徵明穿越时空来到今天，依然堪称"好男人"：他大概率不会吸烟、不喝酒、不去歌厅、不洗桑拿浴，更不接近女色。纵使迎面走来倾国倾城的美女，他应该都不会瞟一眼。他大概率会将全部精力投入工作之中，将辛苦创作赚来的大笔润资，悉数上交夫人吴三小姐。尤其是，他五十岁后就绝行房事[2]——古人认为，正是因为绝欲，文徵明才得以活得长久，活成了老寿星、文坛泰斗。其实，古人与今人生活在不同的时空中，生活观念已有翻天覆地的变化，也只能花开花落两由之了。

---

[1].《唐寅集》，第498页。

[2].《花当阁丛谈·文太史》载，文徵明"年五十余，即绝房欲"。

第十一章 只当漂流到他乡

第一节　桃花庵的春日

正德十五年春日，桃花庵的院子里桃花绽放。阳光直射下来，鲜花艳得刺眼。春心荡漾，唐伯虎在家里画了一幅《桃花庵图》，担心墨迹过多掩压了桃花的娇容，于是只落款："桃花庵，正德庚辰春日画。晋昌唐寅。"[1]

唐伯虎望着桃花庵，心情平静，一转眼他已经在此生活了十几年。他一生中最惬意的时光，大都是在此间度过的。到了五十岁以后，他的视线常停留在自家院落里，他在此尽情享受着居家的宁静。

十六岁以前，他还是个懵懂学子，表面看似很安静，内心却像一座憋足了劲的火山，一旦进入名士如林的苏州文化圈，心底的岩浆便迅速从火山口喷薄而出。其实，这一点儿也不奇怪，因为这个自小就能熟练地杀鸡宰鹅的孩子，对自己的平民出身感到自卑，迫切地希望出人头地，向天下人证明他的非凡才华。可是，他到底企盼什么，到底真正需要什么，直到他经历了此后一系列的人生磨难，才终于搞清楚：世界虽然很大，但每个人的力量却很小，就像一叶漂萍，无力抗拒一个时代和个人命运的狂风巨浪。

弹指一挥，如今他已化蛹成蝶，终于名播四方。一晃荡，他的青春没了；

---

[1].《石渠宝笈续编》乾清宫藏七《唐寅桃花庵图》。

再晃荡,他的仕途没了;三晃荡,他的健康也快耗尽了。虽然他已经成为整个明朝知名度最高的大画家和诗人之一,但是,他那倔强的天性并没有被岁月彻底磨平。

于是,他写下了久负盛名的《言志》:

不炼金丹不坐禅,不为商贾不耕田。
闲来写就青山卖,不使人间造孽钱。[1]

可是,他毕竟已年过半百,世界观已定型,已没有了震古烁今的雄心,也卸掉了为万世开太平的理想抱负,只想安安静静地埋头作画,简简单单地生活,与朋友们一起开心交游,"及时为乐",享受每一天。

正德十五年四月,他舟行至常州府的梁溪(在今无锡),为老友心菊先生书写了《水龙吟》二首:

其一

江山风景依然,一望碧山三十里。爱丹枫林外,白蘋洲上,紫烟光里。系住扁舟,呼来旨酒,吟余秋水。看西飞乌翼,东奔兔足,朝昏能几?

浮生不及时为乐,尘土事,又随人起。海翁鸥鸟,漆园蝴蝶,谢家燕子。多少清华,寻常消歇,百年眼底。都不如子同西塞,橛头细雨。

---

[1]. [明] 顾元庆:《夷白斋诗话》,见《唐寅集》,第613页。

唐伯虎传

其二

门前流水平桥,有人曳杖闲行过。爱树林阴翳,鸟声上下,岩花妥堕。有鱼可狎,有宾可乐,有农可课。更竹堪题字,水堪垂钓,草堪藉坐。

所见者清泉白石,那得有软红尘涴?云添景象,雨催清思,风飘吒唾。渴时即饮,饥时即饭,倦时即卧。浮世间触蛮蜗角,多时识破?

水龙吟题山水二首,正德庚辰四月既望,泊舟梁溪,漫书为心菊先生。苏台唐寅。[1]

他认为,时间如流水,人生岁月一去不复回,可"江山风景依然"——这些都是陈词滥调,最关键的是,唐伯虎感受到:在历史进程的反复之中,社会并不总是向着好的方向发展,"多少清华,寻常消歇,百年眼底",浮生还真不如安乐当下!只要能让寻常百姓过上"渴时即饮,饥时即饭,倦时即卧"的安定无忧的生活,关注和享受现时的生活,便是美满的日子,此足矣!

他在一首词里,连续使用了三个典故:"海翁鸥鸟"指居于海边的老翁没捉到海鸥,比喻人一旦怀有私心,就会失去朋友的信任和情谊,落得孤苦难耐之境;"漆园蝴蝶"指漆园小吏庄子梦蝶,不过是一场虚幻;"谢家燕子"语出"王谢堂前双燕子,乌衣巷口曾相识",说明无论多么显赫

[1].《自怡悦斋书画录》卷十二《唐六如水龙吟字册》。

◆ 明 唐寅（传）《广寒宫阙图》（又称《嫦娥执桂图》）现藏纽约大都会艺术博物馆

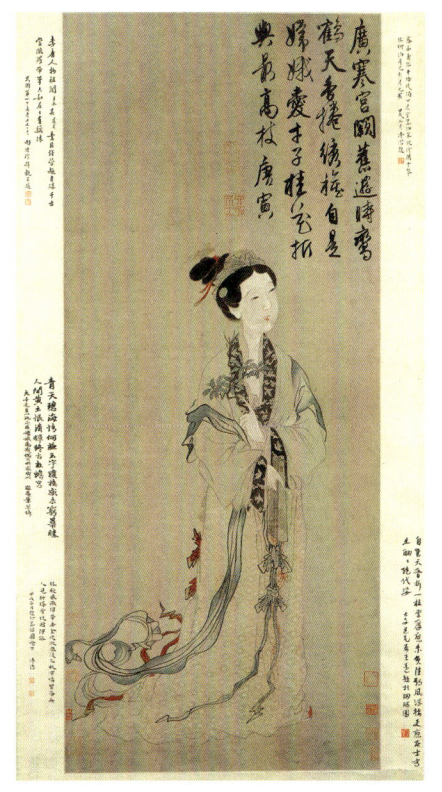

◆ 明 唐寅《班姬团扇图》，现藏台北故宫博物院

的世族，都将成为"尘土事"。

唐伯虎的思想再也不见那种壮怀激烈，凌云豪情，格局似乎变得很小，看似悲观，显示出颓废自处的名士做派。可是，正是他自己所面对的这个无奈的现实世界，迫使他自己脚踏实地，沉浸在书画创作之中。

这一时期，唐伯虎的作品题材趋向多元，人物、山水和花鸟画三分天下。他笔下

唐伯虎传

的男性人物形象已不多见，唯独在正德十六年五月，他画过一幅《应真图轴》，是佛教里的罗汉像。其实那也不算是人，而是神仙。

最为突出的是，在收藏市场的追捧下，唐伯虎致力于仕女画的创作：不仅仕女画数量在增加，质量也达到了他一生的艺术顶峰。

正德十四年正月，唐伯虎画立轴《琵琶行图》。这是根据唐代白居易《琵琶行》诗意而创作的，画面内容为："官舫中主客对饮，二女奴侍后，商妇抱琵琶侧身隅坐，意尚羞涩。……正德己卯春正，苏台唐寅。"今天所见《琵琶行图》有文徵明嘉靖二十一年所书《琵琶行》。虽然不能称之为仕女图，但这幅图中至少出现了三位女性形象。人物虽小，但女性形象各异，突出了各自的情貌。

正德十五年春，唐伯虎为恩师王鏊之子、收藏家王延喆画了《妬花觅句图》[1]。

---

[1]. 2018年西泠秋拍藏品。此画上有《四友斋丛说》作者何良俊、吴湖帆等人的鉴藏印，证明此画是经过他们的递藏。"妬"是"妒"的异体字。

◆ 明 唐寅（传）《嫦娥奔月图》（局部），现藏台北故宫博物院

第十一章·只当漂流到他乡

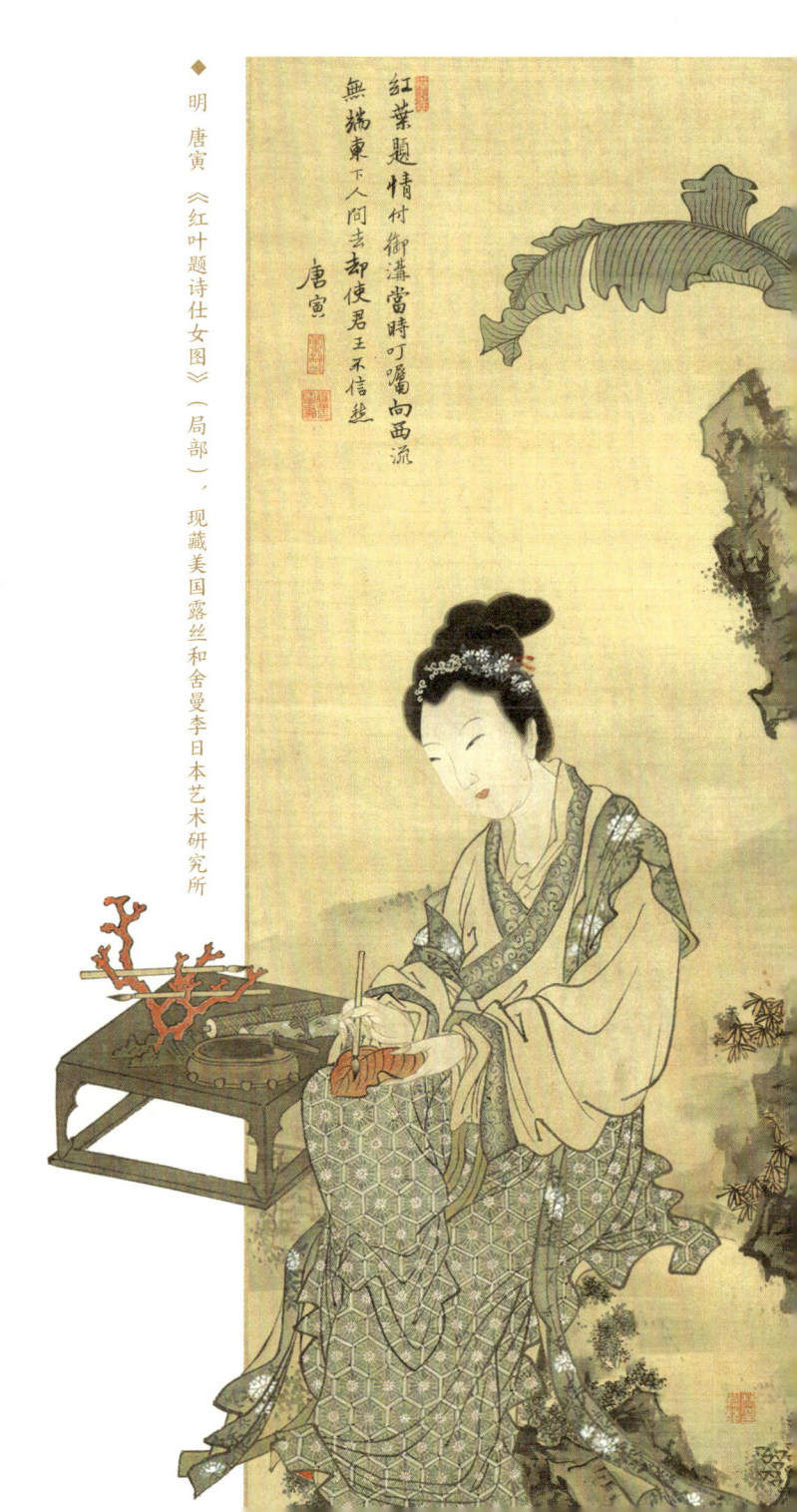

◆ 明 唐寅 《红叶题诗仕女图》（局部），现藏美国露丝和舍曼李日本艺术研究所

明 唐寅 《琵琶行图》，现藏台北故宫博物院

据唐伯虎和文徵明在《沈周法宋人笔意图》上的题跋，王鏊长子王延喆被称为"子贞中舍"，因为此时他已是翰林院的中书舍人。父亲王鏊去世后，王延喆还蒙恩荫出任大理寺的右寺副，是个从六品的官员。

在《妬花觅句图》的画面上，才女为觅新句，正在庭院赏石前仰头观望树梢。因为起得早，她懒得梳妆。此画落款为"正德庚辰春，苏台唐寅"。第二年，王延喆拿着这幅画来到文徵明的玉磬山房，请其在画上题跋。文徵明题诗曰："仙姬早起鬓堆鸦，绣领单衫杏子纱。何事不教施粉黛，恐妨羞杀牡丹花。时辛巳七月既望，长洲文徵明题于玉磬山房。"唐伯虎本人曾写过《妒花歌》，其诗意，与这幅《妬花觅句图》相得益彰：

> 昨夜海棠初著雨，数朵轻盈娇欲语。
> 佳人晓起出兰房，折来对镜化红妆。
> 问郎花好奴颜好？郎道不如花窈窕。
> 佳人闻语发娇嗔，不信死花胜活人。
> 将花揉碎掷郎前，请郎今夜伴花眠。

玉磬山房是文徵明的画室，曲径通幽，房间不大，"容膝易为安"。唐伯虎等友人也经常来此作画题诗。

文徵明写有七言诗《玉磬山房》：

> 横窗偃曲带修垣，一室都来斗样宽。
> 谁信曲肱能自乐，我知容膝易为安。
> 春风薙草通幽径，夜雨编篱护药栏。
> 笑杀杜陵常寄泊，却思广厦庇人寒。[1]

正德十五年三月，唐伯虎又创作了一幅重彩《吹箫仕女图》立轴[2]，这是其晚年的代表作之一，体现了他远宗唐人、近法杜堇的重彩传统画风之功力。

所谓重彩画风，是指自唐宋以来，在人物画创作方面逐渐成熟的工笔

---

[1]. 见《甫田集》。

[2]. 《吹箫仕女图》上有题款"庚辰三月，吴郡唐寅画"，有吴湖帆的收藏印，证明是其旧藏。现藏南京博物院。

唐伯虎传

重彩传统。唐伯虎熟稔其中的技法，在绘画中精心运用，笔笔精到。画中这位窈窕女子，面目端庄，身穿极其奢美的盛装，正全神贯注地低头吹箫。这说明她可能是宫妓，也可能是青楼里的花魁，而绝非居家过日子的民间女子。

她的脸部、脖颈和双手暴露于华服之外，以李公麟的白描手法绘制。最为传神的是她的脸庞，眉宇间微带哀愁，显得黯然神伤，双眼向前凝视，似乎在追忆往昔时光，而她翻飞的十指，恰似绽放的兰花，灵动而充满生气。

从唐伯虎使用的线描技法来看，除了采用李公麟的笔法之外，他显然还采用了唐代吴道子的兰叶描，行笔一波三折，犹如不断翻转的兰叶，以表现作品内在的艺术韵律。长箫末端下垂的中国结和披在臂上的薄纱，似乎在被微风吹拂着，仿佛正在随风飘荡。

唐伯虎的仕女画创作分为三个时期，最高水平的画作就出现在晚期。除了这幅《吹箫仕女图》之外，另一幅绢本设色的《王蜀宫妓图》[1]更加出名。

《王蜀宫妓图》又名《孟蜀宫妓图》，俗称《四美图》，是唐伯虎据历史典故创作的人物画作。前蜀是五代时期的十国之一，前后君主皆是荒淫无度之徒。唐伯虎《王蜀宫妓图》描绘的，正是前蜀最后一位皇帝王衍

---

[1].《王蜀宫妓图》是唐伯虎人物画的代表作之一，最早名为《孟蜀宫妓图》，由明末汪砢玉《珊瑚网》定名，后改为《王蜀宫妓图》，俗称《四美图》。1937年春，大收藏家张伯驹在郭葆昌家见到了《中秋帖》和《伯远帖》，立刻商谈收购事，最终郭家同意以二十万元的价格，连同李白《上阳台帖》、唐寅《王蜀宫妓图》、王时敏《山水图》、蒋廷锡《御园瑞蔬图》一并转让。豪富的张伯驹因此千金散尽。1956年，张伯驹和夫人潘素从三十年蓄藏的书画中选出八件精品，无偿捐献国家，其中就包括这幅《王蜀宫妓图》。该画由国家文物局拨交北京故宫博物院，后者收藏至今。

的后宫生活，而这位短命皇帝只活到二十八岁，就被后唐开国皇帝李存勖杀掉了。

唐伯虎在画上题诗云："莲花冠子道人衣，日侍君王宴紫微。花柳不知人已去，年年斗绿与争绯。"画上还有唐伯虎的跋注："蜀后主每于宫中裹小巾，命宫妓衣道衣，冠莲花冠，日寻花柳以侍酣宴。蜀之谣已溢耳矣，而主之不挹注之，竟至滥觞。俾后想摇头之令，不无扼腕。唐寅。"贪图生活享受的蜀后主王衍，曾自制《甘州曲》，以形容宫妓身穿道衣的妩媚之态："画罗裙，能结束，称腰身。柳眉桃脸不胜春，薄媚足精神。可惜许，沦落在风尘。"唐伯虎的创作，体现了他对历史的理解。

尤其值得注意的是，唐伯虎《王蜀宫妓图》中的仕女，头戴金莲花冠，削肩狭背，身着云霞彩饰的道衣，体貌匀称优美，表情端庄而又不失娇媚，显然是吸收了张萱、周昉创造的"唐妆"仕女造型的艺术特色，又融合了明代追求清秀娟美的审美风尚；她们个个面施胭脂，柳眉樱髻，宛如天仙。特别是唐伯虎在她们的额、鼻、颔处施以"三白"，这是典型的杜堇技法——唐伯虎在三十岁时于北京拜会杜堇之前未曾使用过，所以后世认为这是杜堇传授的画法诀窍。

不过，在明代画坛二百七十七年的历史上，擅长画人物的画家并不多，仅有唐伯虎、仇英、陈老莲（陈洪绶）等少数几人攀登到了时代的顶峰，在艺术上展现了各自的风格。而中国画的发展传统，从唐代到清代，始终是山水画占据主导地位。元代汤垕在《古今画鉴》中说："世俗立画家十三科，山水打头，界画打底。"明代依旧沿袭着宋元时代的风尚。唐伯虎的人物画虽然取得了极高的成就，但对于当时的艺术品市场而言，仍然只能满足小众人群的收藏喜好。这是时代的特点。

蓮花冠子道人衣，初日侍君王宴。
紫微花栅不知人已去，年開徐
與李緋
蜀後主每於宮中裹小巾命宮妓
衣道衣戴蓮花冠日尋花柳以
侍酣宴蜀之謠已溢耳矣兩主之
不艷注之竟至濫賜伴後想搖
頸之今不無扼腕 唐寅

◆ 明 唐寅 《王蜀宮妓圖》（局部），現藏北京故宮博物院

◆ 明 唐寅 《溪阁闲凭图》，现藏台北故宫博物院

《溪阁闲凭图》（局部）

就整个时代的绘画题材而言，山水画一直是明代艺术品收藏市场的主流，占据着最重要的位置。[1] 唐伯虎仍然坚持山水画的创作，画出了许多笔笔精妙的作品。正德十四年三月，唐伯虎画《溪阁闲凭图》，"素绢本著色画，款署：正德己卯岁春三月，苏台唐寅"[2]。

正德十五年七月十六日，唐伯虎又仿李唐的笔法，创作了《溪桥听笛图》，

---

[1]. 这一观念到民国时期才发生转变，出现了"金脸、银花、穷山水"的收藏行业规矩，也就是说，民国时，人物画最值钱，然后是花鸟画，最不值钱的反而是山水画。艺术品收藏市场的时尚潮流，如同季风一样，从来不是一成不变的。

[2]. 金梁编：《盛京故宫书画录》卷三《明唐寅溪阁闲凭卷》，上海辞书出版社，2012年。

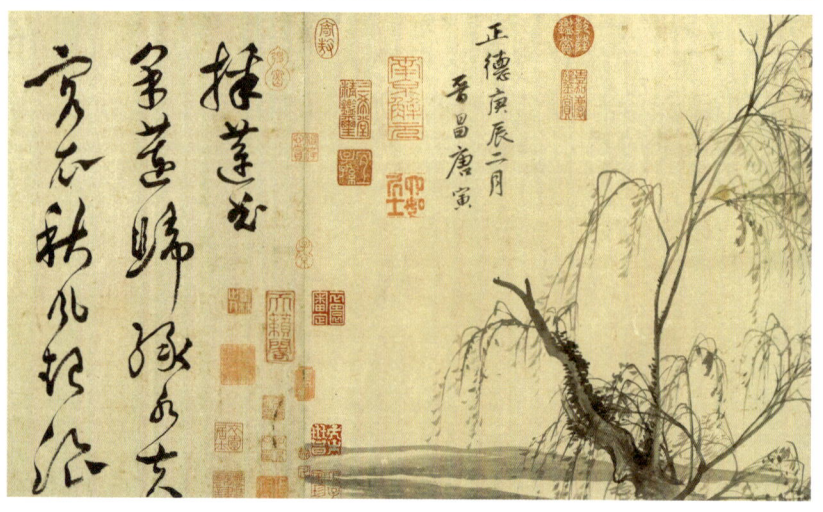

◆ 明 唐寅 《采莲图》（局部），现藏台北故宫博物院

"松林夜月水榭中,一人临窗吹笛,一客旁坐,童子侍。对岸桥上坐二叟,一童子抱琴侍。立幅首'溪桥听笛。正德庚辰七月既望,用李晞古笔法画于桃花庵,晋昌唐寅'"[1]。

唐伯虎以往的作品,尺幅都不是很大,到了晚年,才开始出现巨幅作品。正德十六年五月,唐伯虎又仿北宋郭熙的笔法,画了巨构《山水卷》,自题云:"正德辛巳夏五月,晋昌唐寅仿宋郭河阳法,写于桃花庵之梦墨亭。"在唐伯虎去世两年后,祝允明见到这幅"伯虎画山水手卷,几长四丈"的作品,不胜感慨,题跋说,此前唐伯虎"所为率盈尺小景,少见其长卷大幅"[2],即是明证。

到了正德十六年八月,唐伯虎再次到文徵明家的玉磬山房作画。这一次画得更为壮观,名曰《潇湘八景卷》,"款题卷末:正德辛巳八月,写于玉磬山房。晋昌唐寅"[3]。此画应该就是为他一生的挚友文徵明本人而绘。

九月,唐伯虎又作《山水图卷》,"设色画峭壁长松,一人倚赤栏桥伫眺。自题:松涛谡谡响秋风,云影岑光净太空。何事幽人常独立,只缘诗意满胸中"[4]。

不过,唐伯虎这一时期花鸟画的数量也开始增多。正德十五年二月画《采

---

[1].《古芬阁书画记》卷十四《明唐解元溪桥听笛图立幅》。

[2].《六如居士外集》卷三引《金陵游记》。

[3].《壮陶阁书画录》卷十《明唐子畏潇湘八景卷》。

[4].《石渠宝笈三编》乾清宫藏十《明唐寅画山水轴》。

莲图》，五月画《墨牡丹》图轴[1]，十月二十日他又画了《墨笔梅花图卷》[2]；正德十六年春日画《菖蒲寿石图》[3]，九月九日画《墨竹图》扇页[4]。

  这两年间，他大部分时间都埋头画案，才创作出了如此众多的作品，可见他确实是以画画为乐事，从自己的创作中享受着生活的快乐。

[1]. 《退庵金石书画跋》卷十六《唐子畏墨牡丹轴》："幅上右有自题绝句一首云：'谷雨花开春正深，沉香亭北书阴阴。太真晓起忘梳洗，云鬟钗钿未及簪。'款署'正德庚辰五月画于学圃堂'。"

[2]. 《中国名画》（有正书局本）第二十八集《明唐六如墨笔梅花》载，唐伯虎题："白贲谁为偶？黄中自保真。相看经岁改，独领四时春。庚辰冬十月廿日戏作古梅数枝并记岁月云。晋昌唐寅。"

[3]. 《虚斋名画续录》卷二《明唐六如菖蒲寿石图轴》云："拳石玲珑澹墨痕，古盆元气结灵根。青青不老真仙草，深受阳和雨露恩。正德辛巳春日苏台唐寅。"画后有文徵明、陈以勤题诗。

[4]. 《中国古代书画图目》二《唐寅墨竹图》载，扇页上有唐伯虎自作诗《梦见》《早起》《看花》《渔父》《庐山》等十二首绝句。

◆ 明 唐寅 《墨竹图》（局部），现藏纽约大都会艺术博物馆

第二节　弟子不必不如师

据记载，在正德十五年，唐伯虎还曾出游两次，路途都不算遥远。

正德十五年三月的那次，唐伯虎依约再赴镇江府丹阳县七峰山下的孙育家。这次前往，仍是为了参加老友们在修禊日的雅集，而他前一次去是在两年前的四月。

三月三日，是中国人传统的修禊日。古人以此邀约，到水边嬉游，以避灾呈祥。当年王羲之乘兴之作《兰亭集序》，无论是文章还是书法，皆光照古今，也将此节日宣扬开来。

孙育主持操办的这场修禊活动，还邀请了名宿杨一清、陈沂、张寰等人参加。唐伯虎为此创作了一幅《画石壁题名图》[1]，并于卷首题写长歌。

杨一清是朝廷名臣，资格最老，声望最著，由他挥翰题名理所当然。杨一清是孙育的老师，后来又与孙育结成儿女亲家，即孙育之子娶了杨一清的女儿。

杨一清与唐伯虎相识已久，曾经写诗《用赠谢伯一举人韵，赠唐子畏解元》赠唐伯虎：

---

[1].《唐寅书画资料汇编》，第43页。

唐伯虎传

丰姿楚楚玉同温,往日青蝇事莫论。

笔底江山新画本,闲中风月旧琴樽。

清时公是年来定,发解文明海内存。

长听金声爱词赋,天台未许独称孙。[1]

杨一清很喜欢唐伯虎。从他的诗中可见,唐伯虎不仅有儒雅的外表,更以才华独称一时。他对唐伯虎的书画和诗歌都极尽赞赏。每当听到人们在背后议论唐伯虎过去的种种,他都嗤之以鼻,认为这些人是一群嗡嗡响的苍蝇,赶忙叫他们闭嘴,说自己不想听。

孙育的外孙姜绍书是晚明时期的收藏家,也是著名文人。他回忆道:"外大父七峰孙君,吾阳高士也。与唐六如、祝希哲(祝允明)、杨邃庵(杨一清)、陈石亭(陈沂)、张石川(张寰)诸名彦称莫逆交。相思命驾,群贤毕集,往往见之图咏,流传人间。孙氏所居之南山,石壁奇峭,屹立江湄。正德庚辰岁,七峰与诸君修禊于石壁之下,题名岩表,镌之以纪胜游。其悬崖挥翰者,乃杨文襄也。唐六如图之,兼题长歌于帧首。虽西园雅集,不是过也。余追慕渭阳,遣人拓之。其磨崖之刻,半湮于风雨,惟六如图咏,尚焜耀于天壤间。七峰之借以不朽者,不在金石,而在缣缃矣。石壁题名诗,六如集中未载,今录于此,以俟桑梓之彦,如葛常之著《韵语阳秋》者采焉。"[2] 姜绍书说自己的外公孙育擅长写作,其志不在书画金石。而且,他还说正德庚辰年,即正德十五年的这次修禊雅集活动,主客尽欢。

---

[1].《六如居士外集》卷四,见《唐寅集》,第629页。

[2]. [清]姜绍书:《韵石斋笔谈》卷上。

第十一章 · 只当漂流到他乡

唐伯虎故地重游,精神昂扬,写下《七峰山房》,诗云:

> 七峰山上多石壁,虎踞龙蹲兼卧立。
> 有时斜叠波涛文,藓固苔封半干湿。
> 主人乘兴恣登临,不速长携二三客。
> 台阁山林半相杂,一时谑譳皆文墨。
> 梯高蹑险不肯辞,淋漓每洒如杠笔。
> 深镌浅刻动锥凿,从此长年费工力。
> 我也从傍记姓名,太岁庚辰年正德。
> 虽然汗漫一时事,百年转眼存旧迹。
> 试听夜深风雨中,应有鬼神惊且泣![1]

这首诗,未列入唐伯虎的文集。数十年之后,姜绍书爬上丹阳南山,看到别人题诗的摩崖石刻因风雨侵蚀,已经模糊不可辨识,唯独唐伯虎的这首题诗清晰可辨,因此抄录了下来。

正德十五年,唐伯虎还去了常州府的马迹山,时在七月。他为丁潜德绘制了《西山草堂图》。丁潜德先生是一位隐逸之士,自号草堂,隐居于马迹山。是处隔了一池太湖水,与苏州东山相望。此次前往,应该是与好友钱贵携游——该画虽无年款,可拖尾处有钱贵题跋于正德庚辰年(正德十五年)秋七月的年款,推知此画作于正德十五年,并与钱贵有关。

马迹山本是太湖的一座岛屿,不太高,可是在一池太湖水的衬托下,

---

[1].《韵石斋笔谈》卷上。

就显出极目楚天外的气势来了。唐伯虎登临此山，望着碧波万顷的太湖，心潮澎湃，写下《登山》，大有望穿寰宇的豪迈：

> 一上一上又一上，一上直到高山上。
> 举头红日白云低，四海五湖皆一望。

唐伯虎为丁潜德绘制的《西山草堂图》是水墨画，有南宋马夏派的风姿，描绘了沉浸在暮色中的太湖，朦胧中可见一位学士，坐在乡村小屋案前，不知是在读书，还是在倾听风声、水声，世界如此宁静，一派祥和气氛。唐伯虎"自题草堂诗，为丁君潜德赋并画：厚苫芒葛柱棕榈，欲比南阳旧草庐。颓壁破凭萝自补，乳梁低与燕分居。乌皮净拭窗中几，朱版齐装架上书。笑杀汗衣车马客，劳劳奔走欲何如？晋昌唐寅"[1]。画后还有钱贵《草堂记》："晋陵丁先生潜德，居于太湖之马迹山堂。小构别室为藏修之所，而以草堂名之，因以自号。……先生平日，每笑傲于兹堂之中。辄有虚襟朗思，超然物表，而奇篇妙句，往往而得。虽时为他乡之游，而顾瞻梦寐，未尝离乎堂之左右。……正德庚辰秋七月既望，乡贡进士姑苏钱贵元抑著。""乡贡进士"这个头衔其实不是指进士，而是指参加过会试但未被录取的举人。

---

[1]. 《石渠宝笈续编》养心殿藏四《唐寅西山草堂图》。

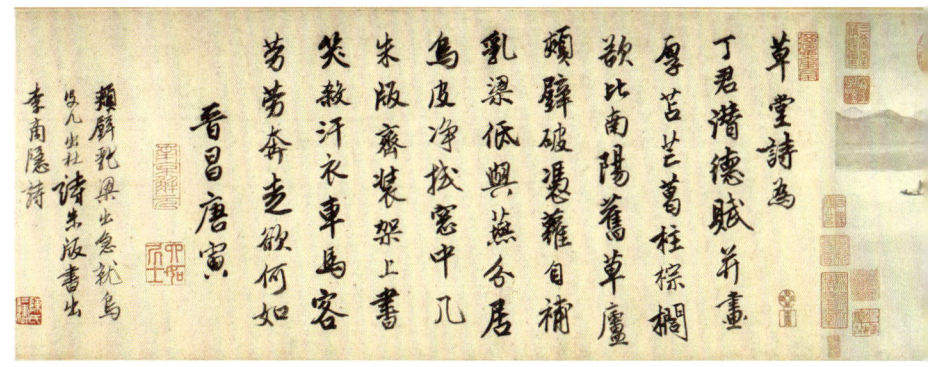

◆ 明 唐寅 《西山草堂图》（局部），现藏大英博物馆

这说明，钱贵此时已经是举人了。

唐伯虎名气越大，邀请他去捧场的人就越多，有时忙得连苏州老朋友都无暇相见。他和老同学钱同爱有个共同的嗜好——收藏碑帖。在外出途中，他给钱同爱写了一封信札，谈及碑拓之事。唐伯虎的这封信札今称《行书孔周札页》：

> 每承嘉拓趋赴。恐后未尝，固辞如此。偶有牵系。虽操舟亦且乏人，不能即归。相从为乐，岂得已哉。频烦遣使，虚负来命。悚罪悚罪。唐寅再拜。孔周文文。[1]

---

[1]. 见《唐寅书画全集·书法卷》，第90页。

唐伯虎传

实际上,到了正德十六年前后,由于健康原因,唐伯虎已经不太愿意出远门了。他更愿意待在家里,身居桃花庵中,任思绪驰骋,畅写心中所念。

唐伯虎画过两幅《桃花庵图》,其一的落款是"桃花庵,正德庚辰春日画。晋昌唐寅",就是本章开头讲到的那幅画;其二是创作于正德十六年五月七日的作品,后人多称之为《唐子畏桃花庵图》[1]。

唐伯虎的画,已是苏州画坛最鲜亮的旗帜,求他作画的人络绎不绝,他也忙得应接不暇。在《墨笔梅花图卷》的题跋中,他比喻自己是一朵绚丽的白梅,"独领四时春",现在他反而希望自己能够复归于平淡生活。

特别值得关注的是在正德十六年三月,唐伯虎画了一幅《观杏图》[2]。晚明董其昌在此画上题云:"万树江边杏,新开一夜风。满园深浅色,照在绿波中。唐解元《观杏图》,以王右丞诗款之,赠汝文兄南游。乙卯秋七月一日,董其昌。"博学多才的董其昌,在这里犯了一个错误,就是误以为唐代王涯的诗,是王维(右丞)的诗。

不过,唐伯虎和董其昌还真有一点儿历史联结的缘分。缘分的结点在哪里呢?明代是宋代兴起收藏热潮之后的又一个收藏高峰时期,此时期肇始于弘治中兴,结束于明末崇祯年间,而唐伯虎与董其昌恰好一头一尾,遥相呼应。在整个明代,就对当时的艺坛和对后世的影响力而言,他俩都

---

[1].《无事为福斋随笔》卷下《唐子畏桃花庵图》云:"峰峦竹树,点染精细,广厦长廊,两人对坐鸣琴,童子移花而至。春水溶溶,桃花乱放,神仙蹊径,不啻身入武陵源矣。末题:'长洲惠茂卿,善鼓琴,别号桐庵,清醇雅调,善与人交,是日雪压竹窗,香浮瓦鼎,请其一再鼓行。仆虽非延陵季子,洋洋盈耳,必能知君志趣所在。正德辛巳夏五月端午后二日,晋昌唐寅画于桃花庵之梦墨亭。'"

[2]. 见《唐寅书画全集·绘画卷2》,第44页。

第十一章·只当漂流到他乡

明 唐寅 《观杏图》，现藏苏州博物馆

是明朝最具声望的才子，无人出其右。

唐伯虎创作的《观杏图》，后来被清代著名收藏大家顾文彬收藏，后者写下了一段鉴赏评语：《观杏图》"平坡写古木夭矫，拳石嵌空，分列两行，若排衙状。一翁乌角巾、绛方袍、朱履，竦立拈髭。树根两垂髫童子，一向茶灶持扇吹火，一奉茗碗。是全法东村者。款署正德辛巳三月"[1]。其中，最值得玩味的是"是全法东村者"这句。"东村者"，即唐伯虎和仇英共同的老师周臣，其号"东村"。

这里顺便说一下唐伯虎的小师弟仇英。仇英是"明四大家"最后一个登场的绘画大家。正德十二年，他来到苏州城，为

---

[1].《过云楼书画记》卷八《唐六如观杏图轴》。

唐伯虎传

文徵明所赏识,约在十九岁时拜文徵明为师,开始学画。文徵明在嘉靖二年春去翰林院任待诏时,他又转投到周臣门下,成为唐伯虎的小师弟。仇英认识唐伯虎时,唐伯虎已近五十岁,进入了他生命的晚期。唐伯虎去世后,仇英在山水、仕女、界画、花卉上无所不能,但人们更热衷于赞美他笔下的人物画。而在这一点上,他的确继承了周臣、唐伯虎人物画的传统。

仇英成名后,受到了收藏市场的疯狂追捧,成为当时画价最高的画家。比如,宜兴吴氏家藏有南宋赵伯骕《桃源图》,邀请仇英临摹一幅的价格是五十两银子。项元汴请仇英画一绢本卷《汉宫春晓图》,开出的酬金是二百两银子。昆山人周凤来请仇英画一幅十三米长的巨构《子虚上林图》,酬金为一千两银子(不过仇英为此花费了一年时间),这成为嘉靖中后期的收藏市场天价,无人能及。这已是唐伯虎去世多年以后的事。

古话说得好,"弟子不必不如师",唐伯虎成名以后,他的名气要甩开老师周臣几条大街。如果没有唐伯虎和仇英这两位大师级的弟子,作为老师的周臣恐怕会被历史的尘埃所湮没。

清代的收藏大家顾文彬为什么要在《观杏图》上点明唐伯虎"全法东村"呢?这显然话中有话。

收藏界一直流传着一个传说:唐伯虎成名后,疲于应酬,多请老师周臣去代笔挣钱。周臣大概也是乐意为之,毕竟自己的画乏人问津。不过今人似乎有意彻底否认周臣代笔之说,其理由是:周臣的笔墨功夫了得,无须放下身段为弟子唐伯虎代笔,自可优哉游哉地生活。更有人以1990年11月28日纽约佳士得的拍卖为例,说拍卖场上同时出现了周臣和唐伯虎的作品,周臣的山水画《江庐远眺》轴以高价成交,而唐伯虎的作品仅及这个价格的一半,以此来说明,周臣的画价比唐伯虎的更高。数百年之后,如果唐伯虎地下有知，恐怕也要被惊醒！

事实上，艺术品收藏市场自古以来就不曾发生过什么由"学术"做主、定价的现象，艺术品买卖的价格主要是由市场行情决定，其中或多或少会受到行家们的干预。当然，书画水准之高低，也是形成价格行情的一个重要因素，但审美意识来源于每个人的主观评判，很难统一。一些所谓的收藏家附庸风雅，更看重艺术家的名气，这才是他们对艺术名家的作品趋之若鹜的根本原因。

正德年间，唐伯虎的声望已如日中天，唯一能与之抗衡者，只有文徵明一人耳。比如，项元汴后来去苏州求购文徵明的《袁安卧雪图》，出价十六两银子，求购唐伯虎的《终南十景图》时，出价二十四两银子。总体上看，两人的市场行情大致相当。此时周臣老先生在六十岁左右，势单力薄，拥趸稀少，画价低，怕是生计也出现了困难；而唐伯虎家门庭若市，画价高昂，可惜他身体欠佳，作品太少，满足不了市场的需求。而从市场需求的角度来考量，这对师徒确实有走到一起以实现合作共赢的可能。历史上不乏这样的先例。唐仲冕应当是找到了某些证据，所以他说："昔周臣……子畏画法受之。或懒于酬应，每倩东村代为之。今伯虎流传之画，每多周笔在，具眼者辨之。"[1] 就是说，唐伯虎后来懒于酬应，若是收藏家们前来求画，就请周臣代笔，所以留传于世的许多唐伯虎的画其实是出自周臣之手。

但是，时过境迁，今天的我们缺乏确凿的史料证据，只能将这个传说当作一种猜想。

现在看来，所谓周臣代笔之说，已是一个解不开的扣子。鉴赏家公说公有理，婆说婆有理，终无定论。

---

[1].《六如居士全集》卷三《题跋》。

一宿因缘逆旅中 短词聊以识泥鸿 当时我作陶歌者 何必尊前面发红 唐寅

◆ 明 唐寅 《陶谷赠词图》，现藏台北故宫博物院

第十一章 · 只当漂流到他乡

第三节　开心事

在嘉靖改元之年，唐伯虎回忆起前一年发生的三件事，甚觉开心。

其一，唐伯虎的弟弟唐申四十六岁时又有了一个儿子，名字叫唐兆民。[1]

唐申的长子名长民，生于弘治十年，当时是唐家唯一的男孩，肩负着传宗接代的重任，好不容易长到十二岁，不幸于正德三年夭折，此事痛煞了唐家兄弟。眼看唐家要绝嗣，没想到十几年之后，唐兆民呱呱坠地，这终于缓解了身为唐家掌门人的唐伯虎的心理压力，他岂能不欢天喜地！

其二，祝允明自兴宁知县改任应天府通判后，没过几天，就致仕归来了。

祝允明参加了五次乡试才考中举人，然后又考了七次会试，不第。最后到了正德九年，连儿子祝续都已经考中了进士，五十五岁的祝允明才放弃继续考试，进而候官，后被授为广东兴宁县的知县。他"以当道剡荐，升应天府通判，专督财赋。公悉力经总，民不扰而事集。居无何，乞身归，筑室吴城日华里。益事著述，洞观天人"。[2]他此时已过花甲之年，觉得再

---

[1]. [明]唐兆民《遗命记》："伯父得年五十有四……时余甫年三岁。"推算过来，是年出生。

[2]. [明]王宠：《雅宜山人集》卷十《明故承直郎应天府通判祝公行状》。

唐伯虎传

这样下去实在没有意义，不久就称病还乡。

祝允明的归来，令唐伯虎非常开心。

唐伯虎视老大哥祝允明为一生的诤友。所谓真正的知己，并非总是要一团和气地相处，只说暖心好话，而是要勇于尖锐批评对方的缺点。祝允明就是如此的兄长。

其三，正德皇帝死了。

这个少年天子继位时握着一手好牌，结果打得稀烂。

根据《明史》《明武宗实录》记载，正德皇帝朱厚照游镇江，然后从瓜洲过长江后自驾小船捕鱼玩耍。提网时，他见网中鱼多，大喜，用力过猛，结果船体失去平衡倾覆，自己也跌入水中。侍卫们手忙脚乱地把他救起，但冰冷的江水已经呛入肺中，加之惶恐惊悸，龙体自此每况愈下。很明显，他是受惊之后，加上秋日着凉，引发了肺炎。

正德十五年十二月，病恹恹的正德皇帝才回到北京。当月，他仍旧强撑病体，在南郊主持大祀。行初献礼时，皇帝躬下身来拜天地，忽然口吐鲜血，瘫倒在地，大祀不得不终止。到了正德十六年三月，正德皇帝已处于弥留状态，他对司礼监太监说："朕疾不可为矣。其以朕意达皇太后，天下事重，与阁臣审处之。前事皆由朕误，非汝曹所能预也。"[1] 人之将死，其言也善。死前，他终于悔罪了。第二天，正德皇帝驾崩于豹房，时年三十一岁。

嘉靖元年正月初一日，值嘉靖改元，唐伯虎作诗《嘉靖改元新正试笔》（又名《嘉靖改元元旦作》），云：

---

[1].《明史》卷十六《本纪第十六》。

第十一章·只当漂流到他乡

> 世运循环世复清，物情熙皞物咸亨。
>
> 一人正位山河定，万国朝元日月明。
>
> 黄道中天华阙迥，紫薇垂象泰阶平。
>
> 区区蜂蚁诚欢喜，鼓腹歌谣竟此生。

诗中"一人正位山河定，万国朝元日月明"一句，显示他对新君主嘉靖皇帝抱有期望，对未来充满信心。从另一个侧面而言，这也表达了对正德皇帝的不满。

还是在正月里，唐伯虎画了一幅《奇峰古木图》（又名《千山万木图》），落款"嘉靖改元新正，唐寅"。

已经回到苏州老家的祝允明，专门来看此画，并在画上题跋：

> 千山重叠锦屏遮，万木参差绿带斜。
>
> 黑雾障天迷鸟道，黄茅极目少人家。
>
> 乔林草偃知藏虎，阴壑风腥定有蛇。
>
> 驻马不堪回首望，孤云飞处是天涯。[1]

祝允明将画上的景色写进了他的诗里，最后一联"驻马不堪回首望，孤云飞处是天涯"是说他自己，表达了他回乡后的欣喜。

唐伯虎《行书诗卷》是一卷气势恢宏的书法长卷，长约3.6米，此卷抄

---

[1]. 清代卞永誉编著的《式古堂书画汇考》卷五十七有《唐伯虎千山万木图》，实际上《千山万木图》与《奇峰古木图》是同一幅画。

唐 伯 虎 传

录了他的七言律诗八首,而且极可能就是在嘉靖改元的正月写就。第一首诗就是《嘉靖改元新正试笔》。据推测,唐伯虎作完此诗后不久,老友前来索书,他首先抄录的就是这首诗,然后又抄录了另外七首。

这一书法长卷一气呵成,从头到尾气势连贯,风格一致,充分反映出唐伯虎学书李北海的深厚功力,是其晚年的书法代表之作。

尤其值得关注的是最后一首诗《避事》,它反映出唐伯虎开始思考自己的身后事:

> 年来避事缩如龟,净扫茅茨锁竹篱。
> 系日无绳终不住,待天倚杵是何时。
> 随缘冷暖开怀盏,不计输赢伴手棋。
> 七尺形骸一棺土,任他评泊是和非。[1]

---

[1].《唐寅书画全集·书法卷》,第74页。

第十一章·只当漂流到他乡

这首诗,原名《言怀》,是唐伯虎的旧作。此次抄录,改名为《避事》,内容又有多处修改。第二联"系日无绳终不住,待天倚杵是何时",是说人的命运天注定,不知道以后会怎样。而最后一联,旧作为"千古英雄一抔土,不如欢笑有便宜",现已改为"七尺形骸一棺土,任他评泊是和非",不再像旧作那样豪放乐观了。

在此期间,唐伯虎旧疾复发,每天都在熬药喝汤,情绪转而低落,想避事,以静养生。他还曾为自己画过一幅《烧药图》。

唐伯虎到底患的是什么病?他在《烧药图》的题诗上透露了实情:

> 人来种杏不虚寻,仿佛庐山小径深。
> 常向静中参大道,不因忙里废清吟。
> 愿随雨化三春泽,未许云间一片心。
> 老我近来多肺疾,好分紫雪扫烦襟。
> 晋昌唐寅。

◆ 明 唐寅 《烧药图》,现藏台北故宫博物院

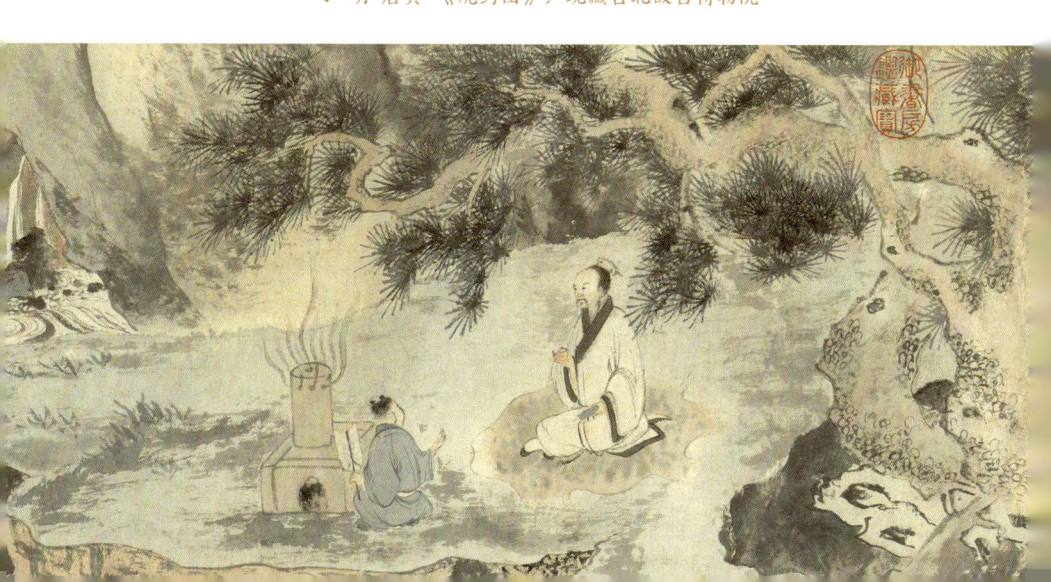

诗中所说"老我近来多肺疾",指出他的病与肺有关。虽然这个病令他烦恼不已,可他并未惊慌,"常向静中参大道,不因忙里废清吟",就是说,他并没有因为自己时常思考生死问题而耽误了写诗作画。

他时常怀念已经作古的沈周老人。虽然未曾向沈周行过拜师礼,但在为人处世和绘画上沈周一直是他的榜样,而且唐伯虎一生都对他执弟子礼。当年沈周因为丧子而发起了《落花诗》的和诗活动,他曾积极参与。此时此刻,他不免联想到,自己百年以后,谁又会来哀悼自己呢?嘉靖元年清明当日,唐伯虎再次写了行书《落花诗》,借以怀念。

清明节后的暮春某日,王鏊之子王延喆来到文徵明家,请文先生鉴赏他新收藏的一组《沈周法宋人笔意图》(共三幅)。作为沈周最得意的门生,文徵明在自家玉磬山房为此画题跋,称:石田先生少年时就已经摆脱了匠人习气,眼界很高,对古人的笔墨有精深的理解,临摹古人的作品,几乎达到了真假难辨的地步;但是沈周早期的画,都是盈尺小幅,景深尚未开阔,直到四十岁以后,他才开始画大画;沈周的大画看似"粗株大叶,草草而成",不再像年轻时那么"精工",其实他非常讲究书画传统里的"规度",讲究点染技法,所以达到了"天真烂发"的画面效果。[1]

---

[1].《石渠宝笈》卷三十三《明沈周法宋人笔意》:"文徵明跋云:'石田先生风神潇洒,识趣甚高。自其少时作画,已脱去家习。上师古人,有所模(摹)临辄乱真迹。然所为率盈尺小景。至四十外,始拓为大幅。粗大叶,草草而成。虽天真烂发,而规度点染,不复向时精工矣。右三种亦中岁笔,全法宋人。尤其擅场者,古劲可爱,今亦不易得矣。嘉靖壬午暮春,书于玉磬山房。长洲文徵明。'"

◆ 明 沈周 《沈周法宋人笔意图》，现藏台北故宫博物院

后来唐伯虎拜访王鏊，王延喆又拿出这组《沈周法宋人笔意图》请他鉴赏和题跋。唐伯虎曾经看过这卷画，此画当时被别人家收藏，他只是"草草展阅"，并没花时间细心琢磨。当下他看了文徵明的题跋，未敢贸然评论，说自己还需要再深思一下，所以唐伯虎在离开时特意向王延喆提出，要将《沈周法宋人笔意图》"借观数日"。

待到还画时，唐伯虎已经在画上写好了题跋。他说，经过"数日，始得熟识"，自己完全赞同文徵明的鉴定意见。唐伯虎跋云："此三图为石丈作。余初草草展阅，未暇细玩。今为子贞中舍所得，因借观数日，始得熟识。用笔真与宋人无异，已入神品。百世之下，当有巨眼，传世何时已耶，宜珍藏之。苏台唐寅。"[1]

从这件事上我们可以看出，文徵明鉴定书画的眼力，确实在唐伯虎之上。文徵明看沈周的画，一眼就能看出关键之所在，而唐伯虎则需要经过数天反复观察和思量，才敢下断语。这不是慎重与否的问题，而是鉴赏能力的问题。唐伯虎对文徵明的鉴赏水平，也向来自叹弗如。

为了纪念沈周先生，唐伯虎在养病期间，还曾临过一个扇面《画牛图》。所临原作，正是沈周少年时期的作品。

沈周小时候，住在祖居的苏州相城，四周八邻的居民性格豪横，经常欺负这个文弱的少年。沈周心有不甘，就在自家墙壁上负气画了这幅《画

---

[1].《石渠宝笈》卷三十三《明沈周法宋人笔意》

唐伯虎传

牛图》，并在墙上题诗曰："大力如牛服小童，见渠何敢逗英雄？从来万物都有制，且自妆呆作耳聋。"他借此画来表达自己不甘屈服的心情。沈周去世时，停灵在相城。文徵明和唐伯虎等去相城吊唁时，曾看过这幅画。文徵明题云："此启南（沈周）幼时作也。家居相城，村野荒滨，人多横逆，因作此自慰。"

唐伯虎在嘉靖二年四月，以扇面背临了《画牛图》。他在画上题跋云："此启南先生旧本，余过其庐，见之壁上。……归而抚其意，形颇似之，写于扇头，以待阙然者赠之，甚可。时嘉靖二年四月也。晋昌唐寅。"

"阙然者"，本意是当时不在场的人。这个人是谁呢？暂按不表。

让我们回到嘉靖元年。春去夏至，唐伯虎在家歇夏。

他取出自己收藏的赵孟頫《陶靖节小像轴》，独自欣赏。陶靖节就是东晋末年的诗人陶渊明，为我国"田园诗派之鼻祖"。这个人曾任江州祭酒、建威参军、镇军参军等职，最后一次出仕为彭泽令，八十多天后便弃职而去，从此归隐田园。友人私谥靖节，后世称之为"陶靖节"。

唐伯虎不是大收藏家，他收藏的历代艺术名品也不多，而这幅《陶靖节小像轴》真迹，是一幅白描人物画像，也是其重要藏品。他不仅题写了"赵松雪绘彭泽像。壬午夏重□□□唐寅□签"，又跋云："吴兴此帧，以全力仿龙眠（李公麟），神形俱得，平生所见，无踰于此矣。后学唐寅识并藏。"[1]

就是在这个夏天，吴县知县刘辅宜[2]突然造访了桃花庵。

---

[1]《虚斋名画录》卷七《元赵文敏写陶靖节小像轴》。

[2] 民国本《吴县志》卷二《职官表》："刘辅宜：进士，（正德）十三年任（吴县知县）。嘉靖元年，调知沛县。"

第十一章·只当漂流到他乡

◆ 明 唐寅 《画牛图》,现藏台北故宫博物院

进士刘辅宜,字伯耕,是唐伯虎的老朋友。他们是二十多年的老相识,可能是乡试同年。刘辅宜早在正德十三年就出任了吴县知县,四年后的嘉靖元年才改任沛县知县。刘辅宜是一位务实的官员,在吴县任职的四年多里,他整天忙于衙门内外事务,难得与唐伯虎相晤,所以此次刘辅宜的突然来访,多少让唐伯虎感到意外。

原来刘辅宜要往沛县任职,临行前特意来探望病中的唐伯虎,是为作别。虽平日交往不多,但刘辅宜还是惦念着唐伯虎的。

为给刘辅宜饯行,沈九娘在桃花庵中置备了几碟小菜,唐伯虎因此也喝了几杯。

唐伯虎为此还作了一首诗,名为《别刘伯耕》:

一别光辉二十年,中间消息两茫然。

忽衔敕命来吴苑,过访贫家值暑天。

路上青云看鹗举,杯临红烛语蝉连。

唐伯虎传

> 料知别后应相念，尽赠江东日暮烟。[1]

诗句流露出唐伯虎对老友的款款深情。

唐伯虎一生，对佛教和道教都很重视，未见其厚此薄彼，无论是佛寺的请托还是道观的请求，他均有求必应。

嘉靖元年八月十六日，苏州上方山治平寺的和尚方正，来央求唐伯虎撰写一篇陈述建造竹亭经过的疏文。唐伯虎慨然应允，撰写了《治平禅寺化造竹亭疏》：

> 窃闻调御丈夫，身无利而不现；岁寒君子，心体寂而长虚。……清平禅师，指竿而说法，意欲前辈，仚发中情，谋建竹亭，翼辅兰若。……幸舍余资，共成胜事。谨疏。[2]

由此可知，这座竹亭是大家集资修建的。

唐伯虎的文章写好后，由陈淳抄写，和尚方正立石。[3]

到了这年秋天，好友钮惟贤来桃花庵探访，并邀请唐伯虎画了一幅画，说要转赠他的友人。钮惟贤的这位朋友侯生，已经学佛二十年了，十分仰慕唐伯虎的才学。唐伯虎于嘉靖元年为侯生居士创作了《墨莲轴》，并题诗云：

---

[1].《六如居士全集》卷二《别刘伯耕》。

[2].《六如居士全集》卷六《治平禅寺化造竹亭疏》。

[3].《吴都文粹续集》卷三十一亦有此疏，文字略有出入。文末有识："嘉靖壬午仲秋既望，晋昌唐寅撰，颍川陈淳书，释方正立石。"并有跋语："治平教寺在上方山下，梁天监二年，僧法镜建。旧名愣伽寺，宋治平元年改今名。"

第十一章·只当漂流到他乡

> 学佛俄经二十年，于今地上拥青莲。
> 我来愿结三生友，共看当时手指天。[1]

传说佛祖初生时，一手指天，一手指地，曰："天上地下，唯我独尊。"这是"手指天"的由来，唐伯虎以此鼓励侯生继续修行，在佛教的安慰中心无旁骛，安度此生。

可还记得唐伯虎的徽州学生戴昭？当年唐伯虎为他画过著名的《垂虹别意图》，那时他来向老师唐伯虎请安，并带来了齐云山紫霄宫道人汪泰元（一名"汪太元"）的问候。

徽州休宁的齐云山紫霄宫，是全国闻名的道观，占地千亩。该道观从正德十年孟春开始进行新一轮的大规模修建，历时近九年，到嘉靖二年仲冬，整体建筑方才宣告完成，"计费白金八千余铢"。进士出身的南京工部尚书李汛为此撰写了《紫霄崖兴建记》。

道长汪泰元准备为此立碑，恭请唐伯虎撰写碑文。唐伯虎后来写就了骈体文《齐云岩紫霄宫玄帝碑铭》，首尾共计1028字，刻于碑的正面，而李汛撰写的《紫霄崖兴建记》，刻在背面。此碑由新安名家汪肇篆额，戴炼书丹，歙休名匠朱云亮、汪阳熙执錾主锓。

齐云山紫霄宫的这次大修，顺应了时势。在明代，嘉靖皇帝是最为热衷于道教的君主，整天梦想着长生不老，格外尊崇道教圣地齐云山，紫霄宫因此迎来了香火最盛的历史时期。从此以后，文人墨客蜂拥而至，连太子少保、礼部尚书顾可学都亲临此地，作诗题壁。

---

[1].《古缘萃录》卷四《唐六如墨莲轴》。

唐伯虎撰写的碑铭,妙语对偶,声韵和谐,可谓字字珠玑。此碑刻工神妙,成为齐云山碑刻中的冠冕,至今犹存。此碑是这座明代道教建筑中最为精华的部分,也是唐伯虎留存至今的唯一的碑铭实物[1]。

第四节 生命中的最后一年

唐伯虎终于收敛了放浪的生活习惯,再也不见他去登青楼、喝花酒了,看来他沉醉醒来后已认清了归路。他所患的肺疾,属慢性病,经过苏州名医调理,特别是在他本人的积极配合下,病情趋向好转。

嘉靖二年元旦,即农历大年初一,活了半个多世纪的唐伯虎,从来没有像过这个春节时那样开心。

正月初一,他踩在小板凳上,将写好的春联贴到门上,然后敞开大门,笑容可掬地等候着亲友们前来拜年。二十多年前,唐伯虎就已是唐家最年长的长辈了,转瞬之间又过去了二十多年。他的弟弟唐申一家人、弟子们,以及那些喜爱他作品的拥趸,络绎不绝地前来道喜,祝贺新春,并呈送椒酒等礼物,以示敬意。椒酒是一种用椒浸制的药酒,古人相信它有辟邪祛病的功效,也是明朝最常见的一种酒。按照此时的民俗,晚辈们要在农历

---

[1]. 该碑现为安徽省省级重点保护文物。

元旦向尊者敬献此酒，以示除旧、拜贺之意。

唐伯虎一定不会忘记给孩子们发放压岁钱，因为压岁钱寓意镇恶驱邪，保佑平安。尤其不会忘记小侄子唐兆民，不过小侄子可能还在牙牙学语，不知压岁钱为何物。

客人们走后，唐伯虎搬来小椅子，坐在大门前，跷起二郎腿。他全神贯注地看着女儿，看着她时而与小玩伴在院子里荡秋千，时而一起玩驾"鸠车"的游戏。鸠车是古代儿童的玩具手推车，木质车身上雕刻着动物造型。孩子们银铃般的笑声，不时传进他的耳朵，像美妙的天籁之音。

再往稍远处看，头上插着花枝的少男少女们，正在蹴鞠。

回头望，妻子沈九娘正在厨房里忙碌着，准备晚上的筵席。

唐伯虎这时起身折回屋里，来到书案前，提笔凝思，又疾笔翻飞，写下了一首诗：

> 晓日腾腾上画椽，春符处处揭红笺。
> 鸠车竹马儿童市，椒酒辛盘姊妹筵。
> 鬓插梅花人蹴鞠，架垂绒索院秋千。
> 仰天祝愿吾王寿，一个苍生借一年。[1]

唐伯虎的这首诗很有名，常被后世学者拿来证明明朝春节的习俗。其实，唐伯虎一生并不看重自己的诗文。他自我评价说："应世诗文，不甚措意，

---

[1].《中国古代书画图目》二《唐寅行书七律诗》之一《嘉靖二年元旦作》。

谓'后世知我不在是'。"[1]他最看重的仍然是自己的绘画作品,"奇趣时发,或寄于画,下笔辄追宋、元名家"[2]。他相信自己创作的这些艺术作品,可以传世永年。

嘉靖二年二月,五十四岁的文徵明终于收到喜讯,被举荐入朝。

文徵明虽然此时已经举国闻名,可是说来难免气短,他的科举之路一辈子都未能走通。嘉靖元年八月,他第九次参加乡试,依然铩羽而归。此时,刑部尚书林俊路过苏州,特意邀请文徵明移步官舫相聚。

文徵明与林俊是老相识,虽然算不上知己老友,但一直有书信往来。两人这次在船上的晤谈,使林俊更坚定地认为,文徵明就是他这个时代真正的文化精英,正是国家所需要的人才。林尚书于是送信给工部尚书兼领苏松水利大臣李充嗣,请他向朝廷推举文徵明。

一番操作之后,文徵明果然接到吏部通知,令其入京。所以他赶紧做好启程准备,因为到了北京,他还需要参加吏部组织的一场考试,通过之后,

---

[1]. [清]顾沅撰,[清]孔继尧绘:《吴郡名贤图传赞》卷七《唐解元》。

[2]. 同上。

◆ 明 唐寅 《毅庵图》，现藏北京故宫博物院

才能出仕为官。

就在文徵明前往北京之前，他邀请唐伯虎来为朋友作画，这就是唐伯虎的无年款作品《毅庵图》。文徵明自己写了引首和《毅庵铭》。受画人朱秉忠，号毅庵，是与文徵明相识三十年的文友。文徵明在画后跋曰："秉忠朱先生，仆三十年前笔研友也。""特请子畏作图，复命予铭之。"这幅《毅庵图》，即使不是唐伯虎在嘉靖二年所画，也应该是他逝世前一两年间的作品。

文徵明离家的时候，亲友们纷纷前来送行。唐伯虎虽在养病，但还是强撑病体前往文家送别，而且表现得很是伤感。祝允明在《送徵明计偕御试》这首诗中，描述了文徵明当时的复杂心情："恭人当远别，思念畏寅送。"[1]它反映了文徵明既希望唐伯虎为自己送行，又担心他的身体健康的矛盾心情。

嘉靖二年二月二十四日，文徵明离家启程。他的哥哥文徵静、长子文彭一直将他送到了丹阳的吕城，此时已是二十七日。吕城挨着镇江，是三国时期吴国大将吕蒙的驻守之地。别了吕城，文徵明前往镇江的瓜州渡口，

---

[1].《怀星堂集》卷四《送徵明计偕御试》。

唐 伯 虎 传

往北横跨长江，进入江北地区。分别时，文徵静和文徵明这两位年过半百的老兄弟，眼含热泪，执手唏嘘，场面十分感人。随后，文彭跟着伯父文徵静返回苏州。

文徵明人缘极好，沿途都有他的朋友。人们为他送行，又热情挽留，所以一路上磨磨蹭蹭，终于在四月十九日抵达北京。从苏州到北京，通常只需走十天的水路，文徵明走了近两个月。

经过北京吏部考核，文徵明被授予翰林院待诏的职位，这属于翰林院的末等小官。一开始，翰林院同事因他是"走后门"进入翰林院的，都斜眼瞧他，甚是蔑视。可没过多久，大家发现他果真是才华横溢之人，于是肃然起敬。其间，文徵明参与了《明武宗实录》和《明宪宗实录》的编纂，并担任皇帝的侍讲。虽然所受赏赐与一般学士、翰林相同，但他毕竟过惯了闲云野鹤一般的自由生活，受不了官场束缚，因而对这份工作不甚满意，先是在与朋友们的通信中抱怨，后来索性辞职，一心想要回归故里……

在文徵明前往北京的途中，苏州府遭灾，"吴中大饥，民多采食野菜"[1]充饥。文徵明的门生王宠为此画了《野菜谱》，凡三十四幅，记录了百姓的忧苦。在城外，唐伯虎家有块菜地，也受到大旱的影响，蔬菜绝收。由此，唐伯虎感受到了百姓的疾苦。四月十六日，焦虑的唐伯虎独自在家里绘制了一幅《钟进士图》。钟进士即钟馗，是中国民间传说中的俗神，专司打鬼驱邪，安民祈福。

唐伯虎在《钟进士图》上题写了一首四言诗，曰："长啸一声，鬼避千里；

---

[1]. [清]吴嵩梁：《香苏山馆古体诗钞》。

第十一章 · 只当漂流到他乡

佩剑执笏，疾视不已。嘉靖癸未清和既望，画于桃花庵。苏台唐寅。"[1] 对于天灾人祸，唐伯虎全无办法，只能寄托于神明，让神明去帮助百姓排忧解难。

到了四月底，唐伯虎把不久前背临的那幅扇面《画牛图》拿了出来，决定赠予祝允明。原来，他在题跋中写的"阙然者"，指的就是祝允明。

祝允明致仕后回到故乡苏州。二月二十四日，他先是去送别了文徵明，然后又去嘉兴住了一段时间，直到四月才返回到苏州。

祝允明刚一到家，就收到了这幅《画牛图》。他端详了半天，一会儿点头，一会儿叹息。他一定是睹物思人想起了沈周，因而非常感慨。他在唐伯虎赠予的《画牛图》扇面上题跋云：

> 传写何如太逼真，笔精墨妙实堪珍。偶然醉寐朦胧睹，恍若桃花坞里人。予与君三月未晤，昨自槜李归，闻采薪已愈，心始慰也。今承赠佳摇，展玩难置。因浪占奉答，归而藏之秘笥可也。枝山。

从祝允明的题跋上看，"桃花坞里人"唐伯虎"已愈"，身体果然不错，这令祝允明"心始慰也"。朋友们对唐伯虎身体好转，都感到十分欣慰。

六月，文徵明的大侄子文伯仁画了《杨季静小像》[2]，唐伯虎、祝允明、王涣、王谷祥、徐伯虬、文彭兄弟、王守兄弟、袁褧、朱承爵等皆有题。请注意，唐伯虎老友王观的次子王谷祥已经二十三岁，比文伯仁还大一岁，此次也加入了他们的雅集。

---

[1].《梦园书画录》卷十《明唐子畏钟进士图立幅》。

[2].《杨季静小像》是文伯仁存世的最早的有年款画作，现藏于台北故宫博物院。

唐伯虎传

唐伯虎对老友杨季静太熟悉了，不用构思，立即赋诗二首，今天这两首诗被称为《题文德承画杨季静小像二首》：

其一

指随流水，心逐冥鸿。白眼一双，青山万重。

昭文调高，阳春寡和。枥马仰秣，梁尘暗堕。

其二

刘媛短调，嵇生广陵。谱中传指，律内符心。

石室烟霞，竹窗风雨。流水百滩，冥鸿万里。

唐伯虎在这一年里，创作了两组晚年最重要的作品。

第一组，是他于春天画的《溪山八景册》。据《石渠宝笈续编》载，这八幅画的内容，分别为蕉窗道语、武陵桃浪、江山渔隐、悬崖喷瀑、枫林坐爱、水边吟兴、万木号风、柳州诗意。[1]

这是唐伯虎晚年精心绘制的山水画，画的时间一定很长。

第二组，是古代仕女画中的典范之作《绝代名姝册》。创作灵感源于唐伯虎当年远游，在匡庐收藏家朱氏那里看到的杜堇的仕女画，他铭记于心，念念难忘。匡庐指庐山，它东偎婺源，南靠南昌，收藏家朱氏极有可能是南昌人，而且就是宁王朱宸濠本人。这一推测成立的可能性极大。当年，

---

[1].《石渠宝笈续编》淳化轩藏五《唐寅溪山八景册》。落款为"款嘉靖三年春，桃花庵中画，唐寅"，其中，"嘉靖三年"显然是误刻，因为嘉靖二年唐伯虎已逝。

第十一章·只当漂流到他乡

唐伯虎应宁王之邀前去南昌,计较起来的话是投敌之举,是其一生的耻辱,所以他有意把南昌朱宸濠说成匡庐朱氏,这应该是一种合理的避讳之说。

唐伯虎摹杜堇《绝代名姝册》共十幅,每幅画自有主题,分别为:西施戏瓢、文君琴心、昭君琵琶、飞燕娇舞、绿珠守节、太真玉环、碧玉留诗、梅妃嗅香、莺莺待月、薛涛戏笺。唐伯虎题跋曰:"右绝代名姝一册,凡十人,吴杜堇柽居所作。……是图余始得观于匡庐朱氏,喜而摹之,并录其诗于后,而枝山复为之和,其亦得吾心之同得者,吾何不言。嘉靖癸未中秋月中秋日吴趋唐寅书于学圃堂中。"[1]

这组画完成于嘉靖二年中秋日,唐伯虎请祝允明在每幅画的对页题诗,诗画对应,珠联璧合。

后世的鉴赏家对唐伯虎的《绝代名姝册》极为珍视,称之为"唐画人物绝精之品"。晚明大家董其昌在画册上题跋云:"相如之赋,昔人称为劝百风(讽)一。此册子畏之画似劝,希哲(祝允明)之诗似风(讽),又几于詈矣。若夫王嫱(王昭君)以女兵柔房,薛涛以才媛娱宾,不在亡国败家之列。当置轻典……其昌题。"董其昌跋语的大意是美女误国,就是曲笔调侃唐伯虎笔下的仕女形象太过美艳!我们据此可以确定,唐伯虎画的这十大美女必定个个美艳无比,妩媚多姿,有着天仙般的美貌——我们回想一下唐伯虎笔下的《王蜀宫妓图》《秋风纨扇图》《吹箫仕女图》中的仕女,脑海里或许就可以勾勒出这些美艳生动的容颜。

清代鉴赏名家吴修云:"唐解元《绝代名姝》十幅,摹杜柽居(杜堇),笔貌俱丰腴,而不失秀媚之致。画在绢上,对页自题七绝一首,又自跋一

---

[1]. [清]缪曰藻:《寓意录》卷四《绝代名姝册》。

唐伯虎传

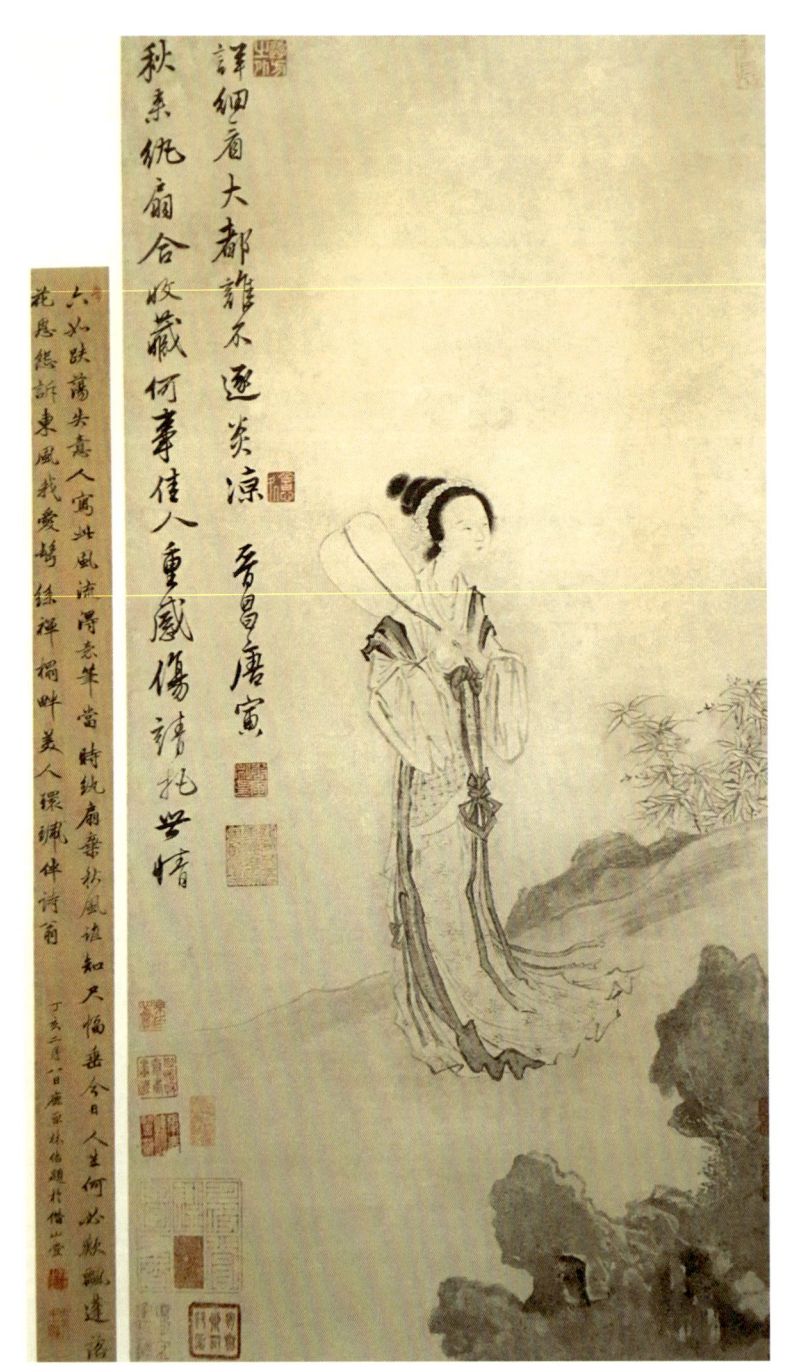

◆ 明 唐寅 《秋风纨扇图》，现藏上海博物馆

篇。祝京兆（祝允明）亦每幅题草书七绝，文待诏（文徵明）隶书引首四字，董文敏（董其昌）有跋。为唐画人物绝精之品。"[1]

唐伯虎晚年的书法杰作《行书七律二十一首卷》应该就是写在此间。这个辉煌巨卷，长近七米，代表了唐伯虎的书法最高成就。全卷气韵生动，书写沉着痛快，势如行云流水，读来极其舒适。而他抄录的内容，则是他自作的二十一首七言律诗。他在诗末落款"嘉靖二年太岁癸未，苏台唐寅书于学圃堂"[2]。

这个手卷的题首，为徐子扩（徐充）所书"伯虎遗翰"四个大字，兼备汉隶与魏碑的风神，十分庄重。唐伯虎的同时代人景旸在卷后题跋说，唐伯虎完成这一作品后，"不久溘逝，此盖其绝笔耳！"[3]

嘉靖二年十月，友人送来南宋刘松年《层峦晚兴》图卷，请唐伯虎鉴赏。唐伯虎兴趣盎然，题长跋曰："刘松年画师汴梁张敦礼，工为人物山水，种种臻妙，名过于师。昔在昆山黄氏见刷色《听琴图》，秀润清雅，墨法精奇。后有复斋杨铁笛七诗，为东原老人鉴赏。又于严氏观《西湖春晓图》，堪与赵千里《桃源问津卷》相伯仲。而此卷《层峦晚兴》，尺山寻水，寸木分人，具巉岩浩淼之势，蓊郁生动之神，尤为入神品，列诸卷之上，盖师六朝笔意云。嘉靖二年冬十月，苏门唐寅。"[4] 昆山黄氏，指的是前辈师友、收藏家黄云。这一段题跋，是说唐伯虎一共见过刘松年的三幅名作，

---

[1]. [清] 吴修：《青霞馆论画绝句》。

[2]. 《唐寅书画全集·书法卷》，第108页。

[3]. 同上。

[4]. 《壮陶阁书画录》卷五《宋刘松年层峦晚兴图卷》。

唐伯虎传

即《层峦晚兴》《听琴图》《西湖春晓图》，这三幅画作都画得十分出色，跋文赞扬了刘松年青出于蓝，其水平已经超过了他的老师张敦礼。

嘉靖二年十一月，唐伯虎创作长诗《陈孝子歌》[1]。他写道："元季有孝子，姓陈名立兴。结屋在蠡口，采樵以养生。有母年七十，瘫痪双目盲。居然卧床席，九年六月零。爱啖王家糕，其家住在城。地名临顿里，相去将一程。每日买一贯，持归母点心。如此以为常，不限晦与明……"[2]可能是因为他的身体时好时坏，这首五言长诗未能完成。

这天，二十九岁的王宠来访，他扭扭捏捏的样子有些滑稽。到了最后，王宠终于提出，愿与唐伯虎结成亲家。唐伯虎对王宠的家庭情况了如指掌。王守、王宠兄弟俩的父亲王贞，算得上唐伯虎的老朋友，因此，他也可以说是看着他们兄弟俩长大成人，继而成为人们称羡的书画家的。而且，唐家和王家的长辈都是从事餐饮工作的，正可谓门当户对，所以唐伯虎非常爽快地答应将女儿唐桃笙嫁给王宠之子王阳，并作《自寿诗翰册》纪念。

王宠十九岁结婚，时在正德七年。文徵明曾制《兰房曲》贺其娶妻："……流苏袅袅闹洞房，晚波绣烛摇鸳鸯。鸳鸯双飞情宛转，紫带垂螭觉螭缓。……海绡落枕夜何如？美人笑掷双明珠。"[3]婚后，王宠生子王阳。此时已是嘉靖二年，王阳的年龄应该是十岁。王阳，字玄静，号龙冈，后来成为太学生。

王阳与唐桃笙是何时成婚的？不知道。按常理推测应该在唐伯虎去世后的五六年，约在嘉靖十年以前。王宠主持了儿子的婚礼，随后于嘉靖

---

[1]. 该作现藏上海博物馆。

[2]. 见《唐寅书画全集·书法卷》，第156页。

[3]. 《甫田集》（四卷本）卷四《兰房曲》。

十二年过世，算是英年早逝。

这小两口以后的生活过得怎么样？可能还真的不怎么样。有一件事，可以看出他俩生活的狼狈。文徵明的祖父文洪收藏了王献之的《地黄汤帖》，分家后，归文徵明继承。后来，文徵明把《地黄汤帖》赠给了自己心爱的弟子王宠。这件珍贵的艺术品，本应是王家的传家之宝，王阳夫妻有义务细心呵护，可是后来它却流落到了市场。嘉靖三十八年（1559年），文徵明的长子文彭又把《地黄汤帖》买了回去。如果王宠地下有知，一定会羞愧得掩面而走！

王宠为儿子请婚之后，离开了桃花庵，唐伯虎可能继续写《陈孝子歌》："……我为赋其事，兼述旧所闻。五通为神仙，十号称世尊。诸佛证圆觉，群仙保长生。"[1]但是终未完成，遂成绝笔。

《陈孝子歌》由钱贵续写完成。钱贵题跋曰："此上吾友唐君所作，凡百四十有六句，皆出等闲谈笑，而词源滔滔，出不容已，有非苦思剧学所能及者。然不及终篇，遂成绝笔。余窃悲焉，因效其体，作五十四句续而成之，殊愧不相似也。道远名徒在，忙昧未足凭。试泛蠡口塘，近以百年征。……既永尔庙食，子孙更绳绳。我歌宁有极，为尔传云仍。嘉靖乙酉春仲一日，致鸿胪寺漕湖钱贵。"[2]从中可以看出钱贵对于老友的一片深情。

到了十一月底的某天，唐伯虎突然去九峰山，拜访了老师王鏊。

王鏊回忆说："一日过余，于山中壁间偶揭东坡《满庭芳》，下有'中吕'二字。子畏惊曰：'此余梦中所见也。'试诵之，有'百年强半，来日苦无多'

---

[1].《中国古代书画图目》二《陈孝子歌》。另见《唐寅书画全集·书法卷》。第156页。

[2]. 同上。

唐伯虎传

之句,默然。"[1]

此话何意?就是说,唐伯虎在王鏊家附近的山中,忽然看到了苏轼《满庭芳》词,下有"中吕"二字,非常吃惊,就对王鏊说,这两字正是我在梦中所见。于是他念起了那首词,其中有句:"百年强半,来日苦无多。"

苏东坡的《满庭芳·归去来兮》序及原词如下:

元丰七年四月一日,余将去黄移汝,留别雪堂邻里二三君子,会李仲览自江东来别,遂书以遗之。

归去来兮,吾归何处?万里家在岷峨。百年强半,来日苦无多。坐见黄州再闰,儿童尽楚语吴歌。山中友,鸡豚社酒,相劝老东坡。

云何,当此去,人生底事,来往如梭。待闲看,秋风洛水清波。好在堂前细柳,应念我,莫剪柔柯。仍传语,江南父老,时与晒渔蓑。

"中吕"二字是指古乐十二律的第六律,而苏东坡的《满庭芳》正是此律。唐伯虎说这是"梦中所见",这场梦,是他在哪里做的呢?

王鏊介绍说,弘治十二年,唐伯虎去北京参加会试,遭遇了会试舞弊案后,抑郁彷徨。他于弘治十四年第二次去拜福建仙游县九鲤湖,结果在梦里所祈求到的正是"中吕"二字。回到苏州后,唐伯虎曾问老师王鏊,"中吕"二字是什么意思,王鏊当时如实说,不知道。

王鏊后来将这两件事联系起来看,恍然大悟:唐伯虎此时自语苏东坡的"百年强半,来日苦无多"句,是他忽然理解了这是对自己命运的暗示。

---

[1].《震泽长语》卷下。

第十一章·只当漂流到他乡

原来唐伯虎此时已隐约觉察到自己大限将至——唐伯虎去世时五十四岁，恰好"百年强半"！

自王鏊家归来不久，唐伯虎旧病复发，旋即加重，十多天后就发展至无可挽回的地步。

关于唐伯虎去世前书写的绝命诗，有两种记录。

其一：

嘉靖二年十二月二日，唐伯虎躺在床上，让家人取绢一幅，书《绝命》七绝一首。此诗在世间流传极广：

> 生在阳间有散场，死归地府也何妨。
> 阳间地府俱相似，只当漂流在异乡。[1]

书毕掷笔而逝。

其二：

"伯虎绝笔诗，他本互异。予侨居燕中，友人邵百朋手一编来，云此系伯虎定本。"诗云：

> 一日兼他两日狂，已过三万六千场。
> 他年新识如相问，只当漂流在异乡。[2]

---

[1]. 见《唐寅集》，第159页。

[2]. 《六如居士外集》卷二《燕中记》。

唐伯虎传

唐伯虎的不凡之处在于,临死之际,他依然表现出视死如归的气度。人大多有个弱点,就是对死亡怯懦与恐惧,而且明知道死亡的必然性,依旧不敢拿出勇气直面死亡。而我们从唐伯虎的绝笔诗中可以看出,他笑对死亡的态度,是从骨子里透露出来的,这无疑再一次证明:他是一个真正的勇敢者、乐天派。

唐伯虎的辞世,太过突然。这貌似在意料之外,但仔细想想,其实又在意料之中。

祝允明闻讯,难掩大悲,放声大喊道:"天道难公也不私!"

祝允明写了《哭子畏》:

> 天道难公也不私,茫茫聚散底须知。
> 水衡于此都无准,月鉴由来最易亏。
> 不泯人间聊墨草,化生何处产灵芝?
> 知君含笑归兜率,只为斯文世事悲。
> 万妄安能灭一真,六如今日已无身。
> 周山既不容神凤,鲁野何须哭死麟?
> 颜氏道存非谓夭,子云玄在岂称贫。
> 高才剩买红尘妒,身后犹闻乐祸人。[1]

不久,祝允明又写了一首《再挽子畏》:

> 少日同怀天下奇,中来出世也曾期。

---

[1].《怀星堂集》卷七《哭子畏》。

第十一章 · 只当漂流到他乡

> 朱弦并绝桐薪韵，黄土生埋玉树枝。
> 生老病余吾尚在，去来今际子先知。
> 当时欲印枢机事，可解中宵入梦思。[1]

唐伯虎死时五十四岁，不能说是长寿。人们为之扼腕悲叹。这是因为人类始终执着于活着，对必然要发生的死亡深怀恐惧。为什么恐惧呢？很简单，因为没有人能够死去复来，也没有人知道死后的世界究竟是怎样。所以从本质上讲，这是人类对无知领域的畏惧。

后世认为，书画之益，可以却病养生、延年益寿。这是董其昌提出的著名的"烟云供养"思想。他说："画之道，所谓宇宙在乎手者，眼前无非生机，故其人往往多寿。……黄子久、沈石田、文徵仲，皆大耋。"[2]他所举的例子是黄公望、沈周和文徵明都活到了八九十岁。

但同是书画家，为什么有些人就不能长寿呢？董其昌又指出："至如刻画细谨，为造物役者，乃能损寿，盖无生机也。""仇英短命（只活了五十多岁），赵吴兴（赵孟頫）止六十余，仇与赵虽品格不同，皆习者之流，非以画为寄、以画为乐者也。寄乐于画，自黄公望始开此门庭耳。"[3]董其昌是倡导"寄乐于画"的南宗画派的领袖人物，有意贬低"非以画为寄""刻画细谨"的北宗画派，指出仇英、赵孟頫都不是南宗画派的书画家，因此不能长寿。"寄乐于画""以画为寄"的意思是，你若想要长寿，只能把

---

[1].《怀星堂集》卷七《再挽子畏》。

[2]. 见《画禅室随笔》。

[3]. 同上。

书画当作消遣，而不能别有所图。

唐伯虎的阳寿连赵孟頫都不如，更说明他是"损寿"之人。在唐伯虎的中年时期，人们抱怨他的诗文未能惊天地泣鬼神，而唐伯虎的解释是，自己的志向并不在于此。言下之意是他更在乎书画传世。而且唐伯虎作为职业书画家，鬻书卖画是为了谋生养家，这就印证了董其昌的观点，说明他的确是"为造物役者"。

实事求是而论，董其昌的"烟云供养"思想，有其积极向上的意义，说明艺术创作或鉴赏活动具有治愈人之身心的功能，这已经成为中国美术史论的一个重要支点。但是，他在论证、列举艺术家损寿的原因时，认为南宗文人画可以养生、延寿，而职业画家反将遭遇损寿的说法，又严重偏离了现代科学观念，背离了事实基础。

事实上，正是因为唐伯虎不甘屈服于生活的磨难，顽强奋起，做了职业书画家，才使自己从毁灭中获得重生，摆脱了"白首穷儒"的宿命。

唐伯虎被迫离开科举之路，作为一个读书人，他的人生已经走向毁灭；而正是他在短暂迷茫后的及时调整——投身于书画市场——不仅为自己赢得了生存空间，而且使自己的思想挣脱了封建体制的束缚，从而获得了重生。这当然有市场经济环境的功德。艺术品的商品化，不仅拯救了一个艺术家的生命，解放了一个自由的灵魂，还以他个人的"损寿"，换来了艺术的永生。

嘉靖二年十二月二日，唐伯虎去世。祝允明为其撰写墓志铭，王宠楷书。祝允明在《唐子畏墓志并铭》中明确写道，唐伯虎"卒，嘉靖癸未十二月二日，得年五十四。……墓在横塘王家村"。

唐伯虎死后，弟弟唐申将自己三岁的儿子绍宗过继给唐伯虎，以"承祧伯父"[1]。唐绍宗，字兆民，即《遗命记》的作者。

三个月后，王鏊死。

三年后，祝允明死。

在吴宽、沈周、唐伯虎、王鏊、祝允明等纷纷下世之后，文徵明活成了"寿星"，并成为最耀眼的江南文坛巨匠，可谓"名闻天下，所做片纸只字，人多爱重之"[2]。他活到了嘉靖三十八年二月十六日，享年九十岁。

---

[1]. 唐兆民《遗命记》："嗟乎！伯父得年五十有四，而卒于嘉靖二年癸未之冬，葬于北城桃花庵次。时余甫年三岁，父即命名绍宗，以兆民为予字，承祧伯父，当是时，宗未之喻也。"

[2]. [明]韩昂：《图绘宝鉴续编》。

后记 ◇ 扪心三问
——从唐伯虎到董其昌

蓦然回望，历史就在那儿。

中国历史上第二次艺术品收藏高峰期，出现在明朝中后期，而唐伯虎和董其昌，这明代首屈一指的两大才子，就身处这股艺术品收藏的浪潮之中。他俩一头一尾，遥相呼应。他们对艺术的贡献及对后世的影响，飞骞绝迹，声震古今。当我准备将《唐伯虎传》的书稿交给出版社时，我想了一下，决定给自己拟三个问题，以此来写一篇后记。

一问，为什么要写《唐伯虎传》？

开宗明义，我写作艺术人物传记有个特点，即我会始终自觉地从艺术品收藏史的角度出发进行创作。而写作《唐伯虎传》的动机，则关涉到2020年9月出版的我的另一本人物传记《董其昌传》。

窃以为，在中国书画史和艺术品收藏史领域，凡涉及传统书画

唐 伯 虎 传

艺术品的真、假、优、劣等核心问题，始终绕不过一个历史人物。这个人就是董其昌。

董其昌是晚明极具争议的大才子。此公的确是一位划时代的艺术史论大家、一位集大成的鉴赏大师、一位影响深远的书画名家、一位治学严谨的史学家，更是一位成功的书画商人。在生前，他就已被推崇为一代鉴赏宗师。将其誉为中国艺术与收藏发展史上的一座丰碑，实不为过。

这样一位重要的历史人物，在他谢世近四百年以来，居然没有一部完整的传记，以致后人想要了解他的生平或者研读他的作品时，只有散碎的资料供参考。于是我开始收集、梳理和研究有关他的所有史料，以自己在历史学、书画鉴赏学以及传统绘画理论等方面的有限知识为依托，最终完成了《董其昌传》。

《董其昌传》问世之后，受到了广大读者的抬爱，在众多媒体的采访和报道中，登上了数十种好书榜，这是对我的一种鼓励。

其实早在撰写《董其昌传》之前，我就已经开始收集《唐伯虎传》的各种史料，前后历时十年。因为我始终认为，滥觞于明代的中国第二次艺术品收藏的高峰期应该始自弘治中兴年间，至崇祯年落幕，比始自嘉万年间之说更早，这才是一个完整的艺术品收藏的历史周期。它像任何历史事件一样，包含着起、承、转、合等阶段。明四家之一的唐伯虎和其他吴门艺术家，拉开了这道厚重的历史帷幕，而董其昌的生命则伴随收藏市场的发展走向高潮，直至落幕。

我写唐伯虎和董其昌，看似专注于单一的人物，实则将他们融进了时代的大环境之中，谨慎地剔除掉那些关于天才的夸大其词的史料，尽量体现出他们平凡而鲜活的生活，并以此来探究他们生命发展的真实过程。所以，我认为自己所写的不仅是个体的传记，更是明代艺术品收藏高峰期的发展历史。

二问，唐伯虎和董其昌有什么关联？

唐伯虎和董其昌不是同一个时代的人，若把他俩生活的时间贯通来看，则很有意义。

唐伯虎生于成化六年，董其昌逝于崇祯九年（1636年），两人生命所经过的时间加起来，共是一百六十六年，而整个明朝的历史共二百七十七年，他俩所经历的时间占据了明代后半程的一大半时光，而明代的弘治中兴、嘉靖中兴、万历中兴这三大中兴，均发生在其中，此阶段正是大明帝国走向繁荣昌盛，又走向灭亡的时期，也是明朝的艺术品收藏市场从兴盛步入繁荣，再走向高潮，直至落幕的历史过程。

唐伯虎在科举道路上攀登时，意外遭遇了所谓的"会试舞弊案"，导致其人生出现了断崖式跌落，继而滑向千百年来读书人若不能科举成功，必将"白首穷儒"的末路。幸运的是，唐伯虎遇上了弘治中兴——明代收藏高峰期自此发端，他转而以职业书画家的人生定位，从毁灭中崛起，最终在艺术上获得了重生。

由此可以清晰地看出，经济社会的蓬勃发展，是艺术品收藏市场兴盛的必然条件，也印证了民间俗语"盛世兴收藏"的道理。

至嘉万年间，收藏热潮进入巅峰时期。董其昌开始崭露头角。他本是一个穷得叮当响的书生，连出门的盘缠都要依靠好友资助。然而，他有幸遇上了艺术品收藏高峰期，大发其财，一跃成为江南富裕之地松江府的首富，自此过上了拥妾携妓、锦衣玉食的生活。可是，董其昌去世不过八年的光景，明朝帝国就轰然倒塌了。历史犹如一幕幕戏剧，时代的沧桑巨变，怕是连戏剧家也不敢如此预构。

如果把明朝掀起的中国历史上的第二次艺术品收藏热潮比作奔流的大江，

唐伯虎传

那么，唐伯虎显然已立于涛头，鹰扬天下；董其昌则涉于江尾，独步千里。隔着时空，首尾呼应，尽是风流人生。

当明朝的收藏高潮来临时，船头上伫立着唐伯虎等一班人；百年后收帆，已经换成了董其昌等人。而这两位才子，都是收藏热潮中涌现的弄潮儿。他们的生活，赖于兴盛的书画市场；他们的身影，已成为中国艺术史上的两座丰碑。

三问，怎样看待自己的写作？

我在写作《唐伯虎传》和《董其昌传》时，遵循着这样的一个创作思路：既然两位才子俱是以书画擅名的艺术大家，那么就不应仅仅依托主人公的生平事迹来写，而是要锚定他们遗存至今的那些重要作品（主要是中外博物馆的藏品），并与存世史料结合在一起，来追寻那些已经远去的人物与事件，以期竭尽全力还原他们真实的样貌。

对喜爱艺术品收藏的人来讲，多了解中国收藏史的掌故，无疑大有裨益。任何事物必有始终，其中包含着规律性的脉动。比如，在我看来，明代艺术品收藏高潮期的兴起，背靠着"弘治中兴"的经济支持。此阶段是一个朝气蓬勃的年代，经济的迅速发展和社会生活的相对稳定，是艺术品收藏兴盛的必备条件。史书上记录的一些历史细节，令人过目难忘。比如弘治中兴时实施的盐法改革，导致商人们争相主动交税，仅此一项，就使得弘治年间年均财政收入是永乐年间的8倍之多。这在历史上是罕见的一幕。这就是唐伯虎所生活的年代。

从本质上来讲，读书与写作本是一回事，目的都是探究事物的真相，让书中人物和作者的生命都具有现实意义。人类历史的发展脉络是一条线性的时间轴，我们站在中间，向前看，是未来；往后看，是历史。我自小就接受了这样一种史观，那就是历史总是波浪式前进，螺旋式上升，未来必定更美好。可是，

后记·扪心三问——从唐伯虎到董其昌

当今世界的变幻莫测改变了我的认知。我理解的人类未来其实是不可预期的。人类真实的视角，只有一个方向，那就是看过去，看那些已经发生过的历史。

完成《唐伯虎传》和《董其昌传》，也就意味着完成了自己写作明代两大才子传记的夙愿。完成即是可喜之事，至于我对这两部作品的期许，或可用"虽未能藏之名山，将以传之于同好"来简括之。

孙炜

2023 年 7 月 17 日改毕